Couvertures supérieure et inférieure
en couleur

COLLECTION
DES MÉMOIRES
RELATIFS
A LA RÉVOLUTION FRANÇAISE,

AVEC DES NOTICES SUR LEURS AUTEURS.

22ᵉ *Livraison*.

GUERRES
DES VENDÉENS ET DES CHOUANS
CONTRE
LA RÉPUBLIQUE FRANÇAISE.

PARIS.
BAUDOUIN FRÈRES, LIBRAIRES-ÉDITEURS,
RUE DE VAUGIRARD, Nº 36.

1824.

IMPRIMERIE DE J. TASTU, RUE DE VAUGIRARD, Nº 36.

La Collection des Mémoires relatifs à la Révolution française *comprendra ceux :*

(Mémoires publiés)

De Madame Roland;
Du Marquis de Ferrières;
De Linguet (sur la Bastille);
De Dusaulx, Membre de l'Institut (sur le 14 juillet);
Du Marquis de Bouillé, Lieutenant-général;
De M. le (Comte Louis), marquis de Bouillé;
Du Baron de Besenval;
De Bailly, Maire de Paris;
De Weber, concernant la reine Marie-Antoinette;
De Barbaroux (sur la Révolution du 10 août; *inédits*);
Du Général Dumouriez, *augmentés de morceaux inédits*;
De M. le duc de Choiseul, pair de France (*inédits*);
De Madame Campan (*inédits*);
De l'Abbé Morellet;
De Riouffe;
De Madame la marquise de La Rochejaquelein;
De Madame la marquise de Bonchamps (*inédits*);
De Louvet, Membre de la Convention;
De M. le baron de Goguelat;
De Meillan;
De Madame de Sapinaud;
Sur les Prisons;
De M. l'abbé Guillon;
Du duc de Montpensier (Antoine-Philippe d'Orléans);
Du général Turreau;
De Fréron (sur la réaction du Midi);
Du Général Doppet;
De A. C. Thibaudeau (*inédits*);
Sur Carnot.

(Mémoires sous presse.)

18e livraison. Mémoires de madame du Hausset;
— de M. l'abbé Guillon.
19e livraison. Mémoires de Vilatte et d'Antonelle;
— de Marmontel.
20e livraison. Mémoires de Courtois.
— de Beaumarchais.

COLLECTION
DES MÉMOIRES

RELATIFS

A LA RÉVOLUTION FRANÇAISE.

GUERRES

DES VENDÉENS ET DES CHOUANS

CONTRE

LA RÉPUBLIQUE FRANÇAISE.

CET OUVRAGE SE TROUVE

Leipsig............	{ Bossange frères, Reichs-Strasse.
	Zirgès.
Manheim...........	Artaria et Fontaine.
Froncfort..........	Jugel.
Berlin.............	Schlesinger.
Bruxelles..........	Tarlier.
Genève............	Paschoud.

PARIS. — IMPRIMERIE DE FAIN, RUE RACINE, Nº. 4,
PLACE DE L'ODÉON.

GUERRES

DES

VENDÉENS ET DES CHOUANS

CONTRE

LA RÉPUBLIQUE FRANÇAISE,

OU

ANNALES DES DÉPARTEMENS DE L'OUEST

PENDANT CES GUERRES,

D'après les Actes et la Correspondance du comité de Salut public, des Ministres, des Représentans du peuple en mission, des Agens du gouvernement, des Autorités constituées ; des généraux BERRUYER, BIRON, CANCLAUX, ROSSIGNOL, SANTERRE, L'ÉCHELLE, KLEBER, MARCEAU, TURREAU, MOULIN, HOCHE, etc., et d'après les Règlemens, Proclamations et Bulletins du conseil supérieur et des chefs des Vendéens et des Chouans ;

PAR UN OFFICIER SUPÉRIEUR
DES ARMÉES DE LA RÉPUBLIQUE
HABITANT DANS LA VENDÉE AVANT LES TROUBLES.

Domestica mala tristitiâ operienda.
TACITE.

TOME DEUXIÈME.

PARIS.
BAUDOUIN FRÈRES, LIBRAIRES-ÉDITEURS,
RUE DE VAUGIRARD, N°. 36.
1824.

GUERRES
DES
VENDÉENS ET DES CHOUANS.

CHAPITRE VI.

Août 1793.

§ Ier. (Haute Vendée.) Suite des règlemens du conseil supérieur.

Haute Vendée.

Le conseil fit paraître, le 1er. août, le règlement sur l'ordre judiciaire qu'il avait annoncé. Ce règlement établissait dans chaque chef-lieu d'arrondissement, désigné par le conseil, un siége royal provisoire de justice, composé d'un sénéchal ou d'un bailli, d'un procureur du roi et d'un greffier.

On n'entendait pas préjudicier aux droits de justice des seigneurs, au cas que le roi jugeât à propos de les conserver; mais jusque-là toutes justices seigneuriales demeuraient suspendues, quant à l'exercice.

Toutes les matières civiles et criminelles, excepté celles des officialités, étaient du ressort des siéges royaux.

Une cour royale supérieure et provisoire, composée au moins de sept membres, d'un procureur général, etc., devait être établie dans un lieu fixé par le conseil supérieur. Les appels des autres siéges, les demandes en évocation et cassation, l'expédition des lettres royales, etc., étaient du ressort de la cour royale, jusqu'au rétablissement du conseil d'état, des parlemens et autres cours supérieures et de chancellerie.

Tous les juges étaient tenus de se conformer, soit pour les formes à observer, soit pour leurs jugemens, aux lois, coutumes, ordonnances, arrêts de règlement, statuts, usances, qui étaient en vigueur avant la convocation des états généraux de 1789.

Enfin, tous les tribunaux établis par les soi-disant assemblées ou Convention nationale, demeuraient abolis sans exception : défenses étaient faites de les reconnaître, d'y exercer aucunes fonctions sous peine d'être déclaré rebelle au roi et poursuivi comme tel.

Le 2 août, le conseil supérieur fit publier *un règlement général sur la circulation des assignats marqués au coin de la prétendue république française;* en voici la substance :

Par une ordonnance du 8 juin, le conseil avait autorisé la circulation du papier-monnaie ; mais l'exécution de cette ordonnance éprouvait des difficultés dans plusieurs endroits du pays conquis. Cependant on ne pouvait paralyser ou détruire entièrement la circulation des assignats marqués au coin de la république, sans priver les sujets du roi, habitans du pays conquis, d'une partie de leur fortune, attenter à leurs propriétés, et rendre inutiles et de nul profit pour eux, les caisses militaires enlevées aux ennemis.

Le conseil supérieur arrêta, en conséquence, que les assignats dont il était question, de quelque création et valeur qu'ils fussent, ne pourraient avoir cours dans le pays conquis, s'ils n'avaient été préalablement signés et admis au nom du roi, par les officiers du conseil supérieur, délégués à cet effet. Tous les possesseurs d'assignats furent en conséquence invités à les soumettre à la formalité prescrite, dans le délai d'un mois, terme de rigueur après lequel les assignats non revêtus de cette formalité ne pourraient plus circuler dans le pays conquis.

Dans le cas où une ville serait conquise par les armées catholiques et royales, le règlement devait y être lu, publié et affiché, pour que les habitans de ladite ville, banlieue et environs, eussent à s'y conformer dans les huit jours de la publication.

Il était défendu, sous les peines de droit et amendes portées par l'ordonnance du 8 juin, à tous les habitans du pays conquis, de refuser, sous quelque prétexte que ce fût, d'admettre en payement lesdits assignats, dès qu'ils seraient munis de l'attache et signature des commissaires, officiers du conseil supérieur.

Enfin, le conseil fit publier, le 20 août, la proclamation suivante :

« Le conseil supérieur avertit les habitans du pays conquis que, par assignats marqués au coin de la république, il n'entend que ceux qui ne portent pas empreinte l'effigie du roi; et qu'en conséquence, on ne doit point soumettre à la signature ceux qui, quoique datés de l'an premier de la république, conservent néanmoins l'effigie royale. »

Telles furent les bases du gouvernement intérieur de la Vendée qui n'eut qu'un moment d'existence.

On retrouve, dans cette législation, des ilotes, des suspects et des proscrits. Tel fut le sort des patriotes de la Vendée, échappés aux premières fureurs du fanatisme.

§ II. (Haute Vendée.) L'arrêté du comité de salut public du 26 juillet, converti en loi le 1er. août. — Transport de l'armée de Mayence en poste dans la Vendée. — Les biens des rebelles déclarés appartenir à la république. — Ronsin félicite son ami Vincent d'avoir fait tomber Custine; pour lui il a contribué à la chute de Biron. — Réponse du ministre à la lettre de Rossignol du 31 juillet. — Réflexions sur la nomination de Rossignol au commandement en chef adressées par un représentant de Niort au représentant Gasparin. — État des officiers-généraux et d'état-major employés à l'armée, et de ceux suspendus; ces derniers devaient se retirer à vingt lieues des armées et des frontières. — Réquisitions des représentans pour faire sonner le tocsin. — Réflexions du représentant Cavaignac sur les généraux de l'armée des côtes de La Rochelle.—Apparition d'une escadre anglaise à la hauteur de

Belle-Isle.—Dispositions des chefs vendéens pour une grande expédition. — Marche de Ronsin et de Salomon sur Doué. — Retraite des Vendéens. — Vues du ministre sur la guerre de la Vendée. — Réflexions de Rossignol sur les officiers-généraux de son armée; notes du ministre à ce sujet. — Le général Labarolière obtient sa démission. — Turreau promu au grade de général de brigade. — Rapport des commissaires Grammont et Hazard. — Lettre de Momoro, commissaire national, à son ami Vincent. — Avis sur les rassemblemens des Vendéens. — Ordre de Rossignol au commandant des troupes de Luçon. — Airvault envahi par quatre-vingts cavaliers vendéens. — Expédition de Salomon sur Doué et Vihiers. — Projet du général Rey de se porter sur Chollet pour délivrer les prisonniers, blâmé par Rossignol. Chalbos chargé par Rossignol de notifier au général Tuncq sa suspension.

Haute Vendée.

L'arrêté du comité de salut public, du 26 juillet, fut converti en loi, le 1er. août. Par le premier article le ministre fut chargé de faire transporter en poste la garnison de Mayence dans la Vendée.

Il fut en outre décrété que les biens des rebelles de la Vendée étaient déclarés appartenir à la république, et devaient servir à indemniser les citoyens demeurés fidèles à la patrie.

Ronsin triomphait; il écrivait à son ami Vincent, le 1er. août :

« Je ne puis aller à Paris dans un moment où l'armée a si grand besoin de se réorganiser. Rossignol n'a accepté le commandement qu'à condition que je resterais près de lui pour diriger toutes les opérations de l'état-major dont je ne veux pourtant pas être chef, aimant mieux agir comme général et comme adjoint au ministre de la guerre. J'aurai bien plus d'occasions de me battre et de déjouer les traîtres. Tous les patriotes sont au comble de la joie.

» Je te félicite d'avoir fait tomber Custine; pour moi, j'ai un peu contribué à la chute de Biron. Achève sur Beauharnais et sur tous les nobles une proscription si nécessaire au maintien de la république. Envoie-nous *du père Duchêne en grand nombre.* »

Le 2, le ministre répondit à la lettre de Rossignol du 31 juillet :

« Je connais, général, vos intentions pures et vos principes, et j'espère que vous répondrez à la confiance de la république et à la mienne; mais, pour ne pas cesser d'y avoir des droits, vous sentez que vous me devez la vérité toute entière.

» Plusieurs généraux, dites-vous, ne sont pas *dans le sens;* pourquoi ne me les faites-vous pas connaître? Il est indispensable d'en purger les armées. Prenez donc sur leur compte tous les renseignemens convenables, et ne différez pas à me les transmettre.

» La brave garnison de Mayence, composée de troupes guerrières et disciplinées, et qui serait encore dans cette place si tout le monde avait fait son devoir comme elle, a l'ordre de se rendre dans la Vendée. Ce renfort vous mettra à même de reprendre une vigoureuse offensive; mais, en attendant, réorganisez votre armée, contenez les rebelles, visitez tous les points importans, et songez que la patrie sera sauvée, quand ce foyer de rébellion sera détruit.

» Le décret qui vient d'être rendu concernant mes adjoints, les astreignant à un travail journalier avec moi, ne leur permet plus d'être absens. La nouvelle carrière que fait suivre au citoyen Ronsin son patriotisme vigoureux ne peut se concilier avec la précédente, et c'est avec regret que j'ai proposé quelqu'un pour le remplacer dans l'adjonction.

» Je me suis occupé de l'expédition des brevets, et j'espère que nous parviendrons enfin à nous débarrasser des malveillans et des traîtres.

» La commission que Ronsin a reçue du conseil n'est pas interrompue.

» Quand le renfort de l'armée de Mayence sera arrivé, et qu'on pourra mettre en usage tous les grands moyens arrêtés par le comité de salut public, j'espère que l'on verra la fin des troubles de la Vendée. »

» Une des choses les plus dangereuses en révolution, disait le ministre, dans une dépêche du 3, c'est de laisser des armes entre les mains des mauvais patriotes, soit soldats, soit citoyens.

» Je m'en rapporte à votre prudence, à votre sagesse et à votre patriotisme, pour exécuter le désarmement des mauvais citoyens. »

A peine la nomination de Rossignol au commandement en chef de l'armée fut-elle connue, qu'elle excita des craintes et des réclamations. Un représentant écrivit de Niort, le 2, à son collègue Gasparin, membre du comité de salut public :

« Si nous avons appris avec surprise la nomination de Rossignol, la division de Niort et les citoyens qui ont été dans le cas de l'apprécier, n'en ont pas moins été étonnés.

» S'il suffisait d'avoir de la bravoure pour être général d'armée, je ne vois pas pourquoi un brave grenadier, qui n'aurait d'ailleurs aucun talent, ne mériterait pas autant que Rossignol d'occuper ce poste.

» Je crois encore que Rossignol aime sa patrie, et qu'il est incapable de la trahir; c'est la première qualité que nous devons chercher dans un général; mais elle n'est pas toujours accompagnée de talens.

» Après lui avoir rendu justice sur ces deux points, je dois vous faire part de mes craintes.

» 1°. Reproche de ne s'être pas opposé au pillage de sa division de gendarmerie, à Chemillé (au mois d'avril précédent).

» 2°. Pillage de la même division, à Sainte-Pazanne, auquel Rossignol n'était pas étranger.

» La division de Niort annonce de bonnes dispositions; nous sommes fondés à croire qu'elle se battra bien. Nous n'aurions pas éprouvé d'échec à Châtillon sans la perfidie ou la coupable négligence de Westermann. Eh bien! déjà les murmures se font entendre; les officiers désespèrent de pouvoir contenir le soldat en marche, s'il sait que le général en chef a été inculpé d'avoir souffert le pillage et de l'avoir autorisé par son exemple lorsqu'il était chef de corps. Vous savez comme moi, mon cher collègue, qu'il faut que le soldat ait confiance dans son chef, et que ce chef soit au moins investi d'une certaine estime; sans cela, nous ne devons pas espérer de succès.

» Déjà les propriétés n'ont été que trop souvent violées dans cette malheureuse guerre, et je dois vous dire que l'esprit public s'est considérablement refroidi parmi les plus zélés patriotes qui, déjà pillés par les rebelles, craignent que le peu qui leur reste ne leur soit enlevé par ceux-là même qui doivent les défendre. Nous avons cherché à les rassurer; mais la nomination de Rossignol n'est pas faite pour les convaincre.

» Nous pensons, avec la Convention, qu'il faut, autant que possible, n'employer aucun ci-devant noble; mais aussi nous sommes persuadés que la république trouvera parmi les amis de la liberté et de l'égalité bien des hommes qui ne tenaient pas à cette caste privilégiée, et qui, avec autant et plus de talens que Rossignol, seront au moins investis de l'opinion publique.

» Voilà des réflexions que nous croyons utiles à notre patrie, pesez-les mûrement; communiquez-les au comité de salut public, et rappelez-vous que nous prenons date de vous les avoir soumises.

» Nous vous ajoutons que déjà Musquinet Saint-Félix, qui avait été mis en état d'arrestation à Niort, pour y avoir prêché, ainsi qu'à La Rochelle, la loi agraire; Musquinet, l'intime ami de Rossignol, a été renvoyé ici, nous ne savons à quel titre. S'il nous vient beaucoup de pareils hommes, nous craignons la désorganisation de notre division, et l'anéantissement du peu d'esprit public qui règne ici. »

Le 3, l'adjoint du ministre adressa à Rossignol l'état des officiers-généraux et d'état-major employés à l'armée des côtes de La Rochelle, par suite du travail du conseil exécutif, ainsi que l'état des officiers-généraux et d'état-major suspendus provisoirement, et qui devaient se retirer immédiatement à la distance de vingt lieues des armées et des frontières, conformément aux lois.

D'après ce travail, du 30 juillet, les généraux employés à l'armée étaient:

1°. Généraux de division; *Gauvillier, Salomon, Santerre* et *Rey*.

2°. Généraux de brigade; *Chabot, Lecomte, Canier, Descloseaux, Legros, Duval*.

3°. Adjudans-généraux; *Grammont, Sommenant* et la *Maudinière*, chefs de brigade; *Faucher aîné, Faucher jeune, Biot* et *Maillefer*, chefs de bataillon.

Les généraux suspendus provisoirement étaient:

1°. Généraux de division; *Labarolière* et *Boulard*, démissionnaires;

2°. Généraux de brigade; *Dayat*, *Barbazan*, *Saint-Fief*, *Westermann* et *Joly*.

3°. Adjudans-généraux; *Tuncq*, chef de brigade; *Gouges* et *Belliart*, chefs de bataillon.

Le même jour, les représentans envoyèrent de Tours des réquisitions dans toutes les communes pour faire sonner le tocsin et organiser les levées en masse. Des officiers d'état-major furent chargés de diriger cette opération.

De son côté, le représentant Cavaignac, attaché à l'armée des côtes de Brest, écrivait d'Ancenis, au comité de salut public et à ses collègues à Tours : « Depuis que Custine m'a trompé, je ne me fie plus à aucun général; cependant Canclaux a encore ma confiance. Je ne vois à la tête de l'armée des côtes de La Rochelle, que des généraux sans talens et sans expérience, le matin invisibles et l'après-dîner intraitables. Avec des généraux tels que Rossignol et Ronsin, peut-on faire de bonne besogne? Je crois qu'ils veulent prolonger la guerre. Je vais écrire contre le ministre de la guerre : il faut que la Convention sache la vérité. »

Il annonçait en même temps l'apparition d'une escadre anglaise de vingt-sept à vingt-huit vaisseaux de ligne à la hauteur de Belle-Isle. Sa destination n'était pas connue.

Le général Canclaux donnait le même avis au ministre, en l'informant qu'il renvoyait à Belle-Isle les forces que les circonstances l'avaient forcé d'en retirer. Il se plaignait de nouveau de la pénurie où il était d'officiers-généraux et de troupes.

Cependant les chefs vendéens, agissant de concert dans la haute et la basse Vendée, semblaient se disposer à une grande expédition; on annonçait de tous côtés leurs préparatifs.

Le général Duhoux écrivait d'Angers que ses postes sur la rive droite de la Loire étaient menacés; que les Vendéens étaient à Brissac, mais qu'il n'avait pas d'inquiétude pour les Ponts-de-Cé, si les troupes faisaient leur devoir. On savait à Saumur que l'ennemi avait des postes à Doué et qu'il occupait Thouars.

Le général Labarolière annonçait de Chinon qu'une patrouille avait rencontré, dans la nuit du 4 au 5, des postes avancés de l'ennemi entre Pas-de-Jeu et Thouars, près le parc d'Oiron.

Dès le 1er. août, Tuncq avait informé Boulard et Chalbos qu'il se faisait un rassemblement de rebelles à la Roche-sur-Yon, et qu'ils avaient de l'artillerie et des munitions de guerre. Il demandait des secours.

Le même jour, le général Chalbos donna avis au ministre qu'il envoyait deux mille hommes à Luçon, menacé de nouveau. Il ajoutait : « La tactique constante des rebelles est d'attaquer un poste où ils ont été battus, jusqu'à une grande défaite. Tuncq a sollicité ce renfort. »

Le ministre répondit à Chalbos qu'il devait rendre compte au général en chef.

Rossignol forma le projet de couper cette ligne de l'ennemi sur la direction de Doué. Il fit partir le 5, à trois heures du matin, deux mille sept cents hommes d'infanterie sous les ordres de Ronsin, et trois cents chevaux aux ordres de Salomon, pendant que Santerre occupait les hauteurs de Bournan avec sept à huit mille hommes, pour protéger la retraite au besoin.

L'avant-garde de la colonne en marche rencontra, sur les six à sept heures, les avant-postes de l'ennemi à la hauteur de Montfort, et les fit replier.

Cependant Salomon, jugeant que la force de l'ennemi était de six à sept mille hommes, ordonna à la troupe légère de faire sa retraite; mais Ronsin pensa qu'il fallait tenter un coup de fortune. Alors les deux généraux, à la tête de la cavalerie, chargèrent les Vendéens jusqu'aux portes de Doué. Là, après une heure de combat, l'ennemi prit la fuite et fut poursuivi jusqu'à Concourson.

C'était le premier fait d'armes de Ronsin, aussi Rossignol lui en donna-t-il toute la gloire dans le rapport qu'il adressa le même jour au ministre. Il faisait en même temps l'éloge des adjudans-généraux Moulin, Grignon, du colonel Chambon, de l'adjoint Canuel, etc. Il assurait d'ailleurs que toutes les propriétés avaient été respectées, et qu'aucun désordre n'avait été commis.

Le lendemain, Rossignol fit part de cet avantage au général Boulard, en lui annonçant qu'il se proposait de marcher *en masse* sur les Sables.

Le ministre n'avait pas encore une opinion bien formée sur la guerre de la Vendée, lorsqu'il écrivait le 6 à Rossignol :

« Plus je réfléchis sur le système de guerre que l'on a suivi jusqu'à présent dans la Vendée, et plus je me persuade que le défaut de plan et d'ensemble a été l'une des causes du peu de succès de nos opérations. Nos troupes de la partie de Niort paraissent n'avoir jamais combiné leurs mouvemens avec celles de Saumur. Tout s'est réduit à des attaques partielles qui n'ont jamais été d'un grand effet, parce qu'elles étaient faites par des forces très-divisées; partout on demande à se réunir, à marcher en masse. Il me paraît donc indispensable de méditer s'il ne conviendrait pas de suivre un système différent de celui qui a été employé jusqu'à présent. Je vous invite à y réfléchir et à me communiquer vos observations sur celles que je vais vous faire.

» D'abord, on n'a jamais concerté de plan de campagne pour la guerre de la Vendée, qui serait éteinte à présent, si la disposition générale en eût été bien faite.

» Pour parvenir à cette disposition, il faut :

1°. Que vous preniez une connaissance précise du total de vos forces et des renforts qui vous arrivent, ainsi que de tous vos moyens secondaires, et de vos communications avec les places et les magasins;

2°. Vous devez vous procurer, par tous les

moyens possibles, des renseignemens sur le nombre, l'état, la force, la position et les ressources des rebelles, afin de combiner vos mouvemens de manière à couper la communication de leur noyau d'armée avec le centre ou le foyer de l'insurrection, avec leurs magasins, leurs places, et les campagnes qui sont les plus fanatisées.

» D'après toutes ces notions, vous dresserez votre plan de campagne et vous me l'adresserez le plus tôt possible, avec les remarques et observations *capables* de le développer.

» Quant à présent, vous devez vous attacher à établir la confiance et la discipline dans les troupes. »

Rossignol venait de s'occuper avec Ronsin de la formation d'un état-major qui pût leur convenir. Le 8, il en adressa l'état au ministre avec ses observations sur les généraux employés à son armée.

« J'ai chargé Ronsin, disait-il, de vous présenter le tableau de tous les officiers dont j'ai cru devoir composer mon état-major. J'espère que vous voudrez bien leur accorder les brevets dont ils ont besoin pour être employés; *ils sont tous de ma trempe* : il vous communiquera aussi les craintes que m'inspirent plusieurs généraux de cette armée. »

(Note du ministre en marge.) *J'examinerai ces propositions ; mais il y a déjà bien des nominations de faites.*

« Rey, surtout, ne me paraît pas devoir mériter

la confiance des vrais *sans-culottes*, et je vous avoue que je le connais trop pour être disposé à l'employer en qualité de général de division, quoiqu'il soit protégé par le député Philippeaux. »

(Note du ministre). *Il a été nommé provisoirement par Philippeaux qui a dit qu'il avait fait des actions utiles. Pourquoi Rossignol ne dit-il pas les motifs qui l'empêchent d'y prendre confiance ?*

« Quant à Chalbos et Nouvion, Ronsin mettra sous vos yeux ce que les commissaires Hazard et Grammont ont recueilli sur leur compte.

» Duhoux est malade, et son cousin germain sert dans l'armée des rebelles. »

(Note du ministre.) *Puisqu'il est malade, il ne servira pas quant à présent.*

» Menou, malgré sa blessure, sera toujours suspect à ceux qui n'ont jamais cessé de défendre la liberté et l'égalité. »

(Note du ministre). *Menou vient d'être blessé, il faut attendre la mesure générale pour l'écarter.*

» Gauvillier paraît avoir fait plutôt la guerre pour défendre son château que pour sauver la république. »

(Note.) *Est-ce un ci-devant ?*

» Comme l'armée de Mayence doit arriver à Saumur vers la fin du mois, il est nécessaire que les matières combustibles, les munitions, les armes, les outils et surtout les obusiers, me soient parvenus à cette époque. »

(Note.) *Avertir la troisième division de presser cet envoi.*

» Toutes nos mesures se prennent pour assurer le service des subsistances. Les habitans des campagnes n'attendent que le signal, les soldats de la république sont bien disposés, et, si rien ne nous manque, les rebelles seront bientôt exterminés.

» Je suis étonné qu'un prince étranger (Charles de Hesse) soit chargé d'organiser, à Orléans, l'armée que commande un sans-culotte. Tous les républicains pensent comme moi, et vous conjurent d'envoyer un homme *plus recommandable* par la naissance et surtout par les principes. »

(Note du ministre.) *C'est un étranger qui a servi assez bien la révolution; il faut attendre qu'une mesure générale soit adoptée.*

« Il y a bien des réformes à faire dans tous les employés de l'armée; mais comme les représentans, qui sont du pays, font tout *par compère et par commère*, il arrive souvent que les remplaçans sont pires que les destitués. »

Le général Labarolière, impatient de recevoir sa démission, s'adressa le 7 au comité de salut public. « Mes infirmités, disait-il, m'ont forcé d'envoyer ma démission au ministre, les 21 et 27 juillet. Comme le ministre répond rarement, je crois devoir en informer le comité.

» J'occupe une place qui coûte vingt-cinq mille livres à la république, ce serait voler son argent que de la conserver. Il faut que les officiers supérieurs soient plus que d'autres investis de la confiance, ou il faut qu'ils soient assez républicains (quelle que soit leur fortune) pour savoir abandonner leurs places. Les représentans ont approuvé ces motifs. »

Le ministre lui manda, le 19, que sa démission était acceptée.

Turreau, promu au grade de général de brigade, annonça le même jour à Rossignol qu'il venait de recevoir ses lettres de service à Chinon. « Le ministre, ajoutait-il, me donne l'ordre de me rendre près de vous; je serai demain à Saumur.

» Je me félicite de servir sous un général dont les talens et le patriotisme éprouvé nous présagent les plus heureux succès.

» Ne doutez pas, général, du plaisir que j'aurai à seconder vos intentions de tous mes faibles moyens, et du zèle le plus ardent pour le maintien de la république. »

La mission des commissaires Grammont et Hazard, adjudans-généraux, envoyés par Rossignol et Ronsin auprès des différentes divisions de l'armée, avait pour but de connaître leur situation politique et militaire. Voici un extrait de leur rapport à ce sujet :

Poitiers a besoin de la plus grande surveillance : esprit public nul, administrations gangrenées d'aristocratie, républicains persécutés. Le commandant temporaire et le commissaire ordonnateur à remplacer le plus tôt possible : le premier n'étant point à la hauteur de la révolution, et le second étant trop à la bassesse de l'aristocratie. Il faut dans cette place un commandant temporaire sans-culotte, et la déclarer en état de siége. Il serait dangereux de laisser le pouvoir à des administrateurs qui *militeraient* sans cesse contre les opérations militaires.

Saint-Maixent, place importante par l'abondance des vivres qu'elle peut procurer à l'armée dans son arrondissement; mais elle a besoin d'un commandant temporaire qui ne soit point de la légion de Westermann. On peut y placer un grand nombre de prisonniers.

Niort a le plus grand besoin de l'état major général des sans-culottes et de la commission militaire. Esprit public contre-révolutionnaire, autorités constituées fédéralistes et *Bironistes*. Nécessité de mettre la ville en état de siége. Sans cette précaution, l'armée, étant sortie de Niort, se trouvera entre deux feux.

La Rochelle, place exposée aux ennemis intérieurs et extérieurs, mérite la plus grande surveillance. Le maire, ami intime de Biron, faisait crier *vive la république!* à la fédération du 10 août; mais point *une et indivisible*, disant que cette addition était sous-entendue.

Le général Verteuil, homme de paille, est le jouet des nombreux royalistes de cette ville. Thouron, commandant de la garde nationale, faisant les fonctions d'adjudant-général, est un homme très-suspect. Nécessité de transférer très-promptement dans l'intérieur les prisonniers détenus à La Rochelle. Ces prisonniers disent hautement que tant que Biron aurait commandé l'armée patriote, l'armée catholique était assurée de ses succès.

Luçon, postes mal gardés; plaintes à ce sujet au général Tuncq qui répond avec la morgue d'un vieux général de l'ancien régime, qu'un général à la tête d'une armée victorieuse n'a pas besoin de leçon (1) : ils font grâce des épithètes, parce qu'ils sont républicains. Le lendemain ils se disposent à se rendre aux Sables en voiture ; Tuncq leur refuse une escorte, disant devant la troupe qu'ils n'avaient aucun droit de se faire accompagner : c'était compromettre leur mission, puisqu'ils côtoyaient les rebelles. Ils sont dédommagés des sottises de Tuncq par l'accueil du général Boulard à Olonne; la fraternité, la fermeté, la connaissance de ses devoirs, voilà ce qu'ils ont aperçu dans ce général. Ils retournent à Luçon pour aller à la pointe de l'Aiguille, Tuncq leur refuse deux chevaux. Percebois, commandant de la place de Luçon, est brave et ferme dans ses devoirs : les menaces de Tuncq et ses mauvais traitemens n'altèrent point son courage républicain.

Force militaire de Luçon : infanterie, 5,371 ; ca-

---

(1) Le 14, Tuncq, attaqué devant Luçon, remporta une victoire.

valerie, 414; canonniers, 203 : total 5,988. Matériel de l'artillerie : treize pièces de quatre et une de huit.

Force militaire des Sables : infanterie, 4,728 ; cavalerie, 198 ; canonniers, 249 : total 5,175. Matériel de l'artillerie : onze pièces de quatre, une de huit.

Observations. Les deux armées de Luçon et des Sables peuvent marcher sur-le-champ ; outre les magasins particuliers, le moindre succès assure des fournitures immenses. Le district seul de Fontenay peut, de l'aveu même des administrateurs, nourrir l'armée pendant deux ans. C'est une grande erreur de penser que l'on puisse prendre les rebelles par famine. L'armée des Sables a un dixième au moins de malades ; les hôpitaux sont dans un état affreux de pénurie par l'insouciance des administrateurs : point de médicamens.

Boulard est forcé depuis deux mois de rester dans l'inaction, 1°. parce que les administrateurs ne lui répondent pas des subsistances ; 2°. parce que le général Chalbos qui, le 20 juillet, lui avait donné l'ordre de se tenir prêt à marcher, révoqua de suite ce même ordre sans en motiver les raisons (1).

Les commissaires terminaient ainsi leur rapport : « Nous ne cesserons de répéter qu'il est in-

---

(1) La nouvelle du résultat de l'affaire de Vihiers, du 18 juillet, fit suspendre la marche de Chalbos et de Boulard.

stant de mettre en état de siége toutes les villes qui avoisinent les départemens ennemis de la patrie. Les rebelles occupent la côte depuis une lieue de Saint-Gilles jusques et près de Nantes. Notre mission a duré quatorze jours. »

Ce rapport, remis aux généraux Rossignol et Ronsin, le 14 août, fut transmis au ministre le 16.

« Tuncq, écrivait en même temps Rossignol, ne s'est point conformé à l'ordre de suspension qui lui a été notifié; je lui ai réitéré cet ordre.

» Je vous invite à vouloir bien écrire au général Boulard, dont les vertus et les connaissances militaires sont généralement reconnues, et d'après l'estime qu'il a inspirée à son armée, pour l'engager à continuer ses fonctions; car il n'a contre lui que la calomnie, et c'est un titre puissant auprès des vrais républicains.

» Canier, adjudant-général, anglais de nation et de principes, ne peut ni ne doit figurer dans nos armées.

» Verteuil a son neveu chef de rebelles. »

De son côté, Momoro, commissaire national, écrivait à Vincent, secrétaire-général du ministre :

« Je t'ai écrit, et tu ne m'as pas répondu comme tu me l'avais promis. On envoie, par ce courrier, au ministre de la guerre, des détails intéressans sur l'armée que commande Rossignol, et sur certains aristocrates de cette armée. Prends connaissance de ces lettres et rapports. Je vois, aujourd'hui que je tiens la correspondance du général en chef, et que je connais toutes les affaires relatives à cette armée, que les chefs et généraux sont seuls la cause que cette guerre n'est point terminée; qu'ils se sont entendus avec les rebelles pour la prolonger, et leur livrer nos soldats et nos munitions de guerre.

» Nous démasquerons tous les intrigans qui n'ont même pas l'adresse de se couvrir du masque du patriotisme. Tuncq, général de brigade, que le ministre a destitué, l'a bien mérité. Rey, général divisionnaire, est un bironiste, et il vient de faire une sottise (1) qui envoie sa tête à la guillotine. Tu verras cela dans le paquet du ministre. Nous distribuons tous les journaux et bulletins que vous nous envoyez. »

Cependant toute la Vendée paraissait en mouvement.

Le 8, on annonçait d'Airvault que le projet de l'ennemi était de se porter en masse sur Luçon.

Le 9, l'adjudant-général Grignon informait Rossignol, du Puy-Notre-Dame, que le tocsin avait sonné, pendant toute la journée du 6, dans les paroisses insurgées; que le point principal de leur rassemblement était Châtillon, d'où l'on devait se porter sur Luçon. « Il y aura cependant, ajoutait-il, un autre rassemblement à Vihiers, pour observer les troupes de Saumur et d'Angers. On fait partir jusqu'aux enfans de douze ans. »

---

(1) On verra bientôt ce que c'était que cette sottise.

Le même jour, Chalbos écrivait de Niort : « Divers avis de mes espions, et les rapports des prisonniers, s'accordent avec les renseignemens pris par le général Tuncq pour faire penser qu'un rassemblement considérable de rebelles se dirige sur Luçon. J'ai fait partir ce matin, à cinq heures, mille huit cents hommes d'infanterie, deux cents chevaux, l'artillerie légère et un obusier, pour le camp des quatre chemins. D'après les lettres de Tuncq et des représentans, j'ai cru ne pouvoir mettre trop de célérité dans ce mouvement. Tuncq doit me renvoyer de suite ces forces, en cas que Niort fût menacé. »

« Les avis que j'ai reçus, répondit Rossignol, sont conformes aux vôtres. Je m'en rapporte à votre expérience sur les mesures à prendre. Lorsque les forces que nous devons recevoir seront arrivées, nous nous concerterons ensemble sur les moyens d'exécution. En attendant, agissez toujours avec prudence : *Le courage et l'audace peuvent s'allier avec cette vertu.*

Rossignol donna en même temps l'ordre suivant :

« Le général en chef enjoint au général commandant les forces de la république qui sont à Luçon, de prendre toutes les mesures de surveillance et d'activité que, dans les circonstances, nécessite le salut public. D'après différens avis qu'il a reçus, il paraît que les rebelles veulent se porter sur Luçon ou dans les environs, pour prendre leur revanche, pendant qu'ils auront, du côté de Vihiers, des forces pour tenir en observation les armées de Saumur et d'Angers. Vous m'instruirez des mesures que vous aurez prises en conséquence, et des besoins que vous pourrez avoir.

» Le général ordonne que le soldat ne marchera à l'ennemi que dégagé de tout l'attirail qui peut embarrasser ; qu'en conséquence il ne se chargera pas de sac, et qu'il n'y aura à la suite de l'armée que les voitures seulement nécessaires pour porter les vivres, munitions de guerre et autres objets indispensables. Les voitures des équipages marcheront sur les derrières, à deux lieues environ de l'attaque ; en cas d'attaque indispensable, tous les chemins de retraite seront parfaitement reconnus, et sous la responsabilité de l'officier chargé de la reconnaissance.

» Un corps de cavalerie sera toujours en réserve pour protéger les retraites qui doivent toujours se faire en bon ordre. Un corps de tirailleurs, dispersés le plus que faire se pourra, précédera toujours l'avant-garde et le corps d'armée.

» Les batteries de canon seront toujours couvertes par l'infanterie, et les décharges ne se feront jamais qu'à portée reconnue suivant le calibre.

» A défaut de caissons d'infanterie, des chariots chargés de barils de cartouches seront toujours à la suite de l'armée.

» Les commissaires de guerre seront prévenus exactement de tous les mouvemens de l'armée.

» Dans le cas où les municipalités seraient rassemblées par le tocsin, elles seront invitées à faire suivre leurs subsistances, et à mettre en réquisition toutes les voitures.

» Aucune femme ne pourra suivre ni monter dans les voitures. Les commandans des corps, et les généraux en demeureront personnellement responsables. Tous ces ordres seront exécutés avec la plus grande exactitude.

» *Signé* ROSSIGNOL. »

Les commissaires Brulé et Besson informèrent le ministre qu'ils s'étaient réunis à Saumur pour célébrer la fête de l'Unité, le 10.

« Rossignol, ajoutaient-ils, a chanté les airs patriotiques, et toute l'armée a fait *chorus*. Il a la confiance de toute l'armée, et le Français est invincible lorsqu'il est sûr que ses chefs ne le trahiront pas. Labarolière nous a paru un homme froid, plutôt propre à la défensive que dans une guerre offensive : du reste, parlant trop peu pour connaître ses opinions politiques, il est exaspéré sans qu'on en connaisse les causes. Il lui est échappé de dire en particulier à l'un de nous : *Qu'on ne me force pas de passer chez les brigands, car avec cinquante hommes de cavalerie, je pourrais inquiéter tout le pays.*

» Le général Chabot s'est conduit avec valeur dans toutes les occasions. Son courage et sa franchise l'emportent sur son intelligence.

» Le général Joly paraît fin et rempli de talens ; il a beaucoup d'activité. La division se met parmi les rebelles, et le prestige du fanatisme commence à se dissiper. Nous nous disposons à partir pour Niort. »

Jourdeuil, adjoint du ministre, prévint Rossignol que les troupes de Mayence se rendraient en poste à Tours, sans s'arrêter à Orléans, et que le général Hesse était chargé de lui donner avis de leur passage.

Le 12, Rossignol donna l'ordre au général Salomon de partir le lendemain, à trois heures du matin, pour se rendre à Doué avec deux mille hommes d'infanterie, deux cents hommes de cavalerie et deux pièces de canon, ayant sous ses ordres le général Turreau.

Salomon était chargé d'envoyer des patrouilles de cavalerie sur les hauteurs de Concourson, de s'assurer des lieux où il existait des grains et des farines qui devaient être transportés à Saumur, et de pousser des patrouilles légères jusqu'à Vihiers, pour y répandre le décret relatif aux mesures à prendre contre les rebelles.

Pendant ce mouvement, la garnison de Saumur devait se porter sur les hauteurs de Bournan pour appuyer Salomon, et ne rentrer à Saumur qu'avec le général.

Le 13, quatre-vingts cavaliers vendéens entrèrent à Airvault ; la municipalité en informa le district de Loudun le lendemain. « La journée d'hier, disait-on, a été fort triste pour nous : nous avons été surpris, comme vous, par les insurgés au moment où ne nous attendions point à une pareille visite ; quatre-vingts cavaliers bien armés arrivèrent hier dans notre ville à sept heures du soir : nos maisons furent investies aussitôt. Heureusement le hasard voulut que nous fussions sur notre place ; nous nous sommes sauvés et nous devons notre salut à la fuite ; leur dessein était de nous emmener prisonniers. Ils ont fouillé dans nos maisons, en menaçant nos domestiques et en vomissant des imprécations contre nous ; ils ont pris les armes qu'ils ont trouvées chez différens particuliers. La caisse du receveur de l'enregistrement a été forcée ; il n'y avait rien. Ils ont enlevé tous les paquets de la poste et les lettres chargées ; ils ont pris à un patriote deux barriques d'eau-de-vie, et ont évacué notre ville à onze heures et demie. Ils ont menacé de revenir brûler la ville d'Airvault, si nous ne changeons point de conduite, c'est-à-dire si nous n'entrons point dans leur rébellion ouverte.

» Notre position est terrible, nous nous attendons à périr ; nous sommes absolument abandonnés ; nous avons fait notre devoir et nous le ferons toujours. »

Le 14, Salomon rendit compte à Rossignol de son expédition ; il était allé jusqu'à Vihiers, où ses hussards avaient chargé quelques *imbéciles fana-*

tiques. Il ajoutait que, d'après les renseignemens qu'il avait pris, six mille Vendéens gardaient Coron.

« J'ai oublié, mandait-il le lendemain, de dire que l'ennemi en force a poursuivi mes hussards depuis Coron jusqu'à un quart de lieue de Vihiers. Les Vendéens sont réellement au nombre de plus de six mille, avec six ou sept pièces de canon. »

Cependant le général Rey, qui venait de réorganiser quelques bataillons à Chinon, forma le projet de marcher sur Chollet; il en fit part au général en chef par la lettre suivante, du 14 :

» D'après plusieurs renseignemens que j'ai pris sur la marche de l'ennemi, j'ai appris qu'il n'y avait plus personne à Chollet, et qu'il y restait trois mille de nos prisonniers, gardés seulement par les bourgeois de Chollet, ce qui m'a disposé à me mettre en marche avec treize cents hommes d'infanterie, y compris cent hommes de cavalerie, afin d'aller délivrer nos braves frères d'armes qui ont eu le malheur de tomber entre les mains des rebelles.

» Ma marche se dirigera demain, 15 du courant, partant de Chinon à quatre heures du matin pour aller coucher à Thouars, où j'attendrai vos ordres jusques à quatre heures du vendredi matin, 16 du présent. Si je ne reçois d'ici à ce temps aucune réponse de vous, je continuerai ma route jusqu'à

Chollet où j'irai coucher vendredi, afin de mettre ces malheureux hors d'esclavage (1).

» L'inactivité que j'ai eue jusqu'à ce jour m'a décidé à faire cette marche, par l'ardeur qu'a la troupe de prouver son zèle et son attachement à la république, et montrer qu'elle veut réparer les torts qu'elle a eus jusqu'à présent. »

Rossignol s'empressa de répondre le lendemain.

« C'est avec la dernière surprise que j'ai vu, dans la lettre que vous m'écrivez, que vous ayez pu vous permettre d'entreprendre une démarche aussi inconsidérée, aussi peu réfléchie, et même aussi dangereuse; vous ne devez jamais faire de mouvement sans m'en instruire, et sans que je ne l'aie ordonné. Vous êtes coupable, et vous vous êtes exposé à sacrifier treize cents hommes pour un acte d'humanité mal entendue. Le général Salomon s'est porté hier 14, près de Coron, à deux lieues de Chollet; il y a rencontré l'ennemi au nombre de six mille hommes, et comme il n'en avait que deux mille, après avoir repoussé les avant-postes, il est revenu à Doué. Ainsi vous voyez que vous êtes mal instruit par les rapports qui vous sont faits; que d'ailleurs, s'il y eût eu une marche à faire sur Chollet, ce n'était point à l'armée de Chinon à la faire, attendu qu'elle est plus éloignée que celle de Saumur.

---

(1) Voilà la sottise qui, au dire de Momoro, devait envoyer la tête de Rey à la guillotine.

» Je vous enjoins de rentrer à l'instant à Chinon et de ne rien entreprendre que je ne vous aie donné des ordres.

» J'ai communiqué votre lettre aux représentans du peuple; ils sont étonnés de votre conduite, et partagent les sentimens que je viens de vous exprimer. »

Rossignol adressa en même temps au ministre la lettre de Rey et sa réponse; il ajoutait : « D'après vos ordres, et conformément à l'avis du comité de salut public, je dois me tenir sur la défensive, jusqu'à la réorganisation de l'armée et jusqu'à l'arrivée des troupes de Mayence. J'ai pris en conséquence toutes les mesures nécessaires pour la défense des différens postes occupés par l'armée.

» Baudry, qui commande une colonne aux Sables, a son frère chef de rebelles. Vous jugerez d'après cela de la confiance qu'on peut mettre dans de semblables personnes (1). »

Le 15, Rossignol écrivit à Chalbos : « Dans la liste des officiers généraux suspendus provisoirement, qui m'a été envoyée par le ministre, le général de brigade Tuncq se trouve compris. Vous voudrez bien en conséquence lui signifier sa suspension et lui ordonner de s'éloigner, conformément au décret, à vingt lieues de l'armée où il est employé. »

---

(1) Baudry ne tarda pas de recevoir sa lettre de suspension.

Rossignol annonça qu'il ne tarderait pas de se rendre à Niort. Il prévint le département de Maine-et-Loire qu'il avait envoyé des forces du côté de Brissac pour faciliter la coupe des récoltes et la rentrée des grains et fourrages sur les derrières de l'armée; « mais, ajoutait-il, aux termes du décret du 1er. août, ces récoltes doivent être mise sous la sauvegarde de la nation, et ne resteront pas entre les mains des propriétaires qui courraient le risque de les voir devenir la proie des rebelles. »

Il prescrivit aux chefs de corps de lui adresser tous les quatre jours des états de situation, conformément à l'ordre du comité de salut public du 5 août. « Comptez sur mon zèle et mon activité, disait-il au comité, c'est par des faits que je veux justifier la confiance que l'on a mise en moi. »

§ III. (Basse Vendée.) Le château d'O attaqué sans succès par Charette. — Position des troupes de l'armée des côtes de Brest. — Attaque des Vendéens sur Luçon le 14 : ils sont repoussés. — Détails. — Félicitations adressées par la commune de Paris à Rossignol. — Relation du bulletin des amis de la religion et de la monarchie. — Déclaration de la Convention : *le peuple Français va se lever tout entier.* — Projet des représentans Goupilleau et Bourdon de se porter sur Mortagne. — Ils adressent au comité de salut public leurs arrêtés relatifs au général Tuncq et à la suspension de Canier.

Basse Vendée.

Le 10, Canier, chef de l'état-major de Tuncq, informa le général Boulard que l'ennemi se rassemblait en force à Chantonnay, et qu'il devait se porter sur les Sables ou sur Luçon. « Tout concourt, ajoutait-il, à faire croire qu'il cherche un port de mer pour faciliter peut-être l'entrée d'une force étrangère. »

Le même jour, le château d'O fut attaqué par les Vendéens. Le représentant Gillet écrivit le lendemain à la Convention :

« Charette avait annoncé qu'il troublerait hier la fête, en attaquant Nantes et Paimbœuf; il s'est borné à attaquer avec six mille hommes, à dix heures et demie, le château d'O défendu par sept cents hommes. L'attaque a été dirigée sur quatre points. Les batteries d'Indret ont fait taire celles de l'ennemi qui a été repoussé avec perte. Le citoyen Martin, commandant du poste, a été blessé. »

Gillet fit en même temps connaître au comité de salut public la position des troupes de l'armée des côtes de Brest.

1°. Avant-garde à Ancenis pour la garde des passages depuis Ancenis jusqu'à Varades;

2°. Garnison de Nantes, environ quatre mille hommes, non compris la garde nationale, qui fournit tous les jours treize cents hommes de garde;

3°. Environ huit cents hommes de garnison aux postes de Mauves et Thouaré;

4°. Garnison de Paimbœuf, deux mille hommes

d'infanterie et un escadron de chasseurs à cheval. Cette place fortifiée est défendue par des pièces de trente-six, vingt-quatre, dix-huit et douze, avec deux batteries placées sur des vaisseaux embossés aux deux extrémités. La navigation de Paimbœuf à Nantes est protégée par dix chaloupes canonnières;

5°. Noirmoutier, dans un bon état de défense, avec un commandant patriote du premier mérite (1);

6°. La garnison de Belle-isle d'environ trois mille hommes; cent cinquante bouches à feu bien approvisionnées.

On ignore, ajoutait le représentant Gillet, la destination de l'escadre anglaise.

Les rassemblemens annoncés de différens points de la Vendée s'étaient réunis à Chantonnay et formaient une masse considérable. Le 14, cette armée se porta sur Luçon.

Le général Tuncq annonça le même jour au général Boulard qu'il avait été attaqué à midi et demi par quarante mille hommes; que l'ennemi avait été complétement battu, avec perte de seize pièces de canon, dont deux de douze, quatre de huit, dix de quatre, six caissons, plusieurs voitures de vivres, et trente-sept bœufs gras. « Les représentans, ajoutait-il, ont partagé tous les

---

(1) L'infortuné Wielland, sacrifié lors de la reprise de Noirmoutier au mois de janvier suivant.

dangers et tous les succès. L'avant-garde est à Sainte-Florence; je marche en avant pour profiter de la victoire. Au nom de la patrie, marchez donc en avant aussi. »

Cette victoire fut annoncée à l'administration des Sables par celle de Luçon. « Victoire, s'écriait-on; l'ennemi est en pleine déroute; l'artillerie volante, l'infanterie, la cavalerie, les représentans du peuple, les généraux, les soldats, tout le monde mérite des éloges. Nos troupes poursuivent leur victoire à Saint-Hermand et au delà des Moutiers sur le Lay. »

Elle fut également annoncée au président de la Convention par les représentans Goupilleau de Fontenay et Bourdon de l'Oise. « Depuis quatre jours, écrivaient-ils de Saint-Hermand, le 14, Tuncq recevait des avis certains que les rebelles faisaient de grands rassemblemens à Mortagne, Chantonnay et ailleurs, pour venir attaquer les troupes de la république campées dans les plaines de Luçon. Chalbos avait eu les mêmes avis et les avait transmis au général Tuncq qui avait pris toutes ses dispositions pour s'assurer du succès. Enfin, aujourd'hui les rebelles se sont avancés sur trois colonnes très-nombreuses composées de plus de quarante mille hommes, tant en infanterie qu'en cavalerie. Ils avaient réuni ce qu'ils appellent leurs armées d'Anjou, de Bretagne et de Poitou. Le combat s'est engagé, et en moins d'une heure et demie la plaine a été couverte de morts, et l'ennemi a pris la fuite. Notre avant-garde a déjà pris poste à une lieue et demie en avant de Saint-Hermand. Nous sommes décidés à les poursuivre et à ne pas leur donner le temps de se rallier. Si les autres divisions de l'armée profitent de ce moment pour nous seconder, nous espérons que la guerre de la Vendée sera bientôt terminée.

» Six mille républicains ont remporté cette victoire, et nous sommes convaincus que les rebelles, *eussent-ils été cent mille hommes*, n'en auraient pas moins été défaits, tant nos soldats ont montré de courage et d'intrépidité. Toute l'armée a fait son devoir. L'artillerie volante a fait des prodiges. »

Les représentans informaient ensuite la Convention que Tuncq avait reçu la veille, à onze heures du soir, une lettre ministérielle qui lui annonçait sa suspension ; que dans une circonstance aussi délicate, ils avaient pris un arrêté pour le continuer dans ses fonctions, et que la victoire avait justifié cette mesure. « Tous les jours, ajoutaient-ils, on accorde des brevets de généraux à des hommes qui n'ont peut-être jamais monté la garde, lorsqu'on suspend un citoyen qui, avec une poignée de braves soldats, remporte trois victoires complètes dans l'espace de dix-huit jours. Nous avons pris sur nous de nommer provisoirement Tuncq général divisionnaire, et nous espérons que la Convention voudra bien confirmer cette nomination. Tuncq a trente-une années de service ; il s'honore d'être fils d'un honnête tisserand. »

Rossignol transmit les détails de ce succès au ministre de la guerre, et à la commune de Paris qui lui répondit le 22 :

« La commune a applaudi, avec tout Paris, à la victoire du général Tuncq. Elle a remarqué avec satisfaction, dans les détails que vous en donnez, un accord parfait de talens militaires et de courage des généraux, soldats et républicains, heureux présage de la défaite totale et prompte des rebelles insensés qui osent combattre les enfans de la liberté et les saintes lois que la constitution assure à la république.

» La patrie voit en vous un de ses enfans chéris. Le char de la victoire vous attend, pour montrer aux rois et aux peuples de l'Europe comment une nation libre sait triompher des esclaves, des despotes, des fanatiques religieux et royalistes, et comment, en punissant les traîtres et les lâches, elle récompense la loyauté et la vaillance de ses défenseurs. »

On trouve la relation de cette affaire dans le Bulletin des amis de la religion et de la monarchie, du 20 août, de l'Imprimerie royale du conseil supérieur. La voici :

« Depuis long-temps nos généraux avaient formé le projet d'attaquer l'armée républicaine campée près de Luçon ; ils s'y portèrent le mercredi 14 avec des forces considérables. L'attaque se fit sur trois colonnes; la gauche aux ordres de MM. Charette, Lescure, etc., rencontra la première l'ennemi, le débusqua de son poste, se saisit de trois canons avec une vivacité sans exemple; déjà les cris de victoire se faisaient entendre, quand des malveillans répandus dans l'armée se débandèrent et s'enfuirent à toutes jambes. Ils entraînèrent après eux le centre et la droite; la gauche se vit forcée d'abandonner ses avantages et de se battre en retraite, ce qu'elle fit avec autant de bravoure que d'intelligence.

» Le reste de l'armée se retira vers Chantonnay, avec une perte en hommes beaucoup moins considérable que le désordre de la retraite ne semblait l'annoncer. Nous ne connaissons d'officier blessé que M. le marquis de la Roche-Saint-André. Cinq de nos canons et plusieurs caissons ont été sauvés, le reste est tombé au pouvoir de l'ennemi qui, sans doute, n'aura pas été moins surpris que nous de remporter une victoire, quand tout lui annonçait une défaite et une perte certaines.

» On ne peut trop le répéter, l'extrême facilité avec laquelle on admet parmi nous des êtres suspects auxquels on ne devrait se confier qu'après de longues épreuves, est la première cause de ces échecs momentanés. Nous en avons fait, le 15 juillet, une triste épreuve à Martigné; nous venons encore de la faire à Luçon. Espérons que ces malheurs, faciles à réparer, apprendront aux habitans du pays conquis à discerner leurs vrais et leurs plus dangereux ennemis, et à ne pas user, à leur égard, d'une fausse modération.

Nouvelles de l'intérieur.

» Rien n'égale le désespoir et la rage des tyrans de la France. On dirait que plus ils approchent du moment où leur règne barbare doit finir, plus ils se préparent à combler la mesure de leurs crimes, pour ôter à leurs complices tout espoir de pardon. Ce n'est plus en hommes policés, mais en sauvages qu'ils veulent faire la guerre, afin que tout ce qui n'aura pu servir à contenter leur voracité devienne la proie des flammes et ne présente plus que l'image affreuse de la destruction.

» Ils ont arrêté dans la séance du 2 août que la garnison de Mayence se rendrait en poste dans la Vendée; qu'on ferait contre nous une guerre extraordinaire qui consistera dans l'incendie des bois et des forêts, la destruction des habitations, l'enlèvement des récoltes, celui des vieillards, des femmes et des enfans, pour les transférer dans l'intérieur. La Convention soi-disant nationale ordonne en outre le massacre général de tout homme réputé en état de porter les armes, et la confiscation des biens et des propriétés du pays conquis, pour les partager entre elle et ses complices.

» Habitans du pays conquis, pesez les horribles conséquences de l'horrible décret porté contre vous : il vous impose la nécessité de vaincre, puisque la mort attend aussi-bien le lâche qui fuira, que le brave qui s'expose à périr dans les combats. Il annonce en même temps que vos ennemis sont à leurs derniers moyens, et qu'un effort de plus, en vous donnant la victoire, assure votre tranquillité. »

A cette époque, la France était menacée d'une ruine prochaine : il suffit, pour s'en convaincre, de lire les rapports faits par Barrère, au nom du comité de salut public, dans les séances des 14, 15 et 16 août. Il disait dans cette dernière séance : *Quand un peuple veut être libre, il l'est...* Il fit adopter le projet suivant :

« Le peuple français déclare, par l'organe de ses représentans, qu'il va se lever tout entier pour la défense de son indépendance, de sa liberté, de sa constitution, et pour délivrer son territoire de la présence des despotes et de leurs satellites. »

Le 17, les représentans Goupilleau et Bourdon informèrent leurs collègues à Saumur que leur intention était de se porter sur Mortagne. « Si vous pouvez, ajoutaient-ils, profiter du moment pour nous seconder en marchant sur Chollet, cette diversion nous assurera en quelque sorte la fin de la guerre de la Vendée. Tâchez de ne marcher qu'avec des troupes d'élite ; nos succès doivent vous convaincre que ce n'est pas la quantité, mais la qualité des troupes qui assure la victoire. »

Le lendemain ils adressèrent au comité de salut public les arrêtés qu'ils avaient pris relativement à Tuncq, ainsi qu'un arrêté du 15 qui suspendait Canier. « Trois victoires, disaient-ils, remportées dans l'espace de dix-huit jours par Tuncq, un patriotisme à toute épreuve, du zèle et des talens militaires, voilà nos motifs. Quels sont donc ceux du conseil exécutif pour suspendre ce citoyen? Il nous semble qu'avant de prendre de pareilles mesures il faudrait au moins consulter les commissaires de la Convention qui sont à l'armée. Chargés de surveiller les généraux, ils sont plus que personne à portée de rendre compte de leur conduite.

» Nous devons vous le dire : on cherche à désorganiser la division de l'armée où nous nous trouvons, en suspendant celui qui a su la conduire à la victoire et qui a obtenu à juste titre la confiance du soldat. On cherche à la désorganiser en faisant des nominations absurdes, et en donnant des grades à des hommes qui n'ont pas la moindre idée du métier des armes. Nous vous déclarons que nous userons de toute l'étendue de nos pouvoirs pour chasser les intrigans. »

» Il est de notre devoir et de votre justice de faire confirmer Tuncq dans le grade de général divisionnaire. Personne n'a rendu à sa patrie plus de services que lui dans cette malheureuse guerre, et si nos pressentimens ne nous trompent pas, nous espérons qu'il en rendra encore d'essentiels.

Notre position est à huit lieues en avant de Luçon, dans une superbe plaine. Nous avons prévenu toutes les divisions de l'armée de notre mouvement, et pour peu qu'on agisse sur d'autres points, nous tirerons un grand avantage de notre victoire, en ne donnant pas à notre ennemi le temps de former d'autres rassemblemens. »

Ces représentations firent conserver Tuncq, mais ne détruisirent pas l'animosité du parti Ronsin. Le ministre donna avis à Rossignol, le 20, que le général Tuncq, suspendu par le conseil exécutif, venait d'être rétabli par la Convention.

La défaite des Vendéens avait répandu la consternation dans le pays; on pouvait espérer de grands avantages en pénétrant dans l'intérieur de la Vendée, mais le désordre qui régnait encore parmi les troupes républicaines ne permettait guère de les faire agir avec quelque succès.

Le représentant Gillet écrivait de Nantes, le 16, au comité de salut public, que l'on était parvenu à désorganiser l'armée des côtes de Brest, en révoquant ou renvoyant dans d'autres armées, sans les remplacer, presque tous les commissaires des guerres. De là plus de revues, plus de comptabilité. « J'ai pris, ajoutait-il, avec mon collègue Philippeaux, un arrêté pour l'organisation complète de l'administration militaire; elle marchera si l'on ne vient pas la détruire de nouveau. »

Les commissaires Brulé et Besson écrivaient de Saumur au ministre, le 17 : « Le même plan de désorganisation existe toujours parmi les bataillons de Paris : il semble que l'on ait envoyé tous les motionneurs de la capitale. La loi relative aux femmes qui suivent les armées ne s'exécute point ; les états-majors se sont emparés de tous les chevaux de luxe : tout est au pillage. On va tâcher d'épurer les bataillons de tous les contre-révolutionnaires. »

Le général Duhoux, à Angers, n'avait que trois mille deux cent quarante-huit hommes de bataillons de réquisition, répartis dans quinze postes sur la rive droite de la Loire, depuis Ingrande jusqu'aux Ponts-de-Cé. « Il manque, disait-il dans son rapport du 17 août, plus de quatre cents fusils sur la totalité des troupes, et en outre, le rassemblement des citoyens augmente ou diminue tous les jours. Ils partent comme il viennent, et leurs fusils, qui ne sont pas de calibre, sont dans le plus mauvais état et ne valent rien pour la majeure partie. »

Le 18, les représentans Choudieu et Richard prirent à Saumur un arrêté qui défendait, sous quelque prétexte que ce fût, le pillage des propriétés. Ils déclaraient qu'ils feraient punir, avec toute la sévérité des lois, les soldats qui s'en rendraient coupables, ainsi que les officiers et même les généraux qui oublieraient assez leurs devoirs et le caractère de vrais républicains pour les tolérer.

Ils avaient enjoint, la veille, au général Bournet, chef de l'état-major de Rossignol, de retenir provisoirement à Saumur les chevaux et les voiture à quatre roues, mis à la disposition de Ronsin qui partait pour Paris.

§ IV. (Haute Vendée.) Merlin de Thionville et Reubell nommés commissaires de la Convention auprès de l'armée de Mayence. — Plan du général Grouchy pour la réunion de la colonne de Mayence à l'armée des côtes de Brest. — Le représentant Philippeaux se rend auprès du comité de salut public pour appuyer ce plan. — Il est agréé par le comité. — Détails donnés par la municipalité d'Airvault sur les suites de l'affaire de Luçon. — Plaintes contre l'indiscipline et le pillage. — Rossignol se rend à Niort avec le représentant Bourbotte. — Le général Santerre, chargé du commandement pendant son absence, rend compte au ministre. — L'adjudant-général Desmarres dissipe des rassemblemens dans les environs de Saint-Maixent. — Expédition de Chalbos sur Bourneau. — Rapport confidentiel d'un chirurgien des Vendéens sur les pertes éprouvées à l'affaire de Luçon et sur les projets des chefs vendéens. — Airvault, envahi le 23 par les Vendéens. — Entrevue, à Chantonnay, de Bourbotte et Rossignol avec Goupilleau, Bourdon et le général Tuncq. — Mécontentement des uns et des autres. — Arrêté qui suspend Rossignol de ses fonctions. — Suites. — Autre arrêté qui met en arrestation Rossignol et ses complices. — Détails à ce sujet. — Arrêté des représentans réunis à Tours. — Décret de la Convention.

Haute Vendée.

La garnison de Mayence approchait d'Orléans : la Convention décréta, le 17, que Merlin de Thionville et Reubell s'y rendraient sur-le-champ en qualité de représentans du peuple, et conduiraient cette garnison contre les rebelles de la Vendée. Ils furent chargés d'établir près de cette colonne un tribunal pour réprimer les délits militaires, et punir les malveillans qui tenteraient de corrompre l'esprit de l'armée.

Une instruction ministérielle, du 18, régla la correspondance des officiers-généraux et des états-majors.

Indépendamment de la correspondance intime et journalière des généraux d'armée, les chefs des états-majors devaient adresser au ministre, les 1er. et 16 de chaque mois ;

1°. L'état général de situation et de mouvement des corps, etc. ;

2°. La carte des cantonnemens, etc. ;

3°. Le plan des camps et du terrain, etc. ;

4°. La carte de l'ouverture des marches, etc. ;

5°. Le plan de chaque combat, bataille, etc.

Toutes les cartes et plans devaient être envoyés au dépôt de la guerre.

La garnison de Mayence était un objet d'ambition pour les généraux des armées de La Rochelle et de Brest, et un objet d'inquiétude pour les Vendéens.

Dès le 14 août, le représentant Cavaignac avait adressé au comité de salut public un plan proposé par le général Grouchy, alors chef de l'état-major de l'armée des côtes de Brest.

Il s'agissait de joindre à cette armée la garnison de Mayence, afin de couper aux rebelles toute communication avec la mer : trois mille cinq cents hommes se réuniraient aux Mayençais. On marcherait de Nantes sur Port-Saint-Père, Machecoul, etc.; la jonction s'effectuerait avec la division des Sables: on pénétrerait ensuite dans le cœur des pays insurgés en désarmant les campagnes. On agirait en même temps des différens points de la circonférence : une grande et seule opération terminerait cette guerre affligeante. Niort et Poitiers seraient mis auparavant en état de défense.

L'armée de Brest était alors composée de deux mille sept cent trente-neuf volontaires, mille quatre-vingt-dix hommes de troupes de ligne, deux cent cinquante-deux cavaliers et cent quarante-quatre artilleurs ; total de la force disponible de cette armée, quatre mille deux cent vingt-cinq hommes.

Le représentant Philippeaux, témoin des derniers désastres de l'armée de Saumur, se rendit auprès du comité de salut public pour appuyer le plan du général Grouchy. « L'armée de Mayence, dit-il à la suite d'un long rapport qu'il présenta, se trouverait corrompue et perdue dans le marais fangeux de l'état-major de Saumur. Le seul parti à prendre est de la faire descendre à Nantes pour se réunir à celle des côtes de Brest. Pendant qu'elle agira, l'armée de Tours et de Saumur formera un corps de réserve; elle fera beaucoup de bien en ne faisant pas de mal. Je puis répondre sur ma tête qu'en suivant cette marche la guerre ne durera pas un mois ; tous les motifs que je viens de donner au comité sont assez puissans pour entraîner son approbation. Je viens de cent lieues solliciter cette décision importante ; vous la devez au salut de votre pays : parlez, et sur-le-champ, je vole à la victoire qui désormais est infaillible. »

Le comité prit en conséquence un arrêté qui donna lieu à de grandes contestations entre le parti de Saumur et celui de Nantes, ainsi qu'on le verra bientôt.

Les malheureuses communes, voisines des limites du pays conquis, étaient continuellement exposées à toutes les horreurs de la guerre civile.

Le 19, la municipalité d'Airvault écrivait au district de Loudun :

« La terreur, suite de la victoire de Luçon, devance nos troupes. Ces malheureux quittent leurs foyers et refluent dans notre petite ville, emmenant avec eux ce qu'ils ont de plus précieux.

» Des prisonniers nous ont rapporté hier soir que le tocsin sonnait partout, mais qu'on n'ambitionnait plus la gloire de mourir pour les prêtres et les nobles. Des gens sans aveu, des contrebandiers, des domestiques, des voleurs, tels sont les soldats qui suivent les chefs de la rébellion. Comme ils trouvent toujours une occasion sûre de s'enrichir impunément en dévastant les propriétés, on doit croire qu'ils ne renonceront pas facilement à des moyens si attrayans : ils ont enlevé les laines et tous les blés de Tournay. Cette sainte expédition fut opérée vendredi (16) au nom du ciel : tout le butin a été conduit avec notre eau-de-vie à Châtillon. »

Les citoyens de la commune de Thouars disaient dans une adresse aux représentans du peuple et au général en chef :

« Depuis la prise de Thouars, fatale époque qui coûte des millions à cette ville, les rebelles, en patrouilles, en détachemens, en attroupemens nombreux, n'ont cessé d'entrer fréquemment dans nos murs, d'y séjourner, d'y vivre à discrétion, d'emprisonner plusieurs habitans et d'en emmener avec eux.

» Malgré cela, citoyens, nous sommes toujours les mêmes. Soyez bien convaincus que si les habitans de Thouars se sont trouvés dans l'impossibilité de manifester leur vœu sur la constitution dans la forme indiquée par la loi, ils ne l'acceptent pas moins de cœur et d'esprit. »

Les officiers municipaux de Martigné témoignaient aux représentans leur douleur de voir leur pays désolé, menacé encore d'un incendie général.

« La constitution, ajoutaient-ils, est acceptée *dans le général.* Nous vous supplions donc de prendre sous votre protection cette malheureuse commune, de la délivrer des ennemis qui la menacent et l'environnent de toutes parts, et d'empêcher que vos troupes ne continuent de la vexer par les pillages et brigandages qu'elles y commettent : qu'elles cessent d'insulter à de pauvres citoyens qui n'ont rien tant à cœur que de verser leur sang pour la patrie, en les maltraitant aussi indignement qu'ils le font, emportant avec eux tout ce qu'ils ont dans leurs maisons, lorsqu'ils sont à vaquer à leur ouvrage; soutenant, contre la vérité, qu'ils sont dans l'armée des émigrés, prétexte dont ils se servent pour piller. »

Les commissaires Brulé et Besson adressèrent de nouvelles plaintes au président du comité de salut public, sur l'indiscipline et le pillage des troupes.

« Malgré les décrets relatifs à la discipline des troupes, disaient-ils, malgré les exemples de sévérité, le désordre et les excès continuent dans les troupes, et surtout dans les bataillons de Paris. Les soldats, formant l'avant-garde à Doué, s'écartent jusqu'à trois lieues pour piller. Cette indiscipline peut perdre l'armée et prolonger la guerre. Les résultats en sont trop funestes pour n'avoir pas été calculés par Pitt et Cobourg. Les bataillons de Paris renferment des contre-révolutionnaires, des émigrés, des voleurs formés en compagnies. La seule mesure à prendre est de ne laisser dans les bataillons que les gens connus pour avoir un domicile, et de renvoyer les autres sur les derrières, dans les places où ils seraient surveillés et contenus. Il est à craindre qu'ils ne cherchent à corrompre nos frères de Mayence. »

Cette lettre fut renvoyée au ministre de la

guerre, qui chargea Rossignol de réprimer ces abus.

Rossignol partit de Saumur le 19, avec le représentant Bourbotte, pour faire la visite des divisions de son armée à Niort, Luçon et les Sables. A Niort, il reçut de Bonneau, adjoint à l'adjudant-général Boissier, des plaintes graves contre le général Tuncq qu'il accusait de l'avoir fait arrêter arbitrairement, et de l'avoir menacé de le faire fusiller. Bonneau fut remis en liberté, et sa plainte fut un nouveau titre contre Tuncq.

Le général Santerre, resté à Saumur, informa le ministre, le 22, qu'il était chargé par Rossignol de commander en son absence. « Rossignol, ajoutait-il, est mécontent de Tuncq, à cause de ses anciennes liaisons avec les *ci-devant*. La suspension de Baudry lui sera notifiée.

» Vous vous rappellerez peut-être que je vous ai témoigné de l'attachement pour Rossignol. Je suis le seul qui l'ai demandé à Biron avec sa troupe. Je le connaissais depuis long-temps; nous marchions ensemble, et j'ai trouvé en lui l'homme de la nature, brave, et dont l'esprit était rare. Il craignait le fardeau de sa place. J'éprouve du plaisir à servir sous ses ordres.

» Je ne saurais approuver la fabrication des piques, et j'en regrette la dépense. J'en ai déjà soixante mille de faites qui ne serviront à rien; je n'approuve pas non plus la levée en masse : cela serait bien dangereux, à cause des subsistances et des manœuvres. Il vaudrait mieux distribuer cette levée par partie dans les places et les postes (1).

» *Des mines!... des mines à force!... des fumées soporatives! et puis, tomber dessus....* »

Je n'ai que sept mille hommes, y compris les mille huit cents qui sont au château. J'ai donné ordre à Rey de se porter avec mille cinq cents hommes à Loudun et à Thouars, pour inquiéter les rebelles en évitant le combat.

» Je n'ai pas voulu qu'il y eût une plume intermédiaire ; je vous prie de communiquer cette lettre au comité de salut public, cela pourra lui fournir quelques idées. »

Des mines dans la Vendée !... des fumées soporatives !... Il n'y avait point, à cette époque, de rêveries qu'on ne fût tenté d'essayer contre la Vendée. Je me rappelle qu'un adepte, se prétendant *physicien et alchimiste*, présenta aux députés qui se trouvaient à Angers une boule de cuir remplie, disait-il, d'une composition dont la vapeur, dégagée par le feu, devait asphyxier tout être vivant fort loin à la ronde. On en fit l'essai dans une prairie où se trouvaient quelques moutons que la curiosité attira vers le lieu de l'expérience, et personne n'en fut incommodé.

Cependant il se formait de nouveaux rassemblemens de Vendéens dans les environs de Parthenay. L'adjudant-général Desmarres, comman-

---

(1). Sauterre avait raison.

dant le camp de Saint-Maixent, marcha le 18 sur les points de réunion de ces rassemblemens, et les dissipa. Il en rendit compte au ministre le 20, en lui annonçant qu'il avait poursuivi les rebelles pendant sept heures de chemin, et que Rossignol et Bourbotte, à leur passage à Niort, l'avaient autorisé à tenter l'enlèvement des magasins.

La municipalité d'Airvault confirma ce succès, dans une lettre du 21, adressée au district de Loudun. « La petite expédition dans les environs de Parthenay, disait-on, a été terminée heureusement. Les rassemblemens ont été dissipés; les drapeaux blancs ont été enlevés et brûlés. Un de ces drapeaux a été enlevé dans la paroisse de Saint-Aubin, à deux lieues de Parthenay. »

Le 21, Chalbos, informé qu'il existait un rassemblement considérable à Bourneau, se porta sur ce point, marchant sur deux colonnes : celle de gauche, aux ordres du général Duval, attaqua et mit en fuite les Vendéens.

Le 22, le secrétaire du district de Thouars annonça au général Santerre qu'un bon républicain de la campagne, chirurgien (forcé) des rebelles, était venu le trouver de confiance, et lui avait fait le rapport suivant :

« 1°. La déroute de Luçon a coûté aux rebelles plus de six mille hommes; quinze cents au moins se sont noyés dans une rivière.

» 2°. Ils ont fait un nouveau rassemblement

pour attaquer Luçon ou Saumur. Il pense qu'ils attaqueront Luçon de préférence.

» 3°. Ce rassemblement n'excède pas trente à quarante mille hommes qui n'ont que très-peu de munitions : leur intention est de *foncer* à tous périls sur l'artillerie des patriotes. Ils n'ont plus que quarante à cinquante canons, et il ne leur reste que trente à quarante coups à tirer ; c'est le motif qui les détermine à *foncer* sur l'artillerie. »

Le même jour, la municipalité d'Airvault donnait avis qu'un rassemblement était parti de Bressuire pour se porter à Boëmé, et de là sur Parthenay. « Le tocsin, ajoutait-on, sonne continuellement depuis trois jours. Des courriers sont expédiés à chaque instant de Châtillon pour accélérer le mouvement général. Les billets imprimés, signés de plusieurs généraux, portent qu'on ne pourra, sous aucun prétexte, se dispenser de répondre à la réquisition ; que ceux qui refuseraient de partir pour une si sainte expédition, qui doit assurer leur bonheur, seront fusillés, tous leurs biens et meubles confisqués, et qu'on marchera en corps sur les communes qui se détacheraient de la sainte cause. Les malheureux paysans se cachent dans les bois pour ne pas partir. Le bandeau du fanatisme tomberait bientôt, si le conseil suprême de Châtillon ne le rattachait à chaque instant. Nous craignons que les rassemblemens qui se forment dans nos environs ne se dirigent sur notre ville.

Cette crainte était fondée. L'administration du district de Loudun écrivit le 23, au général Santerre : « Ce matin, à trois heures, les rebelles, au nombre de quatre cents, sont entrés à Airvault, pour enlever les hommes et les vivres. Le tocsin a sonné inutilement pour les Vendéens; les habitans ont pris la fuite, préférant la mort à la honte de servir des brigands. Le général Rey, qui en a été prévenu, s'est mis à leur poursuite. »

Cependant, le général Rossignol et le représentant Bourbotte arrivèrent le 21 à Chantonnay, où se trouvaient les représentans Goupilleau de Fontenay, Bourdon de l'Oise et le général Tuncq. Leur entrevue ne fut pas de longue durée : on s'adressa de part et d'autre des reproches, et l'on se sépara le même jour fort mécontens les uns des autres. Rossignol et Bourbotte revinrent dans la nuit à Fontenay.

Le 22, Goupilleau et Bourdon prirent l'arrêté suivant :

« Considérant que le premier de nos devoirs est de ne laisser à la tête de nos armées que des citoyens qui, par une conduite sans reproche, se rendent dignes de la confiance des troupes; que le citoyen Rossignol, nommé commandant en chef de cette armée, s'y est comporté antérieurement d'une manière qui, loin d'inspirer cette confiance, l'en a rendu indigne; que les motifs sur lesquels est fondé le présent arrêté ont été déduits dans des lettres par nous écrites à plusieurs membres du comité de salut public (1) et seront incessamment mis sous les yeux de la Convention nationale :

» Arrêtent que Rossignol demeure suspendu de ses fonctions de général en chef de l'armée des côtes de La Rochelle, et qu'il sera tenu de se retirer à vingt lieues de distance des armées de la république (2).

» Fait à Chantonnay, le 22 août 1793, etc. »

Ils écrivirent en même temps au général Chalbos :

« Nous vous faisons passer, citoyen général, le duplicata d'un arrêté que nous venons de prendre, par lequel nous avons suspendu Rossignol de ses fonctions de commandant en chef de l'armée des côtes de La Rochelle. Il est inutile de vous observer que vous ne devez plus le reconnaître en cette qualité, et qu'il est important que vous donniez des ordres en conséquence à toutes les divisions qui sont sous votre commandement.

» Vous savez, lui mandèrent-ils le lendemain, que Biron n'étant qu'appelé à Paris pour rendre compte de sa conduite, nous avons décidé, verbalement à la vérité, que ses chevaux ne pouvaient être considérés comme chevaux de luxe. Rossignol,

---

(1) Voir la lettre à Gasparin, du 2 août.
(2) Cet arrêté acheva de tout paralyser.

burlesquement devenu général, s'est permis d'abuser de sa nomination pour mettre en réquisition les chevaux de Biron. Il n'était sans doute pas nommé général pour cette opération. Au surplus, il ne l'est pas maintenant; ainsi faites arrêter les chevaux, et ils resteront jusqu'à ce qu'ils puissent être légalement considérés comme chevaux de luxe. »

Le même jour, ils rendirent à la Convention le compte suivant :

« Vous nous avez envoyés près de cette armée particulièrement pour y surveiller les agens militaires; vous nous avez donné le droit de les suspendre et de prendre toutes les mesures que nous croirons utiles à notre patrie. Nous osons nous flatter d'avoir usé jusqu'à présent des pouvoirs dont vous nous avez investis pour le plus grand avantage de la république. Les succès de la division à laquelle nous sommes attachés, notre confiance dans les généraux qui aiment et servent bien leur pays, notre juste défiance contre les intrigans, notre attention suivie à les chasser de l'armée, doivent compter pour quelque chose dans les avantages que nous avons remportés sur les rebelles.

« Nous venons de prendre une nouvelle mesure dont il est de notre devoir de vous rendre compte directement : nous venons de suspendre Rossignol de ses fonctions de général en chef de l'armée des côtes de La Rochelle. Nous allons vous soumettre les motifs de cette suspension.

» Aussitôt que nous fûmes instruits de cette étrange nomination, nous écrivîmes individuellement à quatre des membres du comité de salut public, en leur exposant les faits et les circonstances qui devaient le déterminer à retirer promptement à Rossignol le commandement qui venait de lui être confié. Le comité, à qui ces lettres ont été communiquées, n'y a pas attaché assez d'importance; mais ces faits sont toujours les mêmes, mais l'intérêt de la république n'en exigeait pas moins la mesure que nous avons prise.

» Nous ignorons si Rossignol a des talens militaires; mais si nous les jugeons par les hommes dont il s'est entouré, nous sommes fondés à les révoquer en doute. Nous avons gémi de voir élever aux grades de généraux de brigade et d'adjudans-généraux des hommes qui n'ont peut-être jamais monté la garde. Tant que la Convention nous conservera au poste que nous occupons, nous ferons usage de la latitude de nos pouvoirs pour fermer la porte à tous les intrigans qui, par leur immoralité ou leur ineptie, porteraient la désorganisation dans une division qui s'est plusieurs fois signalée, et qui témoigne la plus grande ardeur pour porter le dernier coup aux rebelles.

» Tels sont les motifs qui nous ont déterminés à suspendre Rossignol : nous prévoyons bien que cette suspension, qui déjoue les intrigues, excitera contre nous la calomnie et réveillera l'envie ; mais, accoutumés à ne voir que le bien de notre pays, rien ne pourra nous écarter de la route qui y conduit, et nous aimons à croire que la Convention ne se laissera pas prévenir, et qu'elle voudra bien nous entendre.

» Il est d'autres détails relatifs à la suspension de Rossignol que nous ne pouvons transmettre à la Convention dans ce moment; nous les lui ferons passer dans quelques jours; mais nous la supplions, pour l'intérêt de la république, de confirmer l'arrêté que nous avons pris.

» Après la victoire du 14, nous nous sommes portés huit lieues en avant, entre Chantonnay et Saint-Vincent. Deux jours après, une partie de notre troupe se porta au château de l'Oie, l'un des quartiers-généraux des rebelles. Ce château, et celui de Verteuil, un de leurs chefs, furent incendiés. »

De nouveaux sujets de plaintes vinrent accroître le mécontentement des représentans contre Rossignol.

Le 22, Sionneau, président du tribunal du district de Parthenay, écrivit de Niort au général Westermann :

« J'arrive, le cœur navré de douleur, de chez le citoyen Rossignol, pour le prier de vouloir bien diriger de Saint-Maixent des patrouilles fréquentes, afin de protéger la malheureuse ville de Parthenay contre les incursions des brigands qui, de temps en temps, se présentent dans ses environs. J'ai eu pour toute satisfaction de m'entendre dire qu'il allait y mettre ordre, en faisant retirer les bestiaux et les blés qui existaient dans ce pays-là, et ensuite le brûler. — Quoi ! vous brûleriez la ville de Parthenay ? Vous feriez retirer les bestiaux et les blés, seules ressources qui restent à ses habitans, dont la majeure partie, ou pour mieux dire, la totalité est aux armées ?... — C'est un pays insurgé. Les brigands n'y ont-ils pas été deux fois ? — Cette logique m'a tellement effrayé que je me suis retiré en silence, et le cœur plein du sentiment le plus douloureux. »

Le 23, le conseil général de la commune de Fontenay adressa aux représentans un extrait du procès-verbal suivant :

Un membre a observé que le général en chef Rossignol étant arrivé en cette ville la nuit du 21 au 22 de ce mois, avec plusieurs officiers et personnes de sa suite, au nombre de treize, on les logea dans la maison qu'occupait ci-devant le sieur Lepinay-Beaumont; qu'hier, sur les trois heures après midi, le général Rossignol écrivit à la municipalité, et la prévint que *le nommé Beaumont, chez lequel elle l'avait logé, étant passé chez les brigands, dont il était un des chefs, il faisait emmener sa voiture pour le service de la république;* que, sur l'avis du département, la municipalité avait envoyé Robin, carrossier, pour estimer cette voiture, mais que quelques-uns des officiers de la suite du général s'y étaient opposés; que, sur les huit heures, le général écrivit à la municipalité pour savoir quel était le motif qui l'avait engagée à faire estimer la voiture; que sans doute elle pensait qu'il voulait l'acheter, ou qu'elle appartenait encore à Beaumont, l'un des chefs des brigands; que sa voiture et ses possessions étaient à présent des propriétés nationales; que c'est sous ce rapport qu'il a mis cette voiture à sa disposition, pour le temps que durera son service près l'armée des côtes de La Rochelle.

» A l'instant, un autre membre a observé que le général Rossignol et sa suite étaient partis ce matin, et qu'il avait appris qu'ils avaient ouvert et enfoncé plusieurs armoires, et emporté plusieurs effets de la maison Beaumont; qu'il conviendrait de nommer des commissaires pour se transporter de suite à ladite maison, et y vérifier et constater les faits. »

Cette proposition fut adoptée; le procès-verbal fut dressé, et le tout envoyé le même jour aux resentans Goupilleau et Bourdon qui prirent, le 24, l'arrêté suivant:

« Délibérant sur l'arrêté du conseil général de la commune de Fontenay-le-Peuple, du 23 de ce mois, et sur le procès-verbal rapporté par deux commissaires de la même commune, le même jour, par lequel il est constaté que Rossignol, ci-devant commandant en chef de l'armée, et les individus qui l'accompagnaient, ont, dans la nuit du 21 au

22 de ce mois, *volé* (1) une voiture dans la maison de Lépinay-Beaumont où la municipalité les avait logés; qu'ils ont également enfoncé des armoires, et volé du linge et autres effets :

» Considérant que si de pareils brigandages doivent être réprimés dans la personne d'un simple citoyen, il est encore plus important qu'ils le soient dans celle d'un homme qui commandait la force armée;

» Arrêtent que ledit Rossignol et ses complices seront mis en état d'arrestation, pour être livrés au tribunal criminel militaire établi près l'armée des côtes de La Rochelle, à Niort; chargent le général divisionnaire Chalbos de l'exécution du présent arrêté, et de faire suivre et saisir la voiture et effets volés pour servir de pièces de conviction, et d'employer la force armée en cas de besoin. »

» Fait à Chantonnay, ce 24 août, etc. »

Toutes ces pièces furent adressées le 25 à la Convention nationale avec la lettre suivante :

Citoyens collègues, lorsque nous avons suspendu Rossignol de ses fonctions de commandant en chef de l'armée des côtes de La Rochelle, son inconduite, son immoralité nous étaient parfaitement connues. Cette conviction nous suffisait pour faire

---

(1) Cette expression porte avec elle le caractère de la passion. Rossignol n'avait certainement pas l'intention de voler la voiture, puisqu'il annonçait à la municipalité qu'il *l'emmenait pour le service de la république.*

usage de nos pouvoirs, et nous étions intimement persuadés que nous rendions un service important à notre patrie. Nous avons mis sous les yeux de la Convention, dans notre lettre du 22 de ce mois, les motifs qui nous ont déterminés; quelque puissans qu'ils soient, il est de notre devoir de dissiper les doutes qui pourraient exister sur la réalité de ces mêmes motifs.

» Nous envoyons à la Convention l'arrêté pris par le conseil général de la commune de Fontenay, le 23 de ce mois, et le procès-verbal rapporté le même jour par deux de ses membres. Nous prions la Convention de s'en faire donner lecture, elle n'hésitera pas à approuver le second arrêté dont nous lui faisons passer copie (1). La loi, qui est la même pour tous, n'offre qu'une manière de punir les mêmes délits, quels que soient les coupables. Voilà le principe qui nous a dirigés, nous nous dispenserons de toute autre réflexion. »

Le général Chalbos avait transmis à l'adjudant-général Desmarres, à Saint-Maixent, les arrêtés des 22 et 23, et l'avait chargé de s'y conformer. Cet officier donna en conséquence, le 25, l'ordre suivant :

« De par la loi,

» Il est ordonné au citoyen Verdun, lieutenant de cavalerie de la légion de Rosenthal, de se rendre sur-le-champ à Lusignan, et même plus loin,

---

(1) L'ordre d'arrêter Rossignol, etc.

s'il est nécessaire, pour arrêter de suite l'officier qui conduit les chevaux du général Biron, à Saumur, par les ordres du ci-devant général en chef Rossignol, et de faire rétrograder de suite l'officier et les chevaux à Niort : le tout d'après les ordres du général Chalbos. Le citoyen Verdun est autorisé à requérir la force, si résistance est mise à l'exécution du présent. »

Le représentant Bourbotte, instruit de ces dispositions, prit le même jour un arrêté conçu en ces termes :

« Nous, représentant du peuple, député par la Convention nationale près l'armée des côtes de La Rochelle;

» Instruit qu'en vertu d'un ordre, signé Chalbos, des hommes armés sont partis de Saint-Maixent pour arrêter quatorze chevaux (1) que le général en chef Rossignol avait fait partir pour Saumur, et les faire rétrograder sur Niort;

» Considérant que cet ordre est arbitraire autant que la suspension du général Rossignol ordonnée par les citoyens Bourdon et Goupilleau, représentans du peuple;

» Considérant que si ces deux représentans ont pu se permettre de suspendre, sans motifs plausibles, un général en chef, il serait à la disposition

---

(1) Cinq de ces chevaux appartenaient au général Mieszkowsky qui les réclama le 29 août. Ce général avait remplacé le général Boulard aux Sables.

de leurs collègues Choudieu, Richard et Bourbotte, de le continuer dans l'exercice de ses fonctions, puisque, investis des mêmes pouvoirs, ils sont en majorité d'opinions par leur nombre;

» Considérant enfin que toutes les formes et les principes ont été violés dans cette suspension, et que les persécutions qu'ils exercent contre lui ne peuvent être que l'effet d'un ressentiment illégitime, provoqué par le général Tuncq, ennemi reconnu du citoyen Rossignol;

» Arrêtons que les chevaux conduits à Saumur, en vertu des ordres du général Rossignol, ne pourront être arrêtés; que les ordres donnés par le général Chalbos seront regardés comme non avenus; requérons en conséquence le commandant de la force publique de Saint-Maixent de faire exécuter le présent réquisitoire sous sa responsabilité, le rendant responsable personnellement de tous refus à cet égard; et déclarons que nous le regarderions comme rebelle à la loi, si toutefois il préférait d'exécuter les ordres du général Chalbos à ceux que nous lui donnons.

» Sur la route de Lusignan à Saint-Maixent, ce 24 août 1793, à cinq heures du soir.

» *Signé* BOURBOTTE. »

A la réception de cet arrêté, Desmarres, ne sachant plus à qui obéir, convoqua une assemblée des autorités constituées et des chefs militaires, et les invita à consigner, dans un procès-verbal, leur opinion individuelle sur les difficultés du moment. Il déclara que pour laisser la plus grande liberté aux membres de l'assemblée, il s'abstiendrait de paraître à la séance.

Aussitôt que ce procès-verbal fut rédigé, Desmarres l'adressa au général Chalbos, avec cette observation, que *la destitution de Rossignol avait été un motif d'allégresse générale dans le pays, et qu'il avait évité de le voir à son passage.* Cette indiscrétion lui coûta peut-être la vie, sous le commandement du général Turreau.

Chalbos transmit le 25 toutes ces pièces aux représentans à Chantonnay. « Je joins à cet envoi, ajoutait-il, la réquisition faite par le représentant Bourbotte. D'après cette réquisition, les chevaux ont continué leur route pour se rendre vraisemblablement à Saumur. Ce conflit d'autorité a embarrassé l'officier chargé de les ramener ; mais on le dit fort bon officier, et il sait mieux se battre que juger les actes du pouvoir. »

Chalbos ajoutait : « J'apprends à l'instant qu'un rassemblement considérable se fait à la Caillère et Bazoges, pour se porter ici. Le général Laroque me mande qu'il a des avis certains à cet égard ; il serait donc bien important que la division de Saumur fît bientôt un mouvement. J'y ai demandé un renfort et si je ne le reçois au plus tôt, vous sentez que le courage des amis de la liberté devra faire beaucoup, puisque la division de Fontenay est si peu nombreuse. »

Il n'y avait plus moyen de s'entendre, il fallait que la Convention en décidât. Goupilleau et Bourdon prirent le même jour 25, l'arrêté suivant :

« Les représentans du peuple, près l'armée des côtes de La Rochelle, considérant que les plus justes motifs les ayant déterminés à suspendre Rossignol de ses fonctions de commandant en chef, ils communiquèrent ces mêmes motifs au citoyen Bourbotte, leur collègue; que ledit Bourbotte leur déclara que lui-même avait rédigé un mémoire présenté au comité de salut public, pour engager le comité à retirer le commandement à Rossignol; que le mémoire fut même signé des citoyens Merlin de Douai et Goupilleau de Montaigu, représentans du peuple, et déposé par Bourbotte à Jean Bon Saint-André, membre du comité; que par une contradiction dont on ignore les motifs, Bourbotte seul s'est permis, par un arrêté auquel aucun de ses collègues n'a participé, de s'opposer à l'exécution de la réquisition que deux représentans du peuple avaient faite au général Chalbos; que, dans ce même arrêté, il prétend que la suspension de Rossignol n'est fondée sur aucun motif plausible; qu'il donne à entendre par ce même arrêté que, conjointement avec ses collègues Richard et Choudieu, il est dans l'intention de continuer Rossignol dans l'exercice de ses fonctions;

» Considérant enfin qu'il est important d'éclairer la Convention sur les faits relatifs à cette suspension;

» Arrêtent que le citoyen Goupilleau de Fontenay, l'un d'eux, se transportera auprès de la Convention, pour lui rendre compte des faits.

» Fait au camp des Roches près Chantonnay, le 25 août. »

Cependant Bourbotte et Rossignol étant arrivés à Tours, où ils étaient attendus, les représentans qui s'y trouvaient réunis, prirent le 25 l'arrêté suivant :

« Les représentans du peuple, Choudieu, Richard, Bourbotte, Reubell et Merlin de Thionville, réunis à Tours ;

» Délibérant sur un arrêté pris le 22 de ce mois par leurs collègues Bourdon de l'Oise et Goupilleau de Fontenay, portant suspension du général en chef Rossignol ;

Considérant que le défaut de chef peut compromettre le succès des mouvemens de l'armée et éloigner la fin de la guerre de la Vendée ;

» Que les mouvemens partiels que tenterait de faire la division de l'armée stationnée à Niort, peuvent entraîner les inconvéniens les plus graves et procurer aux rebelles des avantages funestes à la république ;

» Que l'arrivée de la garnison de Mayence doit être le signal d'un mouvement général qui, s'il est combiné dans toutes les parties, peut assurer dans quelques jours la perte des insurgés et le triomphe de la liberté ;

» Qu'il faut nécessairement un centre d'autorité qui prévienne le désordre qui résulte du choc des autorités particulières, qui fasse cesser les rivalités, qui réprime les impulsions de l'intérêt particulier ou de l'amour-propre, qui dirige toutes les forces vers le but commun;

» Arrêtent ce qui suit:

« 1°. Bourbotte se rendra sans délai auprès du comité de salut public de la Convention nationale, pour lui donner connaissance de l'arrêté du 22 de ce mois, et rendre compte de la suspension du général Rossignol;

» 2°. Le général Santerre prendra provisoirement le commandement en chef de l'armée des côtes de La Rochelle;

» 3°. Il ne pourra être fait aucune marche sur l'ennemi dans les différentes divisions de l'armée, que le général en chef n'en ait donné l'ordre. Tous les généraux et commandans sont responsables, sur leur tête, de l'exécution du présent article;

» 4°. Le présent arrêté sera envoyé sur-le-champ, par des courriers extraordinaires, aux représentans du peuple à Niort, à Ancenis, et au général Santerre qui le fera connaître sans délai à toutes les divisions de l'armée.

» A Tours, le 25 août 1793.

» *Signé* Merlin de Thionville, Reubell, Richard, Pierre Choudieu, Bourbotte. »

La Convention mit fin à cette querelle, le 28 août, par le décret suivant:

La Convention nationale, après avoir entendu

la lecture d'un arrêté des représentans du peuple près de l'armée des côtes de La Rochelle, décrète :

1°. L'arrêté des représentans du peuple Bourdon de l'Oise et Goupilleau de Fontenay, prononçant suspension contre Rossignol, commandant en chef l'armée des côtes de La Rochelle, est annulé ; en conséquence, le général Rossignol se rendra sur-le-champ à son poste pour y reprendre ses fonctions ;

2°. La Convention rappelle dans son sein Bourdon de l'Oise et Goupilleau de Fontenay ;

3. Le congé accordé à Goupilleau de Montaigu est révoqué.

Rossignol parut à la barre au milieu des applaudissemens. « Mon cœur, dit-il, mon âme, tout est à ma patrie. » Il fut invité aux honneurs de la séance, dans laquelle la France fut déclarée en révolution jusqu'à son indépendance reconnue.

Pendant tous ces débats, les Vendéens formaient de nouveaux rassemblemens dans toute l'étendue du pays, et la division de Luçon, en flèche du côté de Saint-Fulgent, pouvait être écrasée par les masses vendéennes sans aucun espoir de secours; mais les succès récens et la confiance qu'inspiraient des troupes trois fois victorieuses, ne permettaient pas de réfléchir sur les dangers de cette position. On paraissait tellement assuré du succès, que plusieurs lettres, lues dans la séance de la Convention du 27, annonçaient *la reprise de Mortagne et de Chollet avec tous les magasins des rebelles*, dont la *perte s'élevait à vingt mille hommes.* Ces nouvelles n'avaient aucun fondement.

§ V. (Basse Vendée.) Mouvement des troupes de Nantes sur la route de La Rochelle, le 26. — Succès du général Canclaux. — Succès du général Mieszkowsky à la Roche-sur-Yon. — Établissement d'un bulletin pour l'armée des côtes de Brest. — Formation du camp des Naudières. — Rapport du général Grouchy. — Attaques des Vendéens repoussées. — Beysser réintégré dans son grade. — Le pillage défendu sous peine de mort. — Défense d'incendier sans l'ordre des représentans et des généraux. — Nouvelle attaque des Vendéens. — Rapport du général Beysser. — Départ du général Canclaux pour Saumur, le 31. — Règlement de Guérin, l'un des chefs vendéens.

Basse Vendée.

Les représentans attachés à l'armée des côtes de Brest ignoraient le sujet et les suites de cette grande querelle; ils avaient cependant appris le succès de la journée de Luçon et la marche des troupes victorieuses sur Chantonnay et sur le château de l'Oie. Ils écrivirent d'Ancenis, le 23, au comité de salut public :

« Les succès et la marche de l'armée de Niort contre les rebelles nous furent annoncés le 21. Bourdon et Goupilleau comptaient sur un mouvement de toutes les divisions des armées, ils semblaient même le provoquer : le général Canclaux est d'avis d'attaquer l'ennemi dans le moment même. Nous en instruisons nos collègues à Saumur par un courrier extraordinaire. Les troupes nous paraissent pleines d'ardeur et de courage. »

Le même jour, le général Canclaux donna l'ordre de lever le camp d'Ancenis le lendemain pour le réunir à la garnison de Nantes et marcher ensemble à l'ennemi.

Le 24, il en rendit compte au ministre. « La manière hardie et pressante, disait-il, avec laquelle s'avance le général Tuncq, ne me permet pas de rester dans l'inaction. De l'avis des représentans, je vais faire un mouvement sur la route de La Rochelle, lundi 26.

» J'établirai, d'après votre vœu, une communication intime et exacte entre toutes les parties des armées. J'ai instruit Santerre et Boulard de ce que je dois faire : j'invite ce dernier à se rapprocher de ma droite. »

Il fallait remplacer le poste d'Ancenis. Les représentans mirent en réquisition mille citoyens des districts d'Ancenis et Châteaubriand, et le lendemain ils mirent en réquisition trois mille citoyens pour la défense de Nantes.

Tout étant ainsi disposé, Canclaux sortit de Nantes le 26, avec environ cinq mille hommes. Il annonça, à neuf heures du soir, à l'administration de Nantes qu'il s'était emparé du poste des Sorinières presque sans coups de fusil. « Quatre coups de canon, disait-il, et la marche vive et rapide des grenadiers commandés par l'adjudant-général Bloss, ont fait fuir les rebelles. Le chef de brigade Radermacher a attaqué et emporté, après une assez vive résistance, le château de la Maillardière : la fusillade a duré jusqu'à la nuit, à cause du voisinage de Vertou. Vers trois heures, la fusillade a recommencé sur la route de La Rochelle et des Sables : la cavalerie vendéenne a été mise en fuite par le général Grouchy à la tête des dragons d'Ille-et-Vilaine : les Vendéens ont été très-maltraités. »

Ce succès fut annoncé le même jour à la Convention par les représentans qui se trouvaient à Nantes. Ils ajoutaient que les femmes et les enfans qui avaient été enlevés seraient traités avec les égards dus à l'humanité, et que les repaires où des prêtres préparaient des sacrifices de sang avaient été livrés aux flammes.

« Canclaux et Grouchy, disaient-ils encore, ont déposé entre nos mains le serment que, quoique nés d'une caste ci-devant privilégiée, ils n'abandonneraient le poste où la confiance de la république les a placés qu'au moment où elle jugera leur ostracisme nécessaire, et que l'adoption de cette mesure ne diminuera en rien l'amour et la foi qu'ils ont jurée. »

Le même jour, 26, le général Mieszkoswky (1) qui, d'après l'avis du mouvement du général Canclaux s'était porté, avec une partie de la division des Sables, à La Roche-sur-Yon, y fut attaqué à une heure après midi par les Vendéens, marchant sur trois colonnes et arrivant par les

---

(1) Il remplaçait le général Boulard.

routes de la Mothe-Achard, du Poiré et des Essarts.

« L'ennemi, disait le général dans le compte qu'il rendit de cette affaire au général Chalbos, l'ennemi avait du canon sur chacune de ces directions. J'ai disposé ma troupe et mon artillerie de manière à lui faire face, et, après une demi-heure de combat, les soldats républicains l'ont chargé à la baïonnette et l'on culbuté. L'armée dite catholique a donc été en pleine déroute, et sans les mauvais chemins aucun d'eux n'aurait échappé.

» Voilà, mon général, une journée terminée à l'avantage des armes de la république.

» J'étais fort inquiet des troupes que j'ai à la Mothe-Achard, moitié chemin de la Roche aux Sables; mais à la fin du combat, un détachement est arrivé escortant un convoi de pain; d'après cela, j'ai jugé que ni la Mothe ni les Sables n'ont été attaqués. »

Chalbos, en transmettant ces détails au général Santerrre, lui disait :

« Mon armée était forte de neuf mille hommes, j'en ai envoyé environ six mille à Tuncq pour l'affaire du 30 et celles qui l'ont suivie; j'ai quitté Niort pour couvrir l'armée campée à Chantonnay. La division de Fontenay se trouve réduite à trois mille cinq cents hommes, et le Bocage est à un quart de lieue : avec si peu de moyens, je ne peux entreprendre aucune opération importante. »

Le système de soupçons, de délations, de persécutions, qui régnait alors contre les nobles employés dans les armées, rendait la position du général Canclaux extrêmement difficile. Il pensa qu'il pourrait en prévenir les dangereux effets par la publication d'un *bulletin de l'armée des côtes de Brest* dont la rédaction fut confiée à un officier supérieur, et qui eut l'approbation des représentans attachés à cette armée. Le ministre, que le général avait consulté à ce sujet, l'approuva également et demanda qu'il lui fût envoyé régulièrement. De semblables bulletins, écrits, imprimés au moment même des événemens, s'ils eussent été ordonnés dans toutes les armées, seraient d'excellens matériaux pour l'histoire.

A la suite de l'expédition du 26, le général Canclaux établit un camp aux Naudières, près Nantes, à l'embranchement des routes de Montaigu et de Saint-Philbert : son avant-garde occupait le village des Sorinières. Le général Grouchy fut chargé du commandement du camp.

L'établissement de ce camp inquiétait les chefs vendéens sans les décourager ; ils essayèrent d'en déloger la troupe et de la faire rentrer à Nantes.

Dans son rapport du 27, le général Grouchy disait :

« L'avant-garde avait été inquiétée dans la journée, et les rebelles avaient fait plusieurs démonstrations d'attaque ; enfin, vers les quatre heures, ils se sont portés en force, par les routes des Sables et de La Rochelle, sur le village des Sorinières, le tournant de droite et de gauche.

» Un moment nos tirailleurs et nos postes furent reployés : j'arrivais alors du camp ; l'adjudant-général Cambray y fut renvoyé pour chercher des troupes, et former sur la droite et sur la gauche deux colonnes pour assurer les flancs et déjouer les projets des rebelles. En attendant ces renforts, les troupes furent reportées en avant : l'adjudant-général Bloss, commandant l'avant-garde, était à la tête de la colonne de droite. Je mis pied à terre et marchai avec la colonne de gauche. Les rebelles firent un feu très-vif des fossés et des haies, et tinrent quelque temps ; enfin, l'ardeur républicaine des troupes, excitée par la charge battue aux deux colonnes, fit ployer l'ennemi de tous côtés : on les poursuivit pendant au moins une lieue, et jusqu'à leurs retranchemens de Villeneuve. Le premier retranchement et une maison retranchée furent enlevés ; un deuxième retranchement fut emporté, la baïonnette au bout du fusil, par les grenadiers des neuvième et cent neuvième régimens, avec une extrême valeur. La nuit et l'éloignement où l'on était de l'armée ne permettant pas de pousser plus avant, on reprit alors les postes des Sorinières.

» La valeur froide de l'adjudant-général Bloss, sa conduite et celle des troupes, sont dignes d'éloges. »

Le général Beysser, réintégré dans son grade, après avoir rempli une mission du comité de salut public dans les départemens de la Mayenne et d'Ille-et-Vilaine où quelques bandes de chouans commençaient à inquiéter le pays, reparut à Nantes. Le général Canclaux le réintégra à la tête des troupes du camp, le 28.

A cette époque, un grand nombre d'habitans de la campagne se présentèrent aux postes des Sorinières, demandant à se réfugier à Nantes : Canclaux s'empressa de leur accorder cette permission. Il avait fait lire la veille, devant la troupe, un arrêté des représentans du peuple, portant défense expresse d'incendier, à moins que l'ordre n'en fût donné par eux-mêmes ou par les généraux : le pillage, en outre, était défendu sous peine de mort.

Le 30, le général Beysser rendit compte au général Canclaux des événemens de la veille.

« Avant-hier 28, disait-il, vous m'informâtes, vers minuit, que l'ennemi se disposait à passer la Sèvre et à venir attaquer le camp; vous m'ordonnâtes de le repousser, et de faire tous mes efforts pour m'emparer du pont de Vertou. Je me mis en conséquence à la tête du soixante-dix-septième régiment et de deux bataillons de Paris ; nous marchâmes sur le château de la Bretèche où nous entrâmes sans résistance. En sortant, nous trouvâmes la colonne ennemie ; elle attaqua notre avant-garde qui la repoussa jusqu'à un second château entouré de murs crénelés : là recommença un nouveau combat. Après un feu de file bien soutenu, nos troupes chargèrent, la baïonnette au bout du fusil, avec tant de courage et de bonheur, que l'ennemi fut mis une seconde fois en déroute et que ce poste fut enlevé. Nous mîmes le feu au château, et poursuivîmes les rebelles jusqu'au pont de Vertou dont je m'emparai. N'ayant point d'ordre de le passer, et mon détachement n'étant point assez fort pour pénétrer sans le plus grand danger dans un pays couvert, dont chaque haie, chaque fossé, servait de retranchement à quelque attroupement de rebelles, je fis donner l'ordre de la retraite. Les fanatiques ne tardèrent pas à reparaître et à nous harceler; je fis volte-face, les repoussai encore une fois au delà du pont, et rentrai au camp. Il était près de midi ; nous n'avions perdu personne.

» A l'instant même j'appris qu'un gros de révoltés marchait par la traverse et menaçait la droite du camp. Je pris aussitôt une brigade de troupes fraîches, et marchai avec elle au-devant des ennemis : nous les trouvâmes embusqués et retranchés dans un bois et une maison de campagne. L'affaire fut vive et sanglante ; mais, malgré leur feu et l'avantage de leur position, les nôtres, franchissant les haies et les fossés, les poursuivirent, l'épée dans les reins, de poste en poste, de retranchement en retranchement, jusqu'à la lande du *moulin cassé*. En moins d'une heure la victoire est complète, les rebelles sont dispersés : il semblait qu'ils se multipliassent par leurs défaites. Sur le soir, des bandes nombreuses vinrent assaillir à la fois nos avant-postes ; partout elles furent accueillies comme elles l'avaient été dans le cours de la journée, partout elles furent mises en déroute. Le général Grouchy, à la tête de l'avant-garde, les repoussa jusqu'au delà de Villeneuve, et les poursuivit, à l'entrée de la nuit, à plus d'une lieue au delà : un des chefs des rebelles fut tué.

» Tels sont les principaux événemens de cette journée, la première où les troupes refusèrent de l'artillerie et se fièrent entièrement à leur courage. Cet heureux essai ne peut que contribuer à accélérer la fin de cette guerre, en accoutumant les troupes à marcher et à combattre, sans des bagages et un attirail plus nuisibles qu'utiles, contre un ennemi dont le courage repose sur les fossés et les haies qui le couvrent.

» L'adjudant-général Cambray a montré, dans la conduite des diverses attaques dont je l'ai chargé, l'intelligence d'un officier consommé, la valeur d'un Français, le zèle d'un républicain. Si je ne dis rien des grenadiers, c'est que leur nom seul est celui du courage; et le plus bel éloge qu'on en puisse faire, est de dire qu'ils se sont montrés dignes d'eux-mêmes. »

Beysser apprit, dans la matinée du 31, que les rebelles se portaient en force pour couper le pont de Villeneuve et s'y retrancher. Il marcha de suite sur ce point avec trois compagnies du camp, deux cents grenadiers de l'avant-garde, trente chasseurs et deux pièces de quatre. A son approche, les Vendéens prirent la fuite.

Le même jour, cinq à six cents Vendéens, partis de Vertou, étaient venus inquiéter la gauche du camp; ils furent repoussés par le chef de brigade Radermacher et repassèrent précipitamment le pont de Vertou.

Le général Canclaux partit, dans la soirée du 31 août, pour se rendre à Saumur, laissant le commandement de l'armée, en son absence, au général Grouchy, et celui du camp au général Beysser.

A cette époque, Guérin, l'un des chefs de la basse Vendée, était établi à Bourgneuf où il fit publier, le 30 août, un *règlement général pour les officiers et soldats des différens corps-de-garde*. En voici le texte :

Art. Ier. Les officiers de poste de chaque corps-de-garde feront monter les sentinelles aux lieux qui seront indiqués par leurs capitaines, feront relever lesdites sentinelles successivement d'heure en heure, et veilleront à ce qu'elles soient montées très-exactement.

II. Les capitaines de chaque compagnie seront tenus d'aller tous les jours, à cinq heures du soir, au conseil, pour y recevoir les ordres pour la distribution des patrouilles et de la garde de nuit.

III. Les sergens ou caporaux seulement iront au conseil chercher les billets d'étape le matin depuis six heures jusqu'à huit heures, depuis dix heures jusqu'à midi, et le soir depuis cinq heures jusqu'à sept. On les prévient qu'après ces heures passées on n'en délivrera à personne.

IV. Les officiers de poste veilleront au maintien de l'ordre et de la tranquillité dans les corps-de-garde, et feront leur rapport soit au commandant, soit au conseil, des fautes répréhensibles qu'auront commises les soldats; veilleront aussi à ce que leurs soldats se tiennent exactement dans leurs corps-de-garde.

V. Les officiers de poste seront tenus de faire l'appel de leurs soldats tous les soirs, et auront soin de mettre très-exactement une sentinelle à la porte de leurs corps de garde.

VI. Il est expressément défendu à tous soldats, cavaliers ou piétons, et même à toutes personnes de quelque état et condition qu'elles soient, de se porter à aucun vol, larcin ou pillage dans quelque maison que ce soit, sous peine aux contrevenans d'être condamnés à quinze jours de prison, dix livres d'amende, et à la restitution des objets emportés; et en cas de récidive, ils subiront un plus long emprisonnement, et paieront une amende du double, et même plus forte, suivant la gravité des cas.

Fait au conseil provisoire de Bourgneuf, le 30 août 1793.
Signé L. GUÉRIN, commandant; F. GARNIER, MUSSEAU, Pierre BOULAT, président.

§ VI (Haute Vendée.) Reconnaissance de l'adjudant-général Grignon sur Argenton. — Expédition de Burac sur Parthenay.— Retour de Rossignol à Saumur avec les représentans. — Arrivée de la première division des Mayençais à Tours, le 23. — Arrêté du comité de salut public portant que la colonne de Mayence se rendra à Nantes. — Réclamations du parti Ronsin sur cette destination. — Ronsin se rend à Paris, son plan présenté au comité de salut public.

Haute Vendée.

Il ne se passait rien de remarquable du côté de Saumur.

Le général Salomon, à Doué, chargea l'adjudant-général Grignon de faire une reconnaissance sur Argenton. Cet officier partit, dans la nuit du 24 août, avec cent vingt hussards des septième et huitième régimens, et deux cents hommes d'infanterie. Après avoir fait arrêter au bourg du Breuil le nommé Coquevalle, chef d'un comité vendéen, il fit cerner la petite ville d'Argenton où se trouvaient cinquante à soixante cavaliers de l'armée catholique, qui prirent la fuite et qui furent poursuivis par les hussards : quinze cavaliers vendéens furent faits prisonniers. De ce nombre était un jeune homme qui avait servi, comme officier, dans le régiment de Béarn infanterie, et qui, depuis huit jours, servait dans l'armée catholique.

Le général Rey, qui occupait Airvault, averti par le commandant de Saint-Maixent qu'il se formait des rassemblemens dans les environs de Parthenay, ordonna le 28, à dix heures du soir, au général Burac de se porter sur ce point avec cinq cents hommes. Burac arriva le 29 jusqu'aux portes de Parthenay, sans être inquiété dans sa marche. Les rebelles, dont le projet était d'enlever les bestiaux au marché, sortirent alors des bois et parurent en grand nombre. Burac prit le parti fort sage de ne pas entrer dans la ville où il aurait pu être cerné; il fit sa retraite en bon ordre, se battant vigoureusement. Le général Rey, averti par le bruit du canon, marcha à son secours avec soixante hommes d'infanterie et trente de cavalerie. « Il était temps d'arriver, ajoutait-il dans son rapport au général Santerre, l'audace et le nombre des Vendéens croissaient. Je me décidai à attaquer l'ennemi : une prompte victoire couronna mes efforts; l'ennemi prit la fuite. Tous les bestiaux volés au marché de Parthenay ont été repris et conduits à Airvault, où j'aurai la satisfaction de les rendre aux propriétaires. »

Santerre transmit ces détails au ministre le 30, en lui annonçant que l'avant-garde de Mayence arrivait dans ce moment à Saumur.

La veille, il avait écrit au ministre de le décharger promptement du fardeau d'un commandement au-dessus de ses forces et de ses talens; il l'informait en même temps qu'il avait envoyé des détachemens à Airvault, Thouars, Montreuil, Doué et Brissac.

Le retour de Rossignol avec les représentans du

peuple calma les inquiétudes de Santerre; il lui remit le commandement.

Cependant l'arrivée de la colonne de Mayence à Tours avait éveillé toutes les ambitions. Chaque général, chaque député, aurait voulu l'avoir à ses ordres ou marcher avec elle. Le comité de salut public et le ministre avaient enfin l'espoir de voir terminer cette guerre cruelle.

Dès le 21, le ministre écrivait à Rossignol : « Le bruit seul de l'arrivée de la colonne de Mayence doit faire trembler les rebelles. » Il informait en même temps le général Aubert Dubayet, qu'il avait invité Rossignol à donner quelques jours de repos à cette colonne à Tours.

Le 24, Aubert Dubayet annonça au ministre que la première division des Mayençais était arrivée la veille à Tours, et que la seconde et la troisième la suivaient à une journée de marche. « Demain, ajoutait-il, Rossignol, d'après l'invitation des commissaires Reubell et Merlin, se rendra ici et l'on s'occupera d'un plan de campagne. Rossignol avait laissé des ordres pour faire filer tout de suite la garnison de Mayence dans des cantonnemens très-espacés les uns des autres, les commissaires ont arrêté qu'elle resterait à Tours jusqu'à nouvel ordre. Veuillez, citoyen ministre, nous envoyer des obusiers, sans lesquels on ne peut bien faire la guerre dans un pays fourré et coupé. »

Le comité de salut public avait prévu les difficultés que l'ambition ou l'intrigue devaient élever sur l'emploi de la colonne de Mayence; il avait décidé qu'elle se rendrait à Nantes, et pendant que Ronsin présentait à Tours un plan de campagne au nom de Rossignol, Aubert Dubayet reçut l'arrêté du comité. Il répondit, le 27, au ministre :

« J'exécuterai l'arrêté du comité de salut public, que je reçois avec votre dépêche du 24, portant que l'armée de Mayence se rendra à Nantes, où elle sera sous les ordres du général en chef *de l'armée des côtes de La Rochelle*, pour attaquer les ennemis sur leurs derrières, et leur interdire la communication avec les ennemis du dehors. Mon avant-garde sera le 30 à Saumur, le corps d'armée y arrivera le 31, et la réserve y sera rendue le 1er. septembre. Il y avait un projet de campagne dans la Vendée différent de celui que le comité de salut public a adopté, d'après le rapport de Philippeaux; je m'abstiendrai de toute réflexion à cet égard. »

Le lendemain, Aubert Dubayet témoigna quelques inquiétudes au ministre sur la diversité des réclamations qu'il attribuait au travail de la malveillance. « L'armée, ajoutait-il, est essentiellement bonne, obéissante, et surtout patriote dans sa masse de la manière la plus prononcée. »

On juge bien que la décision du comité de salut public devait exciter une vive opposition dans le parti Ronsin. C'était adopter le plan qu'avait proposé le général Biron, qui regardait comme la chose la plus importante d'empêcher toute communication de la Vendée avec les ennemis extérieurs ; c'était adopter le projet du général Grouchy, envoyé au comité par le représentant Gillet ; c'était enfin mettre à la disposition du général Canclaux, né d'une caste privilégiée ainsi que Biron et Grouchy, une force imposante de troupes aguerries sur lesquelles reposait la gloire militaire de Rossignol. On n'ignorait pas que le représentant Philippeaux avait contribué à l'adoption de cette mesure, et ce fut peut-être son plus grand crime aux yeux du parti.

Ronsin accourut à Paris; il adressa le 29, au comité de salut public, le plan de campagne qu'il avait proposé le 25 à Tours. « Je vous engage, écrivait-il au comité, à révoquer l'arrêté qui enjoint à l'armée de Mayence de se porter à Nantes, et à donner contre-ordre sur sa marche. Bourbotte a dû vous exposer tous les dangers qui résulteraient d'une pareille mesure. »

Projet joint à la lettre de Ronsin.

« Les rebelles occupent un pays d'environ vingt-cinq lieues de longueur sur dix-huit de largeur. Ce qu'ils appellent leur armée est un ramas de ci-devants, d'émigrés, de prêtres, de contrebandiers, d'anciens employés des aides et de galériens, ce qui peut former environ vingt mille hommes, dont sept à huit cents à cheval, mal armés, indisciplinés, et ayant peu de canonniers. Cette armée occupe les principaux postes ; et lorsque les chefs méditent quelque attaque, ils font sonner le tocsin et rassembler dans les postes tous les paysans des environs, ce qui forme à l'instant un grand nombre d'hommes, armés en partie de fourches et de bâtons : l'expédition faite, ces derniers rentrent dans leurs foyers. Telle est la position des rebelles, dont une attaque vigoureuse et bien combinée peut délivrer en quinze jours la terre de la liberté.

» Le plan de campagne se réduit à disposer cinq colonnes, dont deux de l'armée de Mayence, et à calculer leur marche de manière que les points d'attaque ayant des rapports, elles se soutiennent les unes et les autres, et qu'en pressant l'ennemi, elles puissent diviser ses forces ou les rassembler pour les attaquer au même moment de tous les côtés.

» La rive droite de la Loire est défendue, depuis Tours jusqu'à Nantes, par quinze mille hommes au moins. On compte de Niort jusqu'à La Rochelle et aux Sables, plus de quinze mille hommes disponibles, et l'armée de Mayence est composée de quinze mille hommes, ce qui forme un total d'environ quarante-cinq mille hommes (1).

» Les deux colonnes du centre, fortes chacune

---

(1) Ce tableau était exagéré, surtout pour la colonne de Mayence qui ne comptait pas dix mille hommes présens sous les armes.

de sept mille hommes pris dans l'armée de Mayence, se rassembleraient l'une à Thouars, l'autre à Doué : la première dirigerait sa marche sur Mortagne par Argenton et Châtillon, la seconde sur Chollet, par Vihiers, Coron et Vezin.

» La troisième colonne, d'égale force, composée d'une partie des troupes qui occupent maintenant Saumur, Doué et le Pont-de-Cé, se rassemblerait à Brissac, et dirigerait sa marche sur Clisson par la Jumelière, Chemillé, Jallais et Beaupréau ; elle serait chargée de défendre la rive droite de la Loire, dans le cas où l'ennemi, poussé par les colonnes du centre, tenterait de se porter sur Nantes.

» La quatrième colonne de gauche, d'égale force, se porterait de Chantonay à Montaigu, par Puybéliard et Mouchamp.

» Une colonne de réserve serait campée entre les Sables et Machecoul, pour couvrir La Rochelle et se porter sur les rebelles s'ils tentaient de se réfugier vers la mer.

» Ces cinq colonnes ne formant qu'un total de trente-cinq mille hommes, une partie des autres troupes serait dispersée en tirailleurs et éclaireurs entre et devant chaque colonne, et l'autre partie serait chargée de garder les postes les plus importans qui environnent le pays occupé par les rebelles.

» *Signé* le général RONSIN. »

Ce plan était tellement goûté par les partisans

de Ronsin, que le général Turreau entreprit de le mettre à exécution lorsqu'il vint prendre le commandement de l'armée quatre mois après. Il eût pu réussir avec d'autres troupes que celles de Saumur, et d'autres généraux que Ronsin, Rossignol, etc.

Le 31, les représentans Choudieu et Richard écrivirent au comité de salut public : « Nous continuons d'avoir journellement des avantages, nous apprenons de tous les points où nos armées sont stationnées les nouvelles les plus consolantes. La garnison de Mayence est arrivée ici ; l'avant-garde est déjà stationnée à Saint-Mathurin, sur la route d'Angers. Nous ne pouvons trop vous répéter combien nous sommes satisfaits de la présence de ces braves soldats ; ils manifestent tous le plus grand désir de délivrer promptement la république des rebelles de la Vendée. Nous ne doutons pas qu'ils n'obtiennent les plus grands succès dès qu'ils se présenteront. »

CHAPITRE VII.

Septembre 1793.

§ Ier. Conseil de guerre tenu à Saumur pour prononcer sur la destination de la colonne de Mayence. — Il est décidé qu'elle marchera sur Nantes. — Plan de campagne présenté par Canclaux le 3, adopté par Rossignol. — Compte rendu au ministre par Rossignol. — Inquiétudes causées par le décret du 1er. août; explication du ministre à ce sujet. — Le système de la terreur s'annonce. — Création d'une armée révolutionnaire. — Décret portant que les militaires démissionnaires, destitués ou suspendus, étaient tenus de se retirer dans leur municipalité, en surveillance, à vingt lieues des frontières. — Ordres donnés à Saumur pour les levées en masse. — Cette mesure n'est pas suivie à l'armée des côtes de Brest. — Arrêté du département de Maine-et-Loire relatif à l'exécution du décret du 1er. août, approuvé par Bourbotte.

Pour faire cesser les prétentions diverses sur la direction de la colonne de Mayence, les représentans réunis à Tours prirent un arrêté portant qu'il serait tenu un conseil de guerre dans lequel les représentans et les généraux en chefs, et commandans des divisions d'armée, arrêteraient de concert un plan de campagne définitif et irrévocable. Le comité de salut public ayant approuvé cette mesure, la tenue du conseil fut indiquée pour le 2 septembre à Saumur. Le procès-verbal de cette réunion est propre à faire connaître la situation des esprits et les rivalités qui y éclatèrent ; le voici :

« L'an 1793, le lundi 2 septembre, dix heures du matin, les citoyens Reubell, Merlin, Richard, Choudieu, Bourbotte, Turreau, Cavaignac, Méaulle, Philippeaux, Ruelle et Fayau, tous représentans du peuple; et les généraux Rossignol, Canclaux, Menou, Santerre, Aubert-Dubayet, Chalbos, Salomon, Rey, Mieszkowsky et Dembarrère, en exécution de l'arrêté des représentans du peuple du 27 août dernier, approuvé par arrêté du comité de salut public, se sont réunis en conseil de guerre.

» D'abord, on a élevé la question de savoir si les représentans délibéreraient concurremment avec les généraux.

» Plusieurs ont soutenu que les instructions données aux représentans ne leur permettaient pas de délibérer avec les généraux; mais d'autres ont répondu que l'arrêté du comité de salut public, ci-dessus énoncé, approuvait les dispositions prises par les représentans, qui consistent à ce que les généraux commandant en chef des divisions d'armée, et les représentans, arrêtent de concert un plan de campagne définitif et irrévocable, et qu'au surplus ils consentent volontiers à supporter une responsabilité qui tend à sauver la république.

» D'après ces observations, celui qui avait élevé la question a retiré sa proposition.

» Le représentant Reubell a été nommé président, et Lachevardière, commissaire national, secrétaire.

» Le général Canclaux a donné lecture d'un arrêté du comité de salut public et d'une lettre du ministre de la guerre, par lesquels on lui annonce que l'armée formant la garnison de Mayence va se porter sur Nantes, au moyen de quoi elle se trouve sous son commandement.

» Différens membres ont répondu que le dernier arrêté du

comité de salut public annulait implicitement l'arrêté antérieur, ainsi que les lettres du ministre de la guerre.

» Après une discussion assez étendue, le président a mis aux voix cette question : *Le conseil pense-t-il que le dernier arrêté du comité de salut public annule le précédent, et que le général Canclaux doit être déchargé de toute responsabilité, relativement au premier arrêté du comité de salut public, et aux ordres donnés en conséquence par le ministre de la guerre ?*

» L'affirmative a été arrêtée à la majorité de vingt voix contre une. La discussion s'est alors engagée sur le fond de la question, qui consiste à savoir si la garnison de Mayence descendra sur Nantes, ou marchera directement contre les rebelles, sur Chollet et Mortagne.

» La discussion a été interrompue par une proposition incidente, tendant à ce que chaque membre du conseil soit tenu de motiver par écrit son opinion. On a proposé par amendement de laisser à chacun la faculté de motiver son opinion, sans que cette faculté soit obligatoire. Cette dernière proposition a été adoptée unanimement; et il a été décidé que chacun serait libre de motiver son opinion dans un écrit qui serait joint au procès verbal et signé de l'opinant.

» La discussion a été reprise, et les différens membres ont parlé pour ou contre chacune des deux propositions.

» Enfin, après une multitude d'observations, la discussion a été fermée, et l'on a commencé l'appel nominal sur cette question :

» *La garnison de Mayence dirigera-t-elle sa marche par Saumur ou par Nantes?*

» Sur vingt-deux votans, le représentant Bourbotte a déclaré n'être pas en état de donner son avis.

» Le général Dembarrère a demandé que l'on marchât simultanément par Saumur et par Nantes.

» Les citoyens Reubell, Merlin, Turreau, Cavaignac,

Méaulle, Philippeaux, Ruelle, Canclaux, Aubert-Dubayet et Mieszkowsky ont été d'avis de marcher par Nantes.

» Les citoyens Richard, Choudieu, Fayau, Rossignol, Menou, Duhoux, Santerre, Salomon et Rey ont pensé que l'on devait marcher par Saumur.

» A l'égard du général Chalbos, il a voté pour que l'on marchât à la fois par Saumur et par Niort.

» D'après cela, et attendu que dix voix ont été pour la marche par Nantes et dix pour celle de Saumur, il ne s'est pas trouvé de majorité.

» Alors la discussion s'est engagée de nouveau, et après de longs débats, le conseil a arrêté que les généraux se concerteraient entre eux pour arrêter un plan qui serait soumis ce soir au conseil; la séance a été levée à quatre heures, et l'on s'est ajourné à huit heures du soir.

» Et le même jour, 2 septembre, huit heures du soir, le conseil réuni, l'un des généraux a annoncé qu'en exécution de l'arrêté pris ce jourd'hui par le conseil, ils se sont rassemblés, et que les avis se sont réunis à cette question : *Que l'armée de Mayence marcherait par Nantes*, et qu'il avait été convenu qu'ils se rassembleraient demain matin pour se concerter sur les mesures d'exécution.

» Le président a consulté le conseil pour savoir s'il adoptait l'avis des généraux; quatorze votans l'ont admis, et trois l'ont rejeté dans l'ordre suivant : Les citoyens Reubell, Merlin, Richard, Turreau, Cavaignac, Méaulle, Philippeaux, Ruelle, Canclaux, Menou, Santerre, Aubert-Dubayet, Mieszkowsky et Dembarrère ont voté pour l'adoption, et les citoyens Choudieu, Fayau et Chalbos l'ont rejeté. En conséquence il a été arrêté par le conseil que la garnison de Mayence marcherait par Nantes.

» Fait à Saumur les jour et an que dessus. »

Les observations du général Vergnes, chef de

l'état-major de l'armée des côtes de Brest, qui accompagnait le général Canclaux à Saumur, contribuèrent beaucoup à fixer l'opinion des généraux dans leur réunion.

« La colonne de Mayence, disait Vergnes, n'a pas de canons; elle a besoin de quatre mille fusils. Où est votre artillerie? Où sont vos arsenaux? D'ailleurs, ne compte-t-on pour rien le découragement des troupes de Saumur, toujours battues et encore désorganisées? Quel espoir resterait-il, si la colonne de Mayence, une fois engagée dans le pays difficile de la Vendée, était abandonnée à ses propres moyens, et que le défaut de secours l'obligeât à revenir sur ses pas?... »

Le lendemain, le général Canclaux présenta un plan d'opérations qui fut approuvé par le conseil. Ce plan était divisé en deux parties, ainsi qu'il suit :

PREMIÈRE PARTIE.

Plan d'opérations concerté et arrêté entre les généraux Canclaux et Rossignol.

« L'armée de Mayence étant réunie à celle des côtes de Brest sortira de Nantes le 11 ou le 12 du présent mois de septembre; elle aura sur sa droite une colonne de l'armée de Brest, qui, rassemblée à *Paimbœuf*, et partant de là, balaiera toute la côte de *Bourgneuf*, se portera sur *Port-Saint-Père*, qu'elle enlèvera, et de là sur *Machecoul*. Cette opération peut avoir lieu le 9. Elle sera soutenue par l'avant-garde de l'armée de Mayence, qui se sera portée le même jour sur la hauteur de *Saint-Legé*, qui domine *Port-Saint-Père*, et d'où ce poste pourra être canonné et bombardé, s'il est nécessaire.

» Une colonne, partie de *la Hibaudière*, en fera en même temps l'attaque de front, et, s'en étant emparée, y restera pour se réunir à la colonne de droite dont elle doit faire partie.

» L'occupation de *Machecoul* doit décider la marche en avant de la colonne de l'armée des côtes de La Rochelle qui en tient la gauche. Cette colonne, dite *armée des Sables*, et qui est maintenant à *la Roche-sur-Yon* et à *la Motte-Achard*, après avoir attaqué *Aizenay* et *le Poiré*, se portera sur la droite de la colonne de l'armée de Brest, jusqu'à *Saint-Fulgent* le 13, et le 14 aux *Herbiers*, où elle se trouvera à la hauteur de *Tiffauge*, et de là elle marchera toujours sur la droite de la même colonne pour se porter devant *Mortagne* le 16.

» L'armée de Brest se sera portée le 11 ou le 12 devant *Villeneuve*; son avant-garde aura été le même jour au château de la *Limousinière*, en avant du *Pont-James*, où l'armée se portera le jour suivant, laissant la réserve à *Villeneuve*.

» L'attaque de *Legé*, sur la route de Nantes aux Sables, aura lieu le même jour par une colonne qui partira de *Machecoul*, et qui pourra se diviser en deux parties, pour l'attaquer du côté de *Palluau*, en même temps que par celui de *Machecoul*, et que l'avant-garde de l'armée de Mayence l'attaquera par le chemin de Nantes.

» *Vertou* pourra aussi être attaqué ce même jour par la colonne de gauche de l'armée de Brest, ainsi que le château de *Laloué*; elle y prendra poste.

» La légion nantaise, et partie de la garde nationale de Nantes, feront une diversion sur *Saint-Sébastien* et *Basse-Goulaine*.

» Le 13 ou le 14, le corps d'armée se portera sur la route de La Rochelle, vis-à-vis *Aigrefeuille*. La colonne de droite à Montaigu qu'elle enlèvera.

» Le 14 ou le 15, cette même colonne se portera sur *Tiffauge*, et le 16 devant *Mortagne*.

» Le même jour 15, le corps d'armée, ayant passé la Maine, attaquera *Clisson*, y passera la Sèvre, et se portera devant *Mortagne* le 16.

» La réserve, qui aura été passer la Sèvre sur le pont de Vertou, viendra attaquer Clisson par le chemin de Nantes, s'il est nécessaire, et se réunira à l'armée.

» Comme l'armée des côtes de La Rochelle doit se porter simultanément des différens points qu'elle occupe, sur *Mortagne*, les forces combinées se trouvant alors rassemblées, ainsi que les généraux, on prendra, pour la continuité de la campagne, tel plan que l'on avisera bon être.

» Pour exécuter ces premiers mouvemens dans un ensemble nécessaire, il faut qu'ils soient arrêtés d'une manière fixe, invariable, et sous la responsabilité de chaque général, à moins d'obstacles de guerre, dont chaque colonne sera prévenue par une correspondance journalière, et par des courriers extraordinaires, portant des dépêches écrites (1).

» Fait et arrêté en conseil de guerre, à Saumur le 3 septembre 1793, l'an II de la république une et indivisible.

» Le général en chef de l'armée des côtes de Brest,

» *Signé* CANCLAUX.

» J'adopte, pour le bien général, le plan présenté par le général Canclaux, me réservant le droit d'attaquer Mortagne, si je le juge convenable,

» *Signé* ROSSIGNOL.

» Pour copie conforme à l'original,

» *Signé* CANCLAUX. »

---

(1) Plusieurs dispositions de ce plan sont altérées dans la copie qu'en a donnée M. de Beauchamp (tome Ier., page 416).

SECONDE PARTIE.

Plan concerté entre les généraux Rossignol et Canclaux, relatif à l'armée des côtes de La Rochelle.

» L'armée des côtes de La Rochelle se tiendra sur une défensive active; néanmoins la division du général Mieszkowsky opérera offensivement jusqu'à la jonction avec l'aile droite de l'armée des côtes de Brest, et à l'aile gauche de la division de Chantonnay. Elle dirigera sa marche de la manière suivante :

» Le 11, elle s'emparera d'*Aizenay*;

» Le 12, elle marchera sur *le Poiré*;

» Le 13, aux *Essarts*;

» Le 14, à *Saint-Fulgent*, où elle prendra poste et se gardera militairement.

» La division de *Chantonnay* sera chargée de balayer tout le pays qui se trouve entre *Chantonnay* et *la Roche-sur-Yon*, de manière qu'elle ne laisse aucun ennemi derrière elle, et que ses subsistances soient assurées. Les postes de sa gauche correspondront directement avec ceux du corps commandé par le général Mieszkowsky.

» La même division de *Chantonnay* enverra occuper les postes de *Mouilleron* et de *Bazoges*, de la manière qui lui sera prescrite par le général Chalbos.

» La division commandée par le général Chalbos se portera à la *Châtaigneraie*, où elle devra arriver le 14. Elle balaiera ses derrières et ses deux flancs; les postes de sa droite correspondront avec les postes de gauche de la division commandée par le général Rey : il en sera de même des postes de sa gauche avec la division de *Chantonnay*.

» La division commandée par le général Rey se portera à *Bressuire*, où elle devra arriver le 14. Sa droite occupera *Chambroutet*, et sa gauche le château de *la Forêt-sur-Sèvre*. Ce dernier poste correspondra avec la droite commandée par le général Chalbos.

» La division de *Saumur* fournira un poste à *Argenton*;

il y sera rendu le 14, et occupera les hauteurs qui sont derrière cette ville, au lieu dit *le Breuil*. La gauche des postes de cette division correspondra avec ceux de la droite de la division aux ordres du général Rey.

» La division de Saumur se portera à *Vihiers*, où elle sera rendue le 14. Sa gauche correspondra avec la droite de la division *d'Argenton*; elle occupera le château et les hauteurs qui avoisinent *Vihiers*.

» La division aux ordres du général Duhoux, laissant une garde suffisante aux ponts de Cé, se rendra, le 14, sur les hauteurs de Beaulieu, et occupera les ponts *Barré* et de *Bézigon*. La gauche de ces postes enverra de fréquentes patrouilles pour correspondre avec la droite de la division de *Vihiers*. Elle s'éclairera sur la droite pour connaître la marche et la position des ennemis sur la rive gauche de la Loire.

» La correspondance sera extrêmement active entre les divisions et le général en chef, qui tiendra son quartier général à Doué. La même correspondance aura lieu avec le général en chef de l'armée des côtes de Brest et entre les divisions, colonnes et postes des deux armées qui l'avoisinent, de manière que toutes les troupes puissent opérer de concert les mouvemens qui leur seront ordonnés, et qu'elles puissent se porter des secours réciproques, suivant l'urgence des cas.

» Les différentes divisions et les postes se garderont par des retranchemens, et auront soin de se garder par des patrouilles fréquentes et soutenues entr'elles.

» Fait et arrêté à Saumur en conseil de guerre, l'an 2 de la république une et indivisible, le 3 septembre 1793.

» Le général en chef de l'armée des côtes de la Rochelle,

» *Signé* ROSSIGNOL.

» Le général en chef de l'armée des côtes de Brest,

» *Signé* CANCLAUX.

» Pour copie conforme à l'original

» *Signé* CANCLAUX. »

Le même jour Rossignol s'empressa de rendre compte au ministre de la tenue du conseil de guerre.

« Les intérêts de la patrie, disait-il, m'obligent à vous écrire par un courrier extraordinaire. Comme je ne désire que d'être utile à la république, je crois devoir vous instruire des obstacles que je rencontre au moment où j'ai promis à la Convention d'exterminer les rebelles de la Vendée.

» Un conseil de guerre a eu lieu le 2 de ce mois et a duré jusqu'à dix heures du soir. Tous les généraux de l'armée y ont été appelés, ainsi que les représentans du peuple, *qui y ont voté*. On a d'abord agité la question de savoir si l'armée de Mayence marcherait par Saumur ou par Nantes. Les sept généraux, qui depuis long-temps font la guerre dans la Vendée et qui connaissent le pays, ont démontré jusqu'à l'évidence qu'il importait, pour le salut de la république, de marcher par Saumur. Le conseil étant composé de neuf généraux et de onze députés, sept de ces généraux et trois députés ont voté pour que l'armée marchât par Saumur; les autres, savoir huit députés et deux généraux, qui n'ont aucune connaissance du pays, ont voté pour que l'armée marchât par Nantes, de manière que les voix ont été partagées et qu'il y en a eu dix contre dix.

» J'observe que l'on avait cherché à indisposer l'armée de Mayence contre les généraux sans-culottes, afin de parvenir plus facilement au but que l'on s'était proposé, de la faire marcher par Nantes.

» Comment est-il possible que, pour attaquer Mortagne, où est le repaire et toute la force des rebelles, dont nous ne sommes éloignés que de douze lieues, on fasse faire à l'armée de Mayence quarante-sept lieues pour y arriver ? Quel obstacle rencontrera-t-elle du côté de Nantes qu'elle ne puisse vaincre très-aisément ? L'ennemi fuira devant cette armée;

mais il est à craindre que dans sa fuite il ne se porte en masse sur une de nos colonnes qu'il pourrait rompre, et par ce moyen se répandre dans les départemens circonvoisins qui sont gangrénés d'aristocratie pour la plupart. N'eût-il pas été plus sage de les chasser devant soi jusqu'à la mer, en tenant des forces sur les côtes pour achever de les exterminer?

» Jugez, citoyen ministre, d'après ces détails et les inconvéniens que je viens d'exposer. Quoi qu'il en soit, j'ai juré de terminer cette guerre sous peu de temps : elle le sera. »

Dans une seconde dépêche du même jour, Rossignol s'expliquait ainsi :

« Un décret de la Convention nationale a envoyé à l'armée que je commande l'armée de Mayence; ce décret n'a point été rapporté, et une lettre, signée de vous, annonce à Canclaux, général en chef de l'armée des côtes de Brest, que l'armée de Mayence partira pour Nantes. Je n'entrerai dans aucun détail sur tous les ressorts que l'intrigue, l'amour-propre et l'ambition ont fait jouer pour obtenir un ordre dont l'exécution va prolonger, et peut-être même éterniser cette guerre malheureuse. Je me contenterai, citoyen ministre, de vous demander si l'armée de Mayence, qui est partie pour Nantes, doit marcher dans la Vendée sous mes ordres, ou sous le commandement d'un général dont les pouvoirs ne peuvent s'étendre au delà du cercle prescrit pour l'armée des côtes de Brest.

« Le commandement de l'armée des côtes de la Rochelle s'étend depuis la Garonne jusqu'à l'embouchure de la Loire. Dois-je y envoyer un général divisionnaire pour diriger sa marche? J'attends votre réponse. »

Le mécontentement de Rossignol se faisait assez sentir dans cette correspondance, et n'annonçait pas l'intention bien prononcée de seconder les opérations de Canclaux.

Quoi qu'il en soit, les difficultés qui suspendaient la marche de la colonne de Mayence étant levées, le général Canclaux donna l'ordre aux généraux Kleber, Vimeux et Beaupuy, de se rendre à Nantes, où ils devaient arriver le 6 et le 7 septembre.

Cependant le terrible décret du 1er. août avait répandu l'alarme dans toutes les classes des citoyens, républicains ou royalistes. On adressait de toutes parts des réclamations aux représentans, au ministre, au comité de salut public. Déjà le général Canclaux avait obtenu, des représentans près son armée, un arrêté qui défendait l'incendie et le pillage. Cet arrêté, ainsi qu'on l'a vu, avait été lu à la tête du camp.

Le ministre écrivait le 1er. septembre à Rossignol :

« Il m'est revenu que les habitans de Chollet craignaient de voir saccager leur ville lorsque notre armée y entrerait. Chollet s'est maintenu dans les bons principes et mérite sous tous les rapports d'être traité comme ville amie. Je vous prie donc de rassurer les braves de cette ville, qui combattent avec vous, sur le sort de ce poste. »

Il lui mandait encore dans une dépêche du 3 :

« Quelques habitans de Parthenay craignent que leur ville ne soit exposée aux rigueurs du décret qui a eu pour but de soumettre la rébelion de la Vendée; mais comme la conduite de leur ville fut toujours patriote, j'écris aux députés du canton qu'ils peuvent être tranquilles. Les troupes de la république ne feront éprouver le poids de la vengeance nationale qu'à ceux qui soutiennent et partagent la rébellion. Vous pouvez juger, par les deux avertissemens que je vous ai donnés sur Chollet et Parthenay, qu'on voudrait nous représenter comme des gens cruels par plaisir, et porter les habitans fanatiques égarés à une résistance désespérée. C'est à vous qu'il appartient de les faire revenir à la vérité et à la république, par une conduite aussi ferme que sage. »

Cet avis fut donné en même temps au représentant Lecointe-Puiraveaux, à Saint-Maixent.

Le général Santerre avait adressé le 5, au ministre, des réflexions sur l'exécution du décret du 1er. août. Le ministre lui répondit le 9 :

« Ce décret n'a en vue de faire porter la vengeance nationale que sur ceux qui ont pris les armes contre nous; que sur les communes qui, réunies aux brigands, résisteront à l'armée de la république, ou y ont résisté précédemment. Telles sont aussi les intentions du comité de salut public et du conseil exécutif. J'en ai écrit sur ce ton-là au général Rossignol, ainsi vous voyez que votre opinion s'est trouvée d'accord avec la nôtre. »

Le même jour, le ministre écrivait à Rossignol :

« Le comité de salut public est instruit par les commissaires du pouvoir exécutif (Brulé et Besson) de l'indiscipline des bataillons, et notamment de ceux de Paris. Les soldats cantonnés à Doué s'écartent jusqu'à trois lieues pour piller. Il faut faire arrêter et juger les émigrés, les contre-révolutionnaires, les voleurs qui se sont glissés dans l'armée. »

Quelques bataillons avaient annoncé l'intention

de quitter l'armée pour rentrer dans leurs foyers. Le ministre adressa la circulaire suivante à *ses frères d'armes* :

« J'apprends, citoyens, que plusieurs d'entre vous pensent à se retirer, et qu'ils s'y croient autorisés par la loi. Vous avez donc oublié qu'il existe une première loi, qui n'a pas été abrogée, c'est de défendre la patrie, tant qu'elle est en danger; et quand même elle n'existerait pas, vous vous empresseriez à la remplir, puisqu'il n'existe pas de société là où les citoyens ne veulent pas la défendre. Interrogez-vous, demandez-vous ce que vous devez à la patrie et à vos familles, et une voix intérieure vous répondra que vous devez les défendre, et plutôt périr que de souffrir qu'elles soient opprimées. J'espère que cette erreur n'aura aucune suite, et que de tous les côtés on n'entendra dans tous les bataillons que le cri de *vive la république!* »

Un décret du 23 août avait mis tous les Français en réquisition permanente pour les armées, jusqu'au moment où les ennemis seraient chassés du territoire de la république. Les mesures révolutionnaires se multipliaient à mesure que les dangers augmentaient, et déjà le système de la terreur s'annonçait. Dans un rapport fait par Barrère à la séance de la Convention du 5 septembre, sur la proposition de créer une armée révolutionnaire à Paris, « cette armée, dit le rapporteur, exécutera enfin ce grand mot qu'on doit à la commune de Paris : *Plaçons la terreur à l'ordre du jour*,... etc. »

A la suite de ce rapport, la Convention décréta la création d'une armée révolutionnaire, composée de six mille hommes et de douze cents canonniers.

Il fut décidé, par un autre décret, que les militaires démissionnaires, destitués ou suspendus, seraient tenus de se retirer dans leur municipalité et à vingt lieues des frontières, pour y être mis en surveillance.

Le moment approchait où, par suite du plan de campagne arrêté à Saumur, les troupes devaient faire un mouvement général. Des ordres furent donnés, par les députés et par le général Rossignol, pour les levées en masse depuis Angers jusqu'à Niort. Cette mesure ne fut pas adoptée à l'armée des côtes de Brest. Les représentans près de cette armée écrivirent au comité de salut public : « La crainte de donner aux malveillans un motif de se réunir en plus grand nombre que les bons citoyens, nous empêche de faire sonner le tocsin sur la rive droite de la Loire. »

On n'avait encore pris à Saumur aucune disposition relative à l'exécution du décret du 1er. août, objet d'inquiétude et d'effroi pour cette vaste contrée environnée par les troupes de l'armée des côtes de La Rochelle. Le département de Maine-et-Loire prit, dans sa séance publique du 8 septembre, un arrêté en ces termes :

« Le procureur-général syndic dit :

» Citoyens, les différentes divisions de l'armée des côtes de La Rochelle, employées contre les insurgés de la Vendée ne tarderont pas à se mettre en mouvement. Une attaque générâle et combinée va enfin anéantir les troubles qui dévastent ce malheureux pays : il est des mesures prescrites par la loi du 1er. août dernier, dont vous devez vous occuper sans délai. L'humanité, l'intérêt de la république et l'intérêt particulier des citoyens patriotes réfugiés, vous en font un devoir. Je vous propose d'établir, auprès de l'armée, une commission administrative qui sera spécialement chargée de veiller à la conservation des domaines acquis à la république, et de ceux appartenant aux réfugiés et aux citoyens qui n'ont cessé de donner des preuves de civisme.

» Le directoire du département, considérant qu'il est important pour l'intérêt public et pour l'humanité, de prendre des moyens prompts pour faire conduire dans l'intérieur les femmes, les enfans et les vieillards, mettre à couvert les subsistances, fourrages et approvisionnemens de toute espèce, et veiller à la conservation des propriétés nationales et individuelles ; arrête, après avoir entendu le procureur général syndic :

» Art. Ier. Il sera formé une commission administrative spécialement chargée de suivre l'armée dans tous ses mouvemens, et de se concerter avec les représentans du peuple et les généraux, pour donner à la loi du 1er. août une exécution prompte et régulière.

» II. La commission sera formée de trois administrateurs ou commissaires du département, de tous les membres présens des administrations des districts de Vihiers, Chollet, Saint-Florent, et des officiers municipaux des différentes communes de ces trois districts, ou à leur défaut, de citoyens reconnus par leur patriotisme et leur probité.

» III. Cette commission se subdivisera suivant la marche et les mouvemens de l'armée, de manière cependant que dans chaque division il y ait un commissaire du département.

» IV. Les commissaires emploîront tous les moyens qui seront en leur pouvoir pour se procurer les voitures nécessaires pour faire porter sur les derrières de l'armée les subsistances, fourrages, bestiaux et meubles.

» V. Il sera dressé des inventaires détaillés des objets qui seront enlevés, avec désignation des particuliers auxquels ils appartiennent.

» VI. Les commissaires prendront les mesures les plus actives et les plus prudentes pour mettre à l'abri de toute insulte, traiter avec les égards dus à l'humanité, les femmes, les enfans et les vieillards qu'ils feront conduire dans l'intérieur.

» VII. Lesdits commissaires donneront aux représentans du peuple et aux généraux de l'armée tous les renseignemens et indications qu'ils jugeront nécessaires pour épargner les propriétés et les individus qui ont été retenus par force dans le pays insurgé.

» VIII. Le présent arrêté sera sur-le-champ envoyé par des commissaires aux représentans du peuple, qui sont invités d'y donner leur approbation. Le directoire nomme à cet effet les citoyens *Villier*, vice-président du département; et *Baranger*, procureur syndic du district de Vihiers.

» Fait au département à Angers, ledit jour 8 septembre 1793.

» *Signé* VILLIER, vice-président; BRICHET, MAMERT-COULLION, BARDET, CHARLERY, DE LA VIGNE, BOULLET, procureur-général syndic; BARBOT, secrétaire-général. »

Cet acte fut approuvé le même jour par un arrêté des représentans, ainsi conçu :

«Nous, représentans du peuple près l'armée de La Rochelle, après avoir pris connaissance de l'arrêté du département de Maine-et-Loire, approuvons les dispositions qu'il renferme, le rendons général pour tous les départemens dont le territoire est occupé par l'armée des côtes de La Rochelle et par les rebelles; arrêtons en conséquence, que tous les corps administratifs de ces départemens sont tenus de s'y conformer.

» Et considérant qu'il importe aussi de prendre des mesures promptes pour qu'en exécution de la loi du 1er. août dernier, les repaires des brigands soient détruits, de manière à porter à la république le moins de préjudice possible;

» Pour que le désir du pillage ne fasse pas confondre les véritables repaires des brigands avec des pays qui, quoique envahis par eux, ne doivent cependant pas être traités de la même manière, en ce qu'une grande partie des citoyens qui les habitent sont restés fidèles à la patrie, et que plusieurs d'eux sont même dans nos armées, ou réfugiés dans nos villes;

» Considérant enfin que si les circonstances peuvent forcer de livrer aux flammes des communes rebelles, il faut au moins déterminer le mode d'incendie, et indiquer ceux qui doivent diriger cette exécution, arrêtons ce qui suit :

» Art. Ier. Il est défendu à tout officier, sous-officier et soldat de l'armée des côtes de La Rochelle de mettre ou de faire mettre le feu à aucune ville, bourg, village, hameau ou maison particulière et isolée, sous prétexte que les brigands y ont logé, à peine d'être personnellement responsables des dégâts qui en résulteraient, et poursuivis comme rebelles à la loi.

» II. Lorsque les troupes de la république seront entrées dans un pays occupé par les brigands, et où ils avaient établi leurs repaires, les généraux qui commanderont seront seuls maîtres de déterminer si le feu doit y être porté.

» III. Le pays ne pourra être incendié que sur un ordre écrit des généraux, lequel ne pourra être exécuté que lorsque les subsistances, bestiaux, et tous autres objets utiles à la république et à ses armées, auront été préalablement enlevés par les commissaires attachés à la suite des troupes.

» IV. Dans le cas où les rebelles feraient résistance dans

un lieu quelconque, et qu'il y aurait quelque difficulté à les en débusquer, pour y parvenir les simples commandans de détachement pourront y faire mettre le feu, s'ils le jugent nécessaire, et ce, sous leur responsabilité.

» V. Le présent sera imprimé, affiché, envoyé à tous les départemens occupés par l'armée des côtes de La Rochelle, distribué à l'armée et lu à la tête de chaque compagnie de bataillon, sous la surveillance des chefs, auxquels il sera adressé sans délai par le chef de l'état-major.

» *Signé* P. BOURBOTTE. »

Le directoire du département s'empressa de nommer les membres qui devaient former la commission, et qui tous étaient fonctionnaires publics.

Vingt-six furent attachés à la division qui devait se porter sur Chollet;

Dix-huit à celle qui devait occuper Vihiers et les environs;

Dix-neuf à celle destinée à occuper Beaulieu, Saint-Lambert, Chalonnes et toute la rive du Layon;

Vingt-sept à celle qui devait pénétrer sur le territoire de Montglone (Saint-Florent).

Ces mesures, qui semblaient réduire la guerre à ses fléaux ordinaires, calmèrent les esprits.

§ II. (Basse Vendée.) Mémoires du général Kleber. — Il commande l'avant-garde de l'armée de Mayence. — Accueil qu'il reçoit. — Son arrivée à Nantes dans la matinée du 6. — Fête que l'on donne à la division le 7. — Le camp des Naudières attaqué par Charette le 5; toute la journée est employée à combattre ; les Vendéens repoussés sur tous les points. — Le camp des Roches, près Chantonnay, attaqué et enlevé par les chefs vendéens le même jour. — Rapport du général Lecomte. — Extrait du bulletin de la Vendée.

La colonne de Mayence, ainsi qu'on l'a dit, était en marche pour se rendre à Nantes. Kleber, que les fastes de la gloire placent parmi nos premiers héros français; Kleber, dont l'amitié me fut toujours si précieuse, va nous servir de guide.

Il nous apprend, dans ses mémoires, que Mayence fut le premier début de sa carrière militaire comme officier-général; il y commanda en qualité d'adjudant-général les camps et forts extérieurs. « J'y vécus, dit-il, pendant quatre mois sous une voûte de feu; j'assistais à toutes les sorties, je résistais à toutes les attaques. Doyré et Dubayet ont tenu des journaux de ce siége mémorable ; ils les publieront un jour. »

Après quatre mois de blocus et trente-deux jours de tranchée ouverte, la place est rendue par capitulation. Dubayet et Kleber sont arrêtés à Sarrelibre (Sarrelouis). Reubell et Merlin de Thionville les devancent à Paris, et font décréter *que l'armée de Mayence a bien mérité de la patrie.*

Kleber reçoit la commission de général de brigade. « C'était, dit-il, dans ce temps-là, comme on sait, un brevet pour marcher à l'échafaud, ou, ce qui était pis encore, pour gémir dans une prison, le glaive suspendu sur la tête. » Il refuse le grade qu'on lui offre, on ne l'écoute pas ; il part pour Tours, où il avait ordre de rejoindre l'armée de Mayence, en route pour la Vendée. C'est de cette époque que date son journal.

Kleber arriva à Tours le 22 août : l'armée de Mayence, venue en poste, y était depuis quelques jours. Le général Aubert Dubayet la commandait en chef ; les représentans Reubell et Merlin de Thionville y étaient attachés.

On donna à Kleber le commandement de l'avant-garde, forte d'environ deux mille quatre cents hommes, soixante chasseurs à cheval et quatre pièces de campagne, avec ordre de partir de Tours, le 26 août, pour être rendu à Saumur le 30, où il devait attendre de nouveaux ordres.

Les représentans Choudieu et Richard, les généraux Santerre, Joly et Turreau, s'étaient portés à une lieue de Saumur au-devant de la colonne, tandis que les autorités constituées l'attendaient à une demi-lieue avec des couronnes civiques que Kleber fit attacher aux drapeaux.

Le même accueil attendait les Mayençais à Angers. Le général Canclaux, qui se rendait à Saumur, voulut voir la troupe qu'il rencontra ; il en fut très-satisfait, et considéra surtout, avec infiniment de plaisir, les deux bataillons de tirailleurs, connus sous le nom de chasseurs de Cassel et de la légion des Francs, deux corps en effet inappréciables pour le genre de guerre que l'on avait à faire.

Le soldat se félicitait d'être associé à des troupes qui s'étaient toujours bien montrées, et les chefs d'obéir à un général qui jouissait d'une très-bonne réputation ; car tandis que des déroutes, aussi complètes que nombreuses, avaient annoncé la honte de l'armée de La Rochelle à l'Europe entière, l'armée de Brest avait déjà signalé son courage en plus d'une occasion.

Kleber reçut à Ancenis l'ordre de quitter la grande route de Nantes et de prendre celle de Niort, pour éviter une batterie que l'ennemi avait établie à Chantoceau, sur la rive gauche de la Loire, et qui rendait difficile le passage par Oudon. Les soldats disaient hautement que quelques coups de canon ne devaient pas leur faire faire le moindre circuit ; que cette musique ne leur était pas étrangère... Cependant on obéit.

L'avant-garde arriva à Nantes dans la matinée du 6 ; elle reçut l'accueil le plus flatteur du général en chef qui l'avait précédée, des autorités constituées et des citoyens de Nantes. Le corps d'armée la suivit de près. Les événemens qui se passaient sur la rive gauche de la Loire avaient fait accélérer sa marche.

« Le lendemain, ajoute Kleber, fut un jour de fête où rien ne fut oublié. Canclaux fit développer l'armée en ordre de bataille dans une prairie (la prairie de Mauves), presque sur le bord de la rive droite de la Loire, de manière à ce que l'ennemi, qui occupait des postes opposés, pût être spectateur d'une scène qu'il devait regarder comme un présage de sa destruction prochaine.

» La troupe étant rentrée, Merlin fit la proposition d'aller reconnaître un poste ennemi établi dans les environs de Saint-Sébastien. Il y fut accompagné par plusieurs représentans, officiers-généraux et autres : ils y furent accueillis par un beau feu de file. Merlin met pied à terre, saute dans la canonnière établie pour défendre le passage de la Loire, et riposte par quelques coups de canon. Après ce petit jeu militaire, chacun se rendit au banquet préparé par la ville. »

Cependant les chefs vendéens, profitant de l'absence des généraux républicains appelés au conseil de guerre de Saumur, étaient parvenus à former des rassemblemens nombreux dans la haute et la basse Vendée, pour attaquer et enlever les postes républicains établis en avant de Nantes et de Luçon. M. Lyrost de la Patouillière, l'un des chefs de la Vendée dans la partie de Vertou, avait reçu de Charette, le 31 août, l'invitation de se réunir à lui pour faire une nouvelle attaque sur le camp des Naudières. Il fit le même jour, à neuf heures du soir, la réponse suivante :

« Monsieur, nous n'avons que le temps de vous marquer qu'il ne nous serait pas possible de faire ce que vous demandez, ni pour le soir, ni pour la pointe du jour. Il nous faut faire un rassemblement, et communiquer à nos voisins le projet en question, pour que de leur côté ils s'occupent de leurs rassemblemens. Ainsi, monsieur, donnez-nous la journée de demain dimanche, pour que tout soit pour le mieux. Nous serons prêts tous pour être à vous dans la nuit suivante, c'est-à-dire, de dimanche à lundi; nous serons à bivouaquer au lieu désigné à minuit. Veuillez, je vous prie, communiquer ma lettre à MM. de Couetus et de La Cathelinière. Je vous engage tous, messieurs, à vouloir bien différer, dans le désir de pouvoir réunir nos forces aux vôtres et d'agir avec succès. La chose est bien de conséquence, et de la plus grande conséquence, et mérite toute attention. »

Charette était alors à Touffou; l'attaque fut différée et fixée au 5 septembre.

A son retour à Nantes, le même jour à deux heures du matin, Canclaux fut instruit que le camp des Naudières était menacé d'une attaque prochaine. Il s'y rendit aussitôt, et apprit de Beysser que l'ennemi avait fait de grands préparatifs pour une attaque combinée sur plusieurs points. Vers les six heures, le général étant monté à cheval pour faire une reconnaissance, aperçut bientôt une troupe de paysans armés qui descendaient des hauteurs de Vertou, et se portaient sur la gauche du camp. Il ordonna à Beysser de marcher à leur rencontre.

Beysser, à la tête du soixante-dix-septième régiment et de cinq compagnies de grenadiers sous les ordres de Boussard, lieutenant-colonel du onzième bataillon de la république, se porta sur la Sèvre en tournant la colonne ennemie. Canclaux fit avancer une pièce de douze, et engagea l'affaire par plusieurs décharges : Beysser attaqua en même temps par le flanc. Alors commença un feu de mousqueterie très-vif et soutenu. Le treizième bataillon de Seine-et-Oise et la légion nantaise furent envoyés pour soutenir l'attaque sur la gauche, tandis que l'adjudant-général Cambray attaquait sur la droite avec une partie du soixante-dix-septième et du douzième bataillon de la république. L'affaire fut bientôt décidée, l'ennemi fut repoussé et poursuivi jusqu'à la chaussée de Vertou.

Pendant ce temps-là, une autre colonne ennemie attaquait le poste des Sorinières, où se trouvait l'avant-garde commandée par l'adjudant-général Bloss. Canclaux envoya à son secours le général Grouchy, avec le premier bataillon du trente-quatrième régiment et le douzième bataillon de Seine-et-Oise.

Deux colonnes de Vendéens se présentaient sur les routes des Sables et de La Rochelle avec plusieurs pièces de canon.

La colonne sur la route de La Rochelle, après une fusillade et une canonnade très-vives, fut chargée à l'arme blanche par trois compagnies de grenadiers sous les ordres du commandant Verger, et par une quarantaine de chasseurs et hussards américains. L'ennemi perdit une pièce de canon et un drapeau, et fut poursuivi à plus d'une lieue. Un chef, que l'on disait Charette lui-même, ne dut son salut qu'à la vigueur de son cheval.

Le général Grouchy repoussait en même temps,

sur la route des Sables, une colonne ennemie que l'on estimait à dix mille hommes, avec trois pièces de canon. Il la poursuivit jusqu'à Villeneuve, secondé par l'adjudant-général Bloss qui reçut une blessure légère.

Le général Canclaux fut alors averti qu'une autre colonne menaçait le poste de la Balinière ; il y courut, et trouva les dispositions pour recevoir l'ennemi déjà faites par l'adjudant-général Lautal, qui, par prudence, avait fait détendre son camp et envoyé ses bagages en ville. Les deux bataillons du cent-neuvième régiment, ayant à leur tête les chefs de brigade Michon et Feydieu, étaient placés sur la chaussée attendant l'ennemi.

Le général en chef alla, avec l'adjudant-général Lautal, reconnaître la droite de la position, par laquelle il paraissait que le dessein des rebelles était de la tourner: Il était occupé de quelques dispositions, lorsqu'il entendit, sur sa gauche, un feu considérable de mousqueterie et d'artillerie. C'était une nouvelle colonne de l'ennemi qui, passant entre l'avant-garde et le camp de la Balinière, attaquait les derrières du camp des Naudières vers sa droite. Un poste du douzième bataillon de Seine-et-Oise, s'étant replié trop précipitamment, avait porté dans le camp quelque désordre qui aurait pu avoir des suites funestes sans la fermeté du troisième bataillon de l'Orne, dont le premier feu arrêta l'ennemi. Bientôt arriva le général Beysser, ramenant de la gauche des troupes victorieuses. Le général Vergnes, chef de l'état-major, disposait de ce qui restait de troupes dans le camp, ainsi que de l'artillerie, pour sa défense. Les bonnes dispositions de ces deux généraux ne laissèrent plus à l'ennemi l'espoir de pénétrer dans le camp, malgré tous ses efforts ; il fut enfin mis en fuite, et poursuivi plus d'une lieue par la légion nantaise.

Toute la journée avait été employée à combattre ; il était six heures du soir lorsque le général donna l'ordre de faire rentrer la troupe dans ses postes. Il s'empressa de témoigner sa satisfaction en faisant mettre à l'ordre de l'armée ce qui suit :

« Au nom de la république, le général en chef remercie et félicite les généraux, son état-major, les officiers, sous-officiers, volontaires et soldats de toute l'armée, de leur brave et généreuse conduite, et de leurs succès. »

Cette journée, dans laquelle les chefs de la basse Vendée virent échouer tous leurs projets, facilita sans doute la marche rapide de l'armée de Canclaux dans le pays.

Les chefs de la haute Vendée et du centre furent plus heureux dans l'attaque qu'ils firent le même jour sur le camp des Roches, près Chantonnay. Ce camp, commandé en l'absence du général Tuncq par Lecomte promu depuis peu au grade de général de brigade, fut enlevé, ainsi que l'avait craint le général Chalbos.

Cette nouvelle fut annoncée au ministre de la

guerre, après le combat, par le commissaire des guerres Piet-Chambelle. « L'affaire, disait-il, a commencé à cinq heures du soir et a duré jusqu'à neuf. Deux mille cinq cents hommes sont rentrés ici (Luçon) à dix heures du soir, il en rentre encore à chaque instant; mais tout le matériel est tombé au pouvoir de l'ennemi. Tuncq, parti depuis deux jours avec son chef d'état-major pour La Rochelle, n'a laissé aucune instruction au général Lecomte qui devait le remplacer pendant son absence. »

Le commissaire joignait à sa dépêche la déclaration de plusieurs officiers sur les griefs imputés à Tuncq.

Ces détails furent transmis au comité de salut public.

Le commissaire Brulé écrivit de son côté au ministre :

« J'espère que la levée du peuple va réparer l'échec de Tuncq. Cette levée produira sans exagération deux cent mille hommes.

» Tuncq s'est imprudemment avancé; il n'a pas exécuté les ordres des représentans qui lui enjoignaient de se retirer(1). Je le dénonce formellement par les mêmes motifs qui m'ont fait dénoncer Westermann auquel il ressemble pour ses intrigues. Il doit être mis en état d'arrestation; il y a plus de faits qu'il n'en faut pour lui faire son procès. Il a quitté son poste la veille du combat, sans laisser au brave Lecomte les notes et renseignemens indispensables pour se défendre. »

---

(1) Il n'avait été donné aucun ordre semblable.

Le ministre répondit, le 12, que Tuncq était arrêté à Paris. Ce général fit un mémoire justificatif, et se tira d'affaire.

Le général Lecomte adressa de Luçon, au général Chalbos, le rapport suivant du 8 septembre, qui fut transmis au ministre :

« Instruit que l'armée vendéenne, forte de vingt-cinq à trente mille hommes, avec vingt-une pièces de canon, descendait des Herbiers entre Saint-Prouant et Monsireigne, et se portait sur la route de la Châtaigneraie, j'en fis part aussitôt au général Chalbos, et je me mis en mesure d'attendre l'ennemi, dans le cas où, par une marche secrète, il viendrait nous attaquer. De nouveaux renseignemens m'apprirent dans la matinée, que l'ennemi défilait dans la plaine de Saint Philbert, et prenait, disait-on, le chemin de Bazoges. Je montai à cheval pour aller le reconnaître et m'assurer de sa marche et de sa force ; je m'avançai au delà de Saint-Philbert, et j'appris que l'on voyait depuis le matin différens corps traverser la plaine entre Bazoges et la Jaudonnière que l'ennemi occupait.

» De retour au camp, je donnai ordre aux chasseurs de l'Oise de se porter avec quinze cavaliers à la Réorthe, pour maintenir la communication de la grande route, ordre en même temps au septième bataillon de la formation d'Orléans de se porter avec sa pièce de canon au pont Charon, pour renforcer ce poste, déjà gardé par le quatrième bataillon de la Dordogne et une pièce d'artillerie. Je fis battre la générale et je pris toutes les dispositions convenables.

» Ayant appris qu'un corps de deux à trois mille Vendéens se montrait sur la première hauteur au delà de Saint-Vincent, craignant qu'ils ne s'emparassent de ce village, j'y courus avec soixante cavaliers pour protéger le bataillon du

Loiret, qui s'y trouvait. A mon arrivée, je vis que l'on avait repoussé l'ennemi et qu'on le poursuivait.

» Une ordonnance vint à toute bride de Chantonnay m'apprendre que le quatrième bataillon de la Dordogne avait quitté son poste sans tirer un seul coup de fusil, et même sans avoir vu l'ennemi de plus près qu'une demi-lieue. Je chargeai aussitôt mon adjudant général Marceau de se porter sur les lieux pour rétablir l'ordre et rallier les fuyards. Il les rencontra près le camp, et plus loin le septième bataillon d'Orléans qui rétrogradait.

» Le pont Charon étant abandonné, et Chantonnay déjà au pouvoir des rebelles, Marceau fit mettre les deux bataillons en bataille sur la gauche de la grande route qui domine Chantonnay, pour tenir l'ennemi en échec et protéger deux pièces d'artillerie légère qu'il avait fait avancer, ainsi qu'un corps de cavalerie. S'étant aperçu que deux bataillons, placés sur les hauteurs en avant du Puy Beliard, fuyaient à l'approche de l'ennemi et mettaient par là notre gauche à découvert, il courut vers eux, fit tout ce qu'il put pour les rallier, mais en vain; il n'y put réussir. Il leur ordonna de s'emparer des haies et d'y tenir ferme, pour retarder la marche de l'ennemi.

» Je n'avais pas attendu le retour de Marceau pour faire marcher le dixième bataillon d'Orléans (1), et lui faire faire un mouvement qui assurât la position de la gauche.

» Le nombre des fuyards et la cessation du bruit de l'artillerie me faisant présumer que les canons placés en avant étaient déjà au pouvoir de l'ennemi, je formai ma ligne de bataille de manière à lui présenter un front redoutable. Le feu soutenu du dixième bataillon d'Orléans, des bataillons de l'Union, de l'Égalité et du Vengeur, le força de reculer et le fit jeter sur ma droite.

---

(1) Commandé par le lieutenant-colonel Bard, nommé peu de temps après général de brigade.

» Marceau voyant faire ce mouvement et s'apercevant que les colonnes de l'ennemi tenaient moins d'ordre, crut que c'était le moment de charger avec la cavalerie qui était au centre. Il fit tout ce qu'il put pour l'ébranler, elle s'y refusa; et, par des prétextes aussi coupables que frivoles, elle chercha à colorer sa criminelle lâcheté.

» J'ordonnai alors aux troisième et sixième bataillons de la Charente-Inférieure de se porter en avant, et, par un changement de direction, de prendre les rebelles en flanc, ce qui fut exécuté ponctuellement. Les feux de bataillon commandés à propos par le citoyen Sagot, chef du sixième bataillon, firent un tel effet, que le désordre se mit parmi eux, et que la victoire, long-temps balancée, eût penché de notre côté, si la cavalerie n'eût encore refusé de donner.

» L'épaisse fumée, jointe aux ombres de la nuit qui commençaient à obscurcir l'horizon, permettant à peine de se connaître, je fus réduit à tenir les bataillons dans leurs positions, de peur qu'ils ne fussent enveloppés, et le feu continua avec la même vigueur sur toute la ligne.

» Le bataillon du Calvados, placé au centre, ayant quitté sa position malgré les efforts des officiers, et s'étant mis en déroute, l'ennemi profita de ce vide pour couper la ligne et se mettre entre nous. Les bataillons le Vengeur et troisième des Deux-Sèvres, qui avaient constamment tenu dans cette partie, victimes d'une fusillade qui les prenait sur tous les points, furent forcés de se replier sur l'aile droite; il fut alors impossible de rétablir la communication et de rallier les fuyards. La nuit favorisait leur évasion, ils se répandirent dans les bois où ils cherchèrent leur salut.

» Je restais seul avec les deux bataillons de la Charente et une partie de la gendarmerie. Plus d'une heure se passa dans cette situation, au milieu du feu de l'ennemi.

» Marceau, ayant traversé les colonnes ennemies pour me rejoindre, m'annonça que toutes les troupes du centre avaient disparu. Je pris alors le parti de me retirer à la faveur des ténèbres, et en me dirigeant à travers des bois qui m'étaient inconnus. C'est ainsi que j'ai sauvé les débris d'une armée brave, mais malheureuse, qui déjà se trouvait réduite à quatre ou cinq mille hommes par les maladies.

» Le combat, commencé à cinq heures un quart, n'a fini qu'à neuf heures, et l'on a peu d'exemples d'un feu aussi vif et aussi soutenu. Nous avons à regretter environ deux cents hommes tués ou faits prisonniers, parmi lesquels se trouvent plusieurs officiers de mérite.

» L'ennemi ayant dirigé son attaque sur la seule voie qui pouvait nous servir de retraite, la plus grande partie de notre artillerie, nos vivres et les voitures d'équipages ont dû tomber en son pouvoir. Je rassemble ici (Luçon) les restes de l'armée, et je conserverai ce poste important à quelque prix que ce soit. »

Le général faisait le plus grand éloge de l'adjudant-général Marceau, de son état-major, ainsi que du dixième bataillon de la formation d'Orléans, commandé par Bard; du bataillon le Vengeur, commandé par Monet (1); du troisième bataillon des Deux-Sèvres, commandé par Prunier; et du sixième de la Charente, commandé par Sagot.

Il se plaignait de la conduite de la cavalerie, qui pouvait assurer le succès de cette journée si elle eût fait son devoir et ce qu'on devait attendre d'elle; cependant il en exceptait quelques officiers et sous-officiers, auxquels il rendait justice.

Il se plaignait surtout de la conduite du général Tuncq, *homme ignorant autant que vain,* parti pour

---

(1) Monet fut fait prisonnier, emmené à Mortagne, et fusillé. Il méritait un autre sort.

La Rochelle deux jours avant l'attaque, emmenant avec lui son chef d'état-major sans laisser aucun renseignement, ni ordre, ni cartes, ni correspondance, ni registres, pas même le cachet de l'état-major et la note des espions.

« Nous avions ignoré, ajoute le général Lecomte, la défense faite par le comité de salut public aux autres divisions, et particulièrement à la nôtre, de rien entreprendre, et nous avions ainsi le droit d'accuser leur inertie, lorsque nous restions exposés à être écrasés par l'ennemi. Ce dénûment de pièces me met hors d'état de dire quelles sont nos pertes. Je ne sais ce que nous avions en munitions, vivres, chevaux, chariots, effets de campement, et autres choses. »

Le général ajoutait par post-scriptum :

« J'apprends à l'instant, par une lettre du général Mieszkowsky au général Beffroy, qu'environ deux mille hommes de notre armée se sont réfugiés aux Sables, avec quatre pièces de quatre, une de huit, de l'artillerie légère, sept caissons et un affût de rechange. Le tout en est parti ce matin pour me rejoindre. Ainsi la perte n'est pas aussi considérable que je me l'étais imaginé. »

Le général Mieszkowsky donna le même avis au général Canclaux.

L'échec de Chantonnay pouvait retarder l'exécution du plan concerté à Saumur le 2 septembre ; mais la division de Luçon fut bientôt réunie sous le commandement du général Beffroy. Dans un conseil de guerre tenu à Luçon le 11, en présence des députés Bellegarde et Fayau, il fut reconnu qu'on était en état de marcher et de suivre l'exécution du plan général. En conséquence, la division se mit en campagne le 13.

Le ministre écrivit à Rossignol, le 10 :

« Les revers éprouvés le 5 septembre du côté de Luçon, sont la suite du faux système des attaques partielles (1). Heureusement les rebelles ont été repoussés avec perte du côté de Nantes le même jour. La jonction des différentes armées sera effectuée, le 15, autour de Mortagne, et les repaires des brigands seront détruits. *Frappons bien d'accord, et bien d'ensemble, et partout.* »

Le 11, il manda au général Canclaux :

« L'échec de Chantonnay a malheureusement prouvé que le retard auquel s'est déterminé le conseil de guerre ne pouvait que laisser aux rebelles les moyens d'attaquer avec succès des corps isolés.

» Vos bulletins de l'armée ne peuvent que produire un bon effet. Ayez soin de me les faire passer exactement. Il ne s'agit plus aujourd'hui de chercher si l'on eût pu mieux faire ; réunissons tous nos moyens, nos efforts, nos volontés ; de l'accord, de l'union entre les chefs, et nos succès seront certains. »

Il eût été bien difficile d'établir cet accord et cette union recommandés par le ministre avec les élémens qui existaient à Saumur. Ronsin était là ; il ne pardonnait pas la préférence accordée à

---

(1) Il n'y avait ici d'attaques que de la part des Vendéens.

Canclaux pour la marche de la colonne de Mayence sur Nantes. Le dépit se faisait sentir dans les ordres qui partaient de l'état-major. On écrivait au général Descloseaux qui commandait à Tours : « D'après l'arrêté des représentans, il faut faire filer sur Nantes toutes les troupes de l'armée de Mayence, *et cesser les distributions d'armes à ces troupes, puisqu'elles ne nous restent pas.* »

La même défense fut faite pour les combustibles envoyés de Paris, quoique le ministre eût donné l'ordre d'en faire passer à Nantes.

La victoire que venaient de remporter les chefs de la haute Vendée dans la plaine de Chantonnay réparait en artillerie et munitions la perte qu'ils avaient faite devant Luçon, et leur donnait l'espoir de se maintenir contre la division de Mayence.

Le bulletin de la Vendée du 30 septembre ne donne pas les détails des combats de la journée du 5 (1). Voici seulement ce qu'on y dit des suites de l'affaire de Chantonnay :

« On vient de commencer à exercer vis-à-vis des meurtriers incendiaires les actes de justice qu'ils se sont attirés. On a mis à mort les prisonniers pris dans l'affaire de Chantonnay, qui portaient les noms de vengeurs, c'est-à-dire, d'assassins, de brûleurs, etc. Leur chef, nommé Monet, après avoir inutilement offert cinquante mille livres pour survivre à ses forfaits, a demandé un prêtre pour se confesser. Non-seulement il est mort en bon chrétien, mais encore avant de mourir il

---

(1) On ne publiait pas de bulletins dans la basse Vendée.

a demandé à parler au peuple, on le lui a permis ; voici comme il s'est expliqué :

» Mes frères,

» J'ai violé, volé, assassiné, incendié et blasphémé ; en un mot, j'ai commis toutes sortes de crimes et de scélératesses. Le supplice que je vais subir est trop doux ; j'ai mérité une mort plus violente. Je demande publiquement à Dieu le pardon de tous mes crimes, il m'inspire en ce moment. Croyez-moi, mes frères, malheur à qui m'imitera (1). »

Le plus grand crime du bataillon *le Vengeur* aux yeux des Vendéens, et peut-être le seul jusque-là, était un courage à toute épreuve. On n'avait à lui reprocher ni incendie, ni pillage, ni vexations ; mais il fallait des victimes, et les prisonniers furent immolés à la vengeance.

§ III. (Haute Vendée). Expédition de Salomon et Turreau sur les ponts de Cé. — Compte rendu par Turreau et Rossignol. — Conseil de guerre tenu à Saumur le 11, qui change les dispositions du plan général. — Salomon repoussé à Martigné. — Avis de Bourbotte à ce sujet. — Expédition du commandant Bourgeois en avant des buttes d'Érigné. — Il est repoussé et se retire sur les ponts de Cé. — Le poste de Doué, commandé par Turreau, attaqué le 14 ; les Vendéens repoussés par les dispositions du général Dembarrère. — Détails sur les levées en masse. — *Armée fabuleuse de quatre cent mille hommes.* — Marche d'un rassemblement vendéen sur Thouars ; fuite de la masse.

Les Vendéens occupaient les hauteurs d'Érigné

---

(1) On peut juger par ce passage des extravagances que l'on se permettait d'insérer dans les bulletins de la Vendée.

et interceptaient la communication de Doué aux ponts de Cé et Angers. Rossignol donna l'ordre à Salomon de s'y porter et de débusquer l'ennemi de ce poste. Salomon s'y présenta le 7 septembre à cinq heures du matin, avec deux mille hommes commandés par le général Turreau. L'affaire ne fut pas de longue durée, le poste vendéen fut repoussé. Turreau s'empressa d'en rendre compte au ministre.

« Les brigands qui défendaient ce poste important, disait Turreau, l'ont lâchement abandonné à la vue des braves hussards du huitième régiment et de la trente-sixième division de la gendarmerie, qui marchaient à la tête de la colonne.

» Assuré de ce poste, et le général Salomon, que des affaires particulières appelaient à Angers, étant parti, je ne m'occupais que du soin de rétablir le pont rompu en quatre endroits, lorsque les rebelles se sont présentés en force et ont attaqué nos avant-postes sur trois colonnes. Il était alors neuf heures et le pont ne pouvait être entièrement rétabli qu'à trois. Aussi ai-je annoncé aux troupes que toute retraite était impossible. L'ennemi, après avoir forcé nos tirailleurs de se replier, s'est avancé jusqu'à trois cents pas des redoutes d'Érigné par sa colonne du centre. Je l'attendais à cette distance pour faire usage de deux pièces de quatre qui, tirant à mitraille, l'ont forcé de s'arrêter; et bientôt huit cents hommes d'infanterie, sortis des redoutes, le chargeant par le front, et les hussards par le flanc, l'ont mis en déroute complète. — Leur force était de trois mille hommes, j'en avais à peu près dix-huit cents.

» Je dois infiniment d'éloges aux braves troupes que j'ai eu l'honneur de commander, mais particulièrement aux hussards du huitième régiment, guidés par le citoyen Danican (1) leur colonel; à la trente-sixième division de gendarmerie, dont la conduite est au-dessus de tout éloge; aux quatrième, cinquième et quinzième de la formation d'Orléans.

» Nous partons cette nuit pour une nouvelle expédition, et j'espère, citoyen ministre, que le général Salomon vous apprendra demain de nouveaux succès. »

Rossignol rendit également compte de cette affaire le 9. Suivant son rapport, après une vive résistance, l'ennemi avait été repoussé et poursuivi à deux lieues par Danican. On avait incendié les repaires des brigands et des moulins; mais la nouvelle de la défaite de la division de Tuncq n'avait pas permis d'aller plus avant, et la troupe était rentrée à Doué pour protéger Thouars.

Rossignol ajoutait : « Je vais tâcher de réparer les revers de la division de Tuncq... *La Vendée n'existera plus, ou nous périrons.* »

Pour réparer ces revers, on prit un singulier moyen, ce fut de tenir à Saumur, le 11, un conseil de guerre, dans lequel on prit un arrêté qui changeait les dispositions du plan général pendant qu'il s'exécutait dans la basse Vendée : on en verra bientôt les suites.

Le ministre répondit aux généraux qu'il adressait à la Convention les détails qu'ils lui donnaient.

---

(1) Danican, dans ses Mémoires, fait la critique des ordres et des opérations de Turreau.

Cependant le général Salomon reçut l'ordre de se porter en observation sur le Layon, avec des troupes du contingent et un détachement du huitième de hussards. Il eut l'imprudence de s'avancer, le 11, jusqu'à Martigné, et d'attaquer un poste qui s'y trouvait : il fut repoussé avec perte.

Le représentant Bourbotte écrivit de Doué, le 12 à quatre heures du matin, au général Rossignol :

« Les rapports sur l'affaire qui a eu lieu hier à Martigné sont exagérés ; nous n'avons pas perdu plus de cent hommes. Il n'y a pas d'apparence que nous devions être attaqués ce matin. L'événement prouve que le général Salomon, qui a attaqué le premier les rebelles avec douze à treize cents hommes, a eu infiniment tort, surtout dans le moment où toute attaque partielle, sans assurance de succès, peut rendre moins fructueux le plan d'une irruption générale et prochaine. »

Le même jour (12), le commandant Bourgeois, d'après les ordres du général Duhoux, se porta, avec cinq cents hommes tirés des bataillons de la Sarthe, Jemmapes, sixième et huitième de Paris, et douze cavaliers de la légion germanique, au-dessus d'Érigné pour repousser des postes ennemis qui occupaient Soulaine et les communes environnantes. Un combat s'engagea et se prolongea depuis six heures du matin jusqu'à midi. L'ennemi fut repoussé ; mais ayant reçu un renfort considérable, il chargea à son tour les républicains, qui furent obligés de se retirer précipitamment et en désordre jusqu'aux ponts de Cé, sans songer à couper le pont pour assurer leur retraite.

Bourgeois, resté seul avec quatre volontaires, s'occupa de ce soin, et parvint à précipiter dans la Loire quelques madriers. Un des travailleurs eut la cuisse fracassée d'un biscayen ; il en mourut une heure après : lui-même reçut à l'épaule une forte contusion qui le priva quelque temps de retourner au combat.

« Ce trait, ajoute Bourgeois, consigné dans un rapport de la section de la Cité au comité de salut public, me fit décerner une arme pour prix de cette action. »

Le résultat de ces deux affaires n'était point à l'avantage des républicains ; mais l'espoir que l'on fondait sur les levées en masse faisait oublier tous les revers.

Dans une dépêche du 13 au comité de salut public, le représentant Bourbotte disait, en parlant de l'attaque de Salomon :

« L'action fut chaude et coûta cher aux rebelles; nous n'eûmes que très-peu de monde tué et quelques blessés.

» C'est aujourd'hui qu'on peut assurer avec vérité que la terreur et l'effroi poursuivent les rebelles de la Vendée. »

Le reste de cette lettre, lue à la séance de la Convention du 17, ne mérite pas plus d'attention : tout y est dénaturé.

Après l'expédition des ponts de Cé, l'armée vendéenne se mit en marche pour attaquer Doué, où elle se présenta le 14, arrivant par la route d'Angers. Turreau commandait le poste de Doué; mais, il faut le dire, il avait peu d'expérience des combats, et était peu propre à commander en face de l'ennemi.

Le général Dembarrère, qui se trouvait à Doué avec le général Santerre, se chargea de diriger les mouvemens de l'artillerie et ceux de la troupe, et bientôt l'ennemi fut repoussé.

Déjà les levées en masse encombraient Angers, Saumur, Thouars, Saint-Maixent, Niort et Fontenay.

Dès le 6 septembre, le représentant Fayau avait écrit de Niort au général Rossignol :

« D'après l'arrêté du conseil de guerre, citoyen général, j'ai cru devoir prendre des mesures pour garantir les départemens de l'intérieur de l'incursion des rebelles. Voici la lettre que j'adresse directement aux généraux des divisions, pour éviter des lenteurs; vous verrez qu'ils sont chargés de diverses opérations : »

« Vous êtes chargé, citoyen, de distribuer les forces qui » arriveront dans l'étendue de votre division, de la manière la » plus avantageuse pour qu'aucun des brigands ne puisse échap- » per à notre juste vengeance.

» Je vous envoie une certaine quantité de cartouches que » vous ferez distribuer aux citoyens armés de fusils, dans les » proportions que vous jugerez convenables. »

Le 10, l'administration du district de Loudun annonça que la levée de ses concitoyens se rendait à Thouars.

Le 13, Santerre écrivit que Thouars et Airvault

avaient près de quinze mille hommes du contingent.

Le même jour, l'adjudant-général Desmarres informait le ministre que le tocsin, sonné le 11 dans le district de Saint-Maixent, avait réuni dix mille hommes en six heures de temps, et qu'un pareil rassemblement se formait à Parthenay.

Ces détails furent communiqués au comité de salut public, et Barrère dit à ce sujet, dans la séance de la Convention du 25 : « *Les réquisitions ont produit dans la Vendée une armée fabuleuse à laquelle la postérité aura peine à croire ; elle est de quatre cent mille hommes, et s'est formée en vingt-quatre heures.* »

L'armée de quatre cent mille hommes était en effet une armée fabuleuse : toutes les masses réunies ne s'élevaient pas à cinquante mille hommes, presque tous sans armes.

Un événement fit bientôt connaître ce qu'on devait attendre de ces attroupemens informes dans lesquels Santerre lui-même n'avait pas de confiance.

Le 14, un rassemblement de trois mille Vendéens qui occupait, avec deux pièces de canon, les hauteurs de Faye-Labesse, marcha sur Thouars. A son approche, tout le contingent qui s'y trouvait prit l'épouvante et la fuite. Le général Rey accourut d'Airvault au secours de Thouars, et les Vendéens se retirèrent sans rien entreprendre.

Tel était, à cette époque, le succès des armes

dans la haute Vendée ; il n'était pas douteux dans la basse Vendée.

§ IV. (Basse Vendée). Coup d'œil sur les généraux, force des colonnes. — Celle de droite sous les ordres de Beysser. — Ordre de marche donné par le général Canclaux. — Marche de Beysser le 9; marche de Kleber le 10. — Prise du port Saint-Père par Kleber. — Continuation du mouvement des deux colonnes. — Occupation de Machecoul par Beysser. — Marigny, attaqué sur les hauteurs en avant de Saint-Étienne de Corcoué, repousse l'attaque. — Les postes du camp des Naudières attaqués ; Bloss repousse l'attaque. — Marche de Kleber sur Legé ; évacuation de ce poste. — Le poste de Palluau chassé par le chef de brigade Chavanne. — Beysser entre dans Legé. — Kleber se porte à Remouillé; un poste vendéen débusqué. — Ordre d'attaque sur Montaigu. — Marche des colonnes de Kleber et de Beysser le 16. — Combat de Beysser près Saint-Georges ; Charette repoussé fait sa retraite sur Tiffauge. — Le 17, Kleber se porte sur Clisson où Canclaux et Dubayet se rendent. — Relation du bulletin de l'armée. — Expédition du général Grouchy sur Vertou. — Position relative de Canclaux et de Rossignol. — Ordre de Canclaux pour des reconnaissances.

Le général Canclaux, dit Kleber, avait sous ses ordres deux généraux de brigade, Beysser et Grouchy. Beysser commandait environ six mille hommes au camp des Naudières, à une lieue de Nantes : sa gauche était appuyée au ravin de la rivière de Sèvre, et sa droite à la route de Montaigu.

Grouchy avait à ses ordres un camp de deux mille hommes. Par sa position au camp des Sorinières, il formait l'avant-garde du corps de

Beysser. Ces deux corps avaient pour objet de couvrir la ville de Nantes.

Le petit corps de Grouchy était principalement composé de grenadiers, commandés par l'adjudant-général Bloss.

Toutes ces dispositions étaient généralement très-militaires et parfaitement bien senties.

Grouchy, jeune encore, ayant servi comme colonel dans un régiment de dragons, était parvenu au généralat par son tour d'ancienneté de grade : il a des talens, et tous les agrémens que donne une éducation soignée et le grand usage du monde.

Beysser est un *Roger-Bontemps*, très-insouciant pour l'état militaire; il n'en connaissait pas d'ailleurs les premiers élémens.

Tels étaient les généraux de l'armée de Brest.

Ceux de l'armée de Mayence étaient : Dubayet, commandant en chef la division; Kleber, commandant l'avant-garde; Vimeux, commandant la première brigade, Beaupuy la seconde, et Haxo la réserve.

L'armée des côtes de La Rochelle avait pour général en chef Rossignol. Elle formait cinq divisions : celle de Saumur, commandée par Santerre; celle d'Angers, commandée par Duhoux; celle de Niort, par Chalbos; celle des Sables, par Mieszkowsky; enfin, celle de Luçon, commandée successivement par Tuncq, Lecomte, Beffroy,

Bard et Marceau : ce dernier était adjudant-général.

Le général Canclaux fit ses dispositions pour l'exécution du plan d'opérations dans sa partie. Il forma deux colonnes des troupes dont il pouvait disposer, en laissant une forte réserve dans le camp des Naudières, afin de couvrir Nantes et seconder ses mouvemens au besoin.

Beysser, qui avait pour adjudant-général Cambray, eut le commandement de la colonne de droite, composée d'une avant-garde de six cent cinquante grenadiers, trois cent trente hommes d'infanterie légère et cent soixante chevaux; total, onze cent quarante-cinq hommes;

D'un corps d'armée formé de trois demi-brigades présentant une force de quatre mille huit cents hommes, deux cent vingt-cinq chasseurs à cheval et cent canonniers; total, cinq mille cent vingt-cinq hommes.

Ainsi, la force totale de la division Beysser était de six mille deux cent soixante-dix hommes.

Dix-huit pièces de campagne, deux pièces de douze et deux obusiers, étaient attachés à cette colonne.

La colonne de gauche, commandée par Aubert Dubayet, était composée des troupes de Mayence.

L'avant-garde de deux mille hommes, aux ordres du général Kleber : le corps d'armée formé de deux divisions ou brigades, à peu près d'égale force chacune, aux ordres des généraux Vimeux et Beaupuy. Telle était cette colonne qui comptait un grand nombre de corps, restes glorieux du siége de Mayence.

La réserve de l'armée de Mayence sous les ordres du général Haxo, et les grenadiers de Bloss sous ceux du général Grouchy, étaient destinés à occuper et conserver la position du camp des Naudières.

Le 8 septembre, le général Canclaux donna l'ordre suivant :

« La colonne de droite, aux ordres du général Beysser, partira le 9 des camps des Naudières et de la Balinière, pour aller camper vis-à-vis de la Hibaudière, en balayant la rive gauche de la Loire.

» Le 10, elle ira à Veüe.

» L'avant-garde de Mayence se portera à Saint-Leger, pour masquer Port-Saint-Père jusqu'à ce qu'il soit pris.

» Le 11, le bataillon de Lot-et-Garonne marchera sur Saint-Père en Retz, pour s'y réunir au deuxième bataillon du cent neuvième et à celui de la Charente, qui forment la demi-brigade, à l'effet d'aller ensemble occuper Pornic. Cette demi-brigade ira le 12, à Bourgneuf, et le 13, elle rejoindra à Machecoul le reste de la colonne.

» Le même jour (11), la colonne du général Beysser, après avoir balayé la forêt de Princé, se portera devant Port-Saint-Père, pour l'enlever le même jour, s'il est possible.

» Le 12, Beysser se rendra à Machecoul.

» Le 13, à Paux, sur le chemin de Legé. Il portera une colonne à Challans.

» Le 14, la colonne de Challans se portera sur la route de Palluau à Legé pour l'attaquer de ce côté, tandis que la colonne de Beysser s'y portera de Paux, et l'avant-garde de l'armée de Mayence par la route de Nantes.

» L'attaque de Legé pourra avoir lieu à neuf heures du matin. Elle sera annoncée par quatre coups de canon tirés de la colonne du général Beysser, et deux par deux, avec un léger intervalle.

» Le 15, il se portera sur Montaigu.

» Le 16, devant Mortagne.

» Fait et arrêté par nous général en chef de l'armée des côtes de Brest. — A Nantes, le 8 septembre 1793.

» *Signé* CANCLAUX. »

Beysser partit du camp où il fut remplacé par l'avant-garde et le corps d'armée des Mayençais. Il écrivit le 9 du château d'O :

« Vous nous avez mis en route, mon général, sous d'heureux auspices; notre marche s'est continuée assez tranquillement jusqu'au *moulin cassé*, où quelques rebelles qui semblaient nous attendre ont été mis en fuite par nos éclaireurs. A quelque distance de là, nous avons aperçu sur notre droite une centaine de cavaliers vendéens; quelques coups de canon les ont fait disparaître, et nous sommes arrivés dans le meilleur ordre possible.

» Pour retarder notre marche et assurer leur retraite, les rebelles ont mis le feu aux bois qui bordent la route; sans ce léger incident, nous aurions pu parvenir jusqu'au Pellerin. Demain nous serons en marche à cinq heures du matin. »

Le 10, Kleber, selon l'ordre du général en chef, partit du camp à la tête de l'avant-garde mayençaise pour aller prendre position à Saint-Leger, afin de seconder l'attaque que Beysser devait faire le lendemain sur Port-Saint-Père, village situé sur la rivière du Tenu. Il était accompagné du représentant Merlin de Thionville, et des généraux Canclaux et Grouchy.

« La marche, dit Kléber, s'est faite dans le meilleur ordre, elle a été surtout bien éclairée; car le pays est tellement coupé de haies, de bois, de ravins et de ruisseaux, qu'il est impossible de voir devant soi à une grande distance. Arrivés à une demi-lieue de Saint-Leger, on entendit quelques coups de pistolets; c'étaient nos éclaireurs qui avaient vu les vedettes ennemies.

» Marigny reçoit l'ordre de charger cette grand'garde avec sa première compagnie de chasseurs à cheval; le poste ennemi, fort seulement de quarante méchans cavaliers, prend la fuite, Marigny le poursuit jusqu'à la rivière du Tenu.

» L'ennemi était en bataille sur la rive opposée et faisait mine de vouloir résister, il tire quelques coups de canon. Merlin arrive à la tête de l'artillerie volante, un obusier et une pièce de huit sont mis en batterie; Merlin pointe lui-même plusieurs coups; le feu prend bientôt à des meules de paille et s'étend à quelques maisons des environs. Une partie des ennemis prend la fuite, les plus braves s'obstinent à se défendre.

» Dans ce moment Targes, chef de bataillon de la légion des Francs, demande la permission de se jeter à la nage avec quelques-uns des siens pour aller chercher des bacs sur la rive opposée, afin de faire passer la rivière à son bataillon. Canclaux y consent. Targes et quelques chasseurs de sa légion mettent aussitôt habit bas, se jettent à l'eau, passent à l'autre bord, et, malgré le feu de la mousqueterie, ramènent les deux bacs sur notre rive. On s'embarque, l'ennemi fuit, abandonnant le poste avec sept pièces de canon et des drapeaux où les marques du royalisme étaient réunies à tout ce que la superstition a de plus ridicule. »

Canclaux et Grouchy se disposaient à retourner à Nantes. Kleber, craignant d'exciter la jalousie de Beysser, pria le général en chef de le prévenir que ce n'était qu'une affaire de circonstance qui l'avait rendu maître de ce poste; « car, ajoute Kleber, prévenu comme je l'étais de l'extrême jalousie et de l'intrigue qui régnaient sans cesse entre les généraux de la Vendée, j'aurais été fâché d'aliéner l'esprit de l'un d'entre eux dès le premier pas que je faisais dans cette malheureuse guerre. »

Le général Canclaux écrivit de suite au général Beysser :

« Mon cher général, je vous en demande pardon, mais l'occasion a été si belle!... Je n'ai pu m'y refuser.

» A l'approche de Saint-Leger, la cavalerie des rebelles a paru, nos chasseurs à cheval l'ont chargée; j'ai vu l'instant où ils entraient avec les fuyards dans Port-Saint-Père; mais leur commandant Marigny, soumis à l'ordre, et le général Kleber les ont arrêtés. On m'a seulement demandé la permission de leur faire connaître les obus. La seconde est tombée dans un tas de paille, le feu y a pris et s'est communiqué aux maisons voisines (1).

» Le commandant des chasseurs est venu dire que l'ennemi fuyait de toutes parts; qu'il y avait là deux barques; qu'il allait en avoir une en se jetant à la nage, et passer. Le général Kleber le lui refusait, afin de ne pas aller plus vite que l'ordre. J'ai cru pouvoir le donner, et nous sommes entrés *tout de go*.

---

(1) Cet événement fit répandre le bruit que les Mayençais mettaient tout à feu et à sang dans la Vendée. M. de Beauchamp lui-même l'a répété à satiété dans son histoire.

» On dit que la Cathelinière a la cuisse cassée.

» Il n'y avait que deux cents hommes à cette attaque. Ce sont des chasseurs et des lions.

» Le général Kleber restera aujourd'hui, ou pour mieux dire, cette nuit à Port-Saint-Père et Saint-Léger, et sans doute je l'y laisserai demain.

» Quant à vous, mon cher, il vous faut partir demain et vous en aller droit sur Machecoul, peut-être seulement à Bourgneuf, si vous êtes trop loin de Machecoul pour arriver dessus et l'attaquer le même jour. D'ailleurs la brigade du cent neuvième, qui aura passé par Pornic, vous aura rejoint alors.

» Votre attaque de Machecoul peut se faire avec des obus qui épouvanteront l'ennemi. Faites-moi réponse sur-le-champ et dites-moi votre marche, car si vous allez à Machecoul dès demain, je porterai l'avant-garde à Saint-Philbert; mais par rapport à l'armée j'aime mieux que ce ne soit qu'après-demain.

» Adieu, bonne nuit, voilà qui va bien. Je retourne à Nantes. Donnez avis de votre marche à Kleber.

» *Signé* CANCLAUX. »

Kleber s'établit dans une ferme où il passa la journée du 11. Quelques vieilles femmes qu'il avait pour hôtesses lui apprirent que le rassemblement des Vendéens pouvait être de huit mille hommes, et que la Cathelinière avait été grièvement blessé d'un éclat d'obus. D'après la correspondance trouvée dans le logement de ce chef, on pouvait croire qu'il savait qu'on devait l'attaquer; mais, comptant sur la force de son poste, il était dans la plus grande sécurité.

D'après le compte que le général Beysser rendit

le 12, il n'avait rencontré aucun obstacle dans sa marche : il avait avec lui le représentant Cavaignac, auquel se joignit son collègue Turreau. Beysser annonçait que les villages du Pellerin et de Prouant, points principaux de réunion des rebelles, avaient été incendiés; mais que les maisons et autres propriétés des patriotes avaient été respectées et garanties du pillage par une proclamation très-énergique du représentant Cavaignac.

Le 12, Kleber, après avoir remis le poste de Port-Saint-Père au chef de bataillon Laronde, chargé de le garder avec huit cents hommes de la colonne de droite, se dirigea sur Saint-Mars de Coutais, où il devait se trouver un bac pour passer le Tenu, ayant reçu l'ordre de se rendre à Saint-Philbert de Grand-Lieu. Trompé dans son attente, il employa quatre heures à établir un mauvais gué. « Ce qui m'occasiona le plus de peine, dit-il, ce fut d'empêcher le soldat de se jeter dans le village et dans les campagnes des environs pour se livrer au pillage, dont la troupe avait déjà pris goût au Port-Saint-Père. » Il n'en vint à bout qu'en établissant beaucoup de postes commandés par des officiers, et faisant filer les bataillons l'un après l'autre, à mesure qu'ils passaient, dans des champs clos et aisés à surveiller, en attendant le reste de la colonne.

« Après deux heures de marche, ajoute Kleber, par un pays très-couvert et très-coupé, nous entrâmes dans la vaste et fertile plaine de Sainte-Lumine, ayant à gauche le beau lac de Grand-Lieu, et à droite une forêt qui n'était pas encore dépouillée de sa verdure. Devant nous s'offraient des paysages charmans et des échappées de vue aussi agréables que multipliées. Sur cette prairie immense, erraient au hasard de nombreux troupeaux abandonnés à eux-mêmes.

» Je ne pus m'empêcher de gémir sur le sort de ces infortunés habitans qui, de paisibles citoyens qu'ils étaient, égarés et fanatisés par leurs prêtres, devinrent autant de forcenés altérés du sang humain, et qui, repoussant d'une main rebelle les bienfaits qu'un nouvel ordre de choses venait leur offrir, couraient à leur ruine et à leur destruction certaine. »

Arrivé au bourg de Sainte-Lumine, le pays devenait de nouveau couvert, le soleil se couchait, et il restait encore deux lieues à faire. Buquet, aide-de-camp de Kleber, qui avait pris le devant avec une douzaine de chasseurs, surprit près d'un château, à une demi-lieue de Saint-Philbert, une centaine de Vendéens qui faisaient la garde, et qui prirent la fuite dans les bois. La colonne arriva à huit heures du soir à sa destination.

Quelques habitans qui avaient eu le courage de rester dans leurs foyers, malgré le bruit que l'on faisait répandre que la troupe mettait tout à feu et à sang, apprirent à Kleber qu'un rassemblement de dix à douze mille hommes était parti le matin de Saint-Philbert pour se rendre à Legé, où s'effectuait un grand rassemblement.

« Comme le soldat, ajoute Kleber, n'était déjà que trop disposé au désordre et au pillage, et qu'il eût été imprudent de s'en rapporter trop légèrement à ce que l'on venait de dire, je fis bivouaquer la troupe dans un vaste pré, fermé d'une barrière et entouré de toutes parts d'un large fossé rempli d'eau. L'avant-garde occupait en avant-postes toutes les avenues. »

Dans le rapport qu'il adressa le lendemain au général en chef, Kleber disait :

« Je n'ai logé dans le bourg de Saint-Philbert que la troupe nécessaire pour couvrir mon quartier-général; le reste a bivouaqué dans des lieux fermés par des fossés et naturellement retranchés. Le pont est rompu; nous n'en avons pas besoin, les habitans m'assurent que je trouverai un gué à une lieue d'ici.

» Le pays que nous avons traversé est extrêmement difficile et coupé; mais devant Sainte-Lumine est une superbe plaine, que nous avons trouvée couverte de bestiaux et de fourrages.

» Plusieurs personnes nous assurent ici que toutes les forces des Vendéens s'assemblent à Legé. On y croit déjà quarante mille hommes réunis, dont au moins douze mille bien armés.

» Je n'ai pas encore reçu de nouvelles du général Beysser, je sais seulement qu'il ne doit avoir trouvé aucune résistance à Machecoul, et sur la certitude que j'avais que ce poste avait été abandonné par l'ennemi, à l'approche de l'armée, je n'ai fait aucun mouvement pour en soutenir l'attaque.

» J'ai oublié, mon général, de vous dire que nous avons trouvé une pièce de canon en fer, du calibre de dix-huit, que l'on avait jetée dans la rivière. »

Beysser, dans son rapport daté de Machecoul le 12, après avoir fait le détail de toutes les dispositions qu'il avait prises pour l'attaque de cette place, ajoute :

» Tous les corps exécutaient avec ordre et intrépidité le mouvement projeté, mais les rebelles n'avaient eu garde de nous attendre. Machecoul, qu'ils se flattaient de rendre fatal aux troupes de la république, est tombé entre nos mains sans qu'il nous en coûte un seul homme ; et dans cette ville, où déjà deux fois j'ai eu le bonheur de délivrer des patriotes tombés en la puissance des brigands, je suis encore arrivé à temps pour sauver 22 prisonniers qu'ils n'auraient pas tardé de sacrifier à leurs fureurs fanatiques. C'est dans ces momens, mon général, qu'on sent combien la victoire est douce. Les représentans du peuple se sont livrés avec nos malheureux frères aux mouvemens de la plus profonde sensibilité.

» On m'assure que le projet des rebelles est de rassembler leurs forces à Legé pour une affaire décisive. Nous avons retrouvé ici trois caissons et deux canons que j'y avais laissés à ma dernière expédition. »

Dans la matinée du 13, le général Canclaux fit porter à Villeneuve, et de là au Redour près Saint-Colombin, les brigades Vimeux et Beaupuy qui étaient restées au camp des Naudières, où elles furent remplacées par la réserve aux ordres du général Haxo.

Kleber avait l'ordre de se porter à Saint-Étienne de Corcoué, pour seconder l'attaque de Legé qui devait avoir lieu le lendemain 14. Arrivé à sa destination, il envoie Marigny avec sa cavalerie et quelques chasseurs à pied s'emparer des hauteurs en avant de celles qu'il voulait faire occuper à sa colonne. Peu de temps après, Marigny lui fait dire qu'il était attaqué par l'avant-garde des Vendéens, qu'il estimait d'environ quinze cents hommes à pied et deux cents cavaliers, mais qu'il en faisait son affaire.

Kléber lui fait passer quelques compagnies d'infanterie et dispose sa troupe. Il demande en même temps à Dubayet une demi-brigade qui, disposée en échelons avec son avant-garde, le mettrait hors de toute inquiétude : il apprend bientôt que l'ennemi est en fuite.

« Il n'y eut, ajoute Kleber, que quelques hommes de blessés, parmi lesquels se trouvaient Martin, capitaine de chasseurs à cheval, et Simon son lieutenant. Vers le soir, je vis arriver Canclaux et Dubayet, ce dernier suivi de toute sa division. *C'est ainsi*, dit Dubayet, *que je te porterai des secours toutes les fois que tu m'en auras demandé.*

L'armée bivouaqua dans les landes. Canclaux parut très-satisfait des dispositions et de la manière dont se surveillaient les troupes.

Kléber reçut l'ordre de se porter sur Legé pour enlever ce poste, conjointement avec la colonne de Beysser qui devait l'attaquer par les routes de Machecoul et Palluau.

Pendant ce temps-là, les postes du camp des Naudières étaient inquiétés du côté de la Sèvre par les rebelles qui occupaient Vertou. Celui placé au village du Chêne fut attaqué par un grand nombre de Vendéens.

« Le brave Bloss, disait le général Grouchy dans son rapport du 13, le brave Bloss les a repoussés avec sa valeur ordinaire et les a mis dans une déroute complète. Il les menait battant, quand il a été joint par deux cents hommes, envoyés du camp pour le soutenir, le général Haxo était à leur tête : les rebelles ont été chargés, la baïonnette dans les reins, pendant plus de deux lieues. »

Le même jour, le général Canclaux écrivit de Saint-Étienne de Corcoué au général Grouchy :

« Une attaque assez vive que mon avant-garde a dû soutenir, en arrivant ici, m'a fait courir à son secours. Je suis arrivé trop tard, elle était déjà victorieuse. Vous sentez bien d'après cela, que chacun brûle d'aller attaquer demain les rebelles à Legé. Beysser est en mesure, ainsi je ne doute pas du succès; en conséquence je vais me jeter sur la paille et dormir tranquillement. Je suis bien las. J'espère demain, à cette heure-ci ou plus tôt, vous faire passer de bonnes nouvelles et en avoir de pareilles de vous demain matin. »

« Mon cher général, lui écrivait-il le 14, je reçois votre lettre à sept heures, au moment où je viens de mettre en marche non-seulement l'avant-garde, mais le corps de bataille, moins ce que je laisse ici pour assurer ma position, en cas de malheureux événement, et à Pont-James pour garder les équipages.

» Nous nous prolongeons ainsi beaucoup, mais il fallait aller à Legé pour chasser cette tête et ce rassemblement que l'on dit considérable. Il sera bientôt chassé, à ce que j'espère. De là nous pourrons nous rapprocher de vous en partie; car je doute, *d'après la stagnation de l'armée de Rossignol, dont il me donne lui-même avis*, que nous puissions nous porter de cette course jusqu'à Mortagne. Une fois rendu sur la route de La Rochelle, ce qui peut être dès demain, je ne crois pas que l'ennemi qui vous inquiète et qui nous sentira sur ses derrières ose beaucoup entreprendre sur vous. Il ne s'agit donc que de rester ferme et de la manière victorieuse avec laquelle vous vous montrez toujours, ainsi que les généraux Haxo et Bloss. J'approuve fort le moyen de réunion que vous avez pris, vu le petit nombre de troupes qui vous reste et que je ne puis augmenter en ce moment.

» Adieu, mon cher général; mille amitiés au général votre collègue et à Bloss; je les complimente sur leur valeur ordinaire et vous embrasse de tout mon cœur. »

Aubert Dubayet eut ordre de se porter avec le corps de bataille sur la gauche de Legé, pour couper la retraite de l'ennemi sur la route de Roche-Servière, qui conduit également à Montaigu. « Cette manœuvre, dit Kleber, aurait eu un succès complet, si elle avait pu être ordonnée et exécutée dès le soir même du 13, car c'était l'unique échappée qui restait à l'ennemi. »

Le 14, dès qu'il fit jour, Kleber, Merlin et Marigny, se mirent en marche à la tête de l'avant-garde. Arrivés dans la plaine en forme de glacis que domine Legé, l'ennemi les salua de quelques coups de canon. Un instant après, on vit sortir des extrémités de la place deux colonnes de cavalerie, les enseignes déployées, et faisant mine de s'avancer par une manœuvre assez régulière, mais qui ne tardèrent pas de rentrer dans la ville sans s'être déployées.

« Les dispositions faites, ajoute Kleber, on n'attendait plus que le signal que devait donner Beysser, pour se porter en avant. Ne voyant plus paraître personne, Buquet et l'adjoint Decaen vont reconnaître la ville et y pénètrent. Ils font sortir des prisons douze cents malheureuses victimes de tout sexe et de tout âge, incarcérées comme patriotes (1). Rien n'était si

---

(1) De ce nombre était le capitaine de grenadiers du trente-quatrième

touchant que de voir ces martyrs de la liberté s'élancer au-devant de nous, nous serrer les mains, nous embrasser en nous appelant leurs libérateurs et en faisant retentir les airs des cris de vive la république !...... »

On fit prévenir Beysser de la prise de Legé; il arriva une demi-heure après. On apprit des prisonniers que, dès la veille à dix heures du soir, l'ennemi avait commencé l'évacuation de la place, opération qui s'était prolongée jusqu'à quatre heures du matin, et qu'un des chefs, avec quatre cents chevaux, y était resté seul pour protéger la retraite. On espérait que le général Dubayet aurait pu intercepter les quatre cents chevaux, mais il arriva trop tard. Legé eut à souffrir du pillage des troupes de Beysser exclusivement.

Kleber eut ordre de se rendre à la Grolle, et Beysser à Roche-Servière.

Beysser était parti de Machecoul dans la nuit du 13 au 14; il avait dirigé sur Palluau la demi-brigade du trente-neuvième régiment, aux ordres du chef de brigade Chavanne. Cette petite colonne chassa de ce poste la troupe vendéenne qui l'occupait, et s'empara de deux pièces de quatre et de deux caissons.

Le 15, Kleber fut remplacé à la Grolle par Aubert Dubayet qui fit porter à Vieille-Vigne la

---

régiment, prisonnier depuis trois mois. On trouva à Legé deux pièces de canon, une de dix-huit et l'autre de huit, sept caissons de munitions et beaucoup d'effets.

brigade de Beaupuy. Il se rendit avec l'avant-garde à Remouillé, pour être le jour suivant à portée de coopérer à l'attaque de Montaigu. Quatre cents Vendéens, qui occupaient le poste de Remouillé, en furent délogés et mis en fuite par Marigny.

L'ordre d'attaque sur Montaigu disposait les troupes de la manière suivante :

Kleber devait arriver par la route de Nantes à La Rochelle ; sa troupe formait la colonne de gauche.

La division aux ordres de Dubayet, partant de Roche-Servière, formait le centre et devait donner le signal de l'attaque.

Beysser tenait la droite, partant de Mormaison et se dirigeant sur la route de Saint-Fulgent à Montaigu. Cette colonne s'était avancée dans la soirée jusqu'à l'hébergement.

Le 16, Kleber se mit en marche de Remouillé à sept heures du matin ; mais il fut retardé assez long-temps pour faire réparer l'avant-train de la première pièce de son artillerie qui s'était brisé dans le défilé qui se trouve au sortir du village. Malgré ce retard, son avant-garde n'était plus qu'à une demi-lieue de Montaigu lorsqu'il entendit les premiers coups de canon. Il donne l'ordre à Marigny de se porter vivement sur la gauche pour couper la retraite à l'ennemi, ou l'attaquer sur ses flancs. Il fait balayer la droite d'où il était parti des coups de fusil dont Merlin avait reçu une contusion au bras; enfin, il entre dans Montaigu, à la tête de sa colonne, au même instant que Beysser.

« Je proposai à Beysser, continue Kleber, de profiter de la terreur de l'ennemi et de le poursuivre sans perte de temps jusqu'à Clisson, il s'y refusa avec humeur. Me croyant trop faible seul pour cette entreprise, je me remis en route pour Remouillé, conformément à mon ordre.

» La ville de Montaigu étant abandonnée de ses habitans, les colonnes y étaient à peine entrées qu'elle fut livrée au pillage. J'allai trouver Beysser pour le prier en grâce de faire battre la générale : il me le promit, et ce ne fut qu'au bout d'une heure que ses ordres furent exécutés. Affligé des excès que je voyais commettre, et qu'il n'était pas en mon pouvoir de réprimer, je chargeai l'adjudant-général Nattes de la conduite de la colonne que je devançai sur la route.

» La colonne du centre ne parut point : sans doute Canclaux, apprenant la prise de Montaigu, l'avait fait rétrograder. »

Beysser éprouva plus de difficultés pour arriver à Montaigu. Son avant-garde, commandée par l'adjudant-général Cambray, trouva, aux approches du bourg de Saint-Georges, des chemins coupés par des abattis d'arbres. Plusieurs pierriers placés sur le pont en défendaient l'accès; il fut bientôt emporté par l'audace des tirailleurs.

Beysser s'avança alors vers Montaigu à la tête de deux escadrons du quinzième régiment de chasseurs à cheval commandé par Lepic, et d'une compagnie de hussards américains. Un gros de rebelles sortit de la ville avec un drapeau et deux pièces de quatre, masquées par un peloton de cavalerie. Beysser fit replier sa colonne pour la mettre hors de portée du canon, en attendant l'arrivée de son artillerie dont les mauvais chemins avaient retardé la marche.

Des moulins placés sur une hauteur dominaient la ville. Beysser ordonna à Cambray de se mettre à la tête des grenadiers, de filer à droite, de tourner l'ennemi et de s'emparer de ces moulins, ce qui fut exécuté avec beaucoup de succès après une fusillade très-vive.

Les rebelles qui s'avançaient sur la route, effrayés de ce premier avantage, se replièrent à leur tour, et furent chargés par la cavalerie jusque dans les rues de Montaigu. « Les troupes de Mayence, dit Beysser dans son rapport au général Canclaux, y arrivaient dans ce moment. »

« Toutes les troupes, ajoute-t-il, ont fait leur devoir. Je crois cependant pouvoir donner l'honneur de la journée au quinzième régiment de chasseurs à cheval et aux hussards américains qui, par l'audace et la vigueur de leur charge, ont emporté aux ennemis une pièce de quatre et une de trente-six. Le brave Lepic, chef d'escadron du quinzième, et le brave Boussard, commandant les grenadiers, se sont montrés dignes de la cause qu'ils défendent.

» Une jouissance bien pure et bien vive que m'a procurée cette victoire est la délivrance d'un grand nombre de prisonniers. Ils ont sans doute bien mérité de la liberté, ceux qui en ont été si long-temps les martyrs!... »

Le 17, dès la pointe du jour, Kleber partit de Remouillé pour se porter sur Clisson, d'après l'ordre du général en chef. Les chemins étaient abominables et le pays très-coupé. Après deux heures de marche, il donna l'ordre à une forte patrouille de cavalerie, mêlée d'infanterie, d'aller reconnaître la ville; elle y entra, et lui fit dire qu'on n'y avait trouvé que des femmes qui avaient accueilli la troupe aux cris de *vive la république!*

Arrivé à Clisson, Kleber fit aussitôt une reconnaissance pour l'établissement de sa colonne et la distribution des postes.

Canclaux y arriva quelques instans après, et le lendemain Dubayet s'y rendit avec le corps d'armée.

On lit, dans les bulletins de l'armée du 17, les détails suivans :

« Les troupes de la république sont entrées ce matin, vers dix heures, dans Clisson que l'ennemi avait évacué. Elles ont été reçues aux acclamations répétées de *vive la république!* Tous les citoyens de Clisson semblaient déjà avoir oublié les mauvais traitemens qu'ils avaient eu à souffrir pendant un long séjour des brigands dans cette ville. Ces barbares, forcés de l'évacuer, venaient de mettre le comble à leurs indignes procédés par le pillage des maisons.

» Les représentans du peuple, les généraux, les soldats se sont empressés d'adoucir l'amertume de leurs maux par un accueil vraiment fraternel. Les habitans de Cugan, connus pour bons patriotes, ont reçu le même accueil.

» Dans ces deux endroits, toutes les propriétés ont été respectées; elles le seront désormais partout, d'après une nouvelle proclamation (1) des représentans du peuple qui au-

---

(1) Kleber s'était plaint du pillage dont il avait eu à gémir la veille.

nonce aux brigands *amnistie et fraternité*, s'ils rentrent dans le devoir et se soumettent; sinon, *combat à mort et à outrance*.

Canclaux, craignant que la marche de l'avant-garde sur Clisson ne fût inquiétée par les rebelles qui occupaient la gauche de la Sèvre, avait ordonné de porter le bataillon de la Haute-Saône, cantonné à Villeneuve, sur la route de La Rochelle, dans une position propre à masquer la forêt de Touffou, et à assurer les communications entre Aigrefeuille et les Sorinières.

Le général Grouchy, qui commandait le poste des Sorinières, crut qu'il devait combiner avec ce mouvement particulier un mouvement général des troupes sous ses ordres. En conséquence, il les fit poster en face de la forêt de Touffou qu'il ordonna de fouiller, tandis que le bataillon de la Haute-Saône l'éclairerait par la droite et en chasserait tout ce qui pourrait l'occuper.

En même temps, deux colonnes tirées du camp, l'une formée de la demi-brigade du quarante-septième régiment aux ordres du chef de brigade Jordy, l'autre du bataillon de grenadiers commandée par Bloss, eurent ordre de marcher, la première en avant du village du Chêne et sur le flanc de la forêt de Touffou, et la seconde en face de Vertou, poste qui devait être attaqué avec un obusier et une pièce de huit. Grouchy marchait avec la colonne de Bloss, et Haxo avec celle de Jordy.

Quelques obus lancés sur Vertou y mirent le feu : les grenadiers s'y portèrent au pas de charge, et le village fut enlevé la baïonnette au bout du fusil.

« Une jouissance bien douce nous y attendait, dit le général Grouchy dans son rapport du 17, quelques patriotes et un grand nombre de femmes que les révoltés retenaient dans les fers furent rendus à la liberté. Les larmes d'attendrissement, les cris de joie, les embrassemens de ces innocentes victimes, offrirent alors le spectacle le plus touchant.

On prit dans Vertou une pièce de canon ; tous les bateaux qui se trouvaient sur la Sèvre furent coulés ou conduits à la hauteur du camp. Quelques asiles des révoltés, en avant du Chêne et sur la lisière de la forêt de Touffou furent incendiés.

Le général se plaignait fortement du pillage exercé par quelques soldats. « *De tels excès*, disait-il, *font méconnaître les soldats de la liberté et entachent la division entière.* »

Telle était, à cette époque, la position de l'armée des côtes de Brest, qui aurait pu se présenter le 16 devant Mortagne, ainsi qu'il était convenu par le plan général, si Rossignol, qui n'avait pas quitté Saumur, n'eût annoncé qu'il ne serait pas en mesure. La suite des opérations se trouvait interrompue par cette incertitude. Le général Canclaux réunit les officiers-généraux qui se trouvaient à Clisson, et leur exposa les motifs qui l'avaient déterminé à retarder sa marche.

« Rossignol, dit-il, n'ayant pu remplir ses obligations, l'armée des côtes de Brest est libre de ses mouvemens. Deux partis se présentent : le premier de profiter de la terreur de l'ennemi pour se jeter sur Mortagne; mais ce serait s'exposer à trop de chances que la prudence ne permet pas de braver.

» Le second, d'attendre le rapprochement de l'armée de La Rochelle pour attaquer Mortagne, où l'on concerterait la suite des opérations, et de se borner jusque-là à des reconnaissances dans les environs de Clisson, où se tiendrait l'état-major de l'armée. »

Ce dernier parti fut adopté. On convint que la colonne de droite du général Beysser se porterait de Montaigu à Tiffauge;

Que l'avant-garde aux ordres de Kleber, passant la Sèvre, se porterait en avant de Clisson sur le chemin de Poitiers, d'abord à la hauteur de Boussay, puis jusqu'à Torfou, d'où elle pourrait communiquer avec la colonne de droite par le pont de Tiffauge;

Que la division de Beaupuy serait détachée par la gauche pour balayer, de concert avec la réserve restée au camp, la route de Clisson à Nantes, en se portant d'abord au Pallet, lieu principal du rassemblement des rebelles, qu'elle attaquerait avec l'avantage des hauteurs qui dominent ce lieu;

qu'ensuite elle pousserait jusqu'à Laloué, autre lieu de rassemblement, tandis que la réserve l'attaquerait de front ainsi que Vertou.

En conséquence, l'ordre suivant fut donné :

Ordre du 18 septembre.

« Le 19, l'avant-garde du général Kleber se portera à la hauteur de Boussay, sur le chemin de Poitiers, et de suite reconnaîtra le chemin pour se porter à Torfou et établir une communication avec Tiffauge, où la colonne de droite se portera, sitôt que l'avant-garde sera placée à Torfou.

» La première division (de Vimeux) se portera de Remouillé et Aigrefeuille à Clisson.

La deuxième division (de Beaupuy) se portera à Clisson et de là au Pallet, pour être en mesure d'attaquer le 20 la Croix Moriceaux et ensuite Laloué, en même temps que la réserve, aux ordres du général Grouchy, l'attaquera de front. Cette division reviendra le même jour au Pallet.

» La colonne de droite, ainsi qu'il est dit ci-dessus, ne se portera à Tiffauge que quand il sera ordonné.

» Les gros équipages de la colonne de droite resteront à Montaigu lorsque cette colonne marchera; ceux de l'avant-garde et de la seconde division resteront dans Clisson. »

§ V. (Haute Vendée.) Position des divisions sous les ordres de Rossignol. — Compte rendu par le général Beffroy au ministre concernant la division de Luçon. — Retraite ordonnée par Rossignol. — Son rapport au ministre. — Relation du bulletin de la Vendée sur la retraite de Chalbos. — Position du général Duhoux, le 17, sur les hauteurs de Beaulieu et du pont Barré. — Marche de Santerre de Doué sur Vihiers. — Affaire de Coron le 18; déroute de la division de Santerre.

— Rapport ridicule de Ronsin au ministre. — Compte rendu par Santerre. — Duhoux attaqué le 19 éprouve le même sort que Santerre. — Relation du bulletin de la Vendée.

Haute Vendée et pays du centre.

Les mouvemens réglés par le plan général du 3 septembre n'avaient pu s'effectuer aux époques déterminées sur les directions d'Angers, Saumur et Thouars.

La division de Saumur, principal corps d'armée, devait être rendue à Vihiers le 14, et ce jour-là elle était attaquée à Doué : sa marche, qui devait servir de signal aux divisions des généraux Duhoux et Rey, n'eut lieu que le 17.

Cependant le général Chalbos s'était porté sans obstacle à la Châtaigneraie, et le général Mieszkowsky arrivait à Saint-Fulgent.

La petite division de Luçon s'était promptement réorganisée et était rentrée en campagne. La lettre suivante du général Beffroy, en date du 19 septembre, au ministre de la guerre, fait connaître ses mouvemens :

« Citoyen ministre, je n'ai pas encore pu avoir l'honneur de vous rendre compte depuis mon départ de Tours où j'ai reçu l'ordre de venir prendre le commandement de la division du général Tuncq.

» Je suis arrivé à Luçon le 6, lendemain de l'échec que la division avait éprouvé. Je me suis occupé, avec les officiers qui commandaient, tels que les citoyens Lecomte, général de brigade, et Marceau adjudant-général, à réparer cette armée et la mettre en état de reparaître avec avantage, pour détruire les brigands.

» Le 11 septembre, nous avons tenu un conseil de guerre, en présence des citoyens Bellegarde et Fayau, représentans du peuple. Le conseil a décidé que nous étions en état de marcher et de suivre l'exécution du plan arrêté à Saumur et subordonné aux mouvemens du général Chalbos.

Nous sommes partis le 13 de Luçon et nous nous sommes portés à Saint-Hermand. Mon avant-garde, commandée par le citoyen Joba (1), composée de trois cent cinquante hommes de la légion du Nord et de quarante gendarmes, a trouvé les rebelles au nombre de quatre cents hommes d'infanterie et deux cents cavaliers; elle s'est portée dessus et l'ennemi s'est retiré. Il y a eu une forte fusillade : je n'ai perdu personne.

» Le même soir j'ai fait occuper le poste de la Chapelle-Themer par le lieutenant-colonel Bard du dixième bataillon de la formation d'Orléans.

» Ayant été instruit que l'ennemi était à Saint-Laurent de la Salle, et devant balayer ma droite, j'ai fait attaquer ce poste par Bard; après quelque résistance, il a été enlevé. Je n'ai pas eu un seul blessé. On a brûlé cinq châteaux qui servaient de repaire à cette horde scélérate.

» J'avais fait partir, le 12, le général L'Échelle avec deux mille cinq cents hommes, pour nettoyer ma gauche. Il s'est porté à Creil de Bournezeau, a chassé devant lui tout ce qui s'est présenté, incendié tout ce qui servait de repaire aux brigands, et a fait passer sur le derrière de l'armée tous les bestiaux qu'il a pu trouver.

» Je suis parti le 15 de Saint-Hermand, dirigeant ma petite

---

(1) Joba commandait l'infanterie de la légion de Westermann. Il avait été dénoncé au ministre comme l'ennemi de Rossignol et de Salomon, et *par conséquent bon à expulser*.

armée sur trois colonnes ; celle de gauche que je commandais, sur Chantonnay ; celle du centre, commandée par Bard, sur Bazoges, et celle de droite, commandée par le général Lecomte sur Mouilleron. A chaque tête de colonne, nous avons trouvé l'ennemi qui a toujours été repoussé et battu. J'ai fait brûler, sur la direction de Chantonnay, le village et le château de Sigournay où les brigands m'avaient pris deux hommes d'une patrouille de cinq, qu'ils ont emmenés. Il était tard, je ne pus les attaquer ce jour-là ; mais le lendemain mati , malgré une pluie horrible, je fis attaquer le village et le château : le poste fut enlevé, et le feu y fut mis de suite.

» N'ayant point de nouvelles par ma gauche, je n'ai rien pu entreprendre sur les Essarts, Saint-Fulgent et les Herbiers.

» Le 18 à quatre heures du matin, j'ai reçu ordre du général en chef de me replier sur Luçon, en conservant les postes du pont Charon, la Réorthe et Saint-Hermand. Ma retraite s'est exécutée fort tranquillement. »

Cet ordre de retraite avait été adressé le 16 par le général en chef Rossignol au général Chalbos, qui s'empressa d'en donner connaissance aux généraux Beffroy et Mieszkowsky, le 17.

« D'après la lettre que je reçois à l'instant du général en chef Rossignol, écrivait Chalbos à Mieszkowsky, l'arrêté du conseil de guerre tenu à Saumur le 11 de ce mois doit avoir lieu, en conséquence je donne l'ordre pour que l'armée de Luçon, qui est maintenant à Chantonnay, Bazoges et Mouilleron, rentre à Saint-Hermand et Luçon, et qu'elle occupe le pont Charon et autres postes environnans. Ce mouvement se fera demain 18. Je rentre aussi à Fontenay. D'après cela, vous savez ce que vous avez à faire, puisque je vous ai envoyé copie du plan.

» *P. S.* Vous voyez que l'ordre du général en chef annule l'arrêté du conseil de guerre tenu à Saumur. »

Cette lettre ne parvint au général Mieszkowsky que le 20, il la fit passer au général Canclaux en lui demandant son avis et ses ordres. Canclaux répondit le 21 : il était déjà trop tard, ainsi qu'on le verra bientôt.

Cet ordre de retraite était jusque-là resté ignoré à l'armée de Brest dont la droite se trouvait découverte par cette inconcevable manœuvre dans un moment extrêmement critique où les colonnes se portaient en reconnaissance sur différens points; mais ce qui paraît plus inconcevable encore, c'est la lettre que Rossignol adressa au ministre le 16, jour où il donnait à Chalbos l'ordre de faire sa retraite, et aux généraux Duhoux et Santerre celui de se porter en avant.

« J'ai fait, disait-il au ministre, tout mon possible pour terminer cette guerre; mais les ambitieux ont fait tous leurs efforts pour en retarder la fin. D'après tous les généraux qui ont fait la guerre dans le pays, il serait aisé de prouver qu'elle serait finie demain 17, ou elle n'aurait pas passé le 20, si on avait adopté nos plans; c'est ce que le général Menou vous démontrera la carte à la main.

» Je regrette le général Menou, qui n'a contre lui que d'être né d'une caste privilégiée, mais qui s'est toujours montré en vrai républicain. »

Rossignol répétait au ministre qu'il n'avait pas assez de confiance en Westermann pour l'employer dans son armée. La réponse fut que Westermann était employé par le conseil exécutif.

Il est vrai que quelques jours après Chalbos reçut l'ordre de se reporter en avant, et que le 21 il s'empara de nouveau de la Châtaigneraie, d'où il chassa les rebelles jusqu'à Saint-Pierre-du-Chemin, et enleva un drapeau qui fut envoyé à la Convention; mais le mal était fait pour l'armée de Brest.

Les chefs vendéens eux-mêmes, étonnés de cette retraite subite, ne savaient à quoi l'attribuer. On lit dans leur bulletin du 20 :

« Le 18, les troupes républicaines qui occupaient la Châtaigneraie et ses environs, ont évacué tout d'un coup. Elles ont laissé derrière elles leurs munitions de bouche et beaucoup d'effets. La précipitation de ce départ a donné lieu à plusieurs conjectures. Les uns disent que les paroisses voisines de Fontenay se sont insurgées; les autres que La Rochelle, menacée par l'étranger, demande de prompts secours. D'autres assurent que la peur des troupes royales a seule opéré cette retraite, ou plutôt cette fuite; mais nous ne pouvons pas en dire la véritable raison. En attendant, nous espérons que nous ne tarderons pas à sonder la profondeur de ce mystère. Ce qu'il y a de certain, c'est que ce n'est point une manœuvre, et qu'il n'y a point de finesse à laisser ses adversaires s'emparer des vivres et du butin. »

Le 17, le général Duhoux occupait avec sa masse les hauteurs de Beaulieu et du pont Barré, position très-avantageuse où il devait se maintenir en attendant de nouveaux ordres; mais, si l'on en excepte quelques bataillons et la garde nationale d'Angers, le reste de sa colonne appartenait à la levée en masse, qui, d'après l'expérience, devait inspirer peu de confiance.

Le même jour, Santerre marcha de Doué sur Vihiers avec sa division, composée de bataillons rarement vainqueurs et souvent vaincus, formant sept à huit mille hommes; il était suivi d'environ dix mille hommes de la masse réunie à Saumur, rassemblement informe, sans organisation et sans chefs : c'était là sa réserve.

La division se composait de trois brigades; la première commandée par le général Joly, la deuxième par le général Chabot, et la troisième par le général Turreau. Le général en chef Rossignol, retenu à Saumur par une indisposition, était remplacé à l'armée par le général de brigade Ronsin qui conservait toujours le titre de commissaire du conseil exécutif.

La brigade Joly repoussa quelques avant-postes vendéens qui occupaient Vihiers et le Coudray-Montbault, où s'arrêta cette première marche. La colonne bivouaqua sur la grande route.

Le lendemain 18 on se remit en marche, la brigade Turreau en tête, parce qu'elle était composée des troupes les plus aguerries. L'avant-garde arriva sans obstacle au village de Coron où l'on engagea sans aucune réflexion plusieurs pièces d'artillerie dans une rue, espèce de défilé tellement resserré qu'il n'était plus possible de faire tourner les pièces.

La brigade Turreau se déploya comme elle put sur la gauche du village; elle fut bientôt attaquée; son général fut mis hors de combat par une chute de cheval ; le désordre, la confusion et la déroute suivirent de près. Tel fut le résultat de cette journée, dans laquelle il n'y eut ni dispositions prises, ni combat soutenu, et qui désorganisa encore une fois cette malheureuse division de Saumur, sans lui occasioner une grande perte en hommes.

Cependant le général Ronsin s'empressa d'écrire au ministre de la guerre la lettre suivante, qui fut transmise au comité de salut public le 24.

« Depuis six jours, l'armée de Saumur a battu les rebelles à Doué, repris Brissac, les buttes d'Érigné, Thouarcé, Gonnord, Tigny, Concourson, le Voide, Vihiers et Coron. Tous les repaires des brigands, les villages insurgés ont été incendiés ; plus de douze cents brigands ont été tués dans ces différentes expéditions. Le reste fuyait devant nous, saisi de terreur à l'aspect des flammes, et tout nous annonçait une marche rapide vers Mortagne, lorsque les rebelles, qui se retirent en foule devant l'armée de Mayence, ont forcé une colonne de l'armée républicaine à se retirer sur Doué. Elle s'est ralliée et part demain pour Concourson, et le 20, elle occupera les hauteurs de Coron, jusqu'à ce que l'incendie de ce village, vrai repaire de brigands, ainsi que les bois environnans, ait assuré notre marche vers Chollet. »

Pouvait-on en imposer avec plus d'impudence ? On peut s'en convaincre par le rapport que le général Santerre, franc et naïf dans sa correspondance, adressa le 20 au même ministre ; le voici :

« J'étais, dit Santerre, en tête de la colonne, à bivouaquer avec la brigade Joly, vis-à-vis le château du Coudray-Montbault. J'avais ordonné de mettre le feu au château seulement, et cependant il fut mis à une autre maison en face, appartenant au même propriétaire. La brigade Chabot et celle de Turreau étaient en deçà de Vihiers. A onze heures de la nuit il y eut une alerte qui n'eut pas de suite.

On devait partir le lendemain à cinq heures du matin, mais les cartouches que l'on attendait et la distribution de l'eau-de-vie retardèrent le départ.

Vers les neuf heures on partit dans l'ordre suivant : la brigade Turreau, celle de Chabot et celle de Joly.

» Je me portai à la tête, je fis mettre en marche la colonne, je veillai à sa formation. La brigade en mouvement, je gagnai rapidement la tête, où étaient les représentans Bourbotte et Choudieu, le général Turreau et le général Ronsin. La tête avait fait halte dans une mauvaise position, dans le bourg de Coron qui n'a qu'une rue étroite et qui est dans un fond, avec les deux pièces de canon et les deux obusiers de la brigade en batterie.

» On aurait dû, avant d'entrer dans le fond, arrêter à trois cents toises en deçà, sur une hauteur et dans une position inexpugnable; malheureusement cela n'était pas fait et l'artillerie jouait.

» Cette position me déplut, je fis tourner quelques pièces de canon, je voulais même leur faire faire retraite sur la hauteur, je dis à mon aide-de-camp Tabar : *Mettez-les à même de faire retraite. Il y a huit pièces et autant de caissons d'enfournés dans le village, il faut les mettre derrière nous sur la hauteur.* Le général Ronsin présent me dit en colère : Comment ! tu commandes la retraite? point de retraite, mourons ici..... Alors tout le monde de répéter, *et personne ne le fit*. Cela causa un engorgement si grand, que cela nous fit perdre nos pièces de douze, les obusiers et quelques pièces de quatre ; parce que n'ayant pas pris la hauteur, ce qui aurait défendu toute notre gauche qui se reployait, les tirailleurs vinrent jusque sur l'artillerie, en fusillant les canonniers. Deux caissons voulurent tourner; ils étaient dans un endroit trop étroit, ils ne le purent, barrèrent la retraite forcée, et firent prendre le tout; tandis que s'il n'y avait eu dans le chemin qu'une pièce et un obusier, et seulement un caisson de chaque, placés pour pouvoir retourner, cela était suffisant, et jamais de cette manière on ne perdrait d'artillerie.

» Le général Ronsin, toujours défiant, m'opposa, sans le vouloir, trois *contradictions* (1). La première, de s'être mal placé; la deuxième, de me dire hautement devant la troupe : *Est-ce que tu t'en vas? tout le monde s'en va aussi*, parce que n'ayant pu passer à côté des batteries pour monter à notre droite, je revenais pour prendre un chemin par où mon cheval pût passer. En outre, lorsque je ne commande pas de faire retraite, et que je me porte où je crois le devoir, ne quittant pas la tête, personne ne doit *développer une critique*, surtout lorsqu'il est à la tête de la troupe, *lui-même retournant*; et que depuis le départ de Vihiers jusque-là, il ne m'a pas consulté, et qu'il n'a fait que d'après les avis du général Turreau, en ayant l'air de savoir tout exclusivement. La troisième contradiction, de me dire hautement et impérativement, *Point de retraite, point de retraite, lui s'en allant*, lorsque je la prépare, sans rien dire, pour les pièces qui m'encombraient et empêchaient même de passer la cavalerie et l'infanterie.

» Il est bon d'observer que, marchant la veille avec le général Joly, nous battîmes l'ennemi, nous prîmes Vihiers et le château du Coudray; mais que nous n'avons point entendu un seul coup de fusil à l'approche d'un bois, d'un village, de Vihiers, qu'à l'instant deux de nos pièces ne fussent en batterie.

---

(1) Ou *contrariétés*.

» Il est aussi bon d'observer que j'avais attaché à la seconde colonne le général Dembarrère, officier du génie aussi brave qu'instruit, et qu'il ne fut pas tout-à-fait écouté. Il eut à cette affaire, dans la retraite que j'ai faite à côté de lui, sa redingote criblée de balles, et si mon aide-de-camp Tabar n'eût pas préparé un peu la retraite, nous eussions perdu six pièces et six caissons de plus.

» Une troupe aussi immense ne pouvait aller avec un seul général divisionnaire.

» Le jour du départ, nous nous consultâmes, les généraux et les représentans, sur la question de savoir si la première brigade marcherait la première. Le général Joly qui la commande n'était pas au conseil. On décida que la troisième pouvait marcher, parce qu'elle avait les soldats les plus aguerris, les gendarmes et l'artillerie volante. Je représentai aux représentans du peuple et au général Ronsin, le matin, que le grand plan de guerre avait été de nous porter à Vihiers et de nous y maintenir; ils me dirent que le général Rossignol s'était réservé le droit d'attaquer, et que toute la troupe désirait d'aller à Chollet. Je répliquai que je les rendais garans de la démarche, que leur parole me suffisait, et à la vérité la troupe eût été en insurrection si on n'y eût pas été. Cependant, lorsque la troupe marcha, je vis dans beaucoup de soldats qui répétaient *à Chollet, à Chollet*, qu'il y avait envie de piller. Je fis part de mes craintes aux représentans, j'avais même envie de faire halte, d'autant plus encore que je voyais de droite et de gauche devant moi précéder le feu; que des moulins pleins de blé, que j'avais épargnés la veille, étaient incendiés, et que le désordre doublait.

» Dans de pareilles circonstances, si le chef est forcé dans ses opinions, si ses ordres ne sont pas sacrés, puisqu'il en est responsable, si des réflexions prudentes et nécessaires sont tournées en ridicule par des *légèretés*, nous ne pourrons avoir de succès que ceux que le hasard nous procurera; tandis que des forces aussi considérables, dirigées avec prudence, assurées dans leur marche par une lenteur nécessaire et circonspecte, nous mèneraient à un but solide et nous fourniraient des résultats avantageux. »

La masse profita de cette déroute pour se disperser et rentrer dans ses foyers. Les vainqueurs ne poursuivirent pas fort loin les fuyards, ils étaient appelés ailleurs.

Après un semblable revers, la prudence exigeait que l'on envoyât au général Duhoux l'ordre de faire sa retraite sur le Pont-de-Cé ; on n'y pensa pas. Ce général fut attaqué, le lendemain 19, dans ses positions de Beaulieu et de Saint-Lambert, et sa colonne éprouva le même sort que celle de Santerre ; mais Angers eut à regretter un grand nombre de pères de famille. Duhoux fut de nouveau dénoncé ; il obtint enfin sa démission (1).

Ce double triomphe fut annoncé de la manière suivante dans le bulletin de la Vendée du 20 septembre :

« Les sentimens de religion, d'humanité et de fidélité que

---

(1) C'est à la suite de cette journée que *l'héroïne* Bordereau, dite Langevin, connue par les presses de M. Michaud et par les faveurs qu'elle obtint alors, raconte, avec un air de triomphe (pag. 22 et suiv.), que dans une mêlée aux Ponts-de-Cé *elle tua, à elle seule, 21 bleus à coups de sabre*, et que deux jours après ayant rencontré son oncle à la tête d'une compagnie républicaine, *elle se mit en si grande fureur, qu'elle lui coupa le cou, sans qu'elle l'ait vu souffler....*
Ceci me rappelle que dans un combat qui fut donné au Janicule contre Cinna, (guerre civile) un soldat de Pompée tua son frère ; mais l'ayant reconnu, dit Tacite, il se tua lui-même....

nous avons toujours conservés à Dieu, aux hommes égarés, à un roi innocent et malheureux trouvent aujourd'hui leur récompense. Quelques hommes faibles et peu confians dans la bonté infinie de la divine Providence croyaient *les bonnes gens* perdus; les ennemis de la tranquillité publique se réjouissaient déjà de nous voir cernés de toutes parts, mais des victoires multipliées ont rendu la foi aux uns et déconcerté les idées de triomphe que les autres avaient déjà conçues.

» Les journées des 18 et 19 ont suffi pour opérer des miracles; c'est à Coron qu'ont commencé nos nouveaux succès. Le 17, l'ennemi s'est porté sur Vihiers, au nombre d'environ huit mille *bleus* et vingt mille paysans sous les ordres de Santerre qui se promettait d'aller dîner à Chollet. Ceux de Saint-Lambert ont fait dans la nuit une marche forcée et se sont portés sur Coron, où la réunion des deux colonnes ennemies s'est opérée. On commença par brûler une maison et l'hôpital. De notre côté, les généraux ont fait partir de Chollet, sous le commandement de MM. Piron et Laugrenière, quatre à cinq mille hommes et deux pièces de canon de quatre. Ce renfort arrivé, nos soldats pleins de zèle et de courage, ont attaqué avec la plus grande rapidité l'ennemi qui, de son côté, a opposé une résistance très-opiniâtre pendant quelques instans; mais les mouvemens de nos troupes se sont faits avec tant de précision, que l'ennemi, vaincu et mis en déroute, a été poursuivi jusqu'à Trémont et a éprouvé une perte considérable. Deux pièces de douze, cinq de huit, deux de quatre, trois obusiers, dix-neuf caissons, dont quatorze pleins de cartouches, de gargousses et d'obus, les chevaux d'artillerie, tout est resté en notre pouvoir. Le champ de bataille jonché de morts au nombre de trois mille au moins, et couvert de piques, offrait le spectacle de la défaite la plus complète de nos ennemis. On a fait prisonniers quelques laboureurs, dont les cheveux blancs n'ont point été des excuses légitimes auprès de l'ennemi pour les dispenser de marcher. »

» Il restait encore à détruire un autre corps fort de vingt-cinq mille hommes, sous les ordres de Rossignol. Pendant que nos troupes étaient occupées à battre Santerre, celles de Rossignol avaient déjà pénétré à Saint-Lambert, incendié Gonnord et Beaulieu. M. le chevalier de la Sorinière vint l'attaquer le lendemain 19, à onze heures du matin, dans ce dernier endroit et à la Jumelière, avec environ dix mille hommes rassemblés dans les paroisses voisines. Dans un instant toute l'armée ennemie fut culbutée par nos troupes ; quatre mille au moins mordirent la poussière. Neuf pièces de canon, six caissons, trois cents charrettes chargées de blé, foin et autres effets pillés par l'ennemi, ont été le fruit de cette victoire. Nos braves soldats l'ont poursuivi jusque dans les ponts de Cé. Personne ne peut évaluer le nombre des ennemis patriotes qui ont péri dans la Loire, sans compter mille prisonniers, dont plusieurs d'Angers. C'est ainsi que dans deux jours on a battu, détruit ou dispersé plus de cinquante mille hommes, qui semblaient se promettre un succès certain. »

Après les revers éprouvés par les divisions de Saumur et d'Angers, les représentans Choudieu et Richard écrivirent à leurs collègues à Nantes la lettre suivante :

« Ce que nous avions prévu lors du conseil de guerre vient malheureusement d'arriver. Deux de nos colonnes ont été battues par les rebelles qui se sont tous rejettés de notre côté. Une colonne partie de Doué se portait sur Chollet : elle a été attaquée à Coron et forcée de se replier sur Doué, en abandonnant aux ennemis sept pièces d'artillerie. Ceci s'est passé le 18. Le lendemain 19, les rebelles se sont portés sur une autre colonne qui marchait à Chemillé, et qui, d'après l'événement de la vieille, faisait retraite sur Beaulieu ; elle a été pareillement battue et a également perdu plusieurs pièces de canon.—L'ennemi est maintenant maître des hauteurs d'Érigné, et nous

nous attendons de moment à autre à être attaqués, soit par Saumur, soit par les ponts de Cé. Les généraux font des dispositions pour l'arrêter, il faut que votre armée ne perde pas un moment pour tomber sur lui. Notre situation est très-alarmante et vous ne pouvez prendre de précautions trop grandes pour prévenir des échecs qui compromettraient nécessairement le succès de la guerre et le salut de la république. »

L'échec éprouvé à Torfou par l'avant-garde de l'armée de Mayence n'était pas encore connu à Saumur; les représentans près l'armée de Brest répondirent de Clisson, le 22 septembre, à leurs collègues à Saumur :

« Nous devons convenir de bonne foi qu'on nous a étrangement trompés jusqu'à présent sur le nombre, la position et les moyens des rebelles. — Nous sommes convaincus qu'il ne s'est pas jeté sur vous un seul homme des ennemis que nous avons fait replier. Ce qui le prouve sans réplique, c'est que le même jour 19 que vous étiez repoussés, notre avant-garde recevait un échec à Torfou, et une division se battait au Palet, jusqu'aux portes de Nantes, et le 21, Beysser était défait complétement à Montaigu, au moment qu'il devait nous joindre à Boussay. »

Cette correspondance fut adressée en même temps au comité de salut public, avec les réflexions suivantes :

« On a trop laissé grossir le noyau de la contre-révolution dans la Vendée. Nous avons délibéré de venir au secours de Saumur et de nettoyer les deux rives de la Loire, ce qui n'est pas indifférent pour Paris; et nous ne désespérons de rien si nos collègues des côtes de La Rochelle et vous marchez de concert avec nous. Nous vous répondons, au contraire, si vous nous secondez, du salut de la république. »

Le mouvement annoncé pour porter du secours à Angers et Saumur n'eut pas lieu; on adopta un autre plan, ainsi qu'on le verra par la suite.

§ VI. (Basse Vendée.) Affaire de Torfou; rapport de Kleber. — Rapport de Canclaux au ministre. — Relation du bulletin de l'armée catholique. — Expédition de Beaupuy sur la route de Vallet. — Expédition de Grouchy. — Ordre du général Canclaux; position nouvelle à occuper. — Ordre à Beysser de venir s'établir à Boussay. — Beysser attaqué le 21 à Montaigu, et mis en déroute. — Ordre de retraite sur la Plée. Deux attaques dans la route; les Vendéens repoussés.

Basse Vendée.

Une troisième victoire attendait les Vendéens, le 19, à Torfou; mais elle devait leur être disputée long-temps par le général Kleber à la tête de sa brigade d'avant-garde. On pourra en juger par le rapport suivant, qu'il fit au général Aubert Dubayet :

« Il était, dit Kleber, environ 9 heures du matin, lorsque la tête de mon avant-garde s'est trouvée à la hauteur de Boussay. Marigny, à la tête de ses deux légions, me fit prévenir qu'il apercevait l'ennemi, occupant ce poste, et qu'il allait le débusquer; ce qu'il effectua aussitôt. D'après le rapport de trois paysans, le poste ennemi était de quatre cents hommes. Comme cette opération obligeait Marigny de passer à travers le village, je lui envoyai ordre de le tourner tout-à-fait, et de rester ainsi sur mon flanc droit, jusqu'à la jonction des deux chemins, ce qu'il exécuta parfaitement. Étant à peu près à moitié chemin entre Boussay et Torfou avec ma colonne, je me suis porté en avant avec le citoyen Merlin et quelques officiers de l'état-major, pour reconnaître la situation du poste que nous présumions tous devoir attaquer pour nous en mettre en possession. Comme le chemin était extrêmement tortueux, nous nous vîmes tout à coup, à portée du pistolet, en présence de deux vedettes qui nous lâchèrent leurs coups de carabine. Aussitôt je fis avancer les chasseurs à cheval qui, chargeant la grand'garde, la poursuivirent l'épée dans les reins jusqu'aux hauteurs de Torfou; mais l'infanterie ne pouvant avancer assez vite pour les soutenir, ils furent obligés de se replier. L'infanterie arrivant enfin, un bataillon fut chargé d'attaquer le village par la droite, un autre par la gauche, et quelques compagnies des Francs par le centre; deux autres bataillons restèrent en arrière pour nous laisser sans inquiétude sur cette partie. Cette attaque fut tellement impétueuse que le village et toute la hauteur furent évacués presque aussitôt. Mais cette fois, la retraite de l'ennemi ne fut point une fuite : il se rangea derrière les haies et les fossés vis-à-vis du front que nous occupions. Alors l'affaire s'engagea de la manière la plus vive : et comme nous avions l'avantage de la position, il nous était d'autant moins permis de douter de la victoire, que la compagnie des chasseurs à pied du septième régiment, venant de charger la baïonnette au bout du fusil la droite de l'ennemi, le débusqua de ce poste et le mit en désordre; mais les fuyards, au lieu de se jeter en arrière, filèrent par notre gauche, pour nous prendre par le flanc et pour nous tourner. Comme les deux bataillons de réserve étaient placés de manière à en faire raison, cette manœuvre ne dut m'inspirer aucune crainte. C'est cependant justement cette précaution qui a nécessité notre retraite après une victoire aussi brillante; car à peine la fusillade se fit-elle entendre sur nos derrières, que tous les yeux se dirigèrent de ce côté, et que plusieurs voix s'écrièrent : *Nous sommes coupés...* Ce fut dans cet instant que le citoyen Boisgerard, faisant fonctions de chef de l'état-major, s'apercevant que l'artillerie n'était point suffisamment couverte, voulut disposer d'un des bataillons de la droite, qu'il voyait n'être point occupé. En effet, ce bataillon se mit en mouvement pour se porter en arrière; mais avec trop de précipitation, sans doute, puisque son mouvement fit croire qu'il se retirait : il ne fut que trop suivi. Ce fut en vain que les braves s'efforcèrent à faire rester chacun à son poste, rien ne put arrêter le désordre.

» Ce qui doit prouver que, pendant l'action qui dura près de cinq heures, on se battait avec la plus grande opiniâtreté, c'est que la perte des deux côtés fut très-grande; nous perdîmes surtout beaucoup de braves officiers, grand nombre fut blessé.

» Quant à nos quatre pièces de canon, il parut au premier coup d'œil impossible de les faire rétrograder dans les défilés horribles qui conduisent à Torfou. Cependant chacun mettant la main à l'œuvre, elles furent conduites encore assez loin; mais un caisson de la tête venant à se briser, tout resta en stagnation. la retraite se fit alors avec précipitation ; jusqu'à ce que le général en chef, prévenu de cette affaire par des ordonnances envoyées successivement par Merlin et par moi, vint nous porter un renfort de troupes fraîches, sous les ordres des généraux Dubayet et Vimeux, qui arrêtèrent aussitôt l'ennemi et le poursuivirent à leur tour. A l'instant tous les bataillons de l'avant-garde se rallièrent et prirent une position propre à protéger au besoin la retraite de leurs braves frères d'armes accourus à leur secours.

» C'est dans ce moment que je fus obligé de quitter ma colonne pour me faire panser d'un coup de feu que j'avais reçu au commencement de l'action. Il était cinq heures après midi, et les généraux Canclaux et Dubayet se sont chargés de terminer cette journée qui, sans la catastrophe, avait été conduite au point d'être la plus belle de ma vie.

» Il ne me reste plus qu'à dire un mot sur le poste important de Torfou et le nombre de nos ennemis.

» Ce village est sur une hauteur très-élevée qui barre absolument le chemin creux qui y conduit. Les fossés, les haies, les buissons qui entourent chaque champ, le bois qui est en face et sur les flancs, semblent rendre ce poste inexpugnable, s'il est défendu avec un peu de valeur. Eh bien! ce poste fut enlevé, malgré l'opiniâtreté que l'ennemi mit d'abord à le soutenir, malgré que mon avant-garde ne fût composée en ce moment que de deux mille hommes, et que chacun estimât la force de l'ennemi à plus de quinze mille hommes (1). Il eût été soutenu, si j'avais pu en un instant pénétrer tous les soldats des mesures que j'avais prises pour couvrir le revers du village, et que d'après ces mesures, ils eussent éprouvé le sentiment intime de leurs forces.

» Si l'on veut pousser sur Mortagne, Torfou doit être occupé par nos troupes, et fortement retranché. »

Le général Dubayet s'empressa de transmettre ce rapport au général en chef, avec la lettre suivante :

« Je vous envoie, mon général, la relation du général Kleber, à laquelle je n'ajouterai que peu de mots.

» A peine avais-je reçu la nouvelle du combat, par une ordonnance dépêchée par Merlin, que je fis battre la générale, et de suite, après avoir pris une position qui favorisait la retraite de l'avant-garde, conformément à vos ordres, je me portai en avant avec la brigade commandée par le général Vimeux. Cette troupe s'est conduite avec le plus grand

---

(1) Madame de la Rochejaquelein dit (page 226) que les deux armées réunies formaient environ quarante mille hommes. Si l'on en croit l'historien Beauchamp (tome II, page 36 et suiv.), Kleber était à la tête de six mille hommes, formant l'avant-garde : deux mille républicains y périrent. Kleber, percé de coups, fut arraché de la mêlée par ses grenadiers, etc.

courage, elle a repoussé les rebelles. D'ailleurs, général, vous êtes témoin du grand nombre de braves se sont signalés, et de ceux qui ont eu le bonheur de sceller de leur sang la cause du peuple. »

Le même jour 19, Canclaux rendit compte de ce revers au ministre.

« Les rebelles, ajoutait-il, ont été contenus et repoussés pendant une lieue et demie au delà de Gétigné, par Aubert Dubayet. L'armée bivouaque en avant de la ville, et l'avant-garde est devant à son poste, brûlant du désir de réparer sa défaite et de reprendre son artillerie. La perte de l'ennemi est très-considérable, la nôtre l'est moins; nous avons beaucoup de blessés, de ce nombre est le général Kleber. »

Cette lettre fut transmise, le 24, au comité de salut public.

Kleber, dans ses Mémoires, entre dans tous les détails de cette affaire, remarquable par l'acharnement qui se soutint des deux côtés également, et surtout par la fermeté et le dévouement de deux mille braves, résistant pendant plus de quatre heures aux efforts de vingt mille hommes au moins.

« On ne vit jamais, ajoute Kleber, un combat, un acharnement plus terribles. Au moment où je donnais l'ordre à la droite de se porter en avant, je reçus une balle à l'épaule : heureusement elle ne me mit pas hors d'état de commander. Dans la retraite, j'employai tout ce qui m'environnait pour désobstruer le passage à l'artillerie et faire avancer les pièces; mais un caisson s'étant brisé dans le défilé, tous les efforts devinrent inutiles. Quatre bouches à feu et autant de caissons tombèrent au pouvoir de l'ennemi.

» Canclaux était à la tête du renfort qui m'arrivait à Gétigné. Vimeux tombe vivement sur l'ennemi; cette attaque imprévue le déconcerte, il prend la fuite.

» La perte, dans cette journée, fut très-considérable de part et d'autre. J'eus à regretter l'intrépide *Chevardin* (1), chef de bataillon des chasseurs de Saône-et-Loire, chargé de couvrir la retraite; Rifle, Mayençais, ami de Merlin, et qui le suivait en qualité de volontaire. Du nombre des blessés furent Goux, chef du troisième bataillon de la Nièvre; le brave Patris, commandant le bataillon des chasseurs de Cassel; Laurent, commandant une pièce d'artillerie légère; Métivier, adjoint à l'état major; enfin, quantité d'autres excellens officiers.

» Le deuxième bataillon du Jura, les septième et huitième des Vosges se sont bien conduits. Un détachement du septième bataillon d'infanterie légère, commandé par le capitaine Allier, a donné des preuves de grande valeur. Ces chasseurs ont eux seuls soutenu la gauche et repoussé un instant d'ennemi dans ses retranchemens; aussi, de quatre-vingts qu'ils étaient avant le combat, quarante seulement en sont revenus sains et saufs. Les chasseurs de Saône-et-Loire, aux ordres de Chevardin, ont glorieusement favorisé la retraite; leur fermeté a donné le temps de l'effectuer lentement et avec moins de confusion. Merlin s'est battu comme un lion. »

Kleber était impatient de savoir ce qu'était devenu Beysser dans cette journée; il apprit du général Canclaux que Beysser avait cru devoir attendre un second ordre pour se mettre en marche. « Ainsi, répète Kleber, j'ai eu à combattre seul, avec deux mille hommes, une ligne dont la gau-

---

(1) C'est ce brave officier qui se dévoua sans hésiter sur ce simple mot de Kleber : *Tu pourras être tué, mais tu sauveras tes camarades.*

che s'appuyait à Tiffauge et se grossissait continuellement, tandis que sa droite se prolongeait au delà de Torfou. »

Il sera sans doute curieux de comparer aux détails qui précèdent, la relation insérée dans le bulletin de l'armée catholique du 20. La voici (1) :

« On sait avec quelle rapidité l'armée de Mayence, descendue de Nantes, est arrivée à Montaigu et à Clisson. On n'ignore pas les crimes de toute espèce qu'elle a commis ; viol, pillage, assassinats, incendie ; elle a laissé derrière elle les traces des décrets impies et barbares dictés par la Convention *dite* nationale. Elle se préparait à brûler le pays conquis, lorsque l'armée royale, partie de Tiffauge s'est portée jusqu'à la jonction du chemin de Chollet, où elle s'est jointe à l'armée Angevine. Les deux armées réunies ont fait halte et ont ensuite fait porter leur avant-garde jusqu'auprès de Torfou. C'est là qu'était l'armée ennemie ; à peine notre avant-garde l'a-t-elle aperçue, qu'elle s'est repliée de suite sur le corps d'armée qu'elle éclairait et a fait connaître la position de l'ennemi. Quelques hommes peu accoutumés à ces mouvemens militaires se sont crus en déroute et ont véritablement pris la fuite ; mais le corps d'armée, qui savait à quoi s'en tenir, s'est de suite porté sur l'ennemi. Les généraux d'Elbée, Charette, de Bonchamps, de Lescure, commandant leurs colonnes, se sont avancés, suivis de braves gens, la baïonnette au bout du fusil et la pique à la main. L'ennemi, déconcerté de cette audace, et ne pouvant se servir de son artillerie qui lui devenait inutile, a été obligé de l'abandonner et de plier ; mais il a été poursuivi avec tant d'ardeur, qu'il a laissé trois mille hommes sur le champ de bataille. On a pris dans cette action sept

---

(1) Les récits de nos historiens ne sont pas moins curieux.

pièces de canon à l'ennemi, plusieurs obusiers, et des munitions de guerre et de bouche de toute espèce, avec une superbe voiture qu'on présume être celle d'un commissaire national; car ces prôneurs de l'égalité ne manquent pas d'afficher le luxe au sein de ceux qu'ils font combattre pour des chimères.

» Dans ce commencement d'affaire, les bleus ont été poursuivis jusqu'à Clisson. On dit qu'ils ont déjà évacué cette ville, et qu'ils sont maintenant à Montaigu; l'armée ne les abandonne pas et les poursuit toujours avec la même ardeur. On doit regarder cette affaire comme engagée, elle ne sera terminée qu'au moment où l'armée, venue de Mayence pour se parjurer, n'existera plus. »

Cet espoir des chefs vendéens était loin de s'accomplir. Le revers que venait d'éprouver l'avant-garde n'altéra ni la confiance ni le courage des Mayençais.

Le général Beaupuy était en marche avec sa brigade, conformément à l'ordre général du 18. Le général en chef lui écrivit le même jour:

« Vous aurez peut-être déjà appris la défaite que vient d'éprouver notre avant-garde; elle s'en est bien relevée, et l'ennemi, poursuivi pendant plus d'une lieue et demie, a perdu beaucoup de monde; mais nous, notre artillerie.

» L'ennemi auquel nous avons affaire n'est donc pas tant à mépriser, mais non à craindre. J'espère que demain vous nous ferez prendre une revanche; le général Grouchy, avec la réserve, doit attaquer dès six heures du matin. C'est de bonne heure, cependant tâchez de vous mettre en mesure pour le seconder. Je me rendrai près de vous vers huit heures. »

Beaupuy était alors au château de la Galissonnière, d'où il adressa au général en chef le rapport suivant du 19 au soir :

» L'avant-garde de ma division à peine arrivée au Pallet, on a entendu quelques coups de fusil tirés du château de la Galissonnière sur des gendarmes. J'ai fait reconnaître la route qui est en avant de ce château, ainsi que les vignes voisines L'avant-garde s'est emparée avec peu de difficulté de la hauteur en avant de la Galissonnière, sur la Solite; j'y ai porté quatre bataillons, j'en ai laissé un au Pallet.

» Pendant qu'on plaçait les postes, j'ai été moi-même reconnaître la croix Moriceaux, que j'ai trouvée évacuée. Pendant cette reconnaissance, une fusillade assez vive a commencé entre mes postes de la droite de la route et l'ennemi. J'ai été obligé d'y faire porter un bataillon; les Vendéens n'ont pas tenu long-temps.

» Une heure après, quelques-uns de nos tirailleurs s'étant emparés du château de Hauteville, et s'étant retirés presque aussitôt, la fusillade a recommencé; elle a étendu son feu jusqu'aux postes qui bordent parallèlement la droite de la route, depuis un moulin à vent sur la hauteur, jusque vers le château de la Galissonnière. Un renfort que j'ai envoyé du moulin à vent a fait cesser, vers sept heures du soir, cette fusillade sans objet de la part de l'ennemi.

» Labruyère (1) et Genet, deux officiers du trente-deuxième, ont été blessés. Le premier venait de perdre son cheval tué sous lui; il allait périr, il a été sauvé par son lieutenant, Rappin.

» Je dois aux braves soldats que je commande, de dire que jamais je n'ai vu une meilleure volonté, un courage plus froid que celui qu'ils ont montré; oui, mon général, quand je se-

---

(1) Labruyère fut nommé adjudant-général.

rais battu, jamais ce ne sera la faute de nos braves républicains.

» *Signé*, M. BEAUPUY. »

De son côté, le général Grouchy, dont les mouvemens se liaient à ceux du général Beaupuy, adressa le 20, au général en chef, le rapport suivant :

« Pour pouvoir mettre à exécution vos ordres, j'ai tiré, hier 19, du camp des Naudières et fait bivouaquer à la redoute Saint-Jacques, une colonne composée des grenadiers et chasseurs de la division de gauche, du deuxième bataillon du cinquante-septième régiment et du deuxième bataillon de l'Ain, dans l'intention d'attaquer de front, aujourd'hui 20, les camps vendéens de la Plée et de Laloué; tandis que la demi-brigade du cinquante-septième régiment, passant par Vertou, attaquerait par la droite, et, prenant ainsi les rebelles entre deux feux, mettrait à même d'enlever, presque sans coup férir, les nombreux retranchemens des insurgés sur la route de Clisson.

» Cette disposition a eu le succès qu'on pouvait espérer; les rebelles ont été facilement débusqués.

» Un bataillon de la brigade du général Beaupuy, destiné à inquiéter les rebelles sur leurs derrières, ayant été attaqué par eux, j'ai envoyé pour le soutenir, de Laloué où j'étais alors, la brigade du cinquante-septième aux ordres de Jordy.

» Le général Haxo, avec les chasseurs à cheval de Mayence et la cavalerie nantaise, marcha sur la route de Vallet et poussa vivement les rebelles jusqu'au delà de la chapelle Hulin, dont il s'empara. On leur enleva une pièce de quatre de bronze dont l'avant-train avait été brisé dès les premiers coups par un de nos braves artilleurs de Mayence.

» Les rebelles furent poursuivis pendant près d'une lieue.

» En même temps Jordy, avec sa demi-brigade, les poussait, l'épée dans les reins, sur la gauche de la même route. Le chemin qu'ils suivaient était jonché de piques et de fusils, et leur déroute a été complète. On leur a pris un drapeau.

» Les troupes qui ont donné se sont parfaitement montrées; la cavalerie nantaise, surtout, mérite les plus grands éloges. Des traits d'une extrême valeur honorent la plupart des citoyens qui la composent, et un éclat justement mérité doit rejaillir sur ce brave corps.

» Comme vous le voyez, mon général, vos intentions sont entièrement remplies; j'occupe tous les postes que vous m'aviez chargé d'emporter.

» Le général de brigade commandant la division de gauche,

» *Signé*, Emmanuel Grouchy. »

Pendant ce temps-là, la légion nantaise faisait un mouvement sur la rive gauche de la Loire pour éclairer les villages de haute et basse Goulaine.

En attendant le résultat de ces expéditions, Canclaux ordonna que l'armée resterait le 20 dans sa position, et que l'avant-garde se porterait une demi-lieue en avant de Gétigné, poussant des patrouilles sur ses deux flancs et en avant.

Dans l'ordre du jour du 20, le général Dubayet s'exprimait ainsi :

« Le général Dubayet déclare à ses frères d'armes qu'il les a trouvés hier dignes des journées de Rostheim et de Marienborn, mais qu'il désire en eux plus de docilité à la voix des chefs estimables qui les conduisent au combat et qui, seuls, peuvent les rallier dans des momens critiques. »

Le succès des expéditions de Beaupuy et de Grouchy rassurait le général Canclaux sur ses communications avec Nantes; mais ayant appris, dans la matinée du 21, que le général Mieszkowsky venait de recevoir l'ordre de faire sa retraite de Saint-Fulgent, et craignant pour la colonne de Beysser que ce mouvement laissait à découvert, il prit sur-le-champ le parti de rapprocher cette colonne de son corps d'armée, et de rappeler celle de Beaupuy pour marcher en avant et attaquer l'ennemi. Il donna en conséquence l'ordre suivant :

« La colonne aux ordres du général Beysser partira aujourd'hui 21 de Montaigu, après avoir fait filer ses pièces de canon et ses bagages sur Clisson avec une escorte suffisante, et se portera sur Boussay, par le chemin de traverse qui y conduit de Montaigu. Cette colonne s'établira à Boussay, en s'étendant par sa droite jusque vers la Sèvre. L'artillerie et les bagages de cette colonne la rejoindront demain. Cette colonne devra être à portée de Boussay entre quatre et cinq heures, pour y être rendue à cinq heures.

L'ordre suivant fut en même temps donné à l'armée :

« L'avant-garde du général Kleber se portera aujourd'hui en avant à la hauteur de Boussay, y appuyant sa droite et prenant la position la plus avantageuse qui se présentera, sans passer le ruisseau qui se trouve en avant et qui sépare Boussay de Torfou. Le général Beysser doit occuper le terrain entre Boussay et la rivière de Sèvre.

» La première division de l'armée se tiendra prête à marcher aujourd'hui en avant, pour aller prendre la position que l'avant-garde a occupée cette nuit (Gétigné) et y bivouaquera.

» L'artillerie volante marchera, comme à l'ordinaire, à la

tête de la colonne ; mais le reste des pièces de campagne suivra la colonne.

» Le général Beaupuy occupera Clisson.

» L'armée est prévenue qu'elle marche à l'ennemi et qu'aucun individu ne doit s'écarter de son poste.

» La seconde division du général Beaupuy, qui est au Pallet, viendra à Clisson aussitôt le présent ordre reçu, pour la sûreté des établissemens qui y sont.

» *Signé* Canclaux. »

Ce mouvement s'exécuta promptement à l'avant-garde et au corps d'armée ; mais Beysser y mit une lenteur qui causa sa perte. Kleber dit dans ses mémoires :

« Je m'étais porté à Boussay avec les dix-huit cents hommes de mon avant-garde au bivouac ; Beysser ne parut pas.

» A une heure après minuit, Saint-James et Lavalette, aides-de-camp du général Canclaux, vinrent m'apprendre que Beysser avait été attaqué et surpris à Montaigu, et que sa troupe était en déroute, se dirigeant sur Nantes. Canclaux me donnait l'ordre de me replier sur-le-champ sur Clisson, où j'arrivai au commencement du jour.

» Je courus chez le général Canclaux pour savoir les détails de la défaite de Beysser ; j'appris que sa troupe, logée en ville sans aucune espèce de précautions, avait été surprise et n'avait pas eu le temps de prendre position, de sorte que la déroute s'était manifestée au moment de l'attaque ; que la perte avait été très-considérable ; mais qu'elle l'eût été bien davantage sans la valeur des soixante-dix-neuvième et cent-neuvième régimens, qui soutinrent courageusement la retraite.

» Quant à notre armée, ajouta Canclaux, elle ne peut pas se soutenir ainsi en flèche dans le pays. Je vais donner des ordres pour la retraite sur Nantes où nous combinerons un nouveau plan. En effet, vers les dix heures du matin, l'armée reçut l'ordre suivant :

« La première division partira sur-le-champ, suivie de
» l'avant-garde, pour aller occuper un bivouac à la lande de
» la Plée au-dessus de Laloué.

» La seconde division, commandée par Beaupuy, aussitôt
» après l'évacuation de l'armée, se mettra en route pour oc-
» cuper une position dans la même lande, faisant l'arrière-
» garde avec toutes les précautions nécessaires.

» Le général Haxo commandant la réserve qui occupe le
» poste du Pallet, aussitôt après avoir vu filer la deuxième di-
» vision, la suivra immédiatement. »

« La rivière de Sèvre couvrant notre gauche, continue Kleber, nous ne nous attendions à être attaqués que par le flanc droit. La colonne était précédée de l'ambulance escortée par deux bataillons soutenus par une division.

» A peine parvenus à la hauteur du Pallet, l'ennemi fondit sur nous avec impétuosité, et, nous attaquant en tête, il assouvit sa rage que le fanatisme seul pouvait lui inspirer, sur les malheureuses victimes couvertes de blessures honorables dont les chariots d'ambulance étaient chargés. Chirurgiens, blessés, malades et charretiers, tout fut impitoyablement massacré.

» Dubayet s'avance rapidement avec sa division, charge l'ennemi, le met en fuite, lui prend deux pièces de canon et la troupe continue sa marche.

» Une heure après, un coup de canon tiré sur la hauteur de Laloué annonce une nouvelle attaque; on en vient aux mains, le combat devient opiniâtre, le pas de charge se fait entendre, l'ennemi est mis en déroute et perd deux pièces de canon, il est poursuivi par la cavalerie.

» Pendant que la tête repoussait l'attaque, ajoute Kleber, je fus également attaqué en tête et en flanc par un gros de rebelles qui cherchait à couper la colonne. Je chargeai Targes de soutenir la tête et Patris le flanc. Les bonnes dispositions de ces deux chefs forcèrent l'ennemi de rétrograder. Il attaqua alors mon arrière-garde, mais il ne fut pas plus heureux; mon infanterie légère le poursuivit jusque dans le fond du bois qui lui servait de retraite. J'établis alors ma brigade en bataille sur la route pour protéger les bagages, et je ne me remis en marche qu'à l'arrivée de la colonne du général Beaupuy, laissant mon infanterie légère en bataille, avec ordre de faire l'arrière-garde de l'armée.

» Il était nuit close quand on arriva à Laloué et à la Lande de la Plée, où l'armée bivouaqua. On resta le lendemain dans cette position.

» La détermination subite du général Canclaux à ordonner cette retraite fait le plus grand éloge de ses talens militaires.

» Le troisième bataillon des Vosges, chargé de l'escorte de l'ambulance, la défendit avec un courage héroïque et perdit beaucoup de monde. Son brave commandant, nommé Desjardins, y périt (1). »

Le 23, le général en chef donna l'ordre suivant :

« L'armée partira demain 24 à neuf heures du matin, du camp de la Plée, avec armes et bagages. Les bagages seront mis aussitôt en marche et en colonne pour passer par le faubourg Saint-Jacques, et se rendre par le pont Rousseau à l'ancien camp des Naudières. Le camp s'établira aux Naudières,

---

(1) Si l'on en croit les Historiens de la Vendée, M. de Bonchamps enleva dans cette retraite cent chariots (*madame de la Rochejaquelein*); les bagages et une partie de l'artillerie (*l'historien Beauchamp*); cent voitures sur douze cents (*l'historien Bourniseaux*). Ces écrivains ignoraient sans doute que la colonne de Mayence n'avait point de tentes et fort peu de gros bagages. Quelques ambulances, quelques caissons, le train d'artillerie, voilà tout.

dans la même position prise auparavant ; l'avant-garde aux Sorinières. »

« Ce mouvement, dit Kleber, s'exécuta avec le plus grand ordre. On se retrouva alors au même point d'où l'on était parti, à l'exception de la troupe de Beysser qui, désorganisée de sa déroute, était rentrée dans la ville de Nantes. »

§ VII. Rapport de Beysser au général en chef. — Poste de Saint-Pierre-du-Chemin dispersé par le général Legros. — La division de Mieszkowsky attaquée et en déroute à Saint-Fulgent. — Plaintes du représentant Philippeaux contre Ronsin et Rossignol. — Dénonciation de Ronsin contre Canclaux et Aubert Dubayet. — Nouveau plan de marche de Canclaux. — Arrêté des représentans sur la police et la discipline. — Ordre de marche du 25. — Montaigu occupé par l'avant-garde de Kleber. — Expédition de Westermann sur Réaumur, le poste en fuite. — Tentative de Charette sur Noirmoutiers. — Aubert Dubayet appelé à Paris. — Ordre à L'Échelle de se rendre sans délai à Nantes et à Rossignol d'envoyer un général à La Rochelle pour remplacer L'Échelle. — Suspension de plusieurs officiers-généraux. — Nomination de Turreau au commandement en chef de l'armée des Pyrénées-Orientales, Muller général de division, Canuel général de brigade. — Kleber, Vimeux, Beaupuy et Haxo, confirmés dans leur grade de général de brigade.

Basse Vendée et pays du centre.

Beysser avait reçu une blessure dans sa retraite ; il était fortement accusé de négligence et d'imprévoyance : on lui attribuait la cause de sa défaite. Il s'empressa de faire au général en chef le rapport suivant, le 22 (1er. vendémiaire an II):

« Au moment où vous vous félicitiez, mon général, de voir le malheur de Kleber réparé, je suis désespéré d'avoir à vous apprendre un nouveau malheur qui éloigne encore le succès de vos espérances et des miennes.

» Dans la matinée d'hier, vers les neuf heures du matin, mes postes avancés avaient été attaqués du côté de Boussay et de Clisson ; j'avais fait battre la générale, toutes les troupes étaient sorties de la ville et disposées à bien recevoir l'ennemi, ou même à l'aller chercher ; mais comme rien ne paraissait encore vers les deux heures, il me sembla convenable de profiter du moment pour leur faire prendre de la nourriture. Ce fut alors que je reçus votre lettre. Vous m'ordonniez de faire filer mon artillerie et mes bagages sur Clisson avec une escorte suffisante, et de porter ma colonne vers Boussay, par le chemin de traverse qui y conduit de Montaigu, et vous désiriez que tout fût en marche à deux heures. L'alerte du matin et l'état présent de la troupe me forçant à différer, je me proposais de partir vers les trois heures, et cet instant n'était pas éloigné lorsque j'entendis de nouveau crier *aux armes*. Le représentant Cavaignac revenait alors du poste avancé où son courage l'avait porté, et où il avait essuyé la plus vive attaque à la tête des soldats que son exemple contint long-temps. Ses sages observations me déterminèrent à me placer sous les murs de Montaigu, les troupes reprenant alors leurs premières dispositions. Mais un malheureux poste, placé sur la route de Boussay, se replie, celui qui lui succède est entraîné après lui, et la contagion du désordre gagne de tous les côtés. Je m'avance avec du canon pour soutenir mes troupes, les rebelles commencent leurs manœuvres ordinaires, se jetant par terre pour éviter notre feu. C'eût été le moment de les charger, mais les chemins étant impraticables, la confusion croisfait par la crainte que les bandes rebelles ne parvinssent à nous tourner ; et, puisqu'il faut vous le dire, ma cavalerie, dont je vous ai si souvent fait l'éloge, a démenti sa réputation, et parce qu'elle n'était pas soutenue par l'infanterie, et parce qu'elle se défiait elle-même de ses propres moyens. Nous n'avions que le parti de la retraite; j'ordonnai aux deux bataillons qui avaient été commandés pour soutenir le premier poste, et qui se trouvaient encore dans la ville, de l'évacuer promptement en se repliant sur l'armée. Je fis avancer une compagnie de grenadiers sur notre gauche, pour arrêter les rebelles qui l'incommodaient en la tournant, et pour assurer notre retraite ; et je restai à l'arrière-garde, occupé d'ordonner toutes les dispositions nécessaires. L'ennemi eut bientôt gagné la grande route et dirigé son canon sur nous ; notre retraite alors ne fut plus qu'une déroute. Reproches, menaces, prières, tout fut inutilement employé de ma part et de celle du représentant du peuple pour arrêter mes troupes. Je croyais encore pouvoir les rallier à la lande qui se trouve en avant de Remouillé, y prendre une position avantageuse, et conserver les moyens de communiquer avec Clisson ; mais le mal était sans remède ; la cavalerie que je m'efforçais de ramener, se débandait à mesure, et il fallut encore abandonner le terrain. Mêmes efforts à Remouillé et à Aigrefeuille, et toujours en vain. Il commençait à se faire tard ; la nuit arrêta et pouvait seule arrêter et l'ennemi et les fuyards.

» Je me décidai à revenir moi-même à Nantes pour soigner une blessure que j'ai reçue au côté droit, d'un biscaïen dont le coup, déjà amorti, n'a fait que m'enfoncer une côte. Cette blessure ne sera pas dangereuse sans doute ; mais, mon général, il en est une autre dont une âme républicaine ne peut guérir que difficilement. Voilà donc le fruit de quinze jours d'une campagne heureuse!...

» Je ne puis pas encore évaluer notre perte en hommes,

elle doit être considérable ; non pas que notre colonne ait été entamée, mais parce qu'il en est revenu peu de ceux que la peur avait jetés dans les campagnes.

» En effets d'artillerie, nous n'avons laissé derrière nous que deux pièces de canon et un caisson dont une roue s'est brisée. C'est du moins le rapport qu'on me fait à présent.

» Je reçois à l'instant avis que les généraux Vergnes et Grouchy ont donné l'ordre de ramener la troupe en ville. Je vais tâcher de sortir pour me concerter avec eux.

» Le général de brigade,

» *Signé* J.-M. BEYSSER. »

Ce rapport était loin de justifier Beysser ; il prouvait seulement qu'il s'était laissé surprendre, et que sa colonne s'était retirée en désordre sans combattre. Il cessa dès lors d'être employé.

Le 23, Canclaux annonça du camp de la Plée, au ministre de la guerre, l'échec de la colonne de Beysser à Montaigu, ce qui l'avait mis dans la nécessité d'ordonner la retraite de la colonne de Mayence sur Nantes.

Ce jour-là, le général Chalbos fit faire une reconnaissance sur Saint-Pierre-du-Chemin. Le général Legros et l'adjudant-général Fauchet, à la tête de quinze cents hommes, enlevèrent ce poste et en chassèrent l'ennemi.

Cependant les chefs de l'armée catholique, profitant de l'avantage qu'ils venaient de remporter à Montaigu le 21, marchèrent le lendemain sur Saint-Fulgent où se trouvait la division du général Mieszkowsky. Ce général, arrivé depuis peu dans ce poste, attendait une réponse et des ordres du général Canclaux, pour savoir s'il devait effectuer sa retraite, conformément à l'avis que lui avait transmis le général Chalbos. Il ignorait les événemens qui se passaient sur sa gauche, lorsqu'il fut attaqué à l'entrée de la nuit. Le combat fut long et opiniâtre; mais enfin il fallut céder au nombre et prendre le parti de la retraite au milieu des ténèbres (1).

Ces succès rapides semblaient assurer les destinées de la Vendée, mais ils furent bientôt suivis de plus grands revers.

Après ces expéditions, les chefs de la basse Vendée rentrèrent sur leur territoire où il n'était resté aucune force républicaine à leur opposer.

Le représentant Philippeaux, qui avait épousé la querelle de Goupilleau de Fontenay et de Bourdon de l'Oise contre Ronsin et Rossignol, ne put contenir son mécontentement et ses plaintes en voyant la déroute de Beysser. Il écrivit le 24 à ses collègues :

« La lettre ci-jointe, mes chers collègues, était destinée avant-hier pour le comité de salut public. Mes collègues de Nantes, par un esprit de paix et de prudence, en ont suspendu l'expédition officielle, pour ne pas fournir des armes aux malveillans qui pourraient se prévaloir d'une incohérence de procédés qui tue la chose publique. Vous verrez dans cette lettre, dont mes collègues de Nantes ont avoué

---

(1) On ne connaît pas de rapport circonstancié sur cette affaire.

les faits, et dont Reubell fait passer une copie à Barère, l'historique fidèle de ce qui s'est passé depuis que l'armée de Mayence est en marche. A la vue de ce tableau exact, personne ne pourra plus douter que si les agens de Saumur ne sont pas dirigés par l'Autriche et l'Angleterre, au moins veulent-ils éterniser la guerre de la Vendée, et faire échouer les efforts des fidèles défenseurs de la république. *Lisez et frémissez !*

» *Signé* PHILIPPEAUX. »

Nantes, le 22 septembre 1793.

Au comité de salut public.

« Citoyens collègues, quand la voix publique accusait les généraux de Saumur de ne pas vouloir finir la guerre de la Vendée, des motifs aussi multipliés que graves fondaient malheureusement ce cri de l'opinion populaire. Plusieurs remarques affligeantes nous l'ont confirmé lors de notre séjour à Saumur, et maintenant c'est en quelque sorte l'évidence même qui nous l'atteste.

» Le général Rossignol qui, depuis un mois, accuse à la convention de prétendues victoires, obtenues par sa vigilante bravoure, tandis qu'il n'est pas sorti de sa baignoire ou de son lit, n'a dirigé dans le fait que des mouvemens désastreux.

» Un arrêté sage, confirmatif du vôtre, avait été pris dans le conseil de guerre tenu à Saumur le 2 septembre. Tous les généraux étaient garans sur leur tête de sa ponctuelle exécution. L'armée de Mayence et celle des côtes de Brest se sont mises en campagne le 10 septembre, sur la foi de cet engagement solennel ; elles ont plus fait en six jours que toutes les armées de l'ouest n'avaient fait précédemment depuis six mois. Le port Saint-Père, Pornic, Machecoul, Aigrefeuille, Legé, Palluau, Montaigu, Clisson, ont été enlevés de vive force, contre des corps de dix, quinze, vingt et jusqu'à trente mille hommes. L'ennemi fuyait devant nous sur tous les points, avec la frayeur et la consternation. Nous étions dès le 15 à la hauteur où la jonction devait s'opérer entre toutes les divisions des deux armees pour assiéger Mortagne, le plus fameux repaire des brigands. Quel a été notre étonnement, ou plutôt notre indignation, d'apprendre que, le 11, un nouveau conseil tenu à Saumur avait bouleversé de fond en comble le plan de campagne du 2 ? Que notre colonne de droite, à découvert et sans appui, pouvait être tournée, et que toutes les divisions soumises au commandement de Rossignol, s'étaient reculées au lieu de s'avancer pour empêcher l'ennemi de réunir ses forces sur un seul point. Cette nouvelle inattendue a forcé l'armée victorieuse de s'arrêter pour ne pas trop s'exposer, avant de connaître les diverses positions qu'occupait l'armée des côtes de La Rochelle. Vous verrez par la lettre ci-jointe (1) que la division de Chantonnay, par l'ordre du général en chef, s'est repliée sur Luçon, et celle de Chalbos sur Fontenay, au lieu de s'avancer vers nous pour combiner un mouvement en masse, après avoir tenu l'ennemi en échec par des diversions utiles. Il est résulté de cette marche rétrograde que tous les passages ont été ouverts à la réunion totale des forces de l'ennemi contre notre colonne de droite qui devait former un demi-cercle avec la division des Sables et celles de Chantonnay et de La Châtaigneraie, aux diverses hauteurs convenues par le plan général de campagne.

» Mieszkowsky est le seul des généraux dans cette partie qui ait exécuté loyalement la convention arrêtée. *C'est aussi le seul des généraux qui eût voté suivant sa conscience, au conseil du 2 septembre, pour votre plan militaire.* Il semble qu'on ait voulu, pour punir cet acte de civisme, le sacrifier avec sa petite armée. Il s'avançait avec confiance vers notre colonne de droite jusqu'à Saint-Fulgent. Déjà les deux avant-gardes s'étaient embrassées; mais lorsque tout semblait assurer

---

(1) Dépêche du général Chalbos au général Mieszkowsky (17 septembre).

le succès de cette jonction salutaire, une lettre du 17, expédiée par Chalbos, l'instruit des dispositions perfides qui exposent les deux colonnes à être coupées et anéanties. Il envoya sur-le-champ cette lettre inconcevable à Canclaux dont le quartier-général était à Clisson, pour déterminer la conduite qu'on devait tenir dans une position aussi inquiétante. C'était hier matin. Le général crut devoir expédier sur-le-champ deux ordres, l'un purement invitatoire à Mieszkowsky de s'éloigner de Saint-Fulgent où les circonstances rendaient son séjour très-périlleux ; l'autre à la colonne de droite, commandée par Beysser, de venir joindre le corps de bataille, pour ne pas être tournée par des forces supérieures que les règles de la guerre devaient présumablement diriger contre elle ; mais le coup était déjà porté.

» Le corps de Beysser, attaqué subitement par l'armée vendéenne, n'a pu soutenir le choc de cette masse, et a éprouvé une déroute complète ; ses équipages seuls ont été sauvés, et ce général, qu'on accuse de beaucoup de négligence pour faire garder ses postes, a été grièvement blessé. Notre collègue Cavaignac, qui a bravé tous les périls pour rallier l'armée, a failli périr dans la mêlée.

» D'un autre côté, l'adjudant général Dufour, qui était porteur des dépêches de Mieszkowsky, et qui allait le rejoindre pour lui transmettre l'avertissement du général Canclaux, a trouvé toutes les communications fermées. Il vient de nous rejoindre à Nantes, et n'a plus que la voie maritime pour retourner auprès de son général, dont la division peut être hachée en ce moment (1), si l'ennemi a eu tant soit peu d'adresse. C'est cet adjudant général qui nous a communiqué la lettre originale de Chalbos.

» Maintenant, citoyens collègues, le général en chef n'ayant plus ses flancs gardés, est contraint de se replier de

---

(1) Ce pressentiment se réalisa.

Clisson sur Nantes, avec le corps de bataille, pour ne pas le dévouer à une ruine certaine. Nous perdons en un seul moment le fruit des plus importantes victoires, lorsqu'il ne fallait plus qu'un dernier effort pour terminer cette horrible guerre. Notre franchise ne nous permet pas de vous rien cacher. Nous croyons devoir tout vous dire, et vous montrer toute l'étendue de nos malheurs.

» Cependant, au milieu de désastres aussi accablans, nous ne désespérons point de la chose publique, nous avons même le plus vif espoir d'anéantir les brigands avant que l'hiver nous surprenne. La campagne est seulement retardée de quinze jours, et nous allons perdre du temps à nous réorganiser le plus promptement possible; ce qui nous désole.

» Vous voyez, citoyens collègues, le mal et ses causes. Nous n'accusons pas directement Rossignol d'une perfidie caractérisée; mais Ronsin, qui dirige et gouverne en maître absolu tous les mouvemens militaires, peut encourir ce reproche; et il nous semble qu'un homme sans expérience, sans la moindre notion du commandement, qui ne désempare pas de sa chambre depuis son retour de Paris, et que le premier intrigant fait mouvoir dans tous les sens possibles, fera périr la république, s'il continue à être dépositaire de sa destinée.

» *P.-S.* Hier au soir, en apprenant la déroute de Beysser, nos deux collègues Gillet et Philippeaux se portèrent en avant pour rallier les fuyards s'il était possible. Ils écrivirent au général Canclaux qu'un moyen de convertir cette journée de deuil en triomphe était d'attaquer Montaigu à la pointe du jour avec le corps de bataille, en faisant faire un mouvement inverse à la colonne de gauche. Cette idée fut d'abord admise, mais une lettre alarmante, qu'on reçut à l'instant même sur la situation de Saumur et d'Angers, qui demandaient des secours, a fait changer de résolution. » (1)

---

(1) Voir la lettre de Choudieu et Richard, pag. 167.

L'ardent et malheureux Philippeaux accusa plus tard, au sein de la Convention, Ronsin et Rossignol, auxquels il attribuait les malheurs de sa patrie, et il périt victime de son zèle.

Cependant Ronsin, devenu général en chef de l'armée révolutionnaire, était accouru à Paris pour dénoncer, auprès du comité de salut public, les généraux Canclaux et Aubert Dubayet, qu'il accusait d'avoir désorganisé l'armée. Il répéta cette accusation à la tribune des jacobins le 27 septembre; aussi ne tardèrent-ils pas, l'un et l'autre, d'être éloignés du commandement.

De retour à Nantes, Canclaux s'occupa de suite d'un nouveau plan de campagne, qu'il soumit le 24 aux représentans réunis dans cette cité et qui fut adopté. Il fut adressé au comité de salut public et au général Rossignol : il consistait à former deux masses de combattans qui devaient marcher, l'une de Nantes et l'autre de la Châtaigneraie, pénétrer rapidement au centre de la Vendée et y faire leur jonction. Ce projet était hardi et périlleux avec d'aussi faibles moyens; mais il était peut-être le seul qui pût présenter quelque succès décisif. Canclaux pensa que l'on pouvait tout entreprendre avec les soldats de Mayence et les grenadiers de Bloss; il ne fut pas trompé dans son attente.

Le 24, les représentans prirent, sur la proposition du général Canclaux, l'arrêté suivant :

« Considérant que sans discipline il n'existe point d'armée; que sans elle on ne doit attendre que des désastres au lieu de succès; que les bons soldats eux-mêmes sollicitent des mesures vigoureuses pour préserver l'armée de tout ce qui pourrait s'opposer au développement de ses forces et au triomphe de la république,

» Arrêtent ce qui suit :

» Art. Ier. Tout militaire en activité de service sera tenu de rester exactement à son poste, sans pouvoir s'en éloigner sous quelque prétexte que ce soit.

» II. Les lois et arrêtés contre le pillage seront exécutés à la rigueur; les chefs seront graduellement responsables de toute connivence ou négligence à faire punir sur-le-champ les coupables.

» III. Pour assurer d'autant plus l'exécution des articles précédens, le commandant en chef de la garde nationale fera faire des patrouilles sévères et multipliées, pour saisir tous vendeurs ou acheteurs d'effets pillés, qui seront punis suivant la sévérité des lois. Tout militaire en activité de service qui sera trouvé en ville sans être muni d'une permission signée de son commandant, et visée par le général, sera emprisonné sur-le-champ.

» Nantes, le 24 septembre 1793.

» *Signé* Gillet, Philippeaux, Turreau, Reubell, Merlin, Ruelle, Cavaignac. »

Le lendemain ils écrivirent à leurs collègues à Saumur :

Après avoir rassuré Nantes et rétabli nos communications, nous avons délibéré de marcher sur Mortagne. Nous y serons vers la fin du mois ou vers le commencement du mois prochain. Le général Canclaux écrit à cet effet au général Chalbos ainsi qu'à Mieszkowsky. Vous connaissez à présent nos desseins, nous espérons de votre amour pour la patrie que de votre côté vous ferez tous vos efforts pour nous donner la main, car vous devez sentir que l'armée des côtes de Brest et celle venant de Mayence, entièrement abandonnées, pourraient être détruites. Nous n'osons mesurer l'étendue des maux qu'une pareille perte pourrait entraîner. Nous joignons ici copie de notre réquisition pour faire rejoindre ce que nous avons de la garnison de Mayence à Saumur, Tours et aux environs. »

Réponse des représentans de Saumur.

» Nous allons vous renvoyer de suite tout ce qui reste ici de l'armée de Mayence. Le séjour momentané de ces troupes était commandé par les circonstances. Nous vous répétons encore que les divisions de Saumur et d'Angers ne peuvent faire de mouvemens importans. Chalbos reçoit l'ordre de réunir un corps considérable pour vous seconder. Il sera dans le cas d'occuper fortement l'ennemi. Croyez, citoyens collègues, que nous sommes douloureusement affectés de l'inaction forcée d'une partie de notre armée; mais ces deux colonnes sont dans un tel état, qu'il est impossible de les faire avancer; ce serait s'exposer infailliblement à un nouvel échec. »

Dès le 25, le général en chef donna l'ordre qui suit :

« L'armée se tiendra prête à marcher aujourd'hui, entre neuf et dix heures du matin.

» Le général recommande à toute l'armée le plus grand ensemble, l'ordre et le silence avant le combat.

» Personne n'a le droit de mettre le feu aux maisons, si ce n'est le général. »

Par suite de cet ordre, l'avant-garde se porta à Remouillé, et le corps de bataille à Aigrefeuille; on resta dans ces positions le 25 et le 26.

Le 27, le général fit mettre à l'ordre l'avis suivant :

« Le général prévient l'armée qu'elle est environnée d'ennemis, et qu'il est plus particulièrement défendu que jamais à tous les individus de l'armée de s'écarter du camp. Une fois pour toutes, l'armée ne marchera jamais que par pelotons, observant ses distances et gardant le plus grand silence possible. Elle s'habituera aussi, quoique la droite en tête, à être mise par inversion à droite en bataille. Par ce moyen, elle sera toujours à même de combattre de quelque côté que viennent l'ennemi.

L'avant-garde se porta, ce jour-là, dans les landes entre Saint-Hilaire de Loulay et Montaigu. Le quartier-général s'établit à Saint-Hilaire; on y resta jusqu'au 30. Kleber fit occuper Montaigu par son avant-garde légère, et établit avec elle des postes de communication.

« Depuis le commencement de la campagne, dit Kleber, les troupes sous mes ordres n'ont couché sous la tente que dans ce camp et dans celui de Montaigu, parce qu'on prévoyait y rester quelque temps. C'est là que mon avant-garde fut renforcée du quatrième bataillon du Rhin; d'un bataillon de grenadiers de la garnison de Mayence, commandé par Ageron; du trente-deuxième régiment commandé par Saint-Sauveur, chef de bataillon; et enfin de dix-sept compagnies de grenadiers, commandées par l'adjudant-général Bloss, ce qui la porta à plus de trois mille hommes. »

Le 28, Canclaux fit partir de très-grand matin une demi-brigade et trente hommes à cheval, avec ordre de se porter sur Clisson, de se replier, en cas que l'ennemi y fût, et d'y prendre poste dans le cas contraire. Un faible poste vendéen qui s'y trouvait en fut bientôt chassé. Canclaux et Merlin étaient présens à cette expédition.

De son côté, le général Chalbos se maintenait à la Châtaigneraie. Le 30, il chargea Westermann de faire avec douze cents hommes une reconnaissance sur Réaumur; elle eut le succès qu'il en attendait : les rebelles qui occupaient ce poste en furent chassés.

A cette époque l'île de Noirmoutiers fut sur le point de tomber au pouvoir de Charette.

Wielland, commandant temporaire de ce poste important, instruit par un laboureur nommé Ganachaud, d'un complot formé pour s'emparer des batteries pendant la nuit, fit battre la générale, et prit les mesures nécessaires à la sûreté de la ville.

Cependant vers les quatre heures du matin du 30, les conjurés se portèrent sur les batteries du Goy et de la Fosse, s'emparèrent des quatre postes les plus importans, désarmèrent la garde, enclouèrent cinq pièces de canon, et marchèrent avec les armes et munitions au-devant de la troupe que Charette avait réunie dans le Goy.

L'alarme se répand bientôt à Barbatre; on y bat la générale, et l'on court aux batteries. On parvient à *déclouer* quelques pièces que l'on fait jouer sur la colonne ennemie qui s'était avancée en-deçà de la pierre Belise, et à qui il ne restait plus à franchir que le passage du retranchement. Le feu fut si vif que l'ennemi prit la fuite.

Tel fut le compte rendu par Wielland sur cette tentative.

Peu de temps après, la trahison réussit à livrer ce poste à Charette; et Wielland, accusé d'y avoir participé, fut sacrifié plus tard à la barbarie du moment.

Les événemens qui s'étaient succédé dans la Vendée depuis le commencement de septembre, les plaintes parties de l'état-major de Saumur, les intrigues de Ronsin, son influence dans les bureaux du ministère, et peut-être dans ceux du comité de salut public, ses dénonciations, le projet annoncé depuis long-temps d'éloigner les nobles des armées, tout cela devait amener de grands changemens dans les états-majors des deux armées des côtes de Brest et de La Rochelle.

Le 27, le ministre envoya à Tours le citoyen Caumont *pour surveiller l'esprit suspect de l'état-major de l'armée.*

Le 30, il écrivit à Aubert Dubayet :

« Le conseil exécutif provisoire me charge de vous mander de vous rendre sans délai près de lui, pour lui donner tous les renseignemens qui lui paraîtront convenables sur l'état des affaires de la Vendée et les opérations qui ont eu lieu jusqu'à ce jour, depuis l'entrée par Nantes. »

Ce n'était qu'un moyen politique employé pour

l'éloigner de l'armée, car déjà toutes les mesures étaient prises.

Le même jour, il écrivit au général L'Échelle :

« Il est nécessaire que vous vous rendiez sans délai à Nantes, pour y conférer avec un des membres du comité de salut public qui doit s'y trouver. Vous aurez à traiter sur les affaires de la Vendée. Un décret qui doit être rendu, et un arrêté du comité dont il sera probablement porteur, seront les bases de votre conférence.

» La république va vous accorder un grand témoignage de confiance, vous connaîtrez bientôt ses intentions. »

L'Échelle était alors à La Rochelle, où il avait remplacé le général Verteuil dans le commandement de la douzième division militaire. Ce général n'avait paru qu'un instant dans la Vendée, sous les ordres du général Beffroy. Ses talens militaires n'étaient pas connus.

Le ministre donnait en même temps l'ordre à Rossignol d'envoyer un général de brigade à La Rochelle, pour commander à la place de L'Échelle appelé à Nantes pour une mission particulière; d'envoyer à Nantes Jomard, nommé général de brigade, et de le charger de la lettre pour Aubert Dubayet.

Le même jour, les généraux Salomon, Rey, Gauvillier, Grouchy, Mieszkowsky, Beffroy, Nouvion et Burac furent suspendus (1). Les généraux

---

(1) Les lettres d'avis de ces suspensions n'étaient souvent adressées que long-temps après les décisions du conseil exécutif.

Menou et Duhoux avaient déjà cessé leur service.

Le général Turreau avait été nommé, le 18 septembre, général de division pour commander en chef l'armée des Pyrénées-Orientales.

L'adjudant-général Muller fut nommé général de division, et Canuel général de brigade. Beaucoup d'autres officiers furent promus au grade de général. Kleber, Vimeux, Beaupuy et Haxo furent seulement confirmés dans le grade de général de brigade, qui leur avait été accordé après le siége de Mayence.

§ VIII. *Chouannerie.* — Son origine. — Rassemblement dans la forêt du Pertre. — Rassemblement dans les districts de Sablé et de Sillé annoncé par le département de la Sarthe.

Événemens de la chouannerie.

Le plan de conspiration, dont l'exécution avait été confiée, au commencement de 1792, à M. de la Rouarie, par le comité de Coblentz; les mouvemens occasionés en Bretagne et en Normandie par le fédéralisme; l'infatigable activité de M. de Puisaye pour réunir les élémens épars de la guerre civile; l'empire des prêtres sur les esprits des habitans des campagnes; quelques chefs vendéens, échappés aux affaires du Mans et de Savenay, restés sur la rive droite de la Loire; le recrutement enfin; telles furent les causes de la guerre des chouans.

L'origine du nom *chouan*, devenu célèbre dans notre histoire moderne, remonte à la famille Cottereau dont le chef, père de quatre garçons, était sabotier au bourg de Saint-Ouen-des-Toits, district de Lassay. Le père Cottereau, suivant la tradition du pays, avait reçu d'un de ses voisins le surnom de *chouan* (chat-huant), pour caractériser sa mine parfois triste et refrognée. Ses enfans, comme il est d'usage, avaient hérité de ce surnom, et Jean Chouan, l'aîné, est celui que l'on vante pour ses exploits.

Le nom de *chouan* qui nous a été donné, dit Coquereau, fameux chef dans le district de Château-Gontier, ne dérive pas de l'oiseau de nuit, mais bien des frères *Chouan*, contrebandiers et habitans des environs de Laval, premiers chefs de bandes qui n'eurent jamais d'autres motifs d'insurrection que ceux du pillage (1).

Dès le 15 août 1792, Jean Chouan, secondé par les nommés Moulin et Moulière, se distingua

---

(1) Lettre de Coquereau au comité de salut public du 15 mars 1795 (Vendée). M. de Puisaye est loin de partager cette opinion.

Dans ses mémoires, écrits avec cette facilité, cette abondance qui ne connaît ni ordre ni méthode, il parle des chouans (tom. 2, pag. 129-211), avec la sollicitude d'un père pour ses enfans. « *Il ne convenait*, dit-il, *qu'aux ennemis de toute vertu de les appeler brigands*...... » On verra quelle fut l'espèce de vertu des chouans.

Les mémoires de M. de Puisaye sont remplis de détails intéressans sur les plans et les opérations de la chouannerie, et surtout sur les intrigues des courtisans, des émigrés, des agens de toutes les couleurs.

en excitant une révolte contre les commissaires du département de la Mayenne envoyés pour présider une assemblée des communes du canton de Saint-Ouen. Ces commissaires furent injuriés, frappés et fort maltraités. Jean Chouan se cacha, et peu de jours après on apprit qu'il était à la tête de trente à quarante contrebandiers armés. L'assassinat du juge de paix de Loiron, homme estimable, fut un des premiers actes de cette bande qui exerça pendant quelques mois ses ravages, et se retira ensuite dans la forêt du Pertre.

Cette forêt servait déjà d'asile à une petite colonie d'individus cherchant à se soustraire à la réquisition, et quelques-uns à la déportation. L'abbé Legge en était le législateur et le grand juge; son frère, officier au régiment de Brie, en était le protecteur. Cette colonie vivait paisible dans ses barraques, lorsque Boisguy, qui avait rassemblé une petite troupe de chouans dans les environs de Fougères, vint s'y réfugier avec les siens, et ne tarda pas d'éveiller l'attention des autorités militaires par les ravages qu'il exerçait dans le voisinage de cette forêt.

Le premier rassemblement qui donna de l'inquiétude fut annoncé au ministre de la guerre par le conseil général du département de la Sarthe.

Un rassemblement considérable, mandait-on, existe dans les districts de Sablé et de Sillé; nous prenons les mesures qui nous paraissent les plus efficaces pour dissiper un attroupement qui pourrait faire de notre département une nouvelle Vendée. Nous avons besoin de secours prompts et puissans ; nous vous réitérons la demande que nous faisons à la Convention de nous aider d'argent, d'armes et de munitions.

Nota. *La guerre des chouans ne présentant que des faits isolés, on se borne a à les faire connaître par les rapports et la correspondance.*

CHAPITRE VIII.

{ Du 10 vendémiaire au 10 brumaire an II.

Octobre 1793.

§ Ier. Décret du 1er. qui nomme le général L'Échelle au commandement en chef de l'armée de l'Ouest. — Proclamation à la suite. — Lettre du ministre au général L'Échelle. — Arrêté du conseil de guerre de Saumur, transmis au général Canclaux pour le mouvement des troupes. — Ordre de Canclaux, mouvemens de troupes. — Reconnaissance de Marigny sur la route de Saint-Fulgent, ce poste emporté. — Marigny s'avance avec trente chasseurs vers Chantonnay. — Accueil qu'il reçoit à Saint-Hermine. — Ordre du 5 au général Kleber de se porter sur Tiffauge, partant à minuit. — Affaire de Treize-Septiers et Saint-Symphorien; rapports de Canclaux et de Kleber. — Canclaux, rappelé, remet le commandement au général Vimeux qui invite les représentans à le décharger de ce fardeau. — Arrêté des représentans du 7, qui charge Kleber du commandement par intérim. — Arrivée de L'Échelle à Nantes. — Lettre de Canclaux au ministre. — Portrait de L'Échelle par Kleber. — Proclamation des représentans Hentz et Prieur, du 9. — Proclamation du comité de salut public à l'armée de l'Ouest. — Décret de la Convention du 10, qui déclare le gouvernement révolutionnaire jusqu'à la paix.

Événemens dans la haute et la basse Vendée.

Le 1er. octobre, le département de la Loire-Inférieure fut distrait, par un décret de la Convention nationale, de l'armée des côtes de Brest, et réuni à l'armée des côtes de La Rochelle qui prit le nom d'armée de l'Ouest. La nomination du général L'Échelle au commandement en chef de cette armée, fut approuvée par le même décret suivi d'une proclamation ainsi conçue :

« Soldats de la liberté, il faut que les brigands de la Vendée soient exterminés avant la fin du mois d'Octobre ; le salut de la patrie l'exige ; l'impatience du peuple français le commande, son courage doit l'accomplir. La reconnaissance nationale attend, à cette époque, tous ceux dont la valeur et le patriotisme auront affermi sans retour la liberté et la république. »

La nomination du général L'Échelle au commandement de l'armée de l'Ouest, écartait de la Vendée les généraux Canclaux et Rossignol ; mais ce dernier passa au commandement de l'armée des côtes de Brest, et Canclaux resta sans emploi.

Le ministre écrivit, le 2, au général L'Échelle :

« Je vous préviens, général, que le conseil exécutif provisoire, rendant justice à votre patriotisme, à votre courage et à votre capacité, vous a nommé général en chef de l'armée de l'Ouest destinée à soumettre dans le plus court délai les rebelles de la Vendée. Cette armée se compose de tout ce qu'on appelait ci-devant armée de La Rochelle, de la ci-devant garnison de Mayence, et des troupes de l'armée des côtes de Brest passées à la gauche de la Loire pour couvrir le département de la Loire-Inférieure. Prieur, membre du comité de salut public, qui se rend à Nantes, est chargé de vous expliquer les intentions du comité.

» D'après l'avis du comité, il ne doit y avoir que deux divisions dans l'armée de l'Ouest, l'une du côté de Nantes, qui sera la plus forte et la plus agissante; l'autre moins forte et moins agissante du côté de Saumur (1). Cette division fera les mouvemens qui lui seront indiqués dans le plan général qui sera arrêté après l'arrivée du citoyen Prieur.

» Vous placerez les réquisitions, appelées par la loi du 23 août, dans les villes, pour s'opposer au débordement des rebelles; vous garderez par des forces suffisantes les villes de Saumur, du Pont-de-Cé, de La Rochelle et des Sables; vous prendrez en considération, pour baser vos démarches, les décrets et les arrêtés du comité de salut public rendus sur la Vendée.

» Les changemens faits dans l'état-major, pour remplacer ceux qui ne sont pas républicains par d'autres reconnus tels, vous assureront des succès que vous n'auriez pas obtenus sans cela. Faites entendre la voix du patriotisme, et surtout à la ci-devant garnison de Mayence, qui, long-temps enfermée dans cette terre étrangère, n'a pu se fortifier, autant que nous, dans les principes actuels de notre gouvernement.

» Veillez à ce qu'il y ait de l'ordre dans les mouvemens; la confiance que vous avez déjà inspirée pourra beaucoup. La patrie qui vous a nommé compte sur vous pour bien diriger nos frères d'armes. »

Le même jour, le général Rossignol écrivit au général Canclaux :

« Je vous adresse, général, copie de l'arrêté du conseil de guerre tenu ce matin ici (Saumur). Vous verrez par les dispositions de cet arrêté combien l'armée que je commande désire seconder vos mouvemens. »

« Les généraux soussignés, réunis en conseil de guerre, ont arrêté que les divisions commandées par les généraux Santerre, Rey et Chalbos, se réuniront et ne formeront qu'une seule armée, dont la direction sera sur Châtillon, après

---

(1) C'était le plan du général Canclaux.

avoir opéré leur réunion à Bressuire. Cette réunion s'opérera de cette manière :

» Le général Chalbos partira de la Châtaigneraie le 5 et arrivera le 7 à Bressuire.

» Le général Rey sortira le 5 de Thouars et se rendra le 7 à Bressuire.

» Le général Santerre partira de Doué le 4 pour Thouars et arrivera le 7 à Bressuire.

» Le corps commandé par le général Lecomte se réunira à la colonne du général Chalbos qui réunira à sa division la troupe en station à Parthenay.

» Le général Beffroy restera avec les troupes qu'il commande maintenant pour la défense de Luçon, et le général Mieszkowsky pour celle des Sables. Le général Chalbos préviendra ces généraux de ces dispositions.

» Les généraux Chalbos, Rey et Santerre se concerteront à Bressuire sur la marche qu'ils tiendront pour se rendre à Châtillon, et instruiront le général en chef des mesures qu'ils auront prises.

» Le commissaire-général se mettra en mesure pour faire parvenir des subsistances pour douze à quatorze mille hommes, à partir de la réunion à Bressuire.

» Fait au quartier-général à Saumur, le 2 octobre 1793. »

Ce mouvement s'exécuta sans difficulté jusqu'à Bressuire. Les généraux Rey et Santerre quittèrent alors l'armée : le premier était suspendu, le second fut appelé à Orléans. Ils furent remplacés par le général Muller.

Le général Beffroy, également suspendu, fut remplacé par le général Bard à Luçon ; le général Mieszkowsky ne tarda pas de recevoir l'avis de sa suspension.

Le 2, Kleber fit attaquer par Targes les avant-postes vendéens qui s'approchaient jusqu'à portée de fusil ; ils se replièrent promptement. Canclaux, après avoir fait avec Kleber une reconnaissance en avant de Saint-Georges, prit la résolution de faire partir la nuit suivante, à deux heures du matin, Marigny avec son avant-garde légère pour repousser tout ce qu'il trouverait devant lui jusqu'à Saint-Fulgent. Canclaux, Kleber, Beaupuy et Merlin, suivirent cette colonne jusqu'au château de la Chardière, occupé par un poste vendéen qui fit une assez vive résistance et qui fut emporté. Le château fut incendié (1).

Canclaux et Beaupuy retournèrent à Montaigu, Kleber et Merlin allèrent jusqu'à Saint-Fulgent où Marigny entra avec impétuosité et chargea l'arrière-garde vendéenne qui prit la fuite avec précipitation.

On apprit, de quelques habitans de Saint-Fulgent, l'arrivée d'une colonne républicaine à Chantonnay. Il parut important à Merlin de s'assurer de ce fait : il proposa, en conséquence, à Marigny de continuer sa route et de s'en convaincre par lui-même. Marigny partit sans hésiter à la tête de trente de ses chasseurs à cheval seulement : la colonne retourna à Saint-Georges (2).

---

(1) C'est le seul incendie que l'on puisse attribuer aux Mayençais.
(2) Le représentant Merlin rendit compte de cette expédition à la Convention.

Cependant le général Canclaux continuait son mouvement. Le 1ᵉʳ. octobre, il donna l'ordre suivant :

« L'armée se mettra aujourd'hui en marche à midi.

» L'avant-garde se portera en avant de Montaigu, au-dessus du pont Saint-Georges.

» La première division suivra la grande route jusqu'au champ de foire de Montaigu.

» La deuxième division prendra la même direction, après que les troupes de Clisson se seront réunies à elle (1).

» La réserve ira prendre position sur le plateau qui domine Montaigu. »

Kleber fait connaître les positions de l'armée à la suite de ce mouvement.

« L'avant-garde légère, dit-il, s'établit à Saint-Georges, village qui avait été incendié, sur la route de la Rochelle, à une lieue de Montaigu. Le pont et les ravins étaient gardés par les grenadiers aux ordres de Bloss et deux bouches à feu. L'avant-garde était très-avantageusement postée à environ trois cents toises de ce pont.

» La première division était près de Montaigu, ayant sa droite à la route de La Rochelle et sa gauche à celle de Clisson.

» La réserve de Haxo, campée en deçà de Montaigu, avait sa gauche appuyée à la route de La Rochelle, sa droite se prolongeant jusqu'à celle de Clisson et faisant face en arrière.

» Deux bataillons de grenadiers furent placés dans Montaigu pour la garde du château. Verine mit ce poste en état de défense, autant qu'il était possible. *Nous trouvâmes*, ajoute Kleber, *le puits du château rempli de cadavres des soldats de Beysser.* »

---

(1) Canclaux ne voulait point laisser de corps isolé.

Pendant cette expédition, Dubayet repoussait des postes ennemis du côté de Treize-Septiers.

On n'était pas sans inquiétude sur le sort de Marigny, courant avec trente hommes au travers de la Vendée, lorsque le lendemain 5 on vit arriver à Montaigu, vers les quatre heures du soir, un brigadier avec deux chasseurs de l'escorte. On apprit que Marigny s'était porté à Chantonnay où il n'avait trouvé personne ; qu'il s'était avancé jusqu'à Sainte-Hermine où un rassemblement d'environ cinq cents habitans, prenant son escorte pour une avant-garde vendéenne, s'était disposé à lui disputer le passage ; qu'il était parvenu à se faire entendre, et qu'alors tous les habitans lui avaient fait fête ; enfin, qu'il avait joint la colonne de Luçon à Mouilleron.

Avant de connaître les dispositions du conseil de guerre tenu à Saumur le 2, le général Canclaux avait écrit aux généraux Mieszkowsky et Beffroy, pour les inviter à diriger les forces dont ils pourraient disposer sur Saint-Fulgent ; car sa position au milieu de la Vendée, entouré d'ennemis de tous les côtés, commençait à l'inquiéter.

- Mieszkowsky s'empressa de lui répondre qu'il ne devait pas compter sur le secours de sa division qui se trouvait entièrement désorganisée.

Il écrivit en même temps à Rossignol :

» Depuis que les rebelles occupent de nouveau Machecoul et Legé, il serait très-dangereux de découvrir les Sables. Je me tiens sur une défensive très-active. Charette a un rassemblement à Bouin près Challans, qui inquiète le port de Saint-Gilles, poste très-important à conserver.

» Ma division, diminuée de plus d'un tiers par les maladies, occupe les postes de la Mothe-Achard, la Grassière, le Fenetreau, Olonne, Vairé, Saint-Gilles et la ville des Sables; plus, entre les Sables et Luçon, le port de la Claye, Saint-Cyr, les Moutiers-les-Maufaits, Avrillé et Talmont. Il ne me reste donc rien de disponible si je veux conserver ces postes. Je n'ai pas soixante hommes de cavalerie en état de service. »

De son côté, le général Beffroy mandait à Rossignol :

» Ma division est d'autant plus affaiblie, que trois mille hommes au moins se trouvent maintenant attachés à celle du général Chalbos et aux Sables, et que ces troupes aguerries se trouvent remplacées par des soldats sans expérience et la plupart sans armes.

Beffroy ajoutait :

» Des douleurs continuelles, suites de la blessure que j'ai reçue au mois de mai, jointes aux infirmités dont je suis accablé par mon grand âge, me rendant l'exercice du cheval tout-à-fait impossible, je suis forcé, malgré mon amour pour l'état et la république, de vous prier de recevoir ma démission du commandement de l'armée de Luçon, et d'ordonner qu'il soit pourvu à mon remplacement. J'écris au ministre de la guerre pour lui demander la permission de me retirer dans mon humble habitation et d'y continuer à servir la république, en instruisant mes concitoyens sur leur devoirs, et en leur prêchant l'amour des lois et de la république. Je me flatte qu'il accédera à la demande d'un vieux soldat qui, depuis cinquante années et plus, verse son sang pour son pays. »

Déjà, ainsi qu'on l'a vu, la suspension de ces deux généraux était prononcée.

Le général Lecomte avait été appelé à la Châtaigneraie par le général Chalbos avec une grande partie de la division de Luçon, le surplus resta sous les ordres du général Bard et de l'adjudant-général Marceau. Ainsi, le général Canclaux n'avait aucun secours à attendre dans ce moment.

Cependant, le succès de l'expédition de Marigny détermina le général Canclaux à donner, le 5, au général Kleber l'ordre suivant :

« L'avant-garde aux ordres du général Kleber partira à minuit précis pour se porter sur Tiffauge. S'il réussit, il enverra avertir le général en chef et se postera militairement; sinon, il fera sa retraite sur le corps qu'il aura laissé en arrière et sur l'échelon parti du corps d'armée. »

Cet ordre fut exécuté avec le plus grand succès. Les détails en sont consignés dans les rapports suivans :

Le général Canclaux aux représentans du peuple.

« Votre brave et digne collègue Merlin veut que je vous rende un premier compte de notre affaire de ce matin, 6 octobre; elle a été brillante, par les bonnes dispositions du général Kleber, qui avait marché avec l'avant-garde de l'armée, et par l'intrépidité de l'adjudant général Bloss et des chefs de bataillon Targes et Dubreton, qui en menaient la tête.

» Je suis parti à deux heures du matin, avec le citoyen Merlin, votre collègue, et je me suis fait suivre par une colonne de douze cents hommes d'infanterie et de cinquante chasseurs à cheval, réunis à la compagnie de dragons d'Ille-et-Vilaine, qui m'accompagne ordinairement avec le détachement de gendarmerie du quartier général. Je destinais ces troupes à former un échelon, entre l'armée qui est restée dans son camp, mais sous les armes, et l'avant-garde qui devait attaquer. Il faut de tels points d'appui, de tels soutiens avec un ennemi qui, fuyant devant la force repoussante, triomphe de l'inexpérience, de la trop grande sécurité et des négligences. Les précautions que j'avais prises ont arrêté le succès de cette méthode qu'il a voulu employer pour se soustraire à la baïonnette dont nos troupes l'ont pressé dès le premier moment, après s'être annoncées par un feu de mousqueterie superbe sur leurs premiers postes : ceux-ci, bientôt repliés, ont mis à découvert la totalité de leur armée, dont la force doit faire présumer qu'elle avait tout autre dessein que celui de se garder ; et que, si je ne l'avais prévenue, sans doute elle nous eût attaqués dans notre camp.

» Le général Kleber m'ayant fait avertir, je me suis transporté près de lui avec le citoyen Merlin, et bientôt l'affaire a été engagée. Elle a commencé par les flancs, mais les rebelles les trouvant en force et garnis, se sont rassemblés dans le centre, au point où était leur batterie, et dans une position invincible pour toute autre que pour une armée républicaine. Chaque bataillon, chaque peloton, chaque soldat, ne consultant que son courage, s'est conduit comme si chacun l'eût été par le plus habile tacticien. Attaque partielle, attaque générale, de front, par les flancs, mouvemens audacieux de cavalerie, tout a été employé à propos et sans relâche. Les combattans étaient tellement mêlés que l'on ne pouvait faire usage de part et d'autre d'artillerie. Le représentant du peuple a cependant fait tirer quelques coups, mais à toute volée, bien sûr qu'il dépasseraient nos soldats et qu'ils étonneraient l'ennemi.

» Enfin il devait céder, il l'a fait, et nous a laissé avec le champ de bataille deux pièces de canon ; l'une de huit, l'autre de quatre, et deux caissons tout remplis. Peut-être trouvera-t-on leurs autres pièces qu'ils doivent avoir eu bien de la peine à emmener. On dit qu'ils en avaient huit, nous n'en avions que deux, et notre force, à vue d'œil, ne devait pas faire le quart de la leur. J'ai laissé à leur poursuite une colonne sous les ordres des citoyens Bloss et Targes. Je n'en ai point encore de nouvelles.

» L'ennemi étant en pleine déroute, je le suivais sans relâche, lorsqu'arrivé à Saint-Symphorien (1), j'ai été arrêté par l'avis que Charette, dont le mouvement était sans doute combiné avec d'Elbée et Bonchamps que j'ai combattus ce matin, devait se porter sur le camp. Il était un peu dégarni; ainsi malgré la confiance que j'avais dans les troupes qui y restaient, comme dans le général Dubayet et les généraux ses coopérateurs, j'ai cru, pour ne point compromettre une victoire acquise, la gloire et l'avantage de la république, devoir renoncer à une suite de succès, pour venir en assurer d'autres; j'ai donc ramené au camp les deux pièces de canon, gages de notre triomphe.

» Mon aide de camp Saint-James a reçu une balle à la jambe, à mes côtés, et mon cheval une dans le sabot.

» Le génie de la liberté m'avait sans doute inspiré le projet de cette marche en avant qui a déjoué ceux de l'ennemi, et dont le succès a dû arrêter l'effort des autres colonnes; je lui rends grâce à ce génie conservateur qui m'a conduit jusqu'au bout de ma carrière. Puisse-t-il en guider d'autres! je n'ai plus de droit qu'à former ce vœu qui est bien dans mon cœur; et, venant de recevoir ma lettre de rappel, je me retire avec la soumission d'un républicain qui ne sert sa patrie que quand et comme elle le veut être.

» Permettez-moi, citoyens représentans, de me flatter que

---

(1) M. de Beauchamp place Saint-Symphorien entre *Tiffauge* et *Mortagne*; c'est une erreur qu'il eût pu éviter avec la carte du pays.

j'emporte votre estime; je l'ai méritée, j'ose le dire, et dans quelque position que je me trouve, je la mériterai toujours. »

Le même jour, le général accusa au ministre la réception de sa dépêche du 30 septembre, et de la décision du conseil exécutif relative à la cessation de ses fonctions.

« Demain, ajoutait-il, je me rendrai à Nantes pour mettre mon successeur au fait de la situation actuelle de l'armée, qui n'est pas exempte de dangers; la présence d'un général y est nécessaire. Je m'expliquerai avec loyauté, franchise et le désir du bien. »

Il remit de suite le service au général Vimeux, comme le plus ancien des généraux présens. Celui-ci s'empressa d'écrire aux représentans :

« Mon âge, mes longs services, ma santé, le peu de connaissance du pays où l'on fait la guerre, me mettent dans l'impossibilité de commander une armée de qui dépendent les plus chers intérêts de la république. Je ne serais pas surpris d'être attaqué sur plusieurs points et forcé de reprendre la position de Rémouillé. »

Cependant Kleber lui adressa le rapport suivant de la journée du 6 :

« Des rapports multipliés et que tout annonçait être fondés, avaient, comme vous le savez, mon général, provoqué une délibération entre le représentant du peuple Merlin et les généraux Canclaux, Aubert Dubayet et moi. Ce fut à la suite de cette délibération que je reçus ordre de me mettre en marche avec toute mon avant-garde pour me porter sur Tiffauge. Je montai donc à cheval à 11 heures précises et donnai les ordres les plus positifs pour partir à minuit. Avant mon départ, je distribuai mes troupes en trois colonnes : la première, composée des chasseurs de Cassel, de la légion des Francs et des chasseurs de la Côte-d'Or, était commandée par le chef de bataillon Targes ; l'adjudant-général Bloss avait la seconde sous ses ordres ; elle était de dix-sept compagnies de grenadiers de l'armée des côtes de Brest et des chasseurs de la Charente. Je me mis à la tête de la troisième, c'est-à-dire de la compagnie du septième bataillon d'infanterie légère, du bataillon de grenadiers réunis, de la demi-brigade aux ordres de Travot, et d'une compagnie de la légion nantaise ; le représentant Merlin et le général en chef Canclaux, nous suivaient avec deux pièces d'artillerie volante et douze cents hommes commandés par le chef de brigade Scherb ; ces dernières troupes devaient nous servir de réserve. Des défilés que j'eus à traverser firent que je n'arrivai qu'au point du jour à la hauteur du village de Treize-Septiers. C'est là où un feu de file supérieurement exécuté me confirma la vérité des rapports et la présence de l'ennemi ; le brave Targes qui l'avait commandé me fit prévenir qu'il venait de rencontrer les premiers postes de l'armée catholique, qu'il les avait repoussés, et qu'en se repliant ils avaient mis à découvert leur armée qui lui paraissait fort considérable. Je lui ordonnai alors de prendre un emplacement convenable pour se mettre en bataille et d'attendre là quelques minutes pour donner aux autres colonnes le temps d'arriver et de charger vigoureusement.

» L'adjudant-général Bloss, commandant la seconde colonne, avait déjà prévenu mon ordre en se formant en bataille à la droite de Targes.

» Je profitai de l'intervalle que me laissait l'arrivée des colonnes pour faire passer dans leur âme l'intrépidité, le courage, le feu qui dévoraient la mienne ; car, jaloux de réparer ce que l'on avait appelé un *échec*, de regagner ce que j'avais perdu dans l'estime de ceux qui regardaient ainsi mon affaire de Torfou (1), j'étais, comme tout mon état-major, décidé à rester sur le champ de bataille ou à ne le quitter que victorieux ; ce fut alors que quelques soldats s'écrièrent : *Mais, général, nous n'avons pas de canons...* Non, répondis-je vivement, *mais, nous allons chercher ensemble ceux que nous fûmes contraints d'abandonner à Torfou.* Un *bravo général* servit de réponse ; aux dispositions que je remarquai dans les troupes, je vis bientôt qu'elles allaient se couvrir de gloire. Je fis marcher Targes sur la gauche, Bloss sur la droite, et je marchai au centre. Nous fîmes peu de pas avant de rencontrer l'ennemi ; caché dans les haies, il fit de tous côtés un feu épouvantable qui, nous annonçant leur nombre, ne fit qu'enflammer l'ardeur de nos soldats. Aux premiers coups de fusil, Scherb, aussi prudent que brave, fit ranger en bataille et par échelons les douze cents hommes qu'il commandait, afin de protéger notre retraite en cas de besoin. Je lui rends, en passant, tous les éloges que l'on doit à l'intelligence et aux talens militaires qu'il a déployés dans cette heureuse journée ; ce fut dans cet instant que la colonne de droite, culbutant l'ennemi pour gagner une hauteur avantageuse, empêcha plus d'une fois, par ses savantes manœuvres et son énergie, les rebelles de nous couper. Toutes nos troupes enfin, lasses d'un combat qui durait depuis plus de deux heures, et connaissant la nature de l'ennemi qu'elles avaient en tête, le chargèrent la baïonnette en avant, et le chargèrent avec cette intrépidité et cette audace qui caractérisent le républicain et procurent toujours la victoire.

» Ainsi attaque partielle, attaque générale, de front, par les flancs, tout a été employé à propos et sans relâche. Les combattans étaient tellement mêlés que l'on ne pouvait de part et d'autre faire usage du canon ; cependant Merlin, que

---

(1) Le général Canclaux lui avait reproché, dans le premier moment, de s'être porté au delà de ce que prescrivait son ordre.

son courage porte toujours à la tête des actions, crut devoir en faire tirer quelques coups à toute volée; il ne voulait qu'intimider l'ennemi, et son but fut parfaitement rempli. Nos intrépides soldats se battaient corps à corps, mais le bruit du canon ayant achevé de jeter l'épouvante parmi les rebelles, ils ne cherchèrent plus leur salut que dans la fuite. Nous les poursuivîmes alors sans relâche, et de si près, qu'ils ne purent emmener deux canons et deux caissons que prit la colonne de Targes, qui, dans cette action, a justifié la réputation qu'elle et son commandant s'étaient déjà acquise; elle fut secondée par des grenadiers du neuvième régiment d'infanterie.

» Je ne puis vous rendre, mon général, les sentimens que m'ont inspirés l'intrépide Bloss et ses grenadiers. Bloss combattait à pied au milieu d'eux et les encourageait par son exemple; ils se sont conduits en héros et ont profondément gravé dans mon âme l'estime que méritent toujours la prudence et le courage. Celui qu'a montré le citoyen Verger, capitaine des grenadiers de Maine-et-Loire, et commandant d'un bataillon de grenadiers, mérite aussi des éloges; se portant en avant de la colonne de droite, il a tourné avec quelques grenadiers le village de la Guyonnière, et y a soutenu le feu des ennemis fuyards. Le sang-froid et l'audace des citoyens Boisgerard, chef de mon état-major, Nattes, Mignotte, Dubreton, Mangin, mes adjudans-généraux; le zèle et l'activité du chef de brigade Travot, du commandant Billig, chef du premier bataillon du Haut-Rhin, du citoyen Bellet, adjoint de Bloss, ont beaucoup contribué au succès de cette journée que nous devons attribuer aux sages dispotitions du général Canclaux qui s'est trouvé partout. Sa bravoure, sa prudence et ses talens ont dirigé les opérations, je n'ai d'autre mérite que de les avoir exécutées. Son aide-de-camp Saint-James a été blessé, à ses côtés, d'une balle restée dans sa jambe.

» Il me faudrait, mon général, nommer tous les individus de l'armée pour vous faire connaître tous ceux qui se sont distingués.

» Arrivé à la hauteur de Saint-Symphorien, je rassemblai ma troupe. Nous étions maîtres de Tiffauge, si nous n'eussions été prévenus des dispositions de l'ennemi pour l'attaque de notre camp, elle devait s'effectuer le même jour sur trois points, par les directions de Tiffauge, de Clisson et de Legé. Ce plan dont nous fûmes instruits dans notre route, nous fit arrêter la marche rapide de nos troupes victorieuses, pour les ramener, s'il était possible, à une seconde victoire. Ce fut à trois quarts d'heure de Tiffauge, qu'entre Canclaux, Merlin et moi, nous arrêtâmes notre retour; et cependant, pour ne pas perdre le fruit de cette journée, nous ordonnâmes aux citoyens Bloss et Targes de continuer, avec douze cents hommes, leur marche sur Tiffauge; mais nous leur recommandâmes de donner plus à la prudence qu'au courage, et de revenir sur leurs pas, si, comme nous le soupçonnions, ils rencontraient un ennemi trop supérieur. C'est donc, comme vous le voyez, mon général, une reconnaissance plutôt qu'une expédition que nous leur avons confiée.

» Je ramenai le reste des troupes et avec elles les deux canons et les deux caissons que nous avions pris à l'ennemi. L'accueil qu'elles reçurent au camp ajouta un nouveau prix à cette douce satisfaction que donne la certitude d'avoir rempli ses devoirs.

» C'est l'armée de d'Elbée et de Bonchamps que nous avons battue, cette armée que l'on annonçait être toujours précédée de la victoire. Eh bien! mon général, quatre mille hommes viennent d'en battre trente mille. Les femmes que j'ai trouvées dans les villages et dans les fermes, un officier d'un bataillon des Vosges, pris à l'affaire de Torfou et forcé de suivre l'armée des rebelles, fixent à un nombre plus considérable celui des troupes mises en déroute; tant il est vrai de dire que rien n'est impossible à l'homme qui veut sincèrement ce qu'il veut. Nous avions juré de ne revenir que victorieux, nous n'avons pas faussé notre parole. »

La reconnaissance confiée à Bloss et à Targes fut poussée jusque sous les murs de Tiffauge; les soldats demandaient à y pénétrer, mais les chefs s'y refusèrent et rentrèrent dans le camp.

« Cette journée, dit Kleber dans ses mémoires, fut terminée par un événement qui fit très-grande sensation dans l'armée. Canclaux, Grouchy et Dubayet reçurent la nouvelle de leur rappel et se rendirent le même soir à Nantes. Ils furent vivement regrettés, non-seulement des soldats, mais encore de tous les généraux et de tous les officiers. On eût dit qu'on cherchait à les punir de leurs succès. *Je perdis en Dubayet un ami particulier.* »

Les représentans Gillet et Philippeaux s'empressèrent d'écrire au comité de salut public :

« Nous rendons compte par ce courrier à la Convention du succès de notre armée dans la journée d'hier contre vingt-cinq mille brigands. Les généraux Canclaux et Aubert Dubayet reçurent leur destitution sur le champ de bataille, au moment même de la victoire, et le général Grouchy a reçu la sienne ce matin, sur la route de Montaigu où il conduisait une colonne. Ils se sont empressés de s'y soumettre et nous pouvons vous assurer que quoique ces généraux eussent toute la confiance des soldats, leur retraite ne produira aucun mouvement fâcheux, parce que l'armée est dévouée toute entière à la république et qu'elle ne mettra jamais dans la balance un homme et la patrie; mais ce qui est véritablement fâcheux dans la circonstance, c'est que l'armée se trouve sans général. Rossignol qui devait, suivant les ordres du ministre, remplacer Canclaux, n'est point arrivé. L'Échelle, qui doit commander l'armée de l'ouest, ne peut, dit-on, être rendu d'ici à plusieurs jours. Il en résulte que l'armée, qui d'ailleurs vient d'être abandonnée de nouveau par les armées des côtes de La Rochelle, reste seule et sans chef au milieu de la Vendée, ayant en tête et sur ses deux flancs trois armées considérables de brigands. La défaite de celle qui couvrait Mortagne dans la journée d'hier devait à la vérité non-seulement diminuer les dangers, mais nous ouvrir le chemin de ce repaire fameux, et dès aujourd'hui l'armée devait se mettre en marche pour profiter de la déroute de l'ennemi. La retraite des deux généraux a suspendu cette mesure décisive. On va nommer un général provisoire. Nos forces effectives se réduisent en ce moment à neuf mille six cents hommes; ils ne comptent pas le nombre de leurs ennemis, mais ces braves soldats doivent-ils être sacrifiés aux calculs ambitieux de quelques intrigans qui vous trompent? etc. »

L'armée restait sans chef, Vimeux refusait de se charger du commandement; on désignait Kleber pour commander. Les représentans Merlin et Turreau prirent l'arrêté suivant :

Nantes, le 7 octobre 1793.

« Le citoyen Kleber, général en chef par intérim de l'armée, mettra à l'ordre du jour ce qui suit :

» 1°. Il est ordonné au général de brigade Kleber de prendre le commandement en chef provisoire de l'armée, et de se faire reconnaître à l'instant en cette qualité.

» 2°. Il est ordonné au général Beaupuy de prendre le commandement de l'avant-garde et de toutes les troupes jusqu'aujourd'hui sous les ordres du général Kleber, et de se faire reconnaître de suite en cette qualité.

» 3°. Il est ordonné au citoyen Scherb, adjudant général, de prendre le commandant provisoire de la deuxième division, ci-devant sous les ordres du général Beaupuy, et de se faire reconnaître de suite en cette qualité.

» 4°. A l'adjudant-général chef de brigade Bloss, d'aller prendre le commandement des troupes au bivouac près Remouillé, et d'y attendre les ordres du général en chef.

5°. » Il est ordonné à l'adjudant-général Dusirat de se rendre à Nantes, et d'y prendre provisoirement le commandement amovible de cette place, sous le citoyen Laval, et de correspondre avec le général en chef.

« 6°. Au citoyen Besson, de remplir les fonctions d'adjudant-général auprès du général Beaupuy.

» 7°. Au citoyen Lefaivre, chef de bataillon, de prendre à l'avant-garde les fonctions du citoyen Bloss.

« 8°. Au citoyen Lefaivre jeune, de remplir les fonctions d'adjoint aux adjudans-généraux près le citoyen Besson.

» 9°. Au citoyen Duthil, de remplir les fonctions d'adjudant-général à la colonne du général Scherb. »

Signé Merlin et Turreau.

« Je fis, dit Kleber, des vives réclamations, ne voulant pas me charger d'un fardeau que je regardais au-dessus de mes forces. Ce qui me consola, ce fut l'espoir d'en être bientôt déchargé, les papiers publics ayant déjà annoncé l'arrivée du général L'Échelle. »

En effet, ce nouveau général, qui avait dirigé sa route par Saumur, où il rencontra les représentans Hentz et Prieur de la Marne envoyés extraordinairement par le comité de salut public, et où il reçut, sans examen et sans réflexion, toutes les impressions que Rossignol et son cortége voulurent lui donner contre les généraux de l'armée de Mayence, arriva à Nantes dans la soirée du 7 octobre. Le représentant Carrier, muni de pouvoirs illimités, l'y avait précédé.

Le général Canclaux eut avec son successeur une conférence dans laquelle il lui donna tous les renseignemens dont il pouvait avoir besoin; il écrivit ensuite au ministre :

« J'ai quitté l'armée, l'âme déchirée de ne pouvoir plus servir avec des républicains aussi braves.

» L'armée de Mayence diminue chaque jour par des pertes et des maladies ; elle n'est pas à présent de plus de huit à neuf mille hommes. Elle est très-patriote, mais elle a besoin de recrutement et d'une organisation, allant bien par la confiance dans les généraux bien éprouvés qui la commandent.

» Je donnerai au général Rossignol tous les renseignemens qui peuvent lui être utiles, relativement au commandement de l'armée des côtes de Brest. »

Ainsi, Canclaux, qu'une longue expérience, une grande connaissance des hommes et du théâtre de la guerre, une prudence consommée, un courage froid et inaltérable, une activité sans bornes, une grande aménité de caractère jointe à beaucoup de fermeté, rendaient si utile auprès de l'armée, y fut remplacé par un homme que l'intrigue et l'opinion du moment firent sortir de sa nullité, pour lui donner un nom qui aurait dû rester dans l'oubli. Le portrait tracé par Kleber, dans une note de ses mémoires, est d'une vérité frappante.

« Le comité de salut public, dit-il, annonça L'Échelle comme réunissant l'audace et les talens nécessaires pour terminer cette trop longue et trop cruelle guerre; mais voici, sans exagération, le témoignage que lui doivent ceux qui l'ont connu et apprécié.

» Il était le plus lâche des soldats, le plus mauvais des officiers, et le plus ignorant des chefs qu'on eût jamais vu. Il ne connaissait pas la carte, savait à peine écrire son nom, et ne s'est pas une seule fois approché à la portée du canon des rebelles; en un mot, rien ne pouvait être comparé à sa poltronnerie et à son ineptie, que son arrogance, sa brutalité et son entêtement. »

L'arrivée de L'Échelle fut annoncée par une proclamation des représentans Hentz et Prieur à l'armée. La voici :

Les représentans du peuple, chargés par le comité de salut public d'assurer toutes les mesures propres à terminer, dans cette campagne, la guerre contre la Vendée.

« Soldats républicains !

» Seize cent mille Français sont en ce moment sous les armes : ils exercent la vengeance nationale sur deux villes rebelles (Lyon et Toulon); ils sont en marche pour chasser les rois et leurs vils esclaves du sol de la république. Votre tâche est de purger la Vendée d'une horde de brigands qui la désolent.

» Les deux armées des côtes de La Rochelle et de Brest n'avaient pas l'unité nécessaire dans leur direction, parce qu'elles étaient conduites chacune par un général en chef séparé, dont les vues se croisaient quelquefois. Cet ordre de choses n'a pas encore présenté à l'ennemi une masse de forces suffisantes, et nos armes n'ont pas toujours été heureuses.

» Mais la Convention nationale, dont vous fixez sans cesse l'attention et l'intérêt, vient de faire cesser cet inconvénient.

Elle a décrété qu'un seul général en chef commandera tous les soldats qui combattent dans la Vendée, et cette armée sera appelée *Armée de l'Ouest*.

» Le souvenir des Lafayette, des Dumouriez, des Custine, qui, pour mieux voiler leur trahison, ont signalé les commencemens de leur carrière par des victoires, donne à la nation de justes inquiétudes sur les hommes d'une caste qui a soulevé l'Europe contre nous, et qui grossit les bataillons de nos ennemis. Il n'y en a plus à la tête de nos armées; Canclaux et Dubayet, ci-devant nobles, sont rappelés. L'Échelle, homme du peuple, ancien soldat, est votre général en chef.

» Soldats! un homme n'est rien, la république est tout; vous n'êtes pas l'armée d'un général, mais l'armée de la république : vous n'appartenez à personne, vous n'obéissez qu'à la loi. Ce ne sont pas les généraux qui jusqu'ici ont remporté des victoires; c'est votre audace, c'est votre seule bravoure : c'est ainsi que, malgré les combinaisons perfides de Dumouriez à Gemmapes, de Delage à Arlon, de Houchard à Honscote, les soldats de la république ont vaincu leurs ennemis plus nombreux et retranchés ou sur des rochers, ou derrière de triples rangs de redoutes.

» La guerre a formé des républicains, nous pouvons nous passer des nobles, dont la plupart n'étaient que des conspirateurs. Tout a les yeux sur vous, les représentans du peuple sont là ; les traîtres sont livrés à la justice, *les ignorans sont éloignés* (1), les intrigans sont connus et chassés.

» Votre valeur va être secondée de bataillons nombreux (2) à qui vous donnerez l'exemple de la bravoure et de la discipline; bientôt des colonnes terribles détruiront les brigands

---

(1) C'était assurément bien choisir son temps pour parler d'ignorance...

(2) Ces nombreux bataillons n'existaient que dans la proclamation.

et obtiendront la gloire d'avoir donné la paix à l'intérieur de la république.

» La Convention nationale a décrété une récompense en faveur de l'armée qui sauvera la liberté dans cette campagne ; vos dispositions, vos derniers succès, tout annonce que vous la mériterez.

» Courage, braves guerriers, votre ennemi tremblera devant vous, parce que vous ne fuirez pas devant lui ; le génie de la liberté veille sur nous ; bientôt tout cédera à la puissance et à la volonté d'une nation libre, magnanime et terrible.

» Nantes, 9 octobre 1793, etc.

» *Signé*, Hentz et Prieur. »

On vit en même temps paraître la proclamation suivante du comité de salut public aux soldats de la république à l'armée de l'Ouest :

» Lyon rebelle est subjugué, l'armée de la république vient d'y entrer en triomphe ; à cet instant, elle taille en pièces tous les traîtres. Il n'échappera pas un seul de ces vils et cruels satellites du despotisme.

» Et vous aussi, braves soldats, vous remporterez une victoire ; il y a assez long-temps que la Vendée fatigue la république. Marchez, frappez, finissez ; tous nos ennemis doivent tomber à la fois, chaque armée va vaincre, seriez-vous les derniers à moissonner des palmes, à mériter la gloire d'avoir exterminé les rebelles et sauvé la patrie ? La trahison n'a pas le temps d'agir devant l'impétuosité du courage ; précipitez-vous sur ces hordes insensées et féroces que la victoire vous présente ; écrasez-les, que chacun se dise, *Aujourd'hui s'anéantisse la Vendée*, et la Vendée sera vaincue.

» *Signé*, Hérault, Billaud-Varenne, Barère, Robespierre. »

Les pouvoirs du comité de salut public s'accroissaient en raison des difficultés, des résistances et des dangers qu'il fallait surmonter. Un décret du 10 octobre lui créa une sorte de dictature. Le gouvernement fut déclaré *révolutionnaire* jusqu'à la paix : les ministres, les agens et les fonctionnaires publics, furent placés sous la surveillance du comité de salut public. Le mode de *gouvernement révolutionnaire* fut organisé plus tard.

§ II. Arrivée de L'Échelle à Montaigu le 8. — Conseil de guerre. — Revue passée par L'Échelle le 9. — Tableau de la situation de l'armée de Mayence. — Haxo se porte le 10 sur Legé. — Le rassemblement de Charette en marche sur Noirmoutier, qui lui fut livré le 12. — Plusieurs communes viennent déposer les armes. — Rapport de L'Échelle au ministre. — Conseil de guerre tenu dans la soirée du 11 ; on arrête la marche sur Tiffauge pour le 14, Kleber conservant le commandement de la colonne de Mayence ; Bloss envoyé avec ses grenadiers pour se réunir à la division de Luçon. — Avis de l'occupation de Noirmoutier par Charette. — Lettre du ministre à L'Échelle ; invitation de surveiller l'armée de Mayence et d'en former des têtes de colonne dans différentes divisions. — Marche des colonnes de l'armée de Saumur. — Réunion, le 8, à Bressuire. — Combat du 9 sur les hauteurs du bois du Moulin-aux-Chèvres. — Succès ; compte rendu à ce sujet. — Revers éprouvé à Châtillon le 11, réparé le soir même. — Relation du général Chalbos. — Lettre de Choudieu à son collègue Richard, du 12. — Mémoire de Choudieu et Richard pour servir de réponse à la lettre de Philippeaux.

Suite des événemens dans la haute et la basse Vendée.

Le général L'Échelle était attendu au quartier

général à Montaigu; il s'y rendit dans la soirée du 8, accompagné du représentant Carrier et du général Dembarrère. Les généraux Kleber, Vimeux et Beaupuy se présentèrent chez lui. On tint un conseil de guerre en présence des députés Merlin, Turreau et Carrier. Kleber remit au général en chef l'état de situation de l'armée, et, sur l'invitation de Merlin, il expliqua succinctement, la carte sous les yeux, ce qui avait été fait et ce qui restait à faire, d'après le plan du général Canclaux, pour arriver sous peu devant Mortagne et Chollet. L'Échelle écouta tout sans faire aucune observation et sans jeter les yeux sur la carte; puis, se levant tout à coup, il se borna à dire : *Oui, ce projet est fort de mon goût; mais c'est sur le terrain qu'il s'agit de se montrer. Il faut marcher en ordre, majestueusement et en masse.* A ces mots Kleber serre froidement sa carte, Merlin dit en se retournant, *Je crois qu'on a pris à tâche de nous envoyer ce qu'il y a de plus ignorant,* et chacun se retire chez soi, ne sachant que penser de l'homme qui commandait en chef.

Le 9, la troupe prit les armes, vers huit heures du matin, pour la revue du général en chef. Carrier harangua les soldats, qui répondirent par les cris de *vive la république!* L'Échelle parla à son tour, il n'eut pas à se plaindre de l'accueil qu'il reçut. « Cependant, dit Kleber, j'ai appris que
» quelques voix avaient crié *vive Dubayet!* Je ne
» l'ai point entendu; mais j'ai remarqué que cela

» avait vivement affecté le général qui ne m'en
» parla pas, mais qui dès lors porta une haine in-
» vétérée contre l'armée de Mayence. »

Charette tenait toujours son rassemblement à Legé, et ses patrouilles venaient assez près de Montaigu. L'ordre fut donné, le 10, au général Haxo de partir le lendemain avec trois mille hommes pour dissiper ce rassemblement, et de rentrer ensuite au camp. Cet ordre fut exécuté sans obstacle. Haxo trouva Legé évacué; mais les fours pleins de pain indiquaient que l'ennemi ne faisait que d'en sortir. Charette était dans ce moment en marche sur Noirmoutier, qui lui fut livré le 12.

Le 11, un grand nombre d'habitans des environs de Vieillevigne, Saint-André de Treize-Voix, etc., vinrent à Montaigu déposer leurs armes; on leur fit un bon accueil, et on les renvoya en les assurant que leurs communes seraient respectées.

Ce jour-là L'Echelle écrivit au ministre de la guerre :

« Les troupes étonnées du rappel des généraux Canclaux et Dubayet ne m'en ont pas moins fait un bon accueil. Le personnel, rien; la république, tout.

» L'effectif est de neuf mille soixante-quinze hommes en état de combattre, l'état de situation est ci-joint; je donne l'ordre aux troupes des Sables et de Luçon de me renforcer, en laissant ce qui convient à la sûreté des postes. Le renfort sera de trois à quatre mille hommes qui viennent me joindre avant trois jours; il doit y avoir onze mille hommes sous Chalbos, à douze lieues d'ici, vers Bressuire, pour tomber sur Châtillon, chef-lieu du gouvernement militaire des rebelles. Nous marcherons chacun de notre côté.

» Six communes veulent promettre fidélité à la république. »

ÉTAT DE SITUATION.

ARMÉE DE MAYENCE.

QUARTIER-GÉNÉRAL A MONTAIGU.

KLEBER, général de brigade.
BOISGÉRARD, capitaine du génie, chef de l'état-major.

ÉTAT-MAJOR GÉNÉRAL.

ADJUDANS-GÉNÉRAUX.	ADJOINTS.
NATTES.	BACHELAY.
MIGNOTTE.	ALLIER.
LEFAIVRE.	DECAEN.
MANGIN.	LEFÈVRE.
DAMAS.	CAILLER.
	OGIER.

BUQUET, aide-de-camp.
BESGNÉ, commissaire des guerres.

ÉTAT-MAJOR DE L'AVANT-GARDE.

BEAUPUY, général de brigade.

ADJUDANS-GÉNÉRAUX.   ADJOINTS.

DUBRETON.   SÉGUIN.
BESSON.   GUÉRIN.
LABRUYÈRE.   LAURON.

Numéros des brigades.	DÉSIGNATION DES CORPS.	Officiers.	Troupe.	Bouches à feu.
3ᵉ. demi-brigade.	Légion des Francs à pied...	14	335	
	Légion des Francs à cheval...	2	35	
	Chasseurs de Cassel...	18	416	
	Chasseurs de la Côte-d'Or...	2	84	
	Chasseurs de la Charente...	5	95	
	Détach. du 7ᵉ. bat. d'inf. lég.	3	49	
6ᵉ. demi-brigade.	1ᵉʳ. bataillon des grenadiers.	35	528	
	2ᵉ. bataillon des grenadiers.	33	693	
	2ᵉ. bat. du Jura et 13ᵉ. de la Nièvre...	24	408	
	4ᵉ. bataillon du Haut-Rhin...	30	342	
	7ᵉ. et 13ᵉ. bataill. des Vosges.	18	319	
	Artillerie...	2	42	4
	TOTAUX...	186	3,346	4

ÉTAT-MAJOR
DE LA PREMIÈRE DIVISION.

VIMEUX, général de brigade.

ADJUDANS-GÉNÉRAUX.	ADJOINTS.
KLINGLER.	LEMOINE.
PRUDHOMME.	NOISET.
	ROBIN.

BRONDES, commissaire des guerres.

Numéros des brigades.	DÉSIGNATION DES CORPS.	Officiers.	Troupe.	Bouches à feu.
1re. brigade.	82e. régiment............	18	199	
	Grenadiers des 37e., 60e., 84e. et 88e. régimens......	10	139	
	8e. bataillon des Vosges...	13	140	
	9e. bataillon du Jura.....	24	402	
	62e. régiment...........	16	321	
	6e. bataillon du Calvados...	15	230	
	4e. bataillon du Calvados...	20	224	
	5e. bataillon de l'Eure.....	25	345	
	2e. bataillon de Seine-et-Oise.	17	221	
	1er. bataill. de la république.	8	135	
	1er. des Fédérés nationaux..	16	189	
	2e. des Amis de la républiq.	17	220	
	Chasseurs de Saône-et-Loire.	10	134	
	Artillerie..............	3	42	5
	Parc d'artillerie........	9	152	3
	Artillerie volante.......	5	40	4
	Chasseurs à cheval......	14	249	»
	TOTAUX....	240	3,382	12

ET DES CHOUANS. — *Octobre* 1793.

ÉTAT-MAJOR
DE LA SECONDE DIVISION.

SCHERB, adjudant-général, commandant.

ADJUDANS-GÉNÉRAUX.   ADJOINTS.

DUTHIL., adjoint,   DAUSSURE.
Faisant les fonctions d'adjudant-général.   RENAUD.

BAILLON, commissaire des guerres.

Chef de brigade.	DÉSIGNATION DES CORPS.	Officiers.	Troupe.	Bouches à feu.
Saint-Sauveur.	32ᵉ. régiment.	18	224	
	Détachement du 13ᵉ. régim.	2	45	
	2ᵉ. bat. de la Haute-Saône.	14	241	
	9ᵉ. bataillon *idem*.	21	357	
	10ᵉ... id..... id.	15	168	
	Détachement du 4ᵉ. id.	3	11	
	11ᵉ. bataillon.... id.	12	218	
	12ᵉ... id..... id.	26	252	
	Artillerie.	1	25	3
	TOTAUX.	112	1,541	3

ÉTAT-MAJOR DE LA RÉSERVE.

HAXO, général de brigade, commandant.

ADJUDANS-GÉNÉRAUX. ADJOINTS.

Sainte-Suzanne. Chadau.
Rapatel.

Griffon, commissaire des guerres.

Chef de brigade.	DÉSIGNATION DES CORPS.	Officiers.	Troupe.	Bouches à feu.
Jordy.	2e. bataillon de l'Ain	25	348	
	2e. bat. du 57e. régiment	17	240	
	1er. bataillon de la Meurthe	16	88	
	3e. bataillon des Vosges	26	327	
	1er. bat. du 57e. régiment	17	246	
	6 compagn. de grenad. réunis	13	142	
	Artillerie	5	77	5
	Totaux	119	1,468	5

TABLEAU de la force armée au 8 octobre 1793.

DÉSIGNATION DES BRIGADES.	Officiers.	TROUPE.		Bouches à feu.
		Présens.	Aux hôpitaux.	
Avant-garde.	186	3,346	1,228	4
Première division.	240	3,382	1,718	12
Deuxième division.	112	1,541	706	3
Réserve.	119	1,468	846	5
Totaux. . . .	657	9,737	4,498	24

Nota. On avait réuni à l'armée de Mayence quelques bataillons qui n'en faisaient pas partie à son arrivée dans la Vendée. La plus grande partie des hommes aux hôpitaux étaient restés en route après le départ de Mayence.

Dans la soirée du 11, on tint un conseil de guerre dans lequel il fut décidé que l'on donnerait suite au plan du général Canclaux, que l'on marcherait le 14 sur Tiffauge, et que Kleber conserverait le commandement de l'armée de Mayence, sous le général en chef. On devait ajouter à cette colonne un bataillon du soixante-dix-neuvième et deux du cent-neuvième régiment qui avaient fait partie de la colonne de Beysser. « Par » conséquent, dit Kleber, le corps d'armée sous » mes ordres se trouvait porté à environ dix » mille hommes. »

Il fut encore décidé que l'adjudant-général Bloss se porterait le jour suivant, avec ses dix-sept compagnies de grenadiers et quarante gendarmes, au delà de Saint-Fulgent, près du château de l'Oie, pour se réunir à la colonne venant de Luçon, et qui devait arriver le même jour à cette hauteur.

Bloss fut chargé d'envoyer, aussitôt la réunion opérée, l'état de la force de cette colonne en infanterie, cavalerie et artillerie, et dans le cas où elle excéderait cinq mille hommes, de revenir à Montaigu avec ses grenadiers.

La colonne de Luçon avait ordre de se porter, le 13, aux Herbiers, d'en chasser l'ennemi, et, sans s'y arrêter, de s'emparer de la montagne des *Allouettes* pour y prendre poste; ensuite, et le lendemain 14, elle devait se mettre en marche et se diriger sur Mortagne où, s'établissant sur les hauteurs de la rive gauche de la Sèvre, elle devait élever deux batteries pour battre la ville et le pont (1).

Tout étant ainsi disposé, on s'assembla dans la soirée du 13, chez le général L'Echelle, qui venait de recevoir une réponse de l'adjudant-général Bloss. Cet officier informait le général que la colonne de Luçon ne comptant que trois à quatre

---

(1) L'arrivée sur Mortagne fut retardée d'un jour par un avis postérieur.

mille hommes, il marcherait avec elle, conformément à ses ordres.

Les représentans reçurent dans ce moment la nouvelle de la prise de Noirmoutier par Charette. « Cet événement, dit Kleber, alarma tout le » monde, parce qu'on craignait que les rebelles » ne tirassent de l'Angleterre des secours qui » pourraient nous être préjudiciables. L'Échelle » ne proféra pas un seul mot; mais fatigué d'en » entendre parler, il demanda avec impatience : » *Qu'est-ce donc que ce Noirmoutier? où est ce-* » *la?....* Et cependant il avait eu un commande- » ment à la Rochelle ! »

Kleber ignorait sans doute que L'Échelle n'avait commandé à la Rochelle qu'environ quinze jours, et qu'il n'avait visité que Rochefort.

Le ministre écrivit le 13 à L'Échelle :

« J'ai vu avec plaisir le bon accueil que vous ont fait les soldats de l'armée de Mayence. Votre jonction doit être opérée avec la division de Chalbos.

» Vous aurez sans doute reçu le rapport officiel que le général Chalbos a dû vous faire du combat que les divisions de Saumur, Airvault et la Châtaigneraie ont eu le 9, entre Bressuire et Châtillon. Cet avantage doit accélérer votre réunion par Saint-Fulgent, les Herbiers et Mallièvre. La jonction faite, vous ne pouvez avoir que des succès, surtout si vous ne donnez pas le temps à l'ennemi de se reconnaître, aussitôt que vous l'aurez mis en déroute. Il ne nous a manqué jusqu'ici que d'avoir de l'accord dans nos opérations; vous avez les pouvoirs, vous les ferez respecter de tous ceux qui sont sous vos ordres. Cette misérable guerre n'a duré jusqu'à présent, que parce que chacun a voulu agir de son côté, en consultant plus sa gloriole et son amour-propre que le bien de sa patrie. Je suis persuadé que de semblables combinaisons n'entreront jamais dans votre âme républicaine. »

Par une dépêche du 14, le ministre lui disait :

« Les renforts que vous avez demandés à Luçon vous auront sans doute joint heureusement ; veillez à ce que la division de Chalbos ne s'écarte point du plan arrêté.

» Vous pouvez prendre pour chef de votre état-major le citoyen Robert, ce sera un très-bon choix (1).

» Surveillez l'armée de Mayence, tâchez d'en former sans affectation des têtes de colonne dans différentes divisions (2). Il faut détruire l'esprit de corps, et qu'il n'y ait d'autre émulation que de servir la patrie. »

Pendant que l'on prenait des dispositions à Montaigu, les divisions de Saumur, Airvault et la Châtaigneraie, s'étaient réunies le 8 à Bressuire, sous le commandement du général Chalbos. Rossignol était parti pour aller prendre à Rennes le commandement de l'armée des côtes de Brest. Il fut remplacé à Saumur par le lieutenant-colonel du bataillon des Gravilliers, Commaire, nommé général divisionnaire, et chargé particulièrement de commander la force armée de cette place.

Le 9, Chalbos marcha sur Châtillon. Il rencon-

---

(1) Robert, aide-de-camp du général Tabrefonds, fut nommé général de brigade le 30 septembre 1793, et général de division le 5 octobre suivant.

(2) C'était un moyen infaillible d'affaiblir et de désorganiser cette armée.

tra l'ennemi sur la hauteur du bois du Moulin-aux-Chèvres : là se donna un combat dont il rendit compte au ministre le même jour.

« Mon corps d'armée, disait Chalbos, s'est mis en marche ce matin à 9 heures. Nous avons trouvé l'ennemi placé sur une hauteur; la fusillade s'est engagée; une colonne ennemie qui se portait sur notre gauche a été arrêtée par la brigade de Chabot et Legros; une autre colonne qui se portait à droite a été repoussée par la brigade Lecomte et Muller. Le centre a suivi le mouvement; le combat a duré depuis midi jusqu'à la nuit. Les rebelles sont dans une déroute complète et *leurs repaires en feu.* »

Les représentans s'empressèrent d'écrire, du lieu même du combat, au comité de salut public et de lui donner, suivant leur coutume, des détails fort exagérés. « L'armée de la république,
» ajoutaient-ils, est partout précédée de la ter-
» reur; *le fer et le feu sont maintenant les seules*
» *armes dont nous fassions usage.* »

Le commandant Chambon, promu depuis peu au grade de général de brigade, périt dans cette affaire en criant *vive la république! Je meurs pour ma patrie.* Il fut tué d'un coup de feu près de Nueil.

La lettre des représentans fut lue dans la séance de la Convention du 13 octobre. Il fut décidé dans la même séance qu'il ne resterait près l'armée de l'Ouest que cinq commissaires de la Convention, savoir : Carrier, Bourbotte, Francastel, Pinet aîné et Turreau.

Le 11, Chalbos éprouva un revers qui fut réparé le soir même.

Westermann ayant présenté d'une manière inexacte les faits qui appartiennent à ces deux journées, Chalbos a cru devoir les rectifier dans un mémoire particulier adressé au ministre.

« Le 9 octobre, dit-il, je partis le matin de Bressuire sur trois colonnes. Muller commandait celle de droite, et Chabot celle de gauche. Ces deux divisions, réunies à la mienne, formaient un total de 11 mille hommes, et non de 20 mille, comme le prétend Westermann. Je me proposais de cerner l'ennemi dans Châtillon, mais nous n'eûmes pas fait deux lieues que mes éclaireurs m'avertirent que les rebelles paraissaient. Aussitôt je me portai en avant, et après avoir reconnu les positions qu'il convenait de prendre, je demandai les tirailleurs de l'armée; je les portai à environ cinq cents pas en avant; je plaçai les canons sur une élévation, et je marchai à la tête de la colonne du centre que j'avais formée en bataille. Les grenadiers de la Convention tenaient la droite de cette ligne. Ils se portèrent avec une rapidité étonnante à travers les ravins et les broussailles pour soutenir la batterie qui était en avant d'eux, et qui fut extrêmement exposée pendant un moment, la troupe qui était sur son flanc gauche ayant fait un mouvement rétrograde. Joba, officier d'un vrai mérite, qui la commandait, avait de la peine à la contenir. Je m'y portai avec célérité, et, de concert avec ce brave officier, je parvins à la rallier. Bientôt le cri de *vive la république!* se fit entendre, et l'ennemi fut mis en déroute sur ce point. Il chercha à se porter sur ma gauche, mais ayant trouvé une forte résistance dans la brigade de Legros, soutenue par celle de Chabot, il fondit très-rapidement sur ma droite. J'y volai avec un des représentans, et nous lui donnâmes également la chasse de ce côté-là.

» A notre retour, vers les 9 heures du soir, Westermann, qui pendant l'action avait filé avec quelques troupes du côté de Châtillon évacué, me fit demander du renfort : sur-le-champ j'en expédiai l'ordre au général Legros. Cet ordre fut promptement exécuté, car les bataillons que je fis commander à cet effet arrivèrent à Châtillon à deux heures du matin.

» Le lendemain, les brigades qui s'étaient écartées à la poursuite de l'ennemi étant rentrées, je montai à cheval, quoique malade, et nous arrivâmes vers midi à Châtillon où nous prîmes poste.

» Le 11, à 8 heures du matin, je chargeai Westermann de se porter sur la route de Mortagne, avec cinq cents hommes d'infanterie, cinquante chevaux et 2 pièces de canon. J'en fis marcher autant sur la route de Chollet.

» Il ne s'était pas écoulé deux heures depuis son départ, que quelques coups de canon se firent entendre dans le lointain, du côté de Mortagne. Je fis aussitôt monter à cheval les adjudans-généraux Faucher avec un adjoint ; ils vont à toutes jambes trouver Westermann, qui, du plus loin qu'il les aperçoit, leur crie : *Dites au général que ce n'est rien ; qu'il m'envoie un petit renfort avec deux pièces de canon, et je me charge du reste.* — J'expédie sur-le-champ l'ordre pour tout ce qu'il demande, et je fais battre la générale.

» L'ennemi parut un instant après en très-grand nombre ; il arrivait de tous les côtés avec la plus grande vitesse, chargeant Westermann ; et quoique plusieurs bataillons se fussent battus en vrais républicains, ainsi que les grenadiers de la Convention et la gendarmerie à pied, l'armée fut mise en déroute. Westermann faisait l'arrière-garde.

» J'avais essayé plusieurs fois de rallier une certaine quantité d'hommes pour arrêter l'ennemi dans les passages un peu resserrés, mais toujours sans succès. Arrivé près de la Bruyère du Bois-aux-Chèvres, à moitié chemin de Châtillon à

Bressuire, je donnai l'ordre à l'adjudant-général Constantin Faucher de se porter sur une hauteur avec une trentaine d'hommes à cheval que nous avions rassemblés, et d'y tenir le plus possible pour me donner le temps d'essayer encore une fois à rallier la troupe. Cet ordre, do... et exécuté très-ponctuellement, je me portai à la Bruyère. Là, aidé du général Legros, de Ménage, commandant en second le 6e. bataillon d'Orléans, tenant à la main le drapeau tricolor, de l'adjudant-général César Faucher, de quelques aides-de-camp et adjoints, et de tout ce qui se trouvait de grenadiers de la Convention et de soldats de différens bataillons et compagnies franches, je parvins à rallier environ neuf cents hommes d'infanterie, et peu après cent trente de cavalerie.

» Pendant ce temps-là, je n'avais pas fait attention à un citoyen qui criait : *Tout est perdu, tout est perdu, on nous a abandonnés....* Il ne se rangeait nulle part, et semblait favoriser le désordre. Je m'aperçus que cela faisait diversion et empêchait que mes ordres ne fussent entendus. Je voulus imposer silence à cet homme, mais je n'en obtins rien, de sorte que je fus obligé de le faire arrêter par mes ordonnances.

» Westermann arrive à pied et en chemise, me présentant son sabre et me disant : *Vous avez fait arrêter mon adjudant, je me constitue aussi votre prisonnier, car je ne puis rien faire sans lui.* «Quoi ! lui dis-je, c'est votre adjudant, et pour le réclamer vous voulez être mon prisonnier ! Vite, vite, emmenez-le, montez à cheval, et chargeons l'ennemi qui va paraître tout à l'heure. »

» Westermann n'hésite point, il monte à cheval, prend une partie de l'infanterie et lui indique ce qu'elle a à faire, en la plaçant dans un petit bois, sur la droite de la route par où les rebelles venaient. J'en fais autant sur la gauche, et je me porte de suite à la troupe à cheval, à la tête de laquelle étaient les adjudans-généraux Faucher, et où l'un d'eux (César) reçut dix coups de sabre sur la tête et un coup de feu dans la poitrine (1), au moment de la charge, qui fut d'une exécution admirable, car dans un clin d'œil les royalistes furent en pleine déroute. Nous ne leur donnâmes pas le temps de se reconnaître ; ils se sauvèrent à toutes jambes.

» Westermann marcha à l'avant-garde avec le général Legros que je lui donnai pour second ; et moi, à la tête de six à sept cents hommes d'infanterie et une soixantaine de cavaliers, accompagné de Villeminot, commandant les grenadiers de la Convention nationale, je suivis l'avant-garde à la distance de quarante pas. Nous arrivâmes dans cet ordre à Châtillon vers les onze heures du soir. Westermann me fit dire qu'il allait passer et prendre poste à quelque distance au delà de la ville. Je ne m'y opposai point ; mais je le fis prévenir de se replier sur moi au point du jour. Je plaçai une partie de ma troupe sur une pelouse tenant à la ville et l'autre à 5 pas en arrière. J'établis plusieurs postes et fis allumer des feux en plusieurs endroits. Les patrouilles à pied et à cheval se succédèrent toute la nuit, et personne ne dormit.

» J'entrai dans la ville, accompagné de Villeminot et d'un officier de son corps, qui ne me quittèrent point et qui passèrent la nuit au bivouac à mes côtés. Je leur en ai d'autant plus d'obligations, que je n'avais ni adjudans-généraux ni aides-de-camp ; ils étaient tous blessés, à l'exception d'un seul (un des frères Faucher) à qui j'avais ordonné de prendre soin de son frère mourant.

» Attiré par des cris qui partaient d'une maison, je mis pied à terre, accompagné de deux grenadiers de la Convention. C'est là que je trouvai le trésor dont parle Westermann. Une chambre qu'avaient occupée des chefs de l'armée catholique était parsemée d'assignats ; je les fis ramasser par les grenadiers, ils furent inventoriés par Aubertin, commandant du onzième bataillon d'Orléans, et remis au payeur de l'armée

---

(1) Le général Lecomte y reçut une blessure mortelle.

pour le paiement de la solde. J'en ai adressé l'inventaire au ministre de la guerre; Westermann n'en aurait pas fait un meilleur usage.

» Le lendemain 12, ma troupe fut sous les armes au point du jour, et d'après les ordres que j'avais donnés à Westermann, j'attendis qu'il parût pour me retirer. Westermann m'ayant joint à une lieue et demie de Châtillon, je laissai le commandement de la troupe au général Muller qui était venu me joindre, et je m'en fus à Bressuire avec le représentant du peuple. La troupe y arriva une heure après, et je m'occupai de la réorganisation de l'armée. Deux jours après, je marchai de nouveau sur Châtillon que j'étais obligé de traverser pour me rendre à Chollet, où je devais partager les dangers et la gloire de l'armée de Mayence. »

Le représentant Choudieu, qui accompagnait Chalbos, annonça ces événemens à son collègue Richard, à Saumur.

« Je viens, lui écrivait-il le 12, je viens encore d'être le témoin d'une déroute. J'ai eu la douleur de voir tomber au pouvoir de l'ennemi notre artillerie toute entière, nos caissons, nos bagages et jusqu'à nos vivres; mais par un de ces hasards que j'ai peine à concevoir, une partie des nôtres s'est ralliée à moitié chemin, et chargeant avec impétuosité l'ennemi qui nous poursuivait, elle l'a repoussé jusqu'à Châtillon, où elle en a fait un carnage effroyable. Tout a été repris, et l'ennemi à son tour est en pleine déroute. Nos troupes l'ont poursuivi plus d'une demi-lieue au delà de Châtillon; cet événement me console de notre première déroute. »

Les querelles qui s'étaient élevées entre les représentans en mission dans la Vendée, depuis le conseil de guerre du 2 septembre, n'étaient point éteintes; on continuait de porter des plaintes au comité de salut public. Choudieu et Richard lui adressèrent de Saumur les observations suivantes, pour servir de réponse à la lettre de Philippeaux (22 septembre).

« Depuis long-temps on affecte de dénoncer avec éclat l'armée de Saumur, et de rejeter sur elle et ses généraux le peu de progrès qu'a faits l'armée de Mayence dans la Vendée. Nous n'avons point à répondre à toutes ces déclamations, parce que nous avons pensé qu'il importait à la république de ne pas réjouir ses ennemis par de semblables débats. Nous savions d'ailleurs qu'il nous serait toujours facile de dissiper ces amas de fanfaronnades et de mensonges. Mais enfin on s'est enhardi par notre silence, et les choses sont arrivées au point qu'il ne nous est plus permis de nous taire.

» Dans le conseil de guerre du 2 septembre, nous avions été d'avis qu'il fallait faire, par Saumur, la grande attaque, et se borner à mettre Nantes et les Sables dans un bon état de défense, ainsi que les points les plus importans de cette côte dont nous sommes maîtres. Il résultait de ce plan que nous pouvions pénétrer dès le lendemain dans le pays ennemi, avec une armée formidable, et l'acculer en peu de jours sur une côte inaccessible aux bâtimens de toutes grandeurs, et où sa destruction était inévitable. On préféra de faire marcher par Nantes l'armée de Mayence, sous des prétextes frivoles, et de perdre en marches inutiles huit à dix jours infiniment précieux. Ce qu'il y eut de plus funeste dans cette détermination, c'est que tous les points de notre division se trouvaient sans communication avec l'armée agissante, et que pour faire part à Niort, Luçon ou aux Sables, de ce qui s'y passait, de sa position ou de ses progrès, il fallait faire un circuit de plus de *cent lieues;* de sorte que l'état des choses n'étant plus le même quand ces renseignemens arrivaient, il ne pouvait y avoir aucun concert dans les opérations et les mouvemens.

« Cet inconvénient, qui seul devait faire manquer tout le plan, n'aurait pas eu lieu dans le cas de l'attaque par Saumur; car alors, dès la première marche, la colonne des ponts de Cé se réunissait sans obtacles à l'armée; dès la seconde la jonction des colonnes de Thouars, de Fontenay et de Luçon se faisait d'elle-même. La force de l'armée de la république eût été telle alors que l'ennemi eût difficilement pu lui opposer de la résistance.

« On est étonné que des réflexions aussi simples, des observations aussi frappantes n'aient pas fait sur le conseil de guerre l'impression qu'elles devaient produire. Mais l'étonnement cessera quand on saura que l'avantage des plans proposés n'y fut discuté que pour la forme; que ceux dont l'avis l'a emporté n'ont été déterminés que par la haine qu'ils portaient à l'état-major sans-culotte de Saumur et par la crainte qu'ils avaient de le voir à la tête des opérations. Des ci-devant nobles, des officiers de l'ancien régime ne pouvaient soutenir l'idée d'être commandés par un Rossignol et un Santerre, et des représentans du peuple ont eu la faiblesse ou le crime de partager ce méprisable sentiment. Ils ne se sont pas même donné la peine de le cacher.

» De là ces éloges fastidieux donnés sans cesse à Canclaux, à Dubayet et à son état-major, comme s'ils avaient pu espérer que les républicains croiraient, sur leur attestation, au patriotisme d'hommes qui étaient, il n'y a qu'un an, les champions les plus ardens du royalisme.

» De là ces injures si souvent vomies contre les chefs de l'armée de Saumur, comme s'ils pouvaient persuader que des sans-culottes, connus dès les premiers jours de la révolution par leur amour pour la liberté, et qui se sont distingués à toutes les grandes époques par le dévouement le plus entier à la république, sont devenus tout à coup ses plus ardens ennemis et les partisans de la royauté qu'ils ont détruite.

» Nous vous laissons le soin de caractériser ces contradictions, elles renferment la clef de tout cet étalage d'accusations et de plaintes.

« Dès que le plan du conseil de guerre fut arrêté, on fit, dans l'armée des côtes de la Rochelle, toutes les dispositions nécessaires à son exécution. Des ordres furent expédiés dès le jour même à tous les chefs de division, et au jour convenu tous les corps se mirent en mouvement. La division stationnée à Chantonnay fut battue le 5 par les rebelles qui, instruits du détour que l'armée de Mayence avait à faire, voulurent profiter des momens que cette marche leur laissait. Mieszkowsky, après avoir remporté un premier avantage, fut ensuite mis en déroute et forcé de se replier sur les Sables. Cette colonne n'a pu que long-temps après se relever de cet échec. La division de Luçon, craignant encore un sort pareil, se hâta de se replier sur cette ville et d'abandonner Chantonnay, où elle s'était reportée peu de jours après sa défaite.

» Le général Rossignol fit instruire de ces événemens le général Canclaux, à mesure qu'il en reçut la nouvelle.

» Chalbos, stationné à la Châtaigneraie, ne pouvait rien entreprendre; il aurait couru les risques d'une défaite presque assurée, s'il se fût avancé dans l'état où étaient les choses.

» Cependant l'armée commandée par Canclaux s'avançait dans le pays ennemi; ses premiers pas furent marqués par des victoires. Aussitôt qu'on en fut instruit à Saumur, on se mit en mouvement pour seconder sa marche; la colonne d'Angers se dirigea sur Chemillé, et celle de Saumur, après avoir tourné par Brissac, Thouarcé et Gonord, se porta sur Coron par Vihiers. Le 18, cette colonne attaqua Coron.

» On devait penser que l'armée de Canclaux serait alors de près l'ennemi; d'après le plan de campagne, elle devait être le 16 devant Mortagne; mais elle n'était encore qu'à Montaigu et à Clisson. Les rebelles, chassés de ces deux postes et n'ayant, pour attaquer les différentes divisions des armées républicaines qui l'entouraient, qu'un rayon de quelques lieues à parcourir, vinrent attaquer en force celle qui se portait à Coron et la battit. Certainement il a été commis des fautes dans cette affaire, mais on ne peut douter des intentions des généraux patriotes qui la commandaient. Dès le lendemain la colonne d'Angers, commandée par Duhoux, fut également attaquée et mise en déroute. Les suites de ces deux défaites furent bien funestes. Plus de trente mille hommes des contingens quittèrent l'armée, et il ne resta pas aux ponts de Cé cent hommes pour en défendre le passage. On y fit de suite passer des forces de Saumur.

» Le général Rossignol fit aussitôt donner avis à Canclaux de la situation dans laquelle il se trouvait; elle était véritablement embarrassante et il ne le dissimula pas. Son armée se trouvait, sur presque tous les points, dans une désorganisation complète, et le découragement était à son comble. Le général Canclaux, qui avait éprouvé lui-même des échecs assez considérables, crut devoir rétrograder et se rapprocher de Nantes; mais bientôt après il se remit en marche et vint reprendre sa première position à Clisson et à Montaigu. On nous écrivit dès que l'armée y fut rendue, et on nous conjura de faire un nouvel effort pour seconder ses opérations. Les généraux furent convoqués par le général en chef et se réunirent le 2 octobre. Il fut résolu, dans ce conseil, que les divisions de Doué, de Thouars et de la Châtaigneraie se réuniraient à Bressuire le 7, et qu'elles marcheraient sur Châtillon, sous les ordres de Chalbos. On donna ordre à la division de Luçon et à celle des Sables de faire tous les mouvemens possibles pour favoriser la jonction que l'armée de Canclaux devait faire avec elles; on instruisit sur-le-champ ce général de ces nouvelles dispositions.

» Ce plan a été parfaitement exécuté. L'armée de Bressuire a battu complétement les rebelles le 9, sur la route de Châtillon, et s'est emparée de cette ville. Le 11, les ennemis, au nombre de plus de trente mille hommes, ont attaqué l'armée; elle a fui un moment, mais bientôt elle s'est ralliée, et tombant avec vigueur sur les brigands, elle les a fait fuir à son tour, a repris Châtillon, où elle a fait un horrible carnage, et a brûlé ce repaire infâme. Elle s'est ensuite repliée sur Bressuire pour se refaire un moment, et elle ne tardera pas à se reporter en avant.

» L'armée de Mayence n'a point agi pendant tout ce temps. Nous attribuons ce moment d'inaction aux changemens importans qui se sont opérés dans son état-major; elle va également reprendre son activité, et les rebelles vont bientôt éprouver de terribles coups.

» Voilà les faits; personnne ne peut en contester ni l'exactitude ni la vérité. Comparez maintenant les récits qui vous ont été présentés et jugez les dénonciations.

» Il est faux que Rossignol ait jamais donné l'ordre à une seule colonne de rétrograder.

» Il est faux que les colonnes de Luçon et des Sables aient reçu d'autres ordres que celui de favoriser de tout leur pouvoir leur jonction avec l'armée de Nantes.

» Il est faux que la division de Chantonnay se soit portée sur Bressuire. Elle est toujours à Luçon où l'officier qui la commande, après avoir vainement attendu à Chantonnay, a cru devoir se replier, après la défaite de la colonne des Sables.

» Les auteurs de ces dénonciations ont voulu se dérober à la honte qui les attend pour avoir adopté et soutenu un plan qui a procuré tant de triomphes aux rebelles; pour avoir prôné avec une affectation scandaleuse des hommes à qui les patriotes ne peuvent pas donner leur confiance; pour avoir calomnié, avec une atrocité sans exemple, des républicains ardens que l'aristocratie voulait dévouer, et que tous les patriotes doivent défendre. »

Cet exposé renferme des faits et des assertions

qui manquent pour la plupart de vérité et d'exactitude, et cependant ils ont conduit le malheureux Philippeaux à l'échafaud !

§ III. Proclamation de L'Échelle à l'armée; départ de Montaigu le 14. — Le 15 sous Mortagne. — Arrivée de la colonne de Luçon commandée par le général Bard. — Combat de la Tremblaye et de Saint-Christophe. — Rapport de Beaupuy au général L'Échelle. — L'ennemi repoussé se retire à Chollet qu'il évacue pendant la nuit. — Première entrevue de Kleber et de Marceau. — Entrée à Chollet le 16. — Emplacement de l'armée. — Arrivée à sept heures du soir des représentans Bourbotte, Choudieu, Fayau et Bellegarde. — Arrivée de la colonne de Chalbos le 17 à deux heures du matin. — L'armée réunie présentait une force de vingt à vingt-deux mille hommes. — Rapport de Beaupuy sur son entrée à Chollet. — Conseil de guerre tenu dans la matinée du 17. — Les avant-postes attaqués vers deux heures après midi par les Vendéens. — Dispositions prises par Kleber; combat devant Chollet. — Récit de Kleber. — Rapport de Beaupuy. — Marche de Beaupuy sur Beaupreau dont il s'empare. — Lettre de Beaupuy au ministre de la guerre. — Rapports du général L'Échelle au comité de salut public des 16 et 19 octobre.

Suite des événemens dans la haute Vendée.

Le 14 était le jour fixé pour le départ de Montaigu. On vit paraître la proclamation suivante du général L'Échelle à l'armée de Mayence :

« Braves soldats !

» Le moment est enfin venu où les sans-culottes vont triompher de leurs ennemis; vous marchez sur les brigands, la république est sauvée. Votre courage, votre audace me font compter sur la victoire la plus complète pour terminer une guerre qui fait le malheur de la patrie. Du succès de nos armes dépend le sort de la république et le bonheur de nous tous.

» Braves compagnons d'armes, marchez avec confiance dans le sentier de l'honneur. Les généraux, sans-culottes comme vous, ne reculeront pas. Vous les verrez à leur place de bataille, glorieux de combattre avec d'aussi bons militaires que vous.

» C'en est fait, mes amis, il faut anéantir toute cette horde royaliste et fanatique, et assurer pour toujours la tranquillité de notre pays.

» La Convention nationale, toujours reconnaissante, vient par un décret de vous faire connaître ses intentions. Méritez la récompense qu'elle accorde à l'armée qui sauvera la patrie, en terminant cette guerre cruelle. »

Le général fit également mettre à l'ordre la nouvelle de la victoire remportée par Chalbos le 9.

« *Six lieues de circonférence*, disait-on, *sont couvertes de morts*. La république a perdu quelques-uns de ses défenseurs, mais le nombre en est peu considérable. »

On n'était pas encore fixé sur les événemens du 11, on parlait d'une nouvelle attaque des Vendéens et d'une déroute des troupes de Chalbos, lorsqu'enfin on apprit le succès qui l'avait suivie.

La troupe se mit en marche dès la pointe du jour. Arrivée sur les hauteurs de Tiffauge, Kleber la fit mettre en bataille. Les Vendéens qui occupaient ce poste l'abandonnèrent pour se réunir sur les hauteurs au delà de la Sèvre ; ils étaient en trop petit nombre pour opposer une grande résistance. Ils prirent la fuite, à l'approche des tirailleurs et de la cavalerie. Kleber, après avoir reconnu la position du Couboureau, y fit filer la colonne, qui y passa la nuit au bivouac.

Il était convenu que l'on attaquerait Mortagne le lendemain 15. On savait que le chemin le plus court pour y arriver, le long de la Sèvre, n'était guère praticable pour l'artillerie; il était d'ailleurs indispensable de fouiller les bois du Longeron, et de donner le change à l'ennemi pour lui faire diviser ses forces. On suivit en conséquence la grande route de Chollet.

Parvenu sur la hauteur de la Romagne (1), on aperçut un poste ennemi que quelques coups de canon firent replier. Là s'arrêta la colonne pour donner le temps de fouiller les bois du Longeron et pousser quelques reconnaissances sur la gauche vers Roussay et Montigné. Elle se porta ensuite à la lande de l'abbaye de la Haye, peu éloignée de Mortagne (2), où elle fut mise en bataille.

Kleber, n'apercevant aucune disposition de défense, s'approcha de la ville avec quelques officiers de son état-major; bientôt il apprit que la place était évacuée de la veille. Il y entra et ne trouva que quelques canons et quelques affûts

---

(1) Aucun individu n'entra dans ce village.
(2) Mortagne ne fut point incendié à cette époque.

brisés. L'armée fit une halte de deux heures, avec défense d'entrer dans la ville.

L'évacuation de Mortagne et l'approche de l'armée de Mayence avaient facilité la marche de la colonne de Luçon. L'ennemi qui lui était opposé s'était replié par Mallièvre. Elle ne tarda pas de paraître sur les hauteurs de la Sèvre, où elle reçut du général L'Échelle l'ordre de traverser Mortagne sans s'y arrêter, et de s'avancer sur la route de Chollet où elle rencontrerait un *bataillon de direction*. Robert, qui donna cet ordre de marche, oublia de faire précéder la colonne du *bataillon de direction*, oubli qui faillit perdre Marceau et la colonne de Luçon.

Le général Bard, nouvellement promu au grade de général de brigade, commandait cette colonne. Il avait sous ses ordres, ainsi qu'il le dit dans un mémoire imprimé au mois d'avril 1794, trois mille quelques cents hommes d'infanterie, et trois cent trente de cavalerie. « Je reçus, dit-il, du général L'Échelle, l'ordre de me porter le 14 octobre sur les Herbiers, et le 15 devant Mortagne. Les Herbiers étaient évacués. Avant d'entrer à Mortagne, le général en chef m'envoya un aide-de-camp m'apporter l'ordre de marcher sur Chollet, en m'assurant que je trouverais en route de la troupe qui se joindrait à la mienne. — Je défends le pillage sous peine de mort; je traverse Mortagne; l'adjudant-général Marceau fait exécuter ponctuellement mon ordre; je m'avance sur la route de Chollet sans rencontrer aucun renfort; mais je rencontre l'ennemi qui fond sur moi de toutes parts. »

L'adjudant-général Marceau, qui commandait l'avant-garde, crut d'abord que cette attaque imprévue était une méprise de la troupe qu'il devait rencontrer; mais enfin il se mit en défense et soutint le feu avec beaucoup de vigueur. Cependant la queue de la colonne, menacée d'être coupée par une troupe de Vendéens embusqués, faisait sa retraite sur Mortagne. Le général Bard s'y porte rapidement pour la rallier, il y reçoit deux coups de feu, l'un dans la poitrine et l'autre au bras. Il se retire à Mortagne et de là à Luçon (1). Marceau le remplace dans le commandement de la division.

Marceau était menacé d'être enveloppé, et peut-être eut-il succombé, si le général Beaupuy n'eût promptement envoyé à son secours le bataillon des chasseurs de Cassel, commandé par le chef de bataillon Tyran. Le combat fut long et opiniâtre sur ce point. Enfin les Vendéens furent chassés de leur position de la Tremblaye et du bois qu'ils occupaient sur leur gauche.

Le combat n'était pas moins vif du côté de Saint-Christophe. Kleber, avec le corps de bataille, occupait la gauche et empêchait l'ennemi de tourner

---

(1) Villeneuve, chef du bataillon le Vengeur, y reçut quatorze coups de sabre et deux coups de feu.

la colonne de Beaupuy qui formait le centre, tandis que Marceau tenait la droite.

Le rapport du général Beaupuy au général en chef L'Échelle, mérite d'être connu; le voici :

« Quand je vous rencontrai hier près de Chollet, vous parûtes désirer que je vous rendisse compte du combat de Saint-Christophe, je m'empresse de satisfaire à votre invitation.

» Au moment où je reçus vos ordres de marcher sur Chollet, il pouvait être deux heures, et je fis cette observation à mes frères d'armes.

» J'étais à un quart de lieue de la lande de la Haye, quand deux chemins s'offrirent à moi ; celui de gauche conduisait à Saint-Christophe et Chollet, et celui de droite aboutissait à la chaussée de Mortagne à Chollet ; mais il me parut plus étroit que le premier.

Déjà la tête de l'avant-garde était engagée dans celui de droite, quand réfléchissant sur l'incertitude que j'avais observée dans la réponse de mes guides, je me décidai à l'arrêter. Je désirais prendre le plus court pour arriver à Chollet, mais je voulais aussi mes canons. Tout à coup une fusillade se fit entendre sur ma droite ; je vis la colonne de Luçon engagée ; alors mon parti fut bientôt pris. J'ordonnai au chef de bataillon Tyran et à l'adjudant-général Labruyère de voler au secours de nos frères d'armes de Luçon. Je me portai sur-le-champ à l'embranchement des deux chemins. Là heureusement je rencontrai l'adjudant-général Guillaume. Je lui fais part des dispositions que j'allais prendre, je lui prescris d'ordonner à la partie de l'avant-garde commandée par le chef de brigade Targes, de marcher sur Saint-Christophe et de demander six bataillons au général Vimeux.

» Je pars, il était temps. Deux de mes ordonnances que j'envoyais en avant pour m'éclairer revinrent précipitamment, repoussées par l'ennemi. Je les fais soutenir par les deux autres qui me restaient et je me porte sur une éminence d'où je découvrais parfaitement les positions avantageuses des Vendéens, mais ils étaient trop mal disposés pour en tirer de grands avantages. Tous étaient fixés, mais sur un terrain immense; leur seule cavalerie, forte de deux cents chevaux, se remuait beaucoup, mais sans déterminer une attaque.

» Je fus seul peu de temps; Targes arrive, ainsi que l'adjudant-général Dubreton et Savary; ils partagèrent ma joie qu'ils ne crurent pas prématurée. Mes dispositions étaient faites et ils les exécutèrent bien vite.

Targes porte la légion des Francs en bataille dans une position où le canon de l'ennemi ne pouvait guère l'incommoder. Le premier bataillon des grenadiers réunis est placé sur la droite. Arrive l'artillerie commandée par Barris, et au premier coup de canon ces deux bataillons partent, ainsi que je l'avais ordonné. Bientôt je les vois gravir les hauteurs : ce fut l'affaire d'un moment. Bientôt ces milliers de *chrétiens* fuient devant neuf cents républicains. Les canonniers continuaient de tirer, mais je leur observai qu'ils pouvaient atteindre quelques-uns des nôtres, et qu'ils feraient mieux d'aller se servir des pièces que l'on venait de prendre à l'ennemi. Ils partent, et les voilà à faire feu sur les rebelles et à compléter leur déroute.

Cependant, quoique les grenadiers et chasseurs les poursuivissent vigoureusement, je n'étais pas tranquille sur ma gauche, où je n'avais que le détachement des chasseurs de la Côte-d'Or. Je ne fus satisfait que lorsque je vis arriver une partie de mon corps de bataille. Je laisse deux bataillons à Dubreton pour le défendre, et je me porte aussitôt à la position d'où l'ennemi avait été chas . Je ne pouvais arriver plus à propos; déjà l'on voyait les drapeaux blancs flotter et une longue colonne qui se dirigeait du château de la Tremblaye sur Saint-Christophe. La vue de ma petite colonne parut les fixer et ils s'arrêtèrent. C'était une belle occasion pour les foudroyer, mais les canonniers que j'avais envoyés pour servir les deux pièces enlevées dans cette position, s'étaient portés à d'autres plus éloignées de ce point. Je me désolais ; alors les officiers, les volontaires, les ouvriers, tous s'emploient, à ma prière, et les voilà devenus assez bons canonniers pour décider l'ennemi. Il traverse Saint-Christophe et marche fièrement sur Mortagne ; mais Dubreton était là avec ses deux bataillons parfaitement rangés en bataille. Il ordonne le feu à portée de pistolet, avec tant de précision et d'ensemble, que rien ne peut y résister. Une déroute totale s'ensuivit ; il fallait leur voir jeter leurs sabots !..... »

» Ce fut dans ce moment que le représentant Merlin arriva. Je manquais de pointeurs, je ne le priai pas deux fois de m'en servir, et la justesse de son tir, ainsi que celle des canonniers que j'avais laissés dans ma première position, dont tous les coups prolongeaient l'ennemi, ne contribuèrent pas peu à terminer ce combat de trois heures.

» Je ne nomme personne. Commandans, officiers, volontaires, tous se sont battus en vrais républicains.

» Vous dire la perte de l'ennemi, je n'en sais rien ; mais vous apprécierez ce qu'ont pu produire, pendant trois heures consécutives, le feu de quatre pièces dont deux de huit, les baïonnettes et les cartouches de deux mille cinq cents hommes aussi déterminés.

» Notre perte n'est pas forte en hommes, mais elle est bien grande en sujets ; de mes trois adjudans-généraux, deux sont perdus pour la république. L'intrépide et vrai républicain, Besson, mon ami, a été tué, écrasé par le nombre qu'il bravait. Labruyère, mon ancien frère d'armes, a reçu deux balles qui lui traversent le corps et il a été criblé de coups de baïonnettes (1) ; Tyran, commandant des chasseurs de Cassel,

---

(1) Il reçut vingt-une blessures dont il a guéri.

a été tué. Il n'était arrivé que la veille de chez lui où une longue maladie l'avait retenu ; un de mes adjoints, Guérin, a eu le bras droit traversé d'une balle, plusieurs autres officiers ont péri.

» Encore un résultat bien sûr : sept pièces en bronze, dont trois de huit, sont en notre pouvoir!

L'ennemi, repoussé sur tous les points, s'était retiré dans Chollet. La nuit survenue, le soldat, accablé de la fatigue d'une longue marche et d'un combat de quatre heures, restait épars dans les champs où, sans distinction de bataillon ni de brigade, il s'abandonnait au sommeil. « Aussi, dit Kleber, eussions-nous perdu le fruit de notre victoire, si l'ennemi eût entrepris alors une sortie audacieuse. »

L'Échelle, qui n'avait pas paru depuis le commencement de l'action, se montre enfin, se plaignant des officiers qui, disait-il, l'avaient abandonné. Le représentant Turreau, témoin de ce propos, lui répondit avec indignation : *On ne voit jamais les braves à la queue des colonnes.*

Kleber, ne pouvant espérer de rétablir l'ordre dans les corps, se borna à ranger la troupe sur deux lignes en bataille, dans un développement très-considérable, sur les hauteurs de Chollet.

Targes fut chargé de garder avec son infanterie légère, le pont, et la rivière de Moine. La division de Luçon occupait la droite de la ligne. Un champ à côté de la route servit de quartier-général à Kleber. C'est là que Marceau vint le trouver sur les dix heures du soir et lui témoigna tout le désir de faire connaissance avec lui. Kleber, inquiet de sa position, lui repondit froidement : *Vous n'auriez pas dû quitter votre poste, retournez-y promptement, nous aurons le temps de faire connaissance une autre fois.* Marceau, piqué de cet accueil, se retira fort mécontent ; cependant il en fut dédommagé le lendemain : Kleber lui témoigna beaucoup de confiance, et de ce moment ils furent étroitement unis.

Le représentant Merlin fit partir une ordonnance avec un guide pour Châtillon où l'on présumait que Chalbos devait se trouver, afin de l'informer de la position de l'armée de Mayence et de l'inviter à accélérer sa marche sur Chollet.

Vers minuit, un officier vint trouver Kleber et lui dire de la part de L'Échelle qui s'était retiré au château de la Tremblaie, qu'il fallait canonner Chollet et y lancer des obus. Kleber lui fit réponse qu'il n'avait pas un bataillon, pas une compagnie d'organisés; que Targes qui défendait le pont, serait obligé de replier ses postes dès qu'on commencerait le feu, et qu'alors, si l'ennemi voulait profiter de cette circonstance pour faire une sortie, la confusion serait à son comble. « Au surplus, ajouta Kleber, dites au général que demain à huit heures, nous serons à Chollet, et peut-être sans coup férir. »

« Dès la pointe du jour du 16, continue Kleber, les rebelles lâchèrent quelques coups de canon d'une pièce établie sur l'esplanade du château de Chollet. J'y fis répondre par le feu de mon artillerie et je m'occupai de faire organiser les bataillons et brigades dans les deux lignes de bataille. L'ennemi avait évacué la ville; Targes et Bloss, dirigés par le général Beaupuy, la traversèrent et se portèrent de suite sur les hauteurs au delà de Chollet. Je fus aussitôt, avec Savary qui connaissait cette contrée, examiner la position que devait prendre l'armée au delà de Chollet. Je déterminai les châteaux du Boisgroleau et de la Treille comme points d'appui de la ligne; ainsi la position de l'armée devait décrire un arc, dont les deux châteaux formaient les points extrêmes et Chollet le centre. Au reste, le pays était tellement coupé sur toute l'étendue du front, qu'on pouvait à peine voir à une portée de pistolet devant soi. Il fallait donc se garder avec beaucoup de précaution et s'éclairer par de nombreuses patrouilles. La gauche était en outre masquée par le bois de Chollet, bois assez étendu et qui exigeait beaucoup d'infanterie pour le garnir.

» En avant du bois de Chollet, sur la route du May, le pays était plus ouvert (lande de la Papinière), ce terrain fut désigné pour l'avant-garde; l'avant-garde légère devant être poussée vers le May.

» L'établissement des divisions fut déterminé de la manière suivante : la réserve du général Haxo sur la gauche, était chargée de la défense de la route de Saint-Macaire et du bois de Chollet; elle devait en outre soutenir et protéger la retraite de l'avant-garde, en cas qu'elle fût repoussée (1).

» La brigade de Luçon au centre : elle avait à défendre les débouchés de Chemillé par la traverse de Trémentines.

» Les brigades de Scherb et de Vimeux à la droite de celle de Luçon, pour la couvrir et la soutenir au besoin. Elles défendaient la grande route de Chollet aux ponts de Cé par Chemillé, appuyant au rav... de la rivière de Moine.

---

(1) Le général Haxo occupait le château de la Treille.

» L'artillerie était distribuée aux différens débouchés.

» Cette position avait cependant un grand inconvénient, celui de n'avoir pour retraite que le seul pont de pierre de Chollet. Ce motif eût sans doute suffi pour m'y faire renoncer, mais j'y fus déterminé par les considérations suivantes :

» 1°. On ne pouvait pas présumer que l'ennemi battu dût revenir attaquer le même jour, et l'on devait se mettre en mouvement le lendemain.

» 2°. La colonne de Chalbos était attendue d'un moment à l'autre, elle devait s'établir dans la position que l'armée avait occupée la veille.

» 3°. Enfin, je comptais beaucoup sur la valeur des troupes sous mes ordres et sur l'intelligence et la fermeté de leurs chefs.

» Si dans ces dispositions, ajoute Kleber, il n'est pas question du général L'Échelle, c'est que sa nullité avait déjà déterminé les représentans à me charger de la conduite des opérations dont je devais toutefois rendre compte à ce général, avec les égards d'usage.

» Toutes les dispositions arrêtées, j'allai en rendre compte à L'Échelle, qui, sans autre examen, se borna à me recommander de faire marcher *majestueusement et en masse*.

» Vers les trois heures après-midi, la troupe se trouva établie et je m'occupai à mettre dans le camp et dans la ville l'ordre le plus sévère, afin d'empêcher les excès et le pillage (1).

» Vers les sept heures du soir, arrivèrent les représentans Bourbotte, Choudieu, Fayau et Bellegarde qui, réunis à Merlin, Carrier et Turreau, formèrent un collége de sept représentans. On annonça que le corps de Chalbos ne pourrait guère être rendu à Chollet que vers minuit; et comme il

---

(1) On avait établi dans la matinée des postes dans les différens quartiers et des factionnaires dans les rues; avec la consigne de ne laisser entrer aucun soldat dans les maisons. Les historiens n'en ont pas moins répété que tout avait été mis à feu et à sang à Chollet.

était harassé de fatigue, on convint qu'il prendrait séjour le lendemain. Le mouvement de la colonne de Chalbos ne s'étant terminé que vers deux heures du matin du 17, on séjourna dans les deux camps.

» Les généraux de la colonne de Chalbos étaient : Chalbos, commandant; le général de division Muller; les généraux de brigade Westermann, Canuel, Chabot et Danican. »

L'armée réunie autour de Chollet, présentait alors une force de vingt à vingt-deux mille hommes.

Dans le compte que le général Beaupuy rendit au général en chef de son entrée à Chollet, à la tête de l'avant-garde, il s'exprimait ainsi :

« Les citoyens de Chollet vous ont sans doute attesté que tous nos braves chasseurs, ainsi que les dix-sept compagnies de grenadiers, sous les ordres de l'adjudant-général Bloss, ont traversé la ville sans s'arrêter, et sans même rien accepter d'eux, nos chasseurs se portant, à ma voix, à la course sur le chemin de Beaupreau, où l'on nous assurait que les rebelles se retiraient. »

Le 17 au matin, on tint un conseil de guerre. Kleber proposa de faire partir sur-le-champ, et sans attendre au lendemain, les deux corps d'armée; de se porter sur trois colonnes, savoir : celle de droite par Jallais, d'où il serait aisé de tourner la position de Beaupreau, en cas que l'ennemi eût intention d'y tenir, ou de se porter sur Saint-Florent pour l'attaquer en queue, si, comme l'assuraient différens habitans de Chollet, il avait l'intention de passer la Loire; celle du centre sur Beaupreau, par le May; enfin celle de gauche sur

Gesté, par Saint-Macaire, pour l'arrêter et le couper, en cas qu'il voulût se retirer par Vallet vers Nantes. Ces trois colonnes marchant ainsi, pouvaient se secourir mutuellement en cas d'attaque, ou se réunir à Montrevault pour marcher sur Saint-Florent, si l'ennemi s'y était porté.

Marceau, qui faisait les fonctions de général de brigade et tous les chefs de l'armée de Mayence furent de cet avis, auquel Merlin se rangea; mais on trouva que la colonne de Chalbos était trop harassée pour exécuter de suite ce mouvement; que l'armée de Mayence, réunie à la petite colonne de Luçon, était trop faible pour se disperser ainsi; qu'on ne croyait pas d'ailleurs que l'intention de l'ennemi fût de passer La Loire; qu'il était à Beaupreau; qu'ainsi c'était à Beaupreau qu'il fallait *marcher en masse.*

« Cette manœuvre, répliqua Kleber, a cela d'avantageux, que pour la concevoir et l'exécuter, il ne faut pas se mettre l'esprit à la torture. »

Là se termina le conseil.

» Pendant que l'on discutait ainsi, continue Kleber, une partie de l'armée rebelle passait en effet la Loire à Saint-Florent, tandis qu'un corps de quarante mille hommes, commandé par d'Elbée et Bonchamps, marchait sur Chollet où il croyait sans doute surprendre nos troupes plongées dans le vin et abandonnées au pillage; mais nous étions sur nos gardes. J'avais ordonné d'envoyer des partis continuels pour observer et se tenir prêts au combat.

» Vers deux heures après midi, j'appris que l'avant-garde

était attaquée et que les avant-postes se repliaient avec précipitation.

» Aussitôt je fais battre la générale en ville et au camp, et je me porte à la gauche du corps de bataille, comme étant la plus faible et la plus facile à tourner par le bois de Chollet. J'y trouve Haxo, Sainte-Suzanne et Jordy, ayant l'œil à tout. J'envoie l'adjudant général Nattes et mon aide-de-camp Buquet pour observer l'ennemi.

» Beaupuy demande du secours; déjà deux bataillons de ma droite se mettaient en marche, je m'y oppose, ne présumant pas que l'ennemi se bornerait à attaquer sur un seul point; il fallait avant tout observer et connaître ses véritables dispositions; car, dans un pays aussi coupé, l'absence d'un seul bataillon aurait pu jeter dans un grand embarras. L'avant-garde avait d'ailleurs pour retraite le bois de Chollet déjà garni de deux bataillons pour le protéger.

» Cependant j'envoyai l'adjudant-général Damas chercher une des divisions aux ordres du général Chalbos, au delà de la rivière, pour renforcer l'avant-garde de Beaupuy; mais tout à coup la cannonade et la fusillade redoublent, l'avant-garde est forcée de se replier et l'ennemi la poursuit.

» Je vole à la tête des bataillons de la gauche avec Haxo, je parle aux soldats et partout j'ai la satisfaction de les ranimer. On s'avance, mais déjà l'ennemi s'était emparé du bois et nous faisait tout craindre pour la gauche.

» Je rallie un bataillon qui s'était replié et le reconduis au poste qu'il avait abandonné; en même temps je fais avancer quelques bataillons de la réserve de Haxo pour le soutenir. De ce nombre se trouve celui du cent-neuvième régiment, la musique en tête. Sa démarche altière exalte l'âme des plus découragés, chacun s'empresse d'imiter son exemple; mais l'ennemi n'ose l'attendre, il prend la fuite; aussitôt l'avant-garde se rallie aux cris de son brave général, qui, profitant du désordre des rebelles, les charge et les poursuit.

» Le centre et la droite étaient également attaqués par deux autres colonnes ; Vimeux commandait la droite, sa position était bonne (1) : aussi étais-je tranquille sur son compte; d'ailleurs, le général Dembarrère, officier distingué, s'était porté près de lui et était à même de lui donner des conseils.

» Le centre, formé de la colonne de Luçon, aux ordres de Marceau, était parfaitement couvert, et ce brave et jeune guerrier, ainsi que ses dignes compagnons d'armes, avaient fait voir la veille ce qu'ils valaient et ce qu'ils pouvaient faire.

» Pendant que ceci se passait et que le combat était encore douteux sur la gauche, arrive la tête de la division de Muller, composée d'environ quatre mille hommes. Quel renfort dans ce moment critique ! Elle s'avance, mais avant d'avoir gagné les hauteurs, saisie d'une frayeur soudaine, elle fait volte-face, se précipite en désordre dans Chollet et y porte la terreur et la consternation. Les soldats se pressent, jettent leurs armes, se renversent, jamais on ne vit un pareil désordre (1). C'est ainsi que, sans avoir vu l'ennemi, ils laissent la gloire de cette journée à l'armée de Mayence et à la colonne de Luçon.

» Tout à coup la canonnade redouble au centre, je m'y transporte avec Damas. Les rebelles, ralliés sur ce point, revenaient à la charge. Marceau les voit, et, sans s'émouvoir, il fait avancer son artillerie qu'il a soin de masquer. La horde fanatique n'est plus qu'à une demi-portée de fusil, ne se doutant point du stratagème; à l'instant la mitraille renverse des files entières. Les rebelles étonnés s'arrêtent, s'ébranlent,

---

(1) Il occupait la ligne en avant du Boisgroleau et couvrait le parc d'artillerie placé dans la prairie du château.

(2) Carrier, effrayé de ce spectacle, voulut suivre le mouvement; il y perdit son cheval dans la confusion qui régnait à l'approche du pont.

tournent le dos, et suivent l'exemple de leur droite. Marceau les poursuit à son tour, je me réunis à lui avec cinq bataillons que j'établis en échelons pour favoriser notre retraite en cas d'événement.

» Cependant il faisait nuit; on était sans vivres et loin de Chollet, sur la route de Chemillé, tandis qu'on devait marcher le lendemain sur Beaupreau. Je fis battre la retraite et donnai l'ordre de rentrer au camp. La colonne de gauche se trouvant dans sa poursuite sur la route de Beaupreau, que l'on devait attaquer le lendemain, s'y rendit, dans la nuit même, et s'empara de ce poste. Le combat dura quatre heures.

» Ainsi se termina cette sanglante et mémorable journée. L'ennemi perdit douze pièces de canon, dont plusieurs du calibre de douze. D'Elbée et Bonchamps furent grièvement blessés (1), jamais ils n'ont donné un combat si opiniâtre, si bien ordonné, mais qui leur fût en même temps si funeste. Les rebelles combattaient comme des tigres et nos soldats comme des lions. Une bataille aussi sanglante a donné lieu à des traits qui méritent d'être connus.

» Beaupuy a deux chevaux tués sous lui, son éperon s'accroche à la housse du dernier, il va être enveloppé par l'ennemi; il se débarrasse, se jette derrière un caisson brisé et a le bonheur d'arriver à la tête d'un bataillon.

» Bloss, à pied au milieu de ses grenadiers et toujours dans la mêlée, se bat corps à corps. Tandis qu'il pare un coup de sabre d'un des rebelles, un autre l'ajuste à brûle-pourpoint. C'en était fait de ce brave militaire sans l'aide-de-camp Buquet, qui relève le fusil avec son sabre et tue le Vendéen.

» L'intrépide Targes reçoit une balle qui lui traverse le bras et lui entre dans le corps; il vient à moi, et, sans parler de sa blessure, il m'annonce que la victoire est à nous.

---

(1) Bonchamps expira le lendemain des suites de sa blessure, et d'Elbée fut transporté presque mourant à Noirmoutier.

» Au même instant j'aperçois Vernange qu'on apporte de mon côté, atteint d'un coup mortel ; il vient me faire ses adieux et crie avec moi : *Vive la république !*

» Saint-Sauveur, chef de bataillon au trente-deuxième régiment, est blessé d'une balle à la cuisse ; Dubreton, adjudant-général, en reçoit une à la jambe ; ils n'abandonnent le champ de bataille que lorsqu'ils sont assurés de la victoire ; ils voient sans regret couler leur sang et se félicitent de nos succès.

Patris, chef de bataillon des chasseurs de Cassel, dont le commandant avait été tué le 15, perdit aussi la vie. Les quatre chefs de l'infanterie légère furent donc tous tués ou blessés, perte incalculable pour nous.

» Indépendamment de ces braves, dont la mémoire doit être conservée, Ageron, commandant un bataillon de grenadiers, et qui avait quarante ans de service, y termina aussi sa glorieuse carrière.

» Enfin, j'ai perdu dans les journées des 15 et 17 octobre, de ma seule division, quatorze chefs de brigade, chefs de bataillon ou officiers de mon état-major, tous mes amis et compagnons d'armes de Mayence.

» Le représentant Merlin était toujours en avant. Dès qu'on avait pris une pièce à l'ennemi, il mettait pied à terre et la dirigeait contre les rebelles. Il fut très-sensible à la perte de Juif, son ami et son secrétaire, qui fut tué à ses côtés.

» Si dans le récit de cette bataille, ajoute Kleber, il n'est pas fait mention du général L'Échelle et de son acolyte Robert, c'est que personne ne peut assurer les y avoir vus. Ils sont restés constamment hors de portée du canon, à mi-côte sur le chemin du Boisgroleau. L'Échelle témoigna beaucoup d'humeur de n'avoir vu personne autour de lui. Dembarrère, à qui il s'en expliqua, lui répondit franchement et d'une manière analogue à sa conduite. »

Le général Beaupuy, qui avait eu à soutenir tout le poids de la première attaque, fit au général L'Échelle le rapport suivant :

« Il pouvait être une heure après-midi, quand tout à coup on est entré chez moi pour m'apprendre que les rebelles n'étaient plus qu'à une portée de fusil, et que, favorisés par les bois et par la retraite précipitée des avant-postes, ils arrivaient à grands pas sur nous. Sur-le-champ je vous ai expédié une ordonnance pour vous demander du secours, j'ai ordonné à l'adjudant-général Bloss de porter ses grenadiers en avant, de prendre le commandement de l'aile gauche et de s'occuper, sur toute chose, de son flanc ; à Dubreton, de se tenir à ma réserve ; et enfin, j'ai fait dire à Targes que je me reposais sur lui de la contenance de mon aile droite.

» J'étais à peine à cheval, que je les ai vus s'avancer sur le chemin de Beaupreau ; mais déjà les grenadiers étaient placés. C'est là que j'ai eu le plaisir de voir ces grenadiers exécuter un très-beau feu de file commandé par le chef de bataillon Verger.

» Étonné d'une résistance à laquelle vraisemblablement il ne s'attendait pas, l'ennemi a commencé ses manœuvres ordinaires. Il a jeté beaucoup de tirailleurs sur ma droite, mais sans trop affaiblir une masse que j'apercevais dans le chemin creux. Je vis que c'était le moment de faire avancer l'artillerie légère, qui aurait fait de grands ravages, mais très-imprudemment on avait mis le feu à des genets, et une fumée épaisse nous le dérobait. Ne pouvant tirer de l'artillerie tout l'effet que j'en attendais, je fis signe à une partie de ma réserve de marcher et de charger à l'arme blanche, aussitôt qu'elle aurait fait sa première décharge. Elle se met en mouvement, refuse sa gauche et avance sa droite, comme je le désirais ; mais bientôt elle s'arrête. Cette inaction n'échappe point à l'ennemi, il s'enhardit et marche à découvert avec la plus grande intrépidité.

» Cependant le combat se soutenait, malgré l'inégalité du nombre, et malgré l'attaque environnante qui se faisait sur tous les points de ma ligne; mais la vue de cette colonne qui débouchait était faite pour étonner. J'envisage les effets qui en allaient résulter, je veux l'observer sur son flanc, et c'est dans ce moment que mon cheval, déjà blessé, tombe sous moi. J'étais seul, je me dégage avec beaucoup de peine, mais j'étais à pied. Hugot, simple chasseur à cheval de la légion des Francs, accourt à moi, met pied à terre et me jette sur son cheval. Je me retourne vers cette colonne et ne peux plus douter de ses progrès. Je cours au peloton de chasseurs à cheval ordonner au commandant de charger, il ne bouge; je le casse et je commande aux chasseurs de me suivre: ils s'avancent, mais se replient sans ordre, et l'ennemi redouble d'audace.

» Cependant mes ailes se maintenaient, et, malgré l'inertie de deux bataillons, malgré la multitude de Vendéens qui commençaient à inonder la lande, le combat se soutenait. J'attendais, je devais compter sur quelques bataillons frais, je vous en avais demandé, je leur avais donné le temps d'arriver, mais j'attendais en vain. Le feu de l'ennemi redoublait, et, comme il se dirigeait de mon côté, mon second cheval tombe mort sous moi. Quoique étourdi de ma chute, je me secoue, j'entends leur chef crier: *Prenez-le, prenez-le, c'est le général, ne le tuez pas* (1). Le danger redouble mes forces et je parviens à me dégager en laissant un de mes éperons retenu dans les laines de ma schabraque. C'était beaucoup, mais je n'étais pas sauvé, ils étaient sur moi. Heureusement un caisson renversé, sous lequel je m'échappe, barre l'en-

---

(1) Barris, commandant de l'artillerie volante, m'a dit depuis que c'était la Rochejaquelein, son ancien camarade de collége.

(*Note de Beaupuy.*)

nemi et j'arrive enfin au bataillon de l'Hérault, qui était dans une position très-avantageuse. Je trouve l'adjudant-général Nattes, je lui dis de se rendre sur le chemin de Chollet et d'y faire toutes les dispositions convenables, attendu que l'ennemi s'y portait en force, tout cela s'exécute. Les tirailleurs que j'avais ralliés à la faveur du feu de l'Hérault redoublent le leur et bientôt j'ai la satisfaction de voir l'ennemi ralentir le sien et se retirer en désordre. *Mes camarades*, m'écriai-je alors, *c'est à notre tour de nous égayer* (1). Il ne fallut pas le répéter et bientôt la déroute des Vendéens fut complète. Il y avait une demi-heure que nous les poursuivions, mais sans pouvoir bien juger de leur nombre; ce ne fut que sur l'étang de la lande de la Papinière, que Bloss et moi nous en avons aperçu trois mille au moins. Oh! combien de fois aussi n'avons-nous pas gémi de n'avoir pas seulement vingt-cinq hommes à cheval! ils eussent suffi pour les couper et les livrer à nos volontaires qui les talonnaient. Dans cette poursuite, je n'avais qu'un chasseur à cheval. Malgré cela, nous les eussions eus tous en détail, mais la nuit arrivait, je me décidai à faire halte et à occuper une superbe position, appelée le Moulin à vent.

» La perte de l'ennemi doit être énorme, il a perdu ses meilleurs chefs; d'Elbée et Bonchamps sont blessés mortellement. Tous ses canons ont été pris. Sur douze de fonte il y a deux pièces de 12.

» Nous avons bien des chefs à regretter : Patris, Ageron, Vernange, chefs de bataillon, ont été tués. Targes, Saint-Sauveur et Travot, chefs de brigade, ont été blessés grièvement. Bien des officiers ont eu le même sort, mais leurs noms ne me sont pas encore parvenus.

» Cette journée doit être remarquable, non-seulement par l'avantage remporté sur les rebelles, mais en général par

---

(1) Expression dont se servaient les Vendéens pour dire qu'il fallait s'étendre et courir sur l'ennemi.

la conduite particulière de chaque soldat. Il semblait que chacun d'eux s'était dit : de mon courage va dépendre le salut de l'armée et celui de sept représentans du peuple. Aussi, quoique privés de bonne heure de leurs chefs, qu'ils étaient accoutumés à suivre à la victoire, ils ont su conserver leurs postes, se retirer en ordre, se rallier de même, et tomber à propos sur l'ennemi. J'ai donné peu d'ordres, d'ailleurs mon état-major avait été réduit, par le combat du 16, à un adjudant-général et à deux adjoints, ainsi qu'à l'adjoint de Bloss, le citoyen Bellet, dont la bravoure et les avis m'ont été fort utiles (1). »

Il était dix heures du soir, les grenadiers de Bloss et quelques bataillons d'infanterie légère se trouvaient réunis sur la hauteur du Moulin à vent au-dessus de Pégon, à égale distance de Chollet et de Beaupreau. C'est là que Westermann, qui n'avait pris aucune part à l'action, se présen-

---

(1) Il est vraiment curieux de comparer aux détails qu'on vient de lire dans les récits de Kleber et de Beaupuy, ceux que donnent les historiens de la Vendée. Le lieu de la scène, l'ordonnance des troupes, les manœuvres des généraux, les faits, tout y est dénaturé. Si, du moins, ils s'étaient bornés à tracer des tableaux de fantaisie....; mais il fallait représenter les Mayençais la torche à la main, aussi n'ont-ils pas épargné les couleurs. MM. de Beauchamp et Bourniseaux ont leur excuse toute prête ; ils n'ont été que les *échos* de madame de la Rochejaquelein, dont ils ont enrichi le récit chacun à sa manière. Je dirai donc au rédacteur des mémoires de madame de la Rochejaquelein : Vous étiez, en 1805, sous-préfet à Bressuire. En vous chargeant de rédiger ces mémoires, vous avez pu, vous avez dû vous assurer de la vérité des faits sur les lieux mêmes, ne fût-ce que pour votre honneur ; et vous n'avez pas craint de dire (page 251) que les républicains *rentrèrent à Chollet, mirent le feu à la ville, et se livrèrent, pendant toute la nuit, à leurs horreurs accoutumées...!* Il est encore assez de témoins à Chollet pour faire connaître la vérité : Chollet fut incendié par Stofflet, après l'évacuation ordonnée par le général Turreau.

ta, escorté d'un détachement de cavalerie. La troupe était excédée de fatigue, sans vivres et sans cartouches. Il fallait prendre un parti ; ou retourner à Chollet, ou marcher sur Beaupreau ; on présumait que l'on ne manquerait pas de pain dans ce dernier endroit. Beaupuy soumit cette question aux généraux Haxo, Westermann, Chabot, aux adjudans-généraux Bloss et Savary, qui se trouvaient près de lui, et demanda leur avis. Il fut décidé, d'une voix unanime, que l'on se porterait sur Beaupreau ; l'ordre en est donné, quelques voix se font entendre, *nous n'avons plus de cartouches....* — *N'avez-vous pas des baïonnettes ?* reprend Beaupuy ; *des grenadiers ont-ils besoin d'autre chose ?...* on répond par des cris de *vive la république !* on part. L'ordre était de marcher dans le plus grand silence, avec défense de quitter son rang sous quelque prétexte que ce fût.

La nuit était sans nuage, la lune éclairait la marche ; la colonne traverse dans le plus grand ordre le bourg du May, et s'avance, par les landes d'Andrezé, vers Beaupreau, sans rencontrer aucun individu. Un poste vendéen, établi dans une maison sur la route, à peu de distance de la ville, est surpris et enlevé par quelques chasseurs de Westermann qui précédaient la colonne.

Cependant on aperçoit deux éclaireurs à cheval qui retournent précipitamment sur leurs pas et vont répandre l'alarme à Beaupreau.

La tête de la colonne était déjà engagée dans un ravin qui débouche à la route de Gesté à Beaupreau. Il fallait s'assurer si le pont sur l'Èvre, à l'entrée de la ville, n'était pas coupé, ou si l'ennemi n'y avait pas établi une batterie, car dans ce cas il eût été difficile, pour ne pas dire impossible, d'y pénétrer. Quelques chasseurs de Westermann eurent ordre de s'y porter rapidement, mais après avoir fait quelques pas en avant, ils se replièrent et rejoignirent leur chef qui suivait la colonne. Ce fut alors que Beaupuy mit pied à terre, ainsi qu'il le dit dans son rapport au général en chef.

« La prise de Beaupreau, dit-il, a complété la journée de Chollet; c'est à une heure après minuit que nous sommes arrivés devant le château. La position avantageuse des postes avancés, le canon d'alarme, tout annonçait de la résistance. Arrivés au débouché et vis-à-vis le pont, nous avons été accueillis par un coup de canon chargé à mitraille; quoique couverts, il a cependant ralenti notre marche. Aussitôt j'ai ordonné aux tambours de battre la charge, mais ils avaient disparu..... Alors mettant pied à terre, ainsi que Bloss et Savary, nous avons tous couru sur ce pont, aux cris de *vive la république*, et avec tant de vivacité, que les canonniers ont pris la fuite sans faire feu.

» Moulin à poudre, munitions de toute espèce, farines, voilà notre conquête; des prisonniers dont nous avons brisé les fers et qui ne cessent de bénir la république, voilà notre récompense (1). »

---

(1) Un de ces prisonniers siége encore à la cour de cassation; il peut rendre compte des événemens qui se sont passés à Beaupreau.

La défaite de l'armée catholique devant Chollet avait tellement effrayé et découragé les soldats vendéens, que Beaupreau, place si facile à défendre sur la direction que tenait la colonne de Beaupuy, fut évacué à son approche, et que celle-ci y entra sans résistance.

Le premier soin du général fut de reconnaître les positions autour de la ville et d'y établir la troupe. Il informa de suite le général en chef de sa position et du besoin qu'il avait de cartouches, d'artillerie et de canonniers.

Quant à Westermann, il se livra au repos avec sa cavalerie également épuisée de fatigue.

On pourra se faire une idée du courage et de la force d'âme du général Beaupuy lorsqu'on saura que depuis quelques jours il était travaillé d'une fièvre violente.

On pourra juger de son caractère simple et modeste, par la lettre suivante du 10 décembre au ministre de la guerre.

« Je vous adresse les deux rapports que j'envoyai au général L'Échelle après les combats de Saint-Christophe et Chollet.

» Heureux du succès de sa patrie, il importe peu au républicain comment il arrive. Qu'elle triomphe, voilà son bonheur ; aussi ces lettres seraient-elles restées dans l'oubli, auquel elles semblaient condamnées sans la demande des représentans du peuple et sans le vœu de mes frères d'armes. »

Il peut être utile pour l'histoire de comparer aux récits de Kleber et de Beaupuy les rapports du général en chef au comité de salut public ; les voici :

Au quartier-général de Chollet, le 16 octobre 1793.

« Hier, la division à la tête de laquelle je me trouve s'est portée dans le plus grand ordre sur Mortagne ; j'avais ordonné toutes les dispositions nécessaires pour l'attaque de cette place, regardée comme le chef-lieu et le boulevart de la rébellion ; mais je n'ai pu mettre en cet instant à profit le courage de nos braves défenseurs de la république. Mortagne était déjà évacué, et nous nous sommes rendus maîtres de cette ville, après avoir exterminé quelques brigands qui en composaient la garnison. Deux cents de nos prisonniers ont été délivrés (1).

» A cette époque, la colonne de Luçon, déjà réunie à la nôtre, après avoir forcé un corps de trois mille hommes, qui occupait une position avantageuse aux Herbiers (2), d'après mon ordre marchait sur Chollet, où s'était porté le rassemblement des rebelles.

» La division qui occupait une position en avant de Mortagne se disposait à diriger sa marche sur Chollet ; deux bataillons de la division avaient l'ordre de renforcer la colonne de Luçon (3), lorsque j'appris qu'elle était attaquée et même forcée. Je fis marcher sur-le-champ à son secours, et je m'y portai avec la plus grande partie de mes forces ; malgré le nombre des rebelles, rien n'a pu résister à la valeur des soldats de la liberté. L'ennemi a été poursuivi jusque sous les murs de Chollet où notre armée a pris une position en soutenant un feu continuel ; la nuit a mis fin à un combat des

---

(1) Il n'y avait à Mortagne ni brigands à exterminer, ni prisonniers à délivrer.
(2) Les Herbiers étaient évacués.
(3) On avait oublié de donner cet ordre, oubli dont Marceau faillit être la victime.

plus vigoureux. L'ennemi repoussé avec perte, après avoir abandonné huit pièces d'artillerie, s'est retiré dans Chollet. Alors j'ai fait prendre une position avantageuse à toute l'armée devant les murs de cette ville, disposé à l'attaquer le lendemain aussitôt que le jour le permettrait. Enfin ce matin notre artillerie a fièrement tonné sur Chollet, et après une canonnade vigoureuse de plus de deux heures (1), les troupes de la république se sont emparées de cette ville, trop long-temps souillée par les rebelles. Vingt-huit caissons et quelque pièces d'artillerie sont restées en notre pouvoir; l'ennemi s'est retiré en déroute, en grande partie du côté de Beaupreau, et a été *vigoureusement chargé par notre cavalerie* (2). L'armée occupe dans ce moment une bonne position sur la hauteur de Chollet, et je me dispose, sitôt qu'elle sera un peu reposée, à poursuivre les rebelles jusque dans leurs derniers repaires.

» Je ne puis me dispenser de vous témoigner la douce satisfaction que j'éprouve de commander de si braves soldats et je regrette de ne pouvoir vous les nommer tous. Je me borne à vous dire que chacun, généraux comme soldats, a bien fait son devoir et a droit à la reconnaissance nationale. Les représentans du peuple donnaient l'exemple de la valeur, en marchant à la tête des colonnes. Nous avons à regretter de braves défenseurs de la république, mais la perte des rebelles est considérable. Le général de l'armée catholique, Lescure, a été tué hier (3), et plusieurs autres officiers ont été grièvement blessés....

» Je ne puis que vous renouveler l'assurance de mon entier dévouement à la république, et qu'en bon sans-culotte j'emploierai tous les moyens qui sont en mon pouvoir pour *le*

---

(1) Il fut tiré deux ou trois coups de canon.
(2) L'ennemi était loin de là.
(3) Lescure fut blessé à mort sur la hauteur du château de la Tremblaye.

bonheur de la liberté, de l'égalité et de la cause du peuple, à laquelle je suis invariablement attaché.

» Le général sans-culotte commandant en chef l'armée de l'Ouest.

» *Signé*, L'Échelle. »

Dans son rapport du 19 octobre, L'Échelle, en parlant de la bataille de Chollet, se borne à dire :

« Le 17, à deux heures après midi, la grande armée des rebelles, d'environ trente mille hommes, est venue, à la faveur des bois qui couvraient sa marche, nous attaquer brusquement sur les hauteurs en avant de Chollet. Notre avant-garde, accablée par la supériorité du nombre, a été d'abord obligée de quitter la position avancée qu'elle occupait. La horde tumultueuse des rebelles, dirigée par ses chefs les plus fameux, et précédée d'une artillerie formidable, s'avançait avec audace, mais bientôt elle a été arrêtée et repoussée par notre corps de bataille, et la déroute des brigands a été complète. Ils nous ont abandonné douze pièces de canon ; on les a poursuivis sans relâche de tous côtés, de vastes terrains sont jonchés de cadavres ; d'Elbée et Bonchamps ont été blessés mortellement. On ne peut pas évaluer la perte des rebelles dans cette journée, la plus meurtrière qu'ils aient éprouvée ; la nôtre a été peu considérable. Une division de notre armée les a poursuivis jusqu'à quatre lieues et s'est trouvée, après minuit, devant Beaupreau, principal asile des brigands. On a égorgé leurs avant-postes, on est entré d'emblée, et, après leur avoir tué beaucoup de monde, ils ont été mis de nouveau en déroute ; on a trouvé dans cette ville une fabrique de poudre, un magasin considérable de salpêtre, quantité de pièces de canon et de caissons. »

§ IV. Arrivée à Beaupreau des prisonniers de Saint-Florent, le 18, vers onze heures du matin. — Arrivée de l'armée à Beaupreau. — Conseil de guerre, dispositions prises. — Le capitaine Hauteville envoyé à Saint-Florent. — Marche des divisions de l'armée. — Suite du rapport de L'Échelle. — Lettres de Beaupuy, datées de Saint-Florent et d'Angers. — Bloss chargé de désarmer la rive gauche de la Loire. — Le 20, le corps d'armée traverse Nantes et se porte au camp de Saint-Georges. — Réponse du ministre aux dépêches de L'Échelle. — Décret du 19 qui autorise la démolition des fortifications de tous les châteaux appartenant aux particuliers. — Lettre de Bourbotte, Turreau, Choudieu et Francastel, du 21, au comité de salut public, lue dans la séance du 23; détails exagérés. — Adresse du comité de salut public, du 23, aux armées. — Deux adresses des représentans aux vainqueurs des brigands (Nantes).

Suite de la bataille de Chollet et de la prise de Beaupreau.

Le 18, vers les onze heures du matin, les avant-postes sur la route de Beaupreau à Saint-Florent, signalèrent un grand nombre d'individus qui se dirigeaient vers eux; Beaupuy s'y porta de suite. C'étaient les prisonniers républicains, au nombre de quatre à cinq mille, qui tous proclamèrent, pour leur libérateur, Bonchamps prêt à rendre le dernier soupir.

Il faut avoir vu ce spectacle attendrissant et terrible, il faut avoir entendu le récit de leurs peines, de leurs espérances, enfin l'expression de leur reconnaissance, pour s'en faire une idée. Ils furent dirigés le jour même sur Chollet.

Cependant l'armée s'était mise en marche de Chollet à huit heures du matin, se dirigeant sur Beaupreau.

» Les troupes de Chalbos, dit Kleber, par une injustice bien marquée, prirent la tête (1). Nous rencontrâmes en route plus de quatre mille prisonniers (2). Rien de plus attendrissant que de voir ces tristes victimes, pâles et défigurées, nous crier de loin et d'une voix presqu'éteinte, *vive la république !*...... nous apprîmes qu'il avaient échappé à la mort, à la prière de Bonchamps, qui, expirant à la suite de ses blessures, avait demandé et obtenu leur grâce ; que l'armée rebelle, forte de près de cent mille individus, y compris quantité de femmes, d'enfans et de prêtres, passait la Loire depuis deux jours et que beaucoup étaient encore dans les îles de cette rivière. »

A l'arrivée des généraux à Beaupreau, on tint un conseil de guerre. On ne pouvait plus douter du passage de la Loire à Saint-Florent ; il s'agissait de décider si toute l'armée se porterait sur ce point, ou si elle formerait plusieurs colonnes pour couvrir Angers et Nantes, en cas que les rebelles s'y portassent. Kleber représenta que l'on ne trouverait sans doute aucune embarcation à Saint-Florent, et qu'en y faisant marcher l'armée en masse, comme le répétait L'Échelle, on donnerait le temps à l'ennemi de s'éloigner, ou de faire quel-

---

(1) Les représentans de Saumur n'auraient pas voulu céder de leurs prétentions.

(2) Ces prisonniers arrivèrent à Chollet le 18, et les historiens prétendent que dans la matinée du 19 ils tirèrent le canon de Saint-Florent sur leurs libérateurs.

que tentative sur Nantes ou Angers. Il proposa en conséquence d'envoyer à Saint-Florent un officier avec une escorte de cavalerie pour s'assurer de l'état des choses; de faire partir l'avant-garde le lendemain de grand matin pour Saint-Florent, avec ordre de se porter sur Angers, en remontant la rive gauche de la Loire, si elle ne trouvait aucun moyen de traverser ce fleuve à Saint-Florent; enfin d'attendre, pour le reste de l'armée, le rapport de l'officier envoyé à la découverte; cet avis fut suivi.

Le capitaine Hauteville, de la légion des Francs, partit le soir même avec trente à quarante chevaux, et arriva à Saint-Florent le 19, vers les trois heures du matin. Il y trouva quelques pièces de canon, des caissons et des approvisionnemens en grains. Dès que le jour parut, il fit charger les pièces et tirer par ses chasseurs quelques coups sur l'île, « dans laquelle, dit Kleber, on voyait quantité de ces malheureux qui se jetèrent à l'eau pour gagner la rive opposée. »

« Merlin et ses collègues, ajoute Kleber, toujours outrés dans leurs aperçus, ou peut-être par des motifs de politique, écrivirent alors au comité de salut public et à la Convention: *Vive la république! la guerre de la Vendée est finie....* Hélas! elle n'avait fait que changer de théâtre. »

Le rapport du capitaine Hauteville ayant fait connaître qu'il n'existait aucune embarcation à Saint-Florent, l'avant-garde du général Beaupuy reçut l'ordre de se porter aux ponts de Cé à marche forcée, et celle de Luçon, commandée de la veille par le général Canuel, l'ordre de suivre le mouvement de l'avant-garde, s'il n'existait aucun moyen de passer la Loire à Saint-Florent.

Marceau n'était encore qu'adjudant-général, L'Échelle le retint près de lui à son état-major et donna le commandement de sa colonne au général Canuel.

En arrivant à Beaupreau, les représentans déférèrent à Marceau et à Bloss, tous deux adjudans-généraux, le grade de général de brigade, et à Kleber celui de général divisionnaire, à dater du jour de la bataille de Chollet.

Le général Haxo resta à Beaupreau avec les troupes sous ses ordres. Il fut chargé de faire conduire à Nantes les canons, les caissons, les matières combustibles et généralement tout ce que l'armée catholique avait abandonné. Il devait ensuite fournir différentes garnisons, et, avec une colonne agissante, achever de soumettre le pays. Il fut ainsi détaché de l'armée et se porta dans la partie occupée par Charette.

Le reste de l'armée se mit en marche sur Nantes et alla bivouaquer sur la grande route, près la chapelle Hulin. Là, le général en chef reçut des envoyés de Nantes pour l'inviter à accélérer sa marche, de même que le général Beaupuy en vit arriver d'Angers pour le même motif, tant les Vendéens inspiraient encore d'effroi.

Ce fut de la chapelle Hulin que le général en chef

adressa au ministre de la guerre son rapport du 19, dont il convient de faire connaître la suite.

« Je me suis hâté, disait le général, de joindre la division de Beaupreau avec le reste de mes troupes, quoique extrêmement fatiguées; et je me disposais à marcher pour l'attaque de Saint-Florent, lorsque j'ai appris que les rebelles évacuaient ce dernier asile, à quatre lieues de moi, et que, par un coup de désespoir, ils étaient parvenus à passer la Loire. J'ai envoyé aussitôt un corps de cinq mille hommes qui, tombant sur leurs derrières, en a fait noyer beaucoup (1). J'ai donné ordre au commandant de ce corps de tâcher de passer cette rivière pour continuer *leur poursuite*. Je marche à pas précipités avec le reste des troupes sur Nantes, afin de prévenir tout fâcheux événement dans cette ville et prendre des deux côtés les rebelles. Je ne cesserai jusqu'à leur entière destruction de les harceler partout où ils seront rassemblés. Je sens combien il est important, après les avoir expulsés de leurs repaires, d'empêcher qu'ils n'aillent former un nouveau noyau de rébellion dans quelque autre département. La Vendée, purgée en huit jours des principaux rassemblemens de brigands enhardis par des succès ephémères, fumante de sang, jonchée de cadavres, et livrée en grande partie aux flammes (2), est un exemple frappant de justice nationale qui doit intimider les pays que la scélératesse voudrait mettre en insurrection.

» Au milieu de nos succès, j'ai joui de la satisfaction bien douce d'avoir délivré environ six mille prisonniers qui gémissaient dans les fers, et qui, en redevenant des hommes libres, s'écriaient avec transport: *Vive la république* (3)! »

---

(1) A l'arrivée du capitaine Hauteville, le 19, à trois heures du matin, il ne restait pas un seul soldat vendéen à Saint-Florent.

(2) Le mot d'ordre fut alors de crier hautement et de répéter que la Vendée était en feu.

(3) On a vu que les prisonniers avaient été mis en liberté le 18.

A son arrivée à Saint-Florent, le général Beaupuy écrivit au général en chef :

« La Loire est sous nos yeux ; plus de rebelles de ce côté, quelle satisfaction ! Mais quelle différence si les nôtres eussent tenu à Varades ! La France entière en serait purgée, la Loire eût été leur tombeau ; ils s'y seraient précipités, tant la terreur était grande parmi eux. »

Le 21, il écrivit d'Angers :

« Nous allons, nous allons toujours, rien n'arrête l'avant-garde, elle suit les représentans du peuple.

» A Saint-Florent j'ai fait de nouvelles dispositions d'attaque sans votre participation, mais j'étais avec les représentans du peuple Merlin, Turreau, Choudieu et Bourbotte qui non-seulement les ont agréées, mais même me les ont conseillées.

» Le citoyen Merlin, avec un parti, s'est chargé d'observer la partie d'Ancenis ; le général Canuel, de passer la Loire avec la colonne de Luçon, et moi, avec l'avant-garde, je suis arrivé, après douze heures de marche, à Angers où les rebelles se dirigeaient. Il paraît que déjà ce mouvement a produit quelques effets. L'ennemi, qui paraissait très-irrésolu, s'est décidé : il marche sur Candé, et moi aussi je vais marcher sur Candé. Je vous promets, général, avec les représentans qui me secondent, de ne pas cesser de les poursuivre qu'ils ne soient tous rendus ou détruits. D'après l'état actuel des choses, je suis décidé à partir demain à trois heures du matin, je me dirigerai sur Candé. Je ne puis attendre vos ordres, trop de distance est entre nous deux, mais je me concerterai avec le général Canuel et le général Olagnier qui occupe une position à Saint-Georges, et j'espère que la république verra dans peu de jours la fin de cette étonnante et affreuse guerre. »

A peine l'armée catholique eut évacué Varades et Ancenis, que les habitans de la rive droite s'empressèrent de conduire, sur la rive opposée, quelques bateaux qui avaient échappé aux recherches des Vendéens et qui facilitèrent le passage de la colonne de Canuel. Merlin se jeta dans la première barque avec quelques chasseurs de la légion de Cassel et atteignit les traîneurs de l'arrière-garde vendéenne.

Le 20, Bloss reçut ordre, à la chapelle Hulin, de se porter avec ses grenadiers et quelques chasseurs et gendarmes, sur le Loroux, haute et basse Goulaine, et de désarmer la rive gauche jusqu'à Saint-Florent. Bloss employa des moyens de douceur qui inspirèrent de la confiance, et le pays, resté sans chef, fut soumis.

Le même jour, le corps d'armée se mit en marche, traversa Nantes, sans s'y arrêter, et arriva au camp de Saint-Georges, où il séjourna le lendemain, en attendant des ordres et des vivres.

A la réception des rapports du général L'Échelle, le ministre lui répondit :

« Il paraît que le passage de la Loire a été peu disputé et que les communes en avant n'ont pas fait de démarches vigoureuses dans cette circonstance. Au reste, le territoire de la Vendée purgé en huit jours prouve ce que peuvent des républicains guidés par des sans-culottes. Achevez votre ouvrage; qu'il en soit de ces fuyards, comme de ceux de Lyon, et que tout soit soumis au patriotisme et à l'autorité nationale. »

Il fallait frapper l'opinion par la terreur, c'était alors la politique du gouvernement et des représentans en mission.

Un décret de la Convention, du 19 octobre, venait d'autoriser la démolition des fortifications de tous les châteaux appartenant à des particuliers.

Les rapports, les proclamations, la correspondance de cette époque, tout prouve le système de terreur que l'on voulait répandre. Ces rapports, *dégoûtans de mensonge*, suivant l'expression de Kleber, arrivaient au comité de salut public et parvenaient bientôt de la tribune nationale jusqu'aux extrémités du territoire de la république. Celui que les représentans Bourbotte, Turreau, Choudieu et Francastel, réunis à Angers, adressèrent le 21 au comité de salut public, est remarquable sous ce rapport. Il fut lu à la séance de la Convention du 23, et donna lieu à Barère de dire qu'il n'y avait plus de Vendée. En voici l'extrait :

« Le rapprochement de toutes les divisions de notre armée vers les principaux repaires des brigands s'était opéré avec facilité, et chaque colonne, en s'avançant *brûlait*, *incendiait*, et chassait devant elle tous les postes ennemis disséminés dans les différens pays qu'ils occupaient.

» La prise de Châtillon coûta cher aux rebelles en ce que, indépendamment de la perte considérable qu'ils firent des leurs, elle accéléra la jonction de toutes les colonnes qui se dirigeaient sur Mortagne et Chollet.

» L'armée stationnée à Montaigu s'empara de Tiffauge au même instant ; de suite se porta à la Romagne, *y battit les ennemis, brûla ce repaire, fit égorger les avant-postes de Mortagne, se précipita dans les faubourgs de cette ville et en chassa les brigands dont un grand nombre mordit la poussière. Les faubourgs furent incendiés*, et les rebelles, effrayés de cette manière ordinaire d'éclairer *notre marche, évacuèrent entièrement Mortagne.* Ils tentèrent d'y rentrer, et une colonne des leurs, accourant de Chollet pour exécuter ce projet, fut battue complétement, mise en déroute, poursuivie jusque sous les murs de Chollet, après avoir perdu tous ses canons. Nos troupes seraient entrées ce jour-là même dans Chollet, si la nuit ne nous eût arrêtés. Elles bivouaquèrent sur la route jusqu'au lendemain. *où toutes nos colonnes réunies s'avancèrent sur cette ville, en avant de laquelle l'ennemi avait porté toutes ses forces. Là, une bataille sanglante fut livrée ; le feu devint terrible de part et d'autre ;* mais le génie de la liberté, protégeant les héros qui combattaient pour elle, *fit pencher la victoire de notre côté*, et nous entrâmes à Chollet au bruit des tambours et des cris de *vive la république !* Les rebelles se retirèrent jusqu'à Beaupreau, et dès le lendemain ils vinrent nous attaquer. Jamais rage ne fût plus grande que celle qu'ils mirent dans cette nouvelle attaque ; jamais peut-être bataille ne fut plus sanglante ; elle dura depuis midi jusqu'à huit heures du soir, qu'ils furent mis en déroute, etc.

» La Convention nationale, ajoutait-on, a voulu que la guerre de la Vendée fût terminée avant la fin d'octobre, et nous pouvons lui dire aujourd'hui qu'il n'existe plus de Vendée. *Une solitude profonde règne actuellement dans le pays qu'occupaient les rebelles. On ferait beaucoup de chemin dans ces contrées avant de rencontrer un homme et une chaumière ;* car, à l'exception de Chollet, Saint-Florent et de quelques petits bourgs, où le nombre des patriotes excédait de beaucoup celui des contre-révolutionnaires, *nous n'avons laissé derrière nous que des cendres et des monceaux de cadavres* (1).

Le représentant Merlin, soldat intrépide dans les combats, à qui l'histoire n'aura point à reprocher d'avoir donné des ordres d'incendie et de destruction, écrivit de Saint-Florent, le 20, au comité de salut public pour lui annoncer le passage de la Loire par les Vendéens, il ajoutait :

« Faites une proclamation, montrez Lyon rasé, » la Vendée en cendres, et le sang des traîtres » inondant le pays. »

Ce conseil fut suivi, le comité fit, le 23, l'adresse suivante aux armées :

« Soldats républicains !

» Les lâches satellites de la tyrannie ont fui devant vous à votre approche. Ils ont abandonné Dunkerque et leur artillerie; ils se sont hâtés d'échapper à leur ruine entière en mettant la Sambre entr'eux et vos phalanges victorieuses. Le fédéralisme a été frappé dans Lyon. L'armée républicaine est entrée dans Bordeaux pour lui porter le dernier coup; les Piémontais et les Espagnols sont chassés de notre territoire ; les défenseurs de la république viennent de détruire les repaires des rebelles de la Vendée; ils ont exterminé leurs cohortes sacriléges. Cette terre coupable a dévoré elle-même les monstres qu'elle a produits ; le reste va tomber sous la hache populaire. Partout où la tyrannie n'a point trouvé l'appui de la trahison, la victoire a suivi les drapeaux de la liberté, et le génie du peuple français triomphe.

---

(1) Les récits des généraux Kleber et Beaupuy peuvent apprécier cet étrange rapport.

» Soldats républicains ! il reste encore au delà de la Sambre, il reste encore sur les bords du Rhin et de la Moselle, des esclaves féroces armés contre la sainte cause que nous défendons ; ils sont couverts du sang de vos femmes et de vos enfans ; ils le sont du sang des représentans de la nation ; ô douleur ! il en reste jusque dans nos cités, il en reste dans l'exécrable Toulon. Le moment est venu de punir tous leurs forfaits. L'heure fatale des tyrans sonne, et c'est par vos mains qu'ils doivent périr.

» Soldats républicains ! les mânes de vos frères égorgés vous implorent, la gloire vous appelle, la patrie vous regarde, les représentans de la nation vous encouragent et vous guident: marchez, frappez ; que dans un mois le peuple français soit vengé, la liberté affermie, la république triomphante ; que les tyrans et les esclaves disparaissent de la terre ; qu'il n'y reste plus que la justice, le bonheur et la vertu.

» Les membres du comité de salut public,

» *Signé* ROBESPIERRE, HÉRAULT, CARNOT, BILLAUD-VARENNE. »

On vit bientôt paraître à Nantes deux proclamations des représentans en mission ; l'une du 25, aux citoyens de la rive droite de la Loire-Inférieure, l'autre du 27, aux vainqueurs des brigands.

On disait dans la première :

« Frères et amis ;

» Les brigands de la Vendée, battus et mis en déroute par les soldats de la république, viennent de passer la Loire ; ils vont porter dans vos contrées les fléaux qu'ils ont répandus si long-temps dans un pays dont ils se croyaient les maîtres, et qui n'offre en ce moment qu'un *monceau de cendres et de cadavres*.

» Tels sont les funestes effets des guerres civiles : tel est le sort qui vous attend, si vous n'employez toutes vos forces pour chasser de votre territoire les monstres qui vous portent la désolation et la mort.

» Nous poursuivons sans relâche cette horde épouvantée; hâtez-vous de lui opposer des barrières impénétrables; marchons ensemble et noyons dans la Loire ou exterminons sur sa rive les lambeaux de l'armée catholique et royale. »

On disait dans la seconde :

« Braves soldats !

» *Vous avez mis tout à feu et à sang sur le territoire des brigands*, vos victoires ont été terribles comme la loi qui vous avait chargés de venger la république. Il ne fallait rien moins que ce grand exemple aux rebelles et aux ennemis du dedans. Vous vous êtes couverts de gloire, et la patrie est satisfaite.

» Il ne vous reste plus qu'à détruire une partie des scélérats que vous poursuivez sans relâche; bientôt vous allez les atteindre et les exterminer. Mais ils ont passé la Loire; vous quittez la terre de proscription, et vous êtes déjà sur la terre de la liberté.

» Là, le fer et la flamme vous avaient été remis pour exercer une juste vengeance; ici, l'honneur et la loi vous disent de respecter et de protéger les propriétés.

» C'en est assez pour de braves républicains qui connaissent leurs devoirs, ils n'oublieront pas qu'ils sont chez des frères et amis, ils ne flétriront pas les lauriers qu'ils viennent de cueillir.

» Les représentans du peuple aiment à croire que les défenseurs de la liberté ne porteront aucun dommage aux propriétés des patriotes; ils ne laisseront dans les départemens soumis aux lois que le souvenir de leur courage et de leurs vertus.

» Si l'espoir des représentans du peuple était trompé, si quelques individus se livraient au pillage, alors ils appelleraient sans pitié le glaive de la loi sur leurs têtes coupables ; ils ne veulent pas laisser une seule tache à l'armée victorieuse des côtes de l'Ouest.

» Les représentans du peuple,

» *Signé* BELLEGARDE, RUELLE, BOURSAULT, CARRIER, FAYAU, GILLET, MÉAULLE.

§ V. (Rive droite de la Loire.) Le poste de Varades forcé par les Vendéens dans la nuit du 16 au 17. — Évacuation d'Ancenis et d'Oudon. — Le commandant Bourgeois envoyé au secours de l'adjudant-général Tabary qui occupait Ingrande. — Son récit. — Tabary dénoncé et condamné à l'échafaud. — Bénaben et Duverger, commissaires du département près l'armée. — Duverger tué le lendemain de son départ. — Le commandement sur la rive gauche partagé entre les généraux Commaire à Saumur, et Vimeux à Nantes. — Lettre du comité de salut public qui fait sentir à Prieur la nécessité de reprendre Noirmoutier. — Disposition des troupes au 21 octobre. — Beaupuy se dirige sur Candé, Westermann sur Nort, et Kleber sur Ancenis. — La position d'Olagner était encore ignorée. — L'armée vendéenne entre dans Candé, Château-Gontier et Laval. — Beaupuy et Westermann à Château-Gontier le 25 ; marche sur Entrames ; combat de nuit ; leur retraite. — Compte inexact rendu à la Convention par Bourbotte et Turreau. — Kleber arrive à Château-Gontier le 26 ; sa division est portée à Villiers. — Récit de Kleber. — Ordre de L'Échelle à Kleber, du 27. — Combat d'Entrames ; déroute de l'armée de L'Échelle ; détails. — Mort de Bloss ; lettre de Canclaux à ce sujet. — Le 28, l'armée se porte au Lion d'Angers. — Le représentant Bellegarde invite L'Échelle à demander un congé. — Chalbos prend le commandement par intérim ; Nouvion, chef de l'état-major. — Conseil de guerre ; on arrête que l'armée se portera à Angers pour la réorganiser. — Elle se rend à Angers le 30. — Chambertin et Olagner, attaqués à Craon, se replient sur Rennes. — Le général fait son rapport au ministre le 28 ; réponse du ministre du 30. — Lettres du ministre à Rossignol et à Santerre. — Arrêté du comité de salut public portant que l'armée de Mayence sera amalgamée avec les autres troupes qui s'y trouvent réunies. — Le comité de salut public invite les représentans à se défier de Kleber et de Haxo comme deux royalistes. — Rapport de Barrère du 5 novembre.

Événemens sur la rive droite de la Loire.

En partant de Montaigu pour pénétrer dans l'intérieur de la haute Vendée, on ne pouvait pas calculer d'avance les événemens ; on ne supposait pas surtout que le Vendéen, esclave de ses habitudes, inséparable de ses foyers, se fût déterminé, en cas de défaite, à se jeter au delà de la Loire, sur une terre qu'il devait regarder comme étrangère. Mais que ne peut point la frayeur ? Ses chefs, ses prêtres, tout fuyait : il les suivit ; mais ses regards se reportèrent toujours vers le pays qui l'avait vu naître.

Il n'existait sur la rive droite de la Loire que quelques postes d'observation. Tout était nouveau dans l'état-major de l'armée de l'Ouest. Le général Canclaux, qui étendait une sage prévoyance sur tous les points confiés à sa défense, venait d'être remplacé par un général accouru en poste, et incapable de commander et de diriger de grandes opérations. Il n'avait pu prendre aucune connaissance ni des hommes ni des choses, aussi n'avait-il donné aucun ordre.

Le général Fabrefonds, autre militaire à peu près de la même espèce que son chef, était à Angers, chargé de la défense de la rive droite de la Loire. Il avait sous ses ordres le général Olagner à Angers, et le général Moulin aux ponts de Cé. Il avait d'ailleurs peu de troupes à sa disposition, et aucun moyen de communication avec le général en chef dans l'intérieur du pays.

Dans la nuit du 16 au 17 octobre, une colonne vendéenne traversa la Loire à Saint-Florent, attaqua le poste de Varades et l'emporta après une faible résistance.

« Ce poste, dit Kleber, malgré la faiblesse de sa garnison, et quoique dominé par les hauteurs de Saint-Florent, pouvait défendre le passage avec des troupes aguerries, de bonnes dispositions et du sang-froid; mais le général en chef ou son chef d'état-major, ayant négligé de donner des instructions au commandant de Varades, aucune précaution ne fut prise. On négligea même de faire descendre sur Nantes les bateaux de la rive droite, qui servirent au transport de l'armée catholique sur cette rive. Le poste, étonné de l'attaque imprévue dirigée sur lui, se borna à tirer quelques coups de canon, et à une fusillade d'environ une heure, puis il se retira et l'ennemi devint maître des deux rives. Ancenis et Oudon furent de même abandonnés.

» On était loin, sans doute, ajoute Kleber, de songer que l'ennemi tenterait une entreprise aussi hardie qu'extraordinaire.

» Partout où passa l'armée catholique, continue ce général, elle fut estimée à plus de soixante mille combattans, sans y comprendre les prêtres, les femmes et les enfans. Elle était pourvue de trente-deux pièces de canon, dont plusieurs de douze, et des caissons à proportion. »

L'adjudant-général Tabary, qui occupait Ingrande avec quatre à cinq cents hommes, réclama du secours. Le général Olagner lui envoya, dans la soirée du 17, trois cents hommes sous les ordres du commandant Bourgeois.

« Ma troupe, dit ce commandant, fut placée à l'embranchement de quatre routes différentes, dont les deux principales conduisaient à des villages occupés par des Vendéens, et nous nous trouvions à trois lieues de Varades où quarante mille soldats de l'armée catholique, chassés par l'armée de Mayence, venaient d'aborder ; ainsi huit cents hommes se trouvaient pour ainsi dire livrés sans moyen de défense.

» Le 19 au matin, nos avant-postes furent vivement attaqués. Tabary était absent et n'avait point laissé d'ordre ; la résistance fut vigoureuse pendant quelque temps ; mais, assaillis par l'artillerie et par une nombreuse cavalerie, nous fûmes forcés à la retraite jusqu'à une demi-lieue d'Angers. »

Tabary fut dénoncé quelque temps après et conduit à l'échafaud.

Cette retraite précipitée fit trembler Angers. Olagner rassembla ce qu'il put trouver de troupes disponibles et de bonne volonté, dont il forma un corps d'observation d'environ trois mille hommes. Il avait près de lui deux commissaires du département de Maine-et-Loire, Bénaben et Duverger ; ce dernier fut tué le lendemain de son départ d'Angers, l'autre suivit les mouvemens de l'armée jusqu'à la reprise de Noirmoutier.

Après le passage de la Loire, le commandement sur la rive gauche fut partagé entre les généraux Commaire à Saumur, et Vimeux à Nantes.

Le général Commaire devait surveiller la haute Vendée jusqu'à la Sèvre-Nantaise et la Loire jusqu'à Saint-Florent exclusivement.

Le général Vimeux, détaché de l'armée active, eut le commandement supérieur de Nantes, du département de la Loire-Inférieure, de la basse Vendée et du cours de la Loire jusqu'à Saint-Florent inclusivement.

Le général Haxo fut spécialement chargé de faire tête à Charette et de s'emparer de Noirmoutier, conformément aux ordres du comité de salut public transmis le 19 octobre par le ministre de la guerre.

Voici ce que le comité de salut public écrivit à ce sujet, le 21 octobre, aux représentans Prieur et Jean Bon Saint-André :

« Vous aurez reçu hier un courrier extraordinaire relatif à l'expédition de Noirmoutier. Cette île deviendrait un repaire formidable, si les brigands chassés, comme vous le savez, de Chollet et Mortagne, pouvaient y établir des forces et des moyens de défense. Enflammez l'homme intrépide que vous choisirez pour diriger cette expédition, du désir de la terminer promptement, c'est un coup de main qui doit avoir l'effet de la foudre. Il faut que les républicains se montrent, qu'ils reprennent Noirmoutier ou qu'ils *l'engloutissent dans la mer.* Vive la république !.... »

Le général Marigny resta chargé, jusqu'à nouvel ordre, du commandement des troupes depuis Nantes jusqu'à Paimbœuf.

Bloss parcourait avec ses grenadiers la rive gauche de la Loire qu'il devait désarmer avant de passer le fleuve.

Le reste de l'armée républicaine était, au 21 octobre, disposé sur la rive droite de la Loire de la manière suivante :

L'avant-garde de Beaupuy, forte d'environ trois mille hommes, à Angers.

Le corps d'observation d'Olagner, de même force, en avant d'Angers, sur la route d'Ancenis.

La division de Canuel, de deux à trois mille hommes, à Saint-Florent, se disposant à passer la Loire.

Kleber, au camp de Saint-Georges, avec le reste de la colonne de Mayence.

Chalbos, à Nantes, avec son corps d'armée.

Westermann, dans la même ville, avec sa cavalerie.

Le général en chef était resté à Nantes avec son état-major. Robert, son chef d'état-major, indisposé des suites d'une chute de cheval, fut remplacé provisoirement dans ses fonctions par le général Marceau.

On n'était pas encore certain de la direction

que prendrait l'armée catholique. Cependant on se mit en marche le 22, avec l'ordre de *poursuivre les brigands sans relâche et sans les perdre de vue ;* c'était là toute la tactique du général en chef et des représentans.

Beaupuy partit d'Angers, se dirigeant sur Candé.

Westermann eut l'ordre de prendre la direction de Nort, et Kleber de suivre la rive droite de la Loire jusqu'à Ancenis, pour se porter ensuite sur les derrières des rebelles.

Olagner ne reçut aucun ordre ; sa marche d'Angers était encore ignorée.

Bientôt on apprit que l'armée catholique, menacée sur ses derrières et sur ses flancs, marchait sur Candé, Château-Gontier et Laval, dont elle s'empara sans beaucoup de résistance.

Beaupuy et Westermann arrivèrent à Château-Gontier le 25 ; il était 5 heures du soir, leurs troupes étaient harassées. Le corps d'armée et la division Canuel n'étaient qu'à une journée de marche.

« Westermann, dit Kleber, toujours pressé d'agir et de faire parler de lui à tout prix, fut d'avis de marcher de suite sur Laval. Beaupuy lui fit observer qu'ayant encore six lieues à faire, on n'arriverait à Laval qu'au milieu de la nuit, et que le soldat, accablé de lassitude, serait hors d'état de rien entreprendre; qu'en différant cette attaque jusqu'au lendemain, on pourrait non-seulement prendre des dispositions plus sûres, mais que l'on serait renforcé par l'armée.

Toutes ces considérations ne purent déterminer Westermann à renoncer à son projet. Avide de gloire, il voulut profiter du moment où les circonstances lui donnaient le commandement par ancienneté, pour faire un coup d'éclat. Ainsi, ne consultant que son imprudent courage, il se mit en marche.

» Arrivé à la croix de bataille, Westermann donna l'ordre au capitaine Hauteville d'aller reconnaître l'ennemi. L'ardeur de cet officier l'emportant sur la prudence, il chargea les premiers postes, et les poursuivit vivement. L'alarme se répand aussitôt; on entend sonner le tocsin, et au moment où nos troupes commençaient à se déployer, l'ennemi, revenu de sa première frayeur, marche à notre rencontre. Guidé par le commandement de nos officiers, il attaque, lorsqu'on s'attendait encore à ne le joindre que dans la ville (il était alors minuit). Quoique pris à l'improviste, nos soldats se conduisirent avec leur valeur ordinaire, la droite surtout fit des prodiges.

» Le combat, ajoute Kleber, fut très-opiniâtre, et l'obscurité de la nuit contribua à le rendre très-sanglant. La victoire fût restée à nos troupes, si la cavalerie de Westermann eût voulu suivre l'exemple de celle des Francs; mais, au lieu de charger, elle rétrograda, et porta le désordre dans la colonne. Westermann, accablé par le nombre, vit alors que l'audace ne suffisait pas toujours pour obtenir des succès. Il ordonna la retraite qui se fit en assez bon ordre jusqu'à Château-Gontier où l'armée arriva le jour suivant. »

Les représentans Bourbotte et Turreau rendirent, à leur manière, compte de cette affaire à la Convention. Ce n'était, selon eux, qu'une simple reconnaissance, qui n'avait coûté aux républicains que quelques blessés, etc. Leur dépêche fut lue à la séance du 27 octobre.

Le 26, Kleber précéda la troupe et se rendit à

Château-Gontier où se trouvaient les représentans et le général en chef. Il s'informa si l'on s'était occupé des dispositions à prendre pour les troupes en marche : on n'y avait pas encore pensé ; mais, sans aucune considération sur l'état de dénûment et de fatigue du soldat, on décida que l'armée ne ferait que traverser Château-Gontier et irait occuper la position de Villiers, trois lieues plus loin, à moitié chemin de Laval. Kleber fit en conséquence reconnaître le terrain, et assigna à chaque division et à l'avant-garde l'emplacement qu'elles devaient prendre.

Westermann voulait que la troupe se portât à Entrames, deux lieues au-delà de Villiers. Il tenait si fortement à cette opinion, qu'il conduisit l'avant-garde légère, alors commandée par le général Danican, jusqu'au pont sur la Jouanne, au-delà de ce village.

Cependant les soldats qui, ce jour-là, avaient déjà fait huit lieues sans vivres et la plupart sans souliers, étaient harassés de fatigue lorsqu'ils arrivèrent, à nuit tombante, à Villiers. Il eût été plus qu'imprudent de leur faire faire encore deux lieues dans cet état, pour prendre position, au milieu de la nuit, à proximité de l'ennemi, sur un terrain que Westermann seul avait reconnu et qu'il n'avait pu reconnaître que la nuit.

Kleber ordonna positivement que l'on resterait à la position de Villiers, et que l'avant-garde se replierait et viendrait occuper une position sur les hauteurs et le pont de la rivière d'Ouette, en avant de Villiers.

Cette marche rétrograde occasiona du désagrément à Danican que le soldat voyait pour la première fois. On crut qu'il agissait de son chef; on murmura. Le chef de bataillon Aldebert, commandant les chasseurs républicains, excita les plaintes, de sorte que tout le monde rentra au camp, et il ne resta, pour garder le poste du pont, qu'une grand'garde de cavalerie. Il était trop tard pour y porter remède.

Après avoir parcouru la position qu'occupait sa division, Kleber rentra à son quartier-général. Là il apprit que L'Échelle venait de lui faire dire qu'il devait donner l'ordre aux deux divisions, *comme ils en étaient convenus.* Ce fut une énigme pour Kleber qui chargea un officier de son état-major d'aller trouver le général en chef et de lui répondre de sa part qu'ils n'*étaient convenus de rien*, et que, s'il le jugeait à propos, il se rendrait chez lui.

L'Échelle dormait, l'officier n'osa l'éveiller. Kleber écrivit au hasard deux ordres; l'un à Beaupuy, resté avec son avant-garde à Château-Gontier, l'autre à Bloss qui venait d'y arriver avec ses grenadiers, en leur prescrivant de se rendre le lendemain de bonne heure au camp avec leur troupe, laissant seulement un fort poste pour la défense du pont.

Westermann, Marceau, Danican et Savary étaient chez Kleber à onze heures du soir. Westermann se plaignit beaucoup de ce que la troupe ne s'était pas portée sur les hauteurs d'Entrames. « Si l'ennemi, disait-il, s'empare de cette position, nous ne l'en débusquerons pas aisément. » — Il avait raison, observe Kleber; mais s'il est des momens où l'on peut tout exiger des troupes par un enthousiasme excité à propos, il en est d'autres où l'on tenterait en vain de les électriser, et où il faut se borner à les contenir dans le cercle ordinaire de leurs devoirs. L'Échelle avait alors, par sa lâcheté, par son ignorance, et par l'insouciance qu'il apportait à pourvoir aux besoins des soldats, déjà tellement aliéné leurs esprits, que tout se faisait avec humeur, et qu'on n'entendait que murmures.

« Nous causâmes, ajoute Kleber, de l'attaque qui devait se faire le lendemain. Savary connaissait Laval; il nous donna, sur sa position, les renseignemens les plus détaillés. Il nous fit sentir que l'attaque faite par la rive gauche de la Mayenne réussirait difficilement, parce qu'il suffisait de couper le pont de Laval ou d'y établir une batterie, pour la rendre presque impossible; que l'on trouverait beaucoup plus d'avantages, en dirigeant cette attaque par la rive droite, parce que de ce côté on arriverait sur les hauteurs qui dominent la ville et qu'il ne se présentait aucun obstacle; que, si l'on s'obstinait à continuer la marche sur la rive gauche, il fallait du moins faire une diversion sur l'autre rive, en faisant marcher sur cette direction la colonne de l'armée des côtes de Brest, commandée par l'adjudant général

Chambertin qui se trouvait à Craon; qu'ainsi il fallait rester dans ses positions et différer l'attaque d'un et même de deux jours, pour donner à la troupe le temps de se refaire, et prendre des mesures pour attaquer à la fois sur tous les points.

» Cet avis fut goûté de tout le monde; le général Dembarrère qui survint l'approuva également. Marceau se chargea d'en faire la proposition à L'Échelle. Savary se rendit aussi chez lui le lendemain matin et insista sur l'exécution de ce plan. L'Échelle consentit à l'adopter, et renvoya Savary vers moi pour m'en prévenir. Il donna même l'ordre à Olagner, qui arrivait avec sa colonne et dont on n'avait pas entendu parler jusqu'alors, d'aller rejoindre Chambertin à Craon, pour marcher avec lui sur Laval, mais il ne fut donné aucun ordre ni avis à Chambertin.

» Cependant la colonne de Beaupuy arrive de Château-Gontier et continue sa marche en avant. La générale bat, et je reçois l'ordre suivant :

» *L'armée va se mettre en marche ; l'avant-grade, commandée par le général Beaupuy, sera éclairée dans sa marche par les tirailleurs; les généraux de division auront soin de faire tenir l'ordre dans la marche. Arrivés au champ de bataille, dit croix de bataille, les officiers d'infanterie mettront pied à terre et enverront leurs chevaux à la queue de l'armée. Arrivé au champ de bataille, on enverra un parti pour reconnaître la position de l'ennemi.*

» 27 Octobre. *Signé* L'ÉCHELLE.

» On conçoit mon indignation, s'écrie Kleber, à la lecture d'un ordre marqué au coin de la plus crasse ignorance; mais il fallait obéir !....

» Beaupuy avance toujours, ma division le suit; celle de Chalbos était prête à se mettre en marche. Les généraux se réunissent de nouveau et se déterminent à envoyer encore une fois près de L'Échelle pour lui faire des représentations sur cet ordre imprévu. Vingt mille hommes filant sur une colonne (1) pour attaquer un poste accessible par plusieurs grandes routes, sans faire aucune fausse attaque, aucune diversion, nous paraissait une chose bien extraordinaire, d'autant plus que l'ennemi pouvait envoyer dix à quinze mille hommes par la rive droite de la Mayenne pour forcer le poste de Château-Gontier et nous mettre entre deux feux. Westermann fut chargé de cette mission et ne fut point écouté.

» Cependant le canon se fait entendre; Marceau, qui accompagnait Beaupuy, vient me dire que toute l'armée ennemie était en bataille sur la hauteur d'Entrames. Je fais avancer ma division; je me concerte avec Beaupuy qui en est déjà aux mains; et, dans le fort de la mêlée, je fais déployer mes bataillons à droite et à gauche de la route; en un mot, je dispose tout pour soutenir l'avant-garde. L'Échelle, suivant son habitude, ne paraît point; il arrête même sur la grande route la seconde division (celle de Chalbos) sans la déployer, tandis que, par la manœuvre la plus simple, il eût pu aisément déborder la gauche de l'ennemi et le prendre en flanc (2). Dembarrère et Savary, s'en apercevant, coururent pour la chercher; ils parlèrent au général en chef; mais celui-ci, ayant déjà perdu la tête, au lieu de s'avancer se disposait à la retraite. Bientôt la déroute se met, non dans ma division qui se battait, mais dans celle de Chalbos qui ne se

---

(1) C'était ce que L'Échelle appelait *marcher majestueusement et en masse*.

(2) La division Muller était arrêtée en colonne derrière le pont de l'Ouette. La colonne d'Olagner se tenait avec son artillerie sur la hauteur qui domine le pont de Château-Gontier, à l'entrée de la route de Craon, attendant des ordres. Olagner n'en reçut point, et se rendit le soir à sa destination. Ces deux divisions ne prirent aucune part à l'action. Olagner répondit à Savary qui s'était porté vers lui pour le presser de suspendre son départ et favoriser la retraite de l'armée, *qu'il lui fallait des ordres du général en chef* (qui avait disparu), *et que sa responsabilité ne lui permettait pas de différer*.

battait pas; et L'Échelle, le lâche L'Échelle donne lui-même l'exemple de la fuite. J'avais encore deux bataillons disponibles de ma division. Dans ce désordre, je les envoie occuper le pont que nous avions derrière nous (celui où s'était tenue la seconde division), afin qu'au moins notre retraite, par ce défilé, fût assurée. Le soldat, qui toujours a *un œil sur le dos*, s'apercevant que la seconde division est en fuite, s'ébranle aussitôt pour la suivre. Cris, exhortations, menaces sont vainement employés; le désordre est à son comble, et, pour la première fois, je vois fuir les soldats de Mayence. L'ennemi nous poursuit; il s'empare successivement de nos pièces, qu'il dirige contre nous. La perte des hommes devient considérable.

» Bloss, qui n'avait reçu que vers midi l'ordre de se porter à Villiers, sortait de Château-Gontier pour s'y rendre; il n'avait pas fait cinquante pas, qu'il voit arriver les fuyards et le général en chef à leur tête. Il barre la route avec ses grenadiers, mais ses efforts sont inutiles, il est lui-même entraîné jusqu'au delà de la ville.

» Les représentans Merlin et Turreau, qui toujours avaient été à la tête de la colonne, s'efforcent en ce moment de rallier les soldats; quelques centaines seulement arrêtent l'ardeur de l'ennemi. Enfin l'ennemi nous surprend, et nous avions à peine passé le pont de Château-Gontier, que déjà il était entré dans la ville, et nous tirait des coups de fusil par les fenêtres. Je trouvai au pont de cette ville l'adjudant-major des Francs, nommé Kuhn, qui avait rallié autour de lui une vingtaine d'hommes de bonne volonté pour le garder et le défendre. Je le loue de son courage et lui promets de venir à son secours, dès que j'aurai pu réunir une centaine d'hommes; j'en rencontre, les uns conduits par le chef de bataillon, Okelly, du soixante-deuxième régiment, vieillard de soixante-dix ans; les autres, par Gérard, capitaine au deuxième bataillon du Jura. Je les mets en bataille sur la place, ayant le pont devant eux.

» Le brave général Bloss arrive aussi, et, comme un autre Horatius Coclès, il reste le dernier pour défendre le pont et reçoit un coup de feu.

» Je vis alors que le seul parti qui nous restait à prendre, était de mettre quelque ordre dans notre retraite pour aller occuper la position derrière la rivière d'Oudon, au Lion d'Angers.

» Dans cet instant, Bloss, sans chapeau, la tête ceinte d'un mouchoir qui bandait sa plaie, reparaît escorté de cinq à six chasseurs, se dirigeant vers le pont; Savary court à lui. Viens avec moi, lui dit-il, tâchons de rétablir l'ordre dans la retraite. Non, répond vivement Bloss, il n'est pas permis de survivre à la honte d'une pareille journée... A peine a-t-il fait quelques pas sur le pont, qu'il est frappé d'un coup mortel ; il tombe, et plusieurs de ses camarades, voulant venger sa mort, expirent à ses côtés. Ainsi périt l'un des plus vaillans et des meilleurs officiers de l'armée. »

Bloss fut regretté de tous ses frères d'armes tant de fois témoins de sa valeur. Le général Canclaux écrivit de sa retraite au représentant Gillet :

« La poursuite des rebelles au delà de la Loire nous a coûté bien de braves patriotes, et entre autres, ce pauvre Bloss échappé tant de fois aux dangers; Bloss qui, seul, valait un bataillon par son audace, par son intrépidité, par l'exemple, et que je regrette infiniment. Puisse Marigny, son émule, être préservé du même sort !... »

Marigny ne tarda pas de le suivre dans la tombe :

« L'ennemi, poursuit Kleber, de la hauteur qui domine et enfile la route, tire plusieurs coups de canon à boulets et à mitraille, qui jettent dans notre colonne la confusion, l'effroi et la mort. La nuit était obscure, il ne fut plus possible de faire observer aucun ordre de marche, et les soldats ne s'arrêtèrent que là où ils n'entendirent plus le bruit du canon.

» Nous abandonnâmes à l'ennemi, dans cette horrible déroute, la première dont je fus témoin, dix-neuf pièces de canon, autant de caissons, plusieurs chariots chargés d'eau-de-vie et de pain, et je perdis plus de mille hommes de ma division qui donna seule.

» Le général Beaupuy se battit avec son intrépidité ordinaire; à la tête de son avant-garde, au plus fort de la mêlée, il reçut une balle qui lui traversa le corps. Transporté dans une cabane à peu de distance de Château-Gontier, sur la route d'Angers, on mit le premier appareil sur sa plaie, et l'on se disposait à le transporter plus loin, lorsqu'il dit avec ce calme qui ne l'abandonna jamais : *Qu'on me laisse ici, et que l'on présente ma chemise sanglante à mes grenadiers.....* Il fut conduit à Angers.

» Beurmann, chef du deuxième bataillon du soixante-douzième régiment; Cuisinier, chef du huitième bataillon des Vosges; le capitaine commandant le deuxième bataillon de Seine-et-Oise, moururent honorablement sur le champ de bataille; Barris, capitaine de l'artillerie volante, doué de la plus brillante valeur, y reçut aussi un coup mortel. La légion des Francs, celle de Cassel, les bataillons de la Haute-Saône, le troisième bataillon de la Nièvre, le quatrième du Haut-Rhin, le cinquième de l'Eure, les bataillons des trente-deuxième, soixante-deuxième et quatre-vingt-deuxième régimens, ceux des fédérés et des amis de la république, tous de ma division, ont infiniment souffert. »

Cependant, les soldats harassés, épuisés de fatigue, s'arrêtèrent sur la route. On parvint à en mettre une grande partie en bataille; ils allumèrent des feux, et l'on passa ainsi la nuit.

L'Échelle avait poussé jusqu'au Lion d'Angers. Kleber reçut ordre de s'y rendre le lendemain matin : il restait trois lieues à faire.

« Tel fut, ajoute Kleber, le résultat de cette fatale journée et de l'inconcevable entêtement d'un homme si peu fait pour commander. Il est cependant vrai de dire que si la seconde division avait voulu donner (1), se déployer et seconder les efforts de la première division, rien n'eût été perdu, et l'on aurait pu encore espérer des succès, malgré les mauvaises dispositions dont l'ennemi ne sut pas d'abord profiter; et cependant c'est à l'armée de Mayence que L'Échelle a voulu attribuer toute la faute de ce revers. »

Le 28 octobre, l'armée se porta au Lion d'Angers, et prit, au delà de cette ville, une position avantageuse, couverte par la rivière d'Oudon. Le pont était gardé par l'avant-garde légère. Il faisait très-froid, très-humide; le soldat découragé était nu et sans souliers : on voyait des bataillons réduits à seize hommes. A peine comptait-on sept mille hommes réunis; mais la ville d'Angers regorgeait de fuyards.

« L'Échelle, continue Kleber, en se retirant à Château-Gontier, tandis qu'on se battait encore à Entrames, s'écria : *Qu'ai-je donc fait pour commander à de pareils lâches?* Un soldat de Mayence, blessé, lui répondit : *Qu'avons-nous fait pour être commandés par un pareil j...f....* Cette réponse

---

(1) Cette division de réserve ne reçut aucun ordre de L'Échelle qui s'était tenu près d'elle pendant le combat.

donna beaucoup d'humeur au général qui affecta ensuite d'apostropher les Mayençais d'une manière dure et mortifiante, tandis qu'il traitait très-familièrement les autres.

» L'armée étant rangée en bataille, L'Échelle voulut en parcourir les rangs avec moi, mais alors il n'y eut qu'un cri : *A bas L'Échelle!... vive Dubayet! qu'on nous le rende; vive Kleber!...* Il n'osa continuer, et s'échappa pour aller porter ses plaintes aux représentans.

» Je voulus parler aux soldats et leur faire sentir qu'en eux-mêmes, dans leur peu de fermeté, se trouvait en grande partie la cause de la défaite honteuse qu'ils venaient d'éprouver; mais lorsque je me vis au milieu de ces braves gens qui jusqu'ici n'avaient connu que des victoires, et qui tant de fois s'étaient couverts de gloire; lorsque je les vis se presser autour de moi, dévorés de douleur et de honte, les sanglots étouffèrent ma voix, je ne pus proférer un seul mot, je me retirai.....

» A deux pas de là je rencontrai Choudieu, Merlin et Turreau. Le premier me dit : Je suis bien fâché que les soldats aient crié *vive Dubayet*. — Sachez donc, lui répondis-je, accorder quelque chose à leur douleur et à leur confusion; c'est la première déroute qu'ils essuient, c'est la première fois qu'ils éprouvent la honte d'avoir fui devant un ennemi que jusqu'ici ils avaient toujours vaincu. — Je leur passe d'avoir apostrophé L'Échelle, reprit Choudieu, ils l'ont vu fuir, il ne mérite plus leur confiance; mais ils auraient dû s'en tenir là (1).

» Alors on me fit la proposition de prendre le commandement en chef, et comme je la rejetai formellement, *tu ne peux refuser*, me dit-on, *c'est en toi que le soldat a le*

---

(1) Westermann, toujours imprudent, disait hautement au milieu de la route : « *Non, je n'obéirai point à un lâche... Je suis un insubordonné... Je demande un congé ou ma démission...* » Il obtint la permission de s'absenter, et partit pour Niort.

plus de confiance, tu peux seul relever son courage. — Je le relèverai son courage, sans commander en chef, et je le ferai obéir à quiconque vous mettrez à notre tête, à L'Échelle même, s'il ne veut plus fuir. D'ailleurs, vous avez ici un général divisionnaire (Chalbos) qui, à l'expérience de quarante ans de service, joint le ton du commandement et les formes nécessaires pour inspirer de la confiance. Je souffrirais chaque fois que je serais obligé de donner des ordres à un tel homme. Enfin, ajoutai-je, supposons que vous n'ayez pas la plus haute idée de ses talens militaires, ne pouvez-vous pas lui prescrire, par votre arrêté, de se faire assister du conseil des autres généraux, lorsqu'il s'agira d'une opération importante? Vos collègues à l'armée des Pyrénées, dans une semblable circonstance, ont pris cette mesure et ont eu lieu de s'en applaudir.

» On se rendit à mes raisons. Le représentant Bellegarde fut chargé par ses collègues d'engager L'Échelle à demander un congé pour le rétablissement de sa santé. Il fut arrêté que Chalbos prendrait le commandement en chef par intérim et qu'il se ferait assister par le conseil des autres généraux. Le général de brigade Nouvion, très-bon officier, fut nommé par Chalbos, chef de son état-major.

» Sitôt que L'Échelle eut connaissance de cet arrêté, il commença à tousser violemment; il dîna néanmoins le même jour avec nous, et là, il eut l'absurde impudeur de vouloir donner à entendre que cette défaite n'était due qu'à *l'or de Pitt*, qui avait séduit l'armée de Mayence; mais, ajouta-t-il, je découvrirai le complot, et *malheur aux traîtres!*.... Je voulus parler, on me poussa. Déjà mes yeux et mon geste s'étaient expliqués. Mais chacun ayant le sourire du mépris sur les lèvres, que me restait-il à dire?

» Le lendemain matin, on tint conseil de guerre, on mit en question si on garderait la position du Lion d'Angers, ou si on se porterait de nouveau sur Château-Gontier pour attaquer l'ennemi. Merlin, Turreau et plusieurs autres étaient d'avis de faire avancer l'armée. On m'invita à m'expliquer à ce sujet. — Je crois, dis-je, qu'il faudrait d'abord mettre en question si nous avons une armée ou si nous n'en avons pas. Déjà vous auriez décidé cette question si, comme moi, avant le jour, vous aviez parcouru le front du camp; si vous aviez vu le soldat mouillé jusqu'aux os, sans tentes, sans paille, sans souliers, sans culottes, quelques-uns sans habits, dans la boue jusqu'à mi-jambe, grelottant de froid, et n'ayant pas un seul ustensile pour faire sa soupe; si, comme moi, vous aviez vu des drapeaux entourés de vingt, trente, ou cinquante hommes au plus, qui forment les divers bataillons; si, comme moi enfin, vous les aviez entendus s'écrier: *Les lâches sont à Angers, et nous, nous sommes ici dans la plus profonde misère.* Alors vous penseriez, comme moi, qu'il n'est pas possible de rien entreprendre avant d'avoir réorganisé l'armée, avant de l'avoir remontée tant au moral qu'au physique. Or je déclare que dans l'état où je vois nos soldats, il est impossible que l'on puisse en espérer la moindre chose. — Tu conclus donc, me dit-on..... — Je conclus qu'il faut faire entrer les débris de l'armée à Angers.... — Et comment les tireras-tu ensuite de ce gouffre?.... — Plus facilement que vous n'en retireriez actuellement plus de la moitié de l'armée qui y est déjà et sans laquelle je vous défie de rien entreprendre. — Mais ils vont se livrer à la débauche... — C'est là le pire, aussi mon intention serait-elle de ne les y laisser que le temps nécessaire pour réorganiser l'armée dans sa totalité, et pour lui procurer des souliers et autres effets indispensables dans une saison si rigoureuse. De fréquens appels, des revues les tiendront en haleine..... Ils iront au café, au cabaret, tant mieux. Chaque verre de vin qu'ils boiront ranimera leur courage. Ils raconteront à leurs hôtes, à leurs maîtresses, leurs exploits passés; ceux-ci applaudiront et les rendront avides de nouveaux lauriers. Vous aurez ainsi dans quelques jours une armée non-seulement réorganisée, mais pour ainsi dire régénérée.

» Mon avis passa; il fut arrêté que le lendemain l'armée se rendrait à Angers. »

Le général Marigny, resté à Nantes, rejoignit l'armée au Lion d'Angers.

Le 30, la troupe, satisfaite, se mit en marche.

A chaque village, les bataillons se grossissaient par la rentrée des soldats qui avaient abandonné leurs drapeaux pour se soustraire au bivouac, espèce de désertion, dit Kleber, qui aurait dû être punie rigoureusement.

Le général Olagner, qui avait joint Chambertin à Craon, dans la soirée du 27, fut attaqué deux jours après par une colonne de Vendéens et forcé à la retraite, qui se fit sur Rennes.

L'armée catholique se trouva alors maîtresse du pays, et put se livrer au repos sans aucune inquiétude.

Le général L'Échelle fit le rapport suivant au ministre, le 28, du Lion d'Angers.

« Par ma dernière lettre du 26, je vous annonçais que je marcherais le lendemain vers Laval où est l'armée des rebelles déjà grossie par des fanatiques du pays. En effet, nos troupes se mirent en marche hier à dix heures du matin et avec le plus grand ordre; l'armée ennemie nous attendait à environ une lieue; le pays qui nous séparait d'elle, borné à notre gauche par la rivière de Mayenne et coupé de ravins, de ruisseaux et de bois fourré, n'offrant de débouché praticable que par la grande route très-large et très-belle, notre avant-garde, composée de quatre mille hommes d'élite, s'est d'abord emparée d'une hauteur qui dominait la position de l'ennemi. Le combat s'est engagé vivement; la tête de toutes les troupes n'en était distante que d'un demi-quart de lieue, je l'ai fait avancer promptement; et comme l'ennemi dirigeait ses plus grands efforts sur notre gauche, j'y ai vite déployé beaucoup de troupes, j'en ai déployé aussi sur la droite. Dans cet état de choses nous avions les avantages de la position, occupant les crêtes du terrain, et l'ennemi en s'avançant devait être foudroyé en flanc et de front. Il y avait toute probabilité d'un succès complet, lorsque, par une fatalité inconcevable, nos troupes ont plié, sans qu'il ait été possible d'arrêter ce mouvement qui, malgré tous les efforts des généraux et des représentans du peuple, est devenu une retraite désordonnée dans laquelle nous avons perdu plusieurs pièces de canon. J'ai rallié l'armée à cinq lieues d'Angers dans une belle position. Je vous laisse à penser, citoyen ministre, combien je suis affligé de cet événement, auquel nous ne devions pas nous attendre. J'ai du moins la conviction intime qu'il n'y a pas de ma faute. Je dois vous rendre compte aussi que les troupes composant la ci-devant garnison de Mayence ont demandé à grands cris leur général Dubayet. Cela prouve que je n'avais pas toute leur confiance, et ma santé se trouvant dérangée, j'ai obtenu des représentans du peuple l'agrément de céder pour quelque temps le commandement au général divisionnaire Chalbos qui est le plus ancien de l'armée.

» *Signé* L'ÉCHELLE. »

Le ministre s'empressa de lui répondre le 31 :

« J'ai reçu vos deux lettres du 28 octobre; nous n'avions pas lieu de nous attendre à ce revers, après les succès que vous aviez obtenus jusqu'à présent; mais nous sommes tous bien persuadés qu'il n'y a pas eu de votre faute et qu'il ne dépendra pas de vous de réparer bientôt ce malheur. Votre dévouement républicain nous est trop connu pour que nous n'ayons pas toujours la même confiance en vous. Le comité de salut public autorise Chalbos à commander provisoirement, pendant que votre santé ne vous permettra pas de continuer. Ne négligez rien pour la rétablir promptement. Tâchez aussi de me faire connaître les traîtres et les intrigans, et mettez-les entre les mains du tribunal militaire. »

A la réception de cette lettre, L'Échelle écrivit d'Angers au ministre :

« Vous ne vous êtes pas trompé en restant persuadé que ma conduite ne pouvait être attaquée que par la malveillance. Entièrement dévoué à la république, je la défendrai tant que je pourrai faire usage de mes facultés physiques et morales ; mais la douleur de voir ma patrie sacrifiée pour satisfaire de basses jalousies, ou pour réaliser une continuité de forfaits, me mettent dans ce moment dans l'impossibilité de diriger les opérations militaires ; c'est pourquoi je vous demande de vouloir m'accorder un congé momentané qui ait pour limite l'instant où je pourrai donner à la république de nouvelles preuves de mon dévouement. Je pars maintenant, d'après l'avis des médecins, pour aller respirer l'air natal. Comptez que je ne négligerai rien pour vous mettre à même de connaître les traîtres et les intrigans qui compromettent avec tant d'impudence le salut de la république. »

L'Échelle se rendit à Nantes où il tomba malade et mourut peu de temps après. Le 11 novembre, son aide-de-camp Pinoteau informa le ministre que le général était à toute extrémité.

Le ministre écrivit en même temps au général Rossignol :

« Vous savez à présent que l'armée de l'Ouest, *travaillée*

par quelques désorganisateurs, s'est repliée au delà de Château-Gontier, *après une légère attaque de l'avant-garde.* Faites en sorte de vous concerter avec les autres généraux pour achever une bonne fois de détruire ces rebelles. »

Le ministre ajoutait :

« Hazard, qui vient d'être nommé adjudant-général, remplira très-bien les fonctions de chef de l'état-major, au lieu de Vergnes qui vient d'être suspendu. »

Enfin il manda au général Santerre, employé à Orléans depuis le départ de Rossignol :

« Le conseil exécutif provisoire désirerait vous entendre personnellement sur les affaires de la Vendée, et la confiance qu'il a dans votre patriotisme et votre caractère moral, lui a persuadé avec raison que ce serait un moyen sûr pour être bien informé. Votre voyage aura son utilité pour la chose publique. »

La défiance, toujours entretenue auprès du gouvernement contre l'armée de Mayence, porta le comité de salut public à décider, par un arrêté, que cette armée serait amalgamée avec les autres troupes qui s'y trouvaient réunies, de manière à ce qu'elle ne fît plus un corps distinct.

« Les chefs mayençais, dit Kleber, ne doutèrent pas que cette mesure ne fût qu'une suite des calomnies de L'Échelle contre eux, cependant ils se prêtèrent de la meilleure grâce du monde à son exécution, parce qu'ils en sentaient l'utilité, sous le rapport de l'esprit de jalousie et de haine qui s'introduisait sensiblement dans les différentes divisions, et dont l'effet pouvait devenir préjudiciable aux intérêts de la chose publique.

» J'en fus bien plus certain encore, ajoute-t-il, lorsque le représentant Turreau, me prenant à part et s'enfermant avec moi, me communiqua une lettre du comité de salut public, adressée aux représentans près l'armée, par laquelle on les invitait, après quelques réflexions sur la déroute d'Entrames, à se défier de *Kleber* et de *Haxo*, *comme deux royalistes ; à les observer de très-près, et à les mettre hors d'état de nuire*. Turreau voulut bien me donner lecture de sa réponse à cette dépêche, et nous échappâmes pour cette fois à la destitution, aux fers, et à la guillotine qui en était la suite. »

Les pressentimens de Kleber étaient bien fondés, surtout depuis que la Convention, dans sa séance du 24, avait rapporté le décret qui ordonnait aux comités révolutionnaires de donner les motifs d'arrestation, et celui portant que les généraux des armées de la république ne seraient livrés au tribunal révolutionnaire que d'après un décret de la Convention. Les généraux se trouvaient ainsi abandonnés à l'arbitraire le plus étendu. D'ailleurs, le rapport que fit Barère dans la séance du 5 novembre, n'était pas de nature à rassurer Kleber sur les suites de cette affaire. On pourra en juger par le passage suivant :

« Il approche le jour terrible où le flambeau de la vérité viendra éclairer toutes les profondeurs de ces repaires de la Vendée ; ce jour où, d'une main assurée, nous déchirerons le bandeau épais qui couvre encore quelques instans toutes ces intrigues lointaines, toutes ces manœuvres locales, toutes ces trahisons militaires, ces ambitions diverses des chefs. Administrations départementales, administrations militaires, états-majors, généraux, conseils de guerre, intrigues de tous genres, etc., tout sera marqué du sceau de la réprobation méritée.

» Victoires colorées, demi-succès exagérés, récits fabuleux, tout aura sa place, et la nation sera vengée. »

§ VI. (Intérieur de la Vendée.) Situation de ce pays après le passage de la Loire. — Attaque de Vertou par le chef de brigade Jordy, le 24. — Ce poste enlevé.

Intérieur de la Vendée.

Après le passage de la Loire, il ne restait dans la haute Vendée aucun des chefs, aucun rassemblement à craindre. Tous les braves de l'armée vendéenne erraient sur un sol étranger à cette contrée. Toutes les illusions, tous les prestiges du fanatisme avaient disparu avec les prêtres. On pouvait donc considérer cette portion du territoire de la Vendée comme un pays soumis, depuis la Sèvre jusqu'à Saumur : il ne fallait plus, pour y assurer la paix et la tranquillité, qu'une surveillance active, dirigée par des principes de clémence, d'humanité et de justice.

Il n'en était pas ainsi de la basse Vendée, depuis la Sèvre jusqu'à la mer, pays occupé par Charette et les anciens chefs dans cette partie. Pour les réduire, il était indispensable d'y faire pénétrer des troupes.

Le général Haxo fut chargé d'y diriger les opérations militaires, conjointement avec le général Dutruy qui remplaçait le général Mieszkowsky aux Sables. Ils devaient rendre compte au général Vimeux, commandant supérieur, pendant que l'armée était à la poursuite des Vendéens sur la rive droite.

Le 24 octobre, Haxo chargea le chef de brigade Jordy de dissiper un rassemblement qui occupait Vertou et qui inquiétait Nantes. Ce poste présentait des difficultés pour l'attaque. Le pont de Vertou était coupé, il fallait le rétablir sous le feu de l'ennemi. Jordy y parvint, à la tête de quatorze cents hommes, deux obusiers et deux pièces de huit; il s'empara de Vertou et de trois pièces d'artillerie avec leurs caissons. Il fit soixante-quatre prisonniers qui furent envoyés à Nantes.

Cette expédition favorisa l'enlèvement des subsistances pour l'approvisionnement de Nantes où la disette se faisait fortement sentir.

Vimeux avait établi un poste à Montaigu, sous les ordres du commandant Barbier, chef d'un bataillon de grenadiers, officier actif et intelligent destiné à surveiller le pays, à mettre le château de Montaigu en état de défense, et à procurer des subsistances à Nantes.

Haxo fit ensuite ses dispositions pour attaquer le port Saint-Père, Machecoul, et poursuivre Charette.

§ VII. (Chouannerie.) Fermentation dans le Morbihan. — Correspondance à ce sujet. — Rentrée de la flotte à Brest. — Lettre du comité de salut public aux représentans Prieur et Jean-Bon Saint-André. — Proclamation des représentans Bréard et Jean-Bon Saint-André aux marins composant l'armée navale réunie à Brest.

Chouannerie.

La fermentation qui commençait à se manifester dans le département du Morbihan faisait craindre pour sa tranquillité. Les administrations en prévinrent le comité de salut public, par les lettres suivantes :

{ Rapports et Correspondance.

Du 3 = (1) . . . . (*Vannes.*)

L'administration vient d'établir un comité de surveillance, conformément à l'article 3 du décret du 21 mars dernier.

Les malveillans s'agitent et cherchent à égarer les citoyens des campagnes. C'est à cette cause, sans doute, qu'il faut attribuer l'explosion de vingt-trois milliers de poudre qui a eu lieu les 17 et 18 août près de Pont-Château, route de Nantes.

Du 4 = La presque totalité des cultivateurs et la majeure partie des habitans des villes sont égarés par le fanatisme et l'aristocratie. Il existe dans ce département une grande quantité de prêtres réfractaires déguisés en paysans, et nous ne comptons que deux ou trois cents hommes de troupe soldée, nombre

---

(1) *Nota.* Les chiffres suivis du signe = indiquent les dates du mois.

bien insuffisant pour assurer la tranquillité de nos concitoyens. Nous demandons des forces pour faire exécuter les lois, notamment dans les districts de Rochefort, Auray, Faouet, Josselin et Ploermel, qui regorgent de prêtres réfractaires.

Du 16 = Rossignol, général en chef des côtes de Brest, au ministre de la guerre. (Brest.)

« Je pense, citoyen ministre, que trois mille hommes suffiraient pour rétablir la paix dans le Morbihan. Les rassemblemens sont occasionés, en partie, par la présence de plusieurs brigands qui sont venus mettre bas les armes devant l'armée de l'Ouest, ci-devant Mayençaise. Les représentans près cette armée les renvoient dans l'intérieur ; ces mêmes brigands se répandent dans différens départemens et y prêchent la guerre civile, tandis qu'il aurait été très-prudent, selon moi, de les renfermer jusqu'à la paix (1). »

Annotation du ministre Bouchotte.

Renvoyé au comité de salut public. Il convient de prendre tous les moyens de les mettre en arrestation ; jamais gens ne furent à plus juste titre suspects que ceux-là.

Du 21 = Le comité de salut public aux représentans Prieur et Jean-Bon Saint-André, à Brest.

« Quiconque aime sincèrement la patrie doit avoir des regrets éternels de ce que la flotte est rentrée au moment où l'on devait espérer des succès certains et des avantages immenses.

» Le décret qui règle la répartition des prises est parti. Puissent nos matelots bientôt partager toutes les dépouilles de

---

(1) Cette assertion de Rossignol n'était qu'un moyen d'entretenir la défiance contre la colonne de Mayence. Rossignol venait de prendre le commandement de l'armée des côtes de Brest.

la Hollande et de l'Angleterre ! Puissent les trésors des esclaves servir à réparer les fatigues des enfans de la liberté, et à consoler le veuvage de leurs généreuses familles !

» Le ministre ne fera aucune nomination que vous n'ayez épuré tous les grades *jusqu'à fond de cale*(1); ainsi agissez fièrement, et que les sans-culottes voient faire une fois sous leurs yeux des promotions à la manière républicaine. Soyez sévères envers les administrations. Celui qui a trompé la confiance du peuple une fois en est éternellement indigne. Il n'y a rien de *véniel* dans les trahisons contre la patrie. Vous devez être inflexibles. »

Du 27 = Proclamation des représentans Bréard et Jean-Bon Saint-André aux marins composant l'armée navale de la République. (Brest.)

« Braves marins,

» De grandes réformes viennent d'être opérées sur la flotte. Elles étaient nécessaires ; l'intérêt de la patrie les réclamait. La flotte destinée à combattre et à vaincre les ennemis de la république est rentrée dans le port ; votre retraite a eu l'air d'une fuite, et l'honneur du pavillon en a été flétri.

» Nous avons dû approfondir les causes de cet événement malheureux sur lequel la nation entière a gémi ; nous les avons trouvées dans la division de vos chefs, dans l'amour-propre de plusieurs officiers, dans l'incivisme de quelques-uns, dans l'éternelle rivalité de l'ancienne marine contre la marine de la république ; nous avons vu des hommes regrettant leurs anciens fers et ne combattant qu'à regret pour la cause de l'égalité. Ainsi la discipline s'est relâchée ; l'oisiveté des mouillages a consumé votre ardeur, votre courage a été enchaîné ; et, au lieu de chercher l'ennemi sur les mers, de

---

(1) Cette réorganisation eut lieu quelques jours après, et les ci-devant nobles furent éloignés sur mer comme sur terre.

l'attaquer et de le vaincre ; vous avez vu la campagne entière s'écouler dans la plus honteuse inaction.

» Sur terre comme sur mer, des officiers ou faibles ou infidèles ont entravé la marche de nos succès. Trogoff a livré aux Anglais nos vaisseaux, nos arsenaux et nos magasins (1). L'opinion publique repoussait avec indignation la caste perfide qui causait tous nos maux ; vous-mêmes, vous nous demandiez des chefs pris parmi vos égaux et vos frères : nous vous les avons donnés.

» La discipline est le garant du succès. C'est par elle, et par elle seule que les armées sont invincibles. Ce n'est plus, comme dans l'ancien régime, à l'homme que vous obéissez ; c'est à la loi, c'est à la patrie dont le saint amour doit brûler dans tous les cœurs.

» Braves marins, notre amitié vous suivra sur les mers ; en votre absence, nous préparerons les couronnes qui devront, à votre retour, orner vos têtes triomphantes ; et si, comme nous n'en doutons pas, vous les avez méritées, nous vous les donnerons dans les étreintes des embrassemens les plus fraternels. »

---

(1) Le contre-amiral Trogoff était accusé d'avoir été, avec le général Brunet, l'âme du complot qui avait livré aux Anglais Toulon et la flotte qui se trouvait dans le port.

CHAPITRE IX.

Du 11 brumaire } an II.
au 10 frimaire

Novembre 1793.

§ Ier. Décret du 1er. novembre : Toute ville qui recevra dans son sein des brigands, etc., sera rasée. — Nouvelle organisation de l'armée à Angers. — Départ pour se porter sur Laval et Rennes. — Projet de Garnier de Saintes pour la défense de Fougères ; réflexions du général Vergnes. — Situation de Mayenne. — Compte rendu par le général Lenoir. — Évacuation de Mayenne à l'approche des Vendéens. — Rapport du général Lenoir du 2 novembre. — Lettre du comité de salut public à Jean-Bon Saint-André du 6. — A Prieur de la Marne. — Lettre du général Thevet Lessert au ministre. — Rapport du général Vergnes au comité de salut public, du 10. — Lettre de Rossignol au comité de salut public, du 11. — Lettre de Tribout au comité de salut public. — Rapport du chef de brigade Cadene au comité de salut public. — D'un commissaire du comité de salut public. — Mouvemens de l'armée de Cherbourg ; rapport du général Sepher.

Le 1er novembre, la convention nationale rendit, sur le rapport de Barère, un décret ainsi conçu :

« Toute ville de la république qui recevra dans son sein des brigands, ou qui leur donnera des secours, ou qui ne les aura pas repoussés avec tous les moyens dont elle est capable, sera punie comme une ville rebelle, et en conséquence elle sera rasée, et les biens des habitans seront confisqués au profit de la république. »

Cette menace, suite du système de la terreur,

resta heureusement sans effet sur la rive droite de la Loire.

Six jours entiers furent employés à réorganiser l'armée et à l'équiper. Kleber mit toute son attention à répartir dans les différentes brigades les bataillons les plus solides, de manière à en former pour chacune une bonne tête de colonne. On tint plusieurs conseils de guerre, en présence des députés Turreau, Prieur de la Marne, Bourbotte et Francastel. Chaque général de division passa la revue de ses troupes; le soldat bien disposé reprit de la confiance et le sentiment de sa force.

Le brave Marigny, nommé général de brigade à Nantes par le représentant Gillet, eut, dans la division de Kleber, le commandement de l'infanterie légère forte d'environ seize cents chasseurs à pied et cent à cheval.

Marceau remplaça Beaupuy à l'avant-garde de la première brigade forte d'environ trois mille hommes.

Canuel commanda la seconde brigade, à peu près de même force, de manière que la division formait sept à huit mille hommes.

La seconde division, sous les ordres de Muller, n'était pas plus forte.

L'adjudant-général Klingler fut placé à la tête d'une réserve d'environ quinze cents hommes.

La force totale de l'armée pouvait donc être de seize mille hommes, et se trouvait conséquemment diminuée, tant par les absens qui n'avaient pas rejoint, que par les morts et les blessés, de près de quatre mille hommes, depuis l'affaire d'Entrames.

Cependant on ignorait la marche et les intentions de l'ennemi; on savait seulement qu'il s'était replié sur Laval, d'où il pouvait se porter sur Paris, sur Rennes, pénétrer dans la Normandie, etc. On était dans cette attente, lorsque Rossignol, craignant pour la Bretagne, proposa la jonction des deux armées à Rennes, sous le commandement d'un seul chef. Enfin on reçut l'avis que l'armée catholique dirigeait sa marche par Mayenne sur Fougères. Les colonnes partirent aussitôt d'Angers le 7 novembre; la première division prit la route de Duretal, la Flèche et Sablé; la deuxième, celle du Lion d'Angers et Château-Gontier. Le 10, toute l'armée se réunit à Laval et y séjourna le 11. On y décida, d'après des avis reçus sur les mouvemens de l'ennemi, que l'armée marcherait sur Rennes, qui semblait menacé. On craignait que l'ennemi ne se jetât dans le Morbihan. Cette crainte avait déjà déterminé l'ordre donné au général Tribout de partir de Brest pour se porter à Dinan, où il arriva, le 12, avec environ quatre mille hommes et une nombreuse artillerie.

Le 12, l'armée se rendit à Vitré où Rossignol se trouva avec le représentant Pocholle, et prit le commandement des deux armées réunies, par suite d'un arrêté du comité de salut public. Le lendemain, l'avant-garde légère se rendit à Rennes, où le reste de la troupe arriva le 14, après avoir bivouaqué sur la route.

« Il faisait, dit Kleber, un temps horrible, les chemins étaient affreux, les soldats sans souliers; on ne pouvait les voir lutter ainsi contre la misère sans s'attendrir sur leur sort et leur constance. »

Cependant on avait essayé de faire des dispositions de défense à Mayenne et sur la route de Fougères. Le représentant Garnier de Saintes, en mission près l'armée de Cherbourg, écrivit d'Avranches le 30 octobre au général Vergnes à Rennes.

« J'ai appris l'échec que vient d'éprouver l'armée de l'Ouest qui se replie sur le Lion d'Angers. Je veux protéger le poste de Fougères; il y aura demain dans ce poste trois mille hommes et huit pièces de canon. Je soupçonne les généraux de vouloir prolonger la guerre. »

« Je suis d'avis, répondit très-sensément Vergnes, que les généraux des armées de Brest, de Cherbourg et de l'Ouest se concertent ensemble pour agir simultanément. Je pense que l'on doit éviter de placer nos troupes comme l'étaient celles de l'armée de la Rochelle; elle présentait six têtes de colonne au noyau des rebelles. Ces six têtes ne pouvaient se secourir par leur éloignement, et les rebelles les battaient successivement les unes après les autres. Si l'on veut tenir Mayenne, Ernée, Fougères, Vitré, la Guerche, Châteaubriand, Château-Gontier et quelques postes du côté de la Sarthe, on se trouvera précisémennt dans le même cas que l'armée de la Rochelle.

» La colonne qui était à Craon est arrivée hier 30 octobre; elle est de trois mille cinq cents hommes. Je désire que le général Peyre se concerte avec Rossignol. »

Le général de brigade Lenoir, envoyé à Mayenne

pour y prendre le commandement de la force armée, fit le rapport suivant au ministre le 1er. novembre.

« J'ai trouvé à mon arrivée l'armée fort mal organisée, les officiers absolument incapables de commander, presque point d'armes, point de munitions, cinq mauvaises pièces de canon, peu de canonniers. Cette armée, composée de réquisitions, était hier matin d'environ dix-sept mille hommes. Six cavaliers des rebelles s'étant montrés du côté de Martigné gardé par douze cents hommes, tout le poste a pris la fuite. La frayeur s'est communiquée au reste de la troupe ; cette nuit, les routes étaient couvertes de fuyards : il ne reste pas maintenant six mille hommes qui, à la première vue de l'ennemi, prendront aussi la fuite.

» Les rebelles ont évacué Laval et se portent sur Mayenne. Martigné et Commers sont en leur pouvoir.

» J'ai fait battre la générale à quatre heures du matin ; il en est huit et il y a tout au plus cinq cents hommes réunis ; j'ignore ce que le reste est devenu.

» J'ai convoqué un conseil de guerre où se sont trouvés les corps administratifs, à l'exception des membres du département partis hier à quatre heures du soir. On fera toute la résistance possible, et si l'on est forcé à la retraite, elle se fera sur Alençon, et les troupes détachées à Ernée se retireront sur Fougères.

» La désertion continue, les gardes sont forcées ; je crains de me trouver seul avant la fin du jour ; cinquante hommes de gendarmerie, sur lesquels seuls je peux compter, sont occupés à faire des patrouilles.

» Je n'ai accepté qu'avec répugnance le grade de général de brigade ; je sens que je n'ai pas assez de talens pour le remplir ; j'offre ma démission : à cette armée, je suis certain d'être déshonoré. Je vous prie, citoyen ministre, de me faire remplacer pour que je puisse retourner à mon bataillon dussé-je y servir comme soldat.

» L'adjudant-général Huché s'est bien comporté hier à la tête de la gendarmerie.

» On vous a trompé sur le nombre des rebelles; ils sont au moins quarante mille hommes; ils se sont grossis à Laval et se grossiront encore sur leur route. Je regarde comme impossible de les réduire avec des réquisitions seules. »

Le même jour Mayenne fut évacué à l'approche des Vendéens. Le général Lenoir en rendit compte le lendemain au ministre, à son arrivée à Alençon.

« Hier à 11 heures, disait-il, les rebelles se portèrent sur Mayenne et cherchèrent à nous envelopper. Ne pouvant espérer aucune défense de l'armée, je pris le parti de me retirer sur Pré-en-Paille. La plus grande partie de la troupe était en fuite ou prête à fuir au premier coup de fusil. A une demi-lieue de Mayenne, quelques éclaireurs ennemis parurent à deux portées de carabine de l'arrière-garde; je voulus faire mettre l'armée en bataille pour recevoir l'ennemi; chose impossible, la déroute devint générale. Je donnai l'ordre au commandant de l'avant-garde de prendre une position avantageuse pour rallier et soutenir l'armée au besoin; les gendarmes envoyés sur les derrières vinrent annoncer que l'ennemi ne se portait pas sur nous. La colonne se mit en marche, mais, à son approche, plus de mille hommes de l'avant-garde, s'imaginant voir les rebelles, prirent la fuite.

» Ce matin on est venu m'avertir que l'ennemi était à quatre lieues; à ce bruit répandu, toute l'armée s'est débandée dans le plus grand désordre. J'ai retrouvé à Alençon tout au plus trois mille hommes, parmi lesquels beaucoup armés de piques, de bâtons, etc. Ils n'osent retourner dans leur pays occupé par les rebelles.

» Je suis au désespoir, citoyen ministre, de commander

de pareils hommes. Je vous prie de nouveau d'accepter ma démission et de nommer à ma place l'adjudant-général Huché.

» Le représentant Letourneur n'est pas moins affecté que moi ; il a été témoin de tout, il a voulu haranguer la troupe ce matin : on lui a répondu par des invectives.

» Les rebelles se sont beaucoup grossis et peuvent nous conduire jusqu'à Paris, s'ils ont le projet d'y aller. Letourneur vient de recevoir de son collègue Tirion l'avis que leurs généraux ont délibéré pour savoir s'ils se porteraient dans le Calvados ou sur Paris. Il ajoute qu'ils se sont décidés pour ce dernier parti. Il est nécessaire de leur opposer de bonnes troupes, si on veut les arrêter dans leur marche ; cependant les habitans d'Alençon me paraissent très-disposés à se défendre. »

La terreur précédait ainsi l'armée catholique et se répandait rapidement au loin par les correspondances des départemens menacés. Bientôt le comité de salut public fut informé de la direction que tenaient les Vendéens ; il apprit en même temps que les villes d'Ernée et de Fougères étaient tombées en leur pouvoir. Le 6, il écrivit à Jean-Bon Saint-André à Brest :

« Les brigands de la Vendée se sont échappés à travers le département de la Mayenne qu'ils ont affamé ; ils ont battu trois de nos bataillons à Fougères. Cet échec peut favoriser leur arrivée à la mer par la terreur qu'ils ont inspirée. Plusieurs représentans sont dans les départemens environnans, mais il leur manque de l'énergie ; il leur manque cette chaleur républicaine qui a créé des bataillons, qui leur donne de l'audace et qui double le courage. C'est toi que nous avons cru pouvoir choisir pour remplir cette importante et pressante mission. Nous t'engageons à partir pour Cherbourg sur-le-champ, et tu sauveras la république dans cette partie qui communique d'une manière si dangereuse avec nos plus cruels ennemis. Les mesures fermes que tu as prises à Brest te permettent cette petite absence et sont la caution de tes succès dans le département de la Manche.

» Le comité de salut public est fortement décidé à ne rien négliger pour déblayer le territoire de la république de cette race de brigands et à prendre les mesures les plus fortes pour que la mer ou les départemens maritimes deviennent leur tombeau. Nous donnons dans le moment des ordres pour qu'il arrive, dans le département de la Manche et aux environs, de nombreux secours et des troupes bien disciplinées. Tu dois y compter et, par ce moyen hardi, nous sommes convaincus qu'il n'y aura plus ni guerre civile ni brigands dans quelques jours. Tu peux assurer de grands et prompts secours aux départemens que tu vas parcourir. C'est par ce puissant effort que nous aurons pacifié enfin l'intérieur de la France. »

Peu de jours après, le comité de salut public écrivit à Prieur de la Marne ;

« Citoyen collègue et ami,

» Rien n'est plus urgent que ton départ vers les départemens où les brigands fugitifs de la Vendée portent la terreur et obtiennent des succès. C'est à l'armée de Rennes que tu dois te porter, tandis que Jean-Bon Saint-André se portera vers l'armée de Cherbourg. Nous lui avons écrit à ce sujet le 6 de ce mois.

» Nous nous plaignons de ce qu'on ne poursuit pas les rebelles avec assez d'activité, et surtout de ce qu'il n'y a point d'ensemble dans les mesures militaires, ni dans la réunion des forces. Rossignol n'agit point; Vitré et Fougères n'ont pas été défendus ou l'ont été fort mal. Nous nous plaignons de ce que Pocholle, Letourneur, Lecarpentier et

Garnier ne montrent pas assez d'énergie ; qu'ils sont toujours tremblans sur les mesures, *douteurs* sur les succès, disséminés dans leurs forces, et ne harcelant pas assez fort les officiers et les chefs militaires. Nous nous plaignons de ce que les trois colonnes de nos républicains sont conduites par des officiers destitués ou suspendus, tels que Vergnes et Nouvion. Cependant le ministre de la guerre leur a écrit en leur envoyant leur destitution. Nous nous plaignons de ce que les représentans n'opposent à cette horde de brigands, qui cherche à attaquer des places maritimes, que des forces disséminées, incomplètes et des bataillons isolés, qu'ils exposent à être massacrés par la disproportion énorme de nos forces opposées à celles des brigands. Nous espérons qu'avec ton âme de feu, ton éloquence militaire et ton patriotisme prononcé, tu vas réparer tant de fautes.

» Nous avons donné, il y a quelques jours, des ordres pour qu'il arrive incessamment des forces considérables de l'armée du Nord, avec le général Duquesnoy qui les commandera. Nous avons pensé qu'il était essentiel de balayer le sol de la liberté de tous les brigands ou de les précipiter dans la mer en peu de temps. Nous avons cru devoir prendre de grandes mesures, les ordres sont donnés pour leur exécution. Prépare de ton côté les moyens locaux, rassemble les républicains, réunis les forces, électrise les âmes et frappe un grand coup. Aussitôt que tu seras arrivé, tu pourras renvoyer ici les représentans Garnier, Lecarpentier, Letourneur et Pocholle. Un décret les rappelle aussitôt qu'ils seront remplacés. Leur présence a été trop peu active, trop peu efficace, pour que nous puissions espérer quelque chose de leur séjour dans ce pays-là. — Adieu : activité, énergie, réunion de forces.

Signé Carnot, C. A. Prieur, B. Barère, R. Lindet, Billaud-Varenne.

Il se faisait aussi des mouvemens de troupes dans le département des Côtes-du-Nord. Le général Thevet Lessert qui y commandait écrivit le 5 au ministre.

« Sur l'avis qui m'a été donné que les brigands viennent de s'emparer de Fougères, et que Dinan était menacé, j'ai rassemblé toutes les forces disponibles et les ai fait marcher au secours de cette place. Les prisonniers de guerre ont été transférés à Saint-Malo. Je me rends à Dinan pour être à lieu de veiller moi-même et de prendre les mesures convenables à la sûreté de cette partie importante de mon commandement. »

Le 10 le général Vergnes, chef de l'état-major de l'armée des côtes de Brest, adressa au comité de salut public le rapport suivant :

« L'effectif de l'armée à Rennes est de sept mille huit cent soixante-trois hommes, y compris trois bataillons nouvellement formés. L'armée agissante ne peut être que de cinq à six mille hommes au plus. Le peu de troupes laissées dans la treizième division militaire, après la réunion des armées de la Rochelle, de Mayence et d'une partie de celle de Brest, est la cause de cette pénurie d'hommes ; mais l'armée de l'Ouest approche, elle sera à Laval aujourd'hui, et je pense que les généraux vont se concerter ensemble.

» Une colonne de mille sept cents hommes s'est embarquée hier à Dinan pour se rendre à Saint-Malo. L'ennemi est maître de Dol, d'Antrain et de Fougères ; il traîne avec lui une grande quantité de femmes et de prêtres. Il fait sommer les habitans des campagnes en état de porter les armes de se joindre à lui. Je pense qu'il serait utile de faire marcher sur les rebelles l'armée de Cherbourg par Vire, Ville-Dieu, et je continue à croire qu'un seul général pour les trois armées mettrait beaucoup plus d'unité dans leurs mouvemens. »

Le lendemain le général Rossignol informa le comité que la correspondance était établie avec le général en chef de l'armée de l'Ouest.

« On va, ajoutait-il, marcher en masse sur les brigands. Je fournirai cinq mille hommes qui, réunis à seize mille de l'armée de l'Ouest, formeront vingt et un mille. — Les premiers besoins manquent; il y a peu de souliers, malgré les réquisitions des représentans. Mille sept cents hommes ont été envoyés pour garnir les postes de Saint-Malo, Cancale et Château-Neuf. Tribout s'y est porté de Brest avec deux mille hommes; Thevet Lessert y est aussi avec de la troupe. — On se réunira en masse à Fougères le 14 (1). La mer doit servir de tombeau aux brigands. Je me rendrai avec les représentans à Fougères, où l'on tiendra conseil et où l'on nommera un chef qui dirigera toutes les opérations.

» L'ennemi commence à évacuer Fougères; il occupe Antrain et Dol; il est fort de trente mille hommes au moins. On sonne le tocsin comme dans la Vendée.

» Je fais tous mes efforts pour détruire tout ce qui attente à la liberté, mais il y a encore des *hommes humains*, et en révolution c'est un défaut, selon moi. — J'ai besoin d'un congé d'un mois ou cinq semaines pour la guérison d'une maladie qui me met hors d'état de donner tous mes soins aux intérêts de la république.

» *P.-S.* Il serait à désirer pour le bien, en mesure générale, que l'on envoyât près cette armée le citoyen Fourcroy, membre de la Montagne, pour nous aider de ses lumières et

---

(1) Cette réunion n'eut pas lieu à Fougères. L'armée de l'Ouest, ainsi qu'on l'a vu, se porta à Rennes par Vitré.

enfin parvenir à la destruction de ces brigands. C'est le sentiment d'un de vos collègues qui connaît son talent en chimie (1). »

Le 14, le général Tribout écrivit de Dinan au comité de salut public :

« Dès qu'on fut instruit à Brest que les restes des brigands qui s'étaient échappés par la trouée de Varades menaçaient le département des Côtes-du-Nord, Jean-Bon Saint-André et Bréard me firent partir à la tête de quinze cents hommes pour aller défendre Dinan et battre les ennemis. Parti le 6, je suis arrivé le 12 à six heures du soir. Quoique ma troupe fût fatiguée, je n'en avais pas moins le projet d'attaquer ces scélérats à Dol le lendemain. Je voulais les surprendre, et je savais que le courage des républicains que je commande leur avait fait oublier la fatigue qu'ils ont éprouvée, ne pensant qu'au plaisir de faire mordre la poussière au dernier soldat de l'armée catholique. Les brigands eurent connaissance de mon projet et quittèrent précipitamment la ville de Dol le 11, prenant la route d'Avranches par Pontorson. Un détachement de dragons de Saint-Malo entra à Dol le 11 au soir.

« Mon avant-garde commandée par le républicain Pringet, mon aide-de-camp, composée de sept cents hommes d'infanterie, quatre pièces de canon, et cinquante hommes de cavalerie prend poste ce soir à Dol. J'y porterai encore quelques forces, afin d'arrêter les brigands qui, s'ils sont repoussés d'Avranches, ne manqueront pas de revenir au quartier-général qu'ils viennent de quitter et que je fais fortifier. Certes, ils trouveront là et ici de vrais *sans-culottes*

---

(1) Rossignol pensait, comme Santerre, qu'il fallait avoir recours aux ressources de la chimie pour terminer cette guerre. (Voir la lettre de Santerre du 22 août.)

bien disposés à ne pas leur faire grâce. Je m'occupe dans ce moment à faire fortifier Dinan. »

Le général Tribout, qui s'exprimait avec tant de jactance, ne tarda pas d'éprouver une défaite complète.

Aussitôt que l'on eut connaissance de la marche de l'ennemi de Fougères sur Dol, le représentant Pocholle donna au chef de brigade Cadene l'ordre de se rendre à Saint-Malo et de prendre le commandement de cette place et des forts du clos Poulet. Voici le rapport que cet officier fit au comité de salut public le 16.

« Tout annonçait que le dessein de l'ennemi était de se rendre maître de quelque point important sur la côte, afin de se ménager des moyens d'évasion ou de communication avec les Anglais. Il était à craindre qu'il ne cherchât à s'emparer des forts qui couvrent la baie de Cancale, ou du clos Poulet défendu d'un côté par le fort de Châteauneuf, à trois lieues de Saint-Malo. On établit une batterie et un camp retranché sur une élévation, nommé Château Richeux, qui domine la plage. Les ponts ont été rompus, les chemins coupés. Il m'aurait fallu au moins trois mille hommes pour garnir ces postes et j'en avais tout au plus deux mille cinq cents. La place de Saint-Malo a été mise en état de siège et les gardes nationales de ce district et des districts voisins ont été mises en réquisition.

» Les éclaireurs ennemis se sont montrés aux avant-postes de Châteauneuf et de Château Richeux. Les moyens de défense les ont vraisemblablement déterminées à prendre la direction d'Avranches et Granville, d'où ils ont été vigoureusement repoussés. »

Le comité de salut public avait chargé un commissaire particulier de prendre des informations sur la marche des rebelles et de lui faire un rapport à ce sujet. Cet agent lui transmit les détails suivans le 14.

« Les brigands, après s'être emparés de Mayenne, ont laissé dans les hôpitaux environ deux cents personnes attaquées de dyssenterie et qui y meurent chaque jour en quantité. L'arbre de la liberté a été abattu, et un républicain a été mis à mort pour n'avoir pas voulu crier *vive le roi*. Les maisons des aristocrates, comme celles des patriotes, ont été pillées par l'armée catholique.

» Après avoir évacué Mayenne, les rebelles se sont portés sur Ernée. Un bataillon qui y était venu de Fougères fit une vive résistance, mais, accablé par le nombre, il n'a pu empêcher la prise de la ville. Ernée a été pillé et ravagé. Les grains et les fourrages ont été emportés; les papiers des dépôts publics ont été brûlés.

» Les brigands ont ensuite dirigé leur marche sur Fougères; on a encore défendu l'entrée, mais sans succès. Les rebelles, après s'être introduits dans la ville, y ont commis leurs excès ordinaires et ont égorgé une soixantaine de citoyens. Depuis, ils ont pris Antrain, petite ville éloignée de cinq lieues de Fougères. Il paraît qu'ils veulent établir leur quartier-général à Fougères, situé entre deux grandes forêts, à dix lieues de Rennes, et qu'ils veulent se rendre maîtres d'un port de mer.

» Le nombre des insurgés peut s'élever à environ cent mille hommes, dont trente mille seulement armés; leur cavalerie est de douze à quinze cents chevaux; leur artillerie se compose de quarante-sept pièces. Ils sont suivis d'un très-grand nombre de prêtres, moines, religieuses, d'une quantité prodigieuse de femmes, vieillards, enfans, et d'environ six cents voitures. Ils ont de la peine à se procurer des vivres dans les endroits où ils passent. Les chefs distribuent, en paiement de ce qu'ils achètent, des billets royaux payables au porteur. »

De son côté, l'armée des côtes de Cherbourg, aux ordres du général Sepher s'était mise en mouvement. Ce général dit dans son rapport au comité de salut public.

» Le 6 novembre, je suis parti de Caen avec le représentant du peuple Laplanche et l'armée composée d'environ six mille hommes. L'armée se dirigea sur Falaise, où elle séjourna jusqu'au 8.

» Le 9, elle arriva à Vire, où Laplanche la fit séjourner jusqu'au 13; elle se dirigea ensuite sur Thorigny, Saint-Lô et Coutances, où elle arriva le 15.

» Le 16, l'armée marcha au secours de Granville que les rebelles assiégeaient; nous n'en étions éloignés que d'une lieue et demie, lorsque le représentant Lecarpentier, accompagné du général Peyre et de son état-major, vint nous annoncer que notre approche avait fait lever le siége, mais que l'incendie du faubourg, nécessité par les circonstances, ne permettait pas à l'armée d'y loger. Il fut arrêté dans un conseil de guerre, en présence de Laplanche, que l'armée retournerait à Coutances où nous arrivâmes le même jour à dix heures du soir. L'armée y est restée jusqu'au 23, et ce jour-là elle s'est dirigée sur Avranches, où elle est arrivée dans la nuit, après une marche de quatorze lieues (1). »

Peyre, nouvellement promu au grade de général de brigade, commandait la place de Granville.

---

(1) Le général expliquera plus tard les motifs de cette marche circulaire.

Position des troupes républicaines au 14 novembre, pendant que les Vendéens assiégeaient Granville.

	Hommes.
La colonne de l'armée de l'Ouest arrivant à Rennes, et formant avec la troupe disponible de l'armée des côtes de Brest une force d'environ............	20,000
La colonne du général Tribout à Dinan, l'avant-garde à Dol, forte d'environ...	4,000
Enfin, la colonne de l'armée des côtes de Cherbourg, en marche rétrograde de Vire sur Coutances, environ......	6,000

§ II. Récit de D'Obenheim sur l'organisation et les opérations de l'armée catholique. — Attaque et siége de Granville. — Retraite des Vendéens sur Avranches. — Marche de la Rochejaquelein sur Ville-Dieu. — Ce qui s'y passe. — Compte rendu par le représentant Lecarpentier et par le général Peyre.

Détails particuliers à l'organisation et aux opérations militaires de l'armée catholique (1).

« A l'époque du passage des Vendéens par Mayenne, dit D'Obenheim, la garnison de Fougères était composée d'un bataillon de chasseurs, trois bataillons de volontaires, une compagnie détachée de canonniers, et trois à quatre mille

---

(1) Ces détails sont extraits du journal d'un officier distingué du corps du génie (D'Obenheim), qui avait été envoyé de Cherbourg à Fougères pour y disposer des moyens de défense, et qui, étant tombé au pouvoir de l'ennemi, l'a suivi jusqu'à l'affaire du Mans, après laquelle il fut fait prisonnier. Tout ce qui le concerne, jusqu'à son nom, est altéré dans les Mémoires de madame de la Rochejaquelein (pag. 232, 295, 348), ainsi que dans les Histoires de la Vendée.

hommes pris parmi les gardes nationales de Mortain, Vire, Coutances, Granville, etc., etc., dont la moitié n'était armée que de piques.

» Le 3, les chasseurs d'Imbert furent envoyés à Ernée que venaient d'abandonner des bataillons de réquisition; ils devaient être soutenus par d'autres bataillons placés à moitié distance.

» Arrivant à Ernée, ces chasseurs trouvèrent quelques soldats de l'avant-garde vendéenne qui s'étaient déjà logés; ils les chargèrent et les poursuivirent pendant un gros quart d'heure; mais ils furent bientôt arrêtés par l'avant-garde de l'ennemi et ne tardèrent pas à être repoussés vigoureusement : il n'en revint pas la moitié à Fougères.

» Cet événement répandit de l'inquiétude dans cette place; la garnison passa la nuit au bivouac. Des pièces de campagne furent placées à toutes les portes, on acheva quelques retranchemens commencés beaucoup trop tard et suivis avec trop peu de moyens. Deux bataillons furent portés plus d'une lieue en avant sur le chemin d'Ernée. L'ingénieur, qui déjà avait désapprouvé dans le conseil la marche des chasseurs sur Ernée, fit faire une coupure sur la route, à peu de distance de la ville et fit dire au général et aux commandans des bataillons avancés qu'il serait avantageux de se replier et de se tenir en défense à la hauteur de cette coupure. Cet avis ne fut pas suivi.

» L'armée vendéenne, qui avait passé la nuit à Ernée, marche sur Fougères et commence son attaque le 4 vers trois heures du soir. Les bataillons avancés sont bientôt repoussés; on ne leur laisse pas le temps de se reformer en deçà du retranchement fait derrière eux pendant la nuit. Ils rentrent avec précipitation par la porte de Vitré. Les troupes destinées à la défense de ce poste et de ses environs, les voyant traverser la ville avec rapidité, s'ébranlent et quittent leur poste. L'ingénieur les rallie; le poste est bien dé-

TOME II.

fendu pendant plus d'un quart d'heure ; mais une autre entrée ayant été forcée beaucoup plus vite, environ quatre cents hommes se réfugient dans un vieux château sans défense, et plus de cent se cachent dans les greniers ou les caves des particuliers ; le reste prend la fuite de tous les côtés.

» Les Vendéens traitèrent en prisonniers de guerre la plus grande partie des militaires retirés dans le château ; ils se contentèrent de leur couper les cheveux ; mais ils traitèrent tous les autres avec une barbarie capable de leur faire conserver le nom de *brigands* jusque dans les siècles les plus reculés. Dès qu'ils les découvraient dans une maison, ils les conduisaient dans la rue et les fusillaient sans miséricorde.

» Personne à Fougères n'avait une idée nette de la force de l'armée catholique. Il aurait fallu, pour défendre cette ville, plus de canons, plus de munitions de guerre et de bouche ; avoir huit jours devant soi pour élever quelques redoutes et faire des abattis, et surtout beaucoup de soldats. Il eut beaucoup mieux valu réunir des forces considérables du côté de Rennes avant de livrer le moindre combat.

» A cette époque, l'armée vendéenne était composée d'environ trente mille fusiliers, deux cents cavaliers en état de combattre, et de dix à quinze mille personnes inutiles tels que prêtres, femmes, enfans, vieillards, domestiques, etc., dont deux à trois mille à cheval.

» Leur artillerie se composait d'une pièce de douze, de trois à quatre pièces de huit, de trente à quarante pièces de quatre, d'une trentaine de caissons et de deux forges.

» Les blessés étaient conduits dans une vingtaine de charrettes. Plus de deux cents voitures, tant carrosses que cabriolets et charrettes, servaient à transporter des particuliers et leurs effets ; aucune ne paraissait employée à porter des choses utiles à l'armée, comme vivres, médicamens, etc.

» La Rochejaquelein était reconnu pour général en chef (1). Plusieurs actions de bravoure et une tête froide lui avaient valu cette préférence, malgré sa jeunesse et son inexpérience. Bonchamps paraissait généralement regretté.

» Une douzaine d'individus figuraient comme chefs et formaient un conseil général; mais nul n'avait une autorité réelle, car, sans un nommé Stofflet, ancien garde-chasse qui avait servi douze ou quinze ans dans l'infanterie, et qui était regardé comme major-général, la moindre de leur volonté n'aurait pu être exécutée. Stofflet seul avait le pouvoir de se faire entendre, soit par lui-même, soit par le moyen d'une demi-douzaine de paysans dont il avait fait des adjudans.

» Cependant, dans les affaires et dans la marche, quelques jeunes gens qui avaient, en différentes occasions, montré de la bravoure, tels que d'Autichamp, Scépeaux, Duhoux, Desessarts, savaient quelquefois rallier les soldats vendéens et les conduire au feu.

» Pérault, commandant de l'artillerie, se montrait bien dans les affaires; mais Marigny était beaucoup plus connu que lui et réussissait de temps en temps, à force de poumons, à faire exécuter quelques détails d'attelage. Cinq à six jeunes gens de peu de mérite portaient le nom d'officiers d'artillerie et n'empêchaient point les chefs de pièce de *n'en faire qu'à leur tête*.

» Talmont passait pour le chef de la cavalerie; mais on avait très-peu de confiance en lui. Outre les deux cents cavaliers en état de combattre, il se trouvait encore autant et plus de mauvais cavaliers, peu courageux, mal équipés, connus sous le nom de *marchands de cerises*. On avait formé de la totalité trois ou quatre divisions, commandées par des chefs

---

(1) Il avait été élu et proclamé généralissime après le passage de la Loire.

que les cavaliers ne connaissaient guère que quand ils les voyaient à leur tête.

» Le conseil n'inspirait de confiance à personne. Ceux qui auraient voulu, sinon être de ce conseil, mais au moins commander comme officiers, dénigraient ses opérations et chacun de ses membres en particulier. Les prêtres lui en voulaient de n'être comptés pour rien. Les paysans, influencés par les prêtres, comptaient plus sur de nouveaux partisans et de nouvelles recrues que sur toute autre chose. En effet, ce conseil passait pour n'avoir pas un officier de talent et d'expérience, et on disait que faute d'organisation, soit dans l'armée, soit en lui-même, il perdait tout son temps à suivre des détails que deux ou trois caporaux auraient réglés mieux que lui.

» On ne connaissait que deux divisions dans l'armée, encore n'étaient-elles qu'idéales ; les chefs ont essayé deux fois de les séparer seulement pour un jour, et ils n'ont pu y parvenir; par conséquent point de brigades, ni de bataillons, ni de compagnies, etc.

» Il y avait une douzaine de chirurgiens, beaucoup plus occupés du soin de trouver le logement et les vivres, que du pansement des blessés.

» Deux ou trois commissaires levaient des étoffes chez les marchands avec le papier-monnaie de la création des chefs et en faisaient la distribution. Souvent ces étoffes étaient revendues le jour même par ceux à qui on les avait données, malgré le besoin qu'ils en eussent.

» Deux ou trois autres personnages étaient censés commissaires aux vivres. Leur surveillance ne pouvait jamais s'étendre au lendemain. Leurs fonctions se réduisaient à faire moudre le blé qu'ils trouvaient et à faire faire du pain dont ils n'avaient pas même le pouvoir de faire la distribution à leur gré. Ils faisaient distribuer aussi quelquefois les bestiaux qu'on leur amenait; mais en général ces distributions étaient des *attrape-qui-peut*, et n'empêchaient pas les deux tiers de l'armée de piller ou de mourir de faim.

» Les Vendéens étaient extrêmement mal servis en espions. Ils n'avaient que des idées confuses sur ce qui se passait autour d'eux dans les armées de la république.

» Lorsqu'ils occupaient une ville, presque toutes les maisons des environs jusqu'à deux ou trois lieues étaient soumises à leurs recherches du matin au soir. Ils en retiraient du grain, des volailles, des harnais; plusieurs y logeaient, leurs cavaliers couraient sans cesse les chemins. Plusieurs espions des républicains ont été arrêtés par ce moyen et fusillés. Les gens de la campagne qui venaient grossir l'armée vendéenne ne pouvaient donner que des renseignemens très-vagues; les gens suspects qui s'y réfugiaient étaient, par leur position, dans le même cas; d'un autre côté, presque tous les républicains évacuaient leurs maisons avant l'arrivée des Vendéens, de sorte que ceux-ci ne savaient jamais rien de positif.

» Ils avaient toujours infiniment de peine à former des attelages. Le ferrage des chevaux, malgré leurs deux forges, les embarrassait extrêmement.

» Le défaut de chaussure commençait déjà à leur occasioner des abcès aux pieds. Cela retardait réellement les braves dans leurs marches, et servait de prétexte aux autres pour rester loin derrière.

» On assignait quelquefois un lieu pour faire des cartouches, mais le plus souvent les soldats les faisaient eux-mêmes. Ils avaient des moules à balles de toute grandeur. Ils n'avaient aucun moyen de fabriquer de la poudre, mais ils assuraient qu'au besoin un de leurs forgerons leur fondrait et leur calibrerait des boulets. Un de leurs canonniers parvenait, mais lentement, à faire rougir des boulets dans un gril de sa façon. Ils n'ensabotaient point leurs boulets eux-mêmes et ne faisaient point de boîtes à mitraille ou à biscaïens.

Ils avaient à la suite de leurs forges quelques charrons assez adroits.

» Les canonniers, les maréchaux et les charrons étaient soldés avec des assignats royaux. On ne sait si quelques cavaliers allemands l'étaient aussi, mais ils n'étaient pas les plus à plaindre de l'armée, parce qu'ils étaient les plus pillards. Nul autre individu de cette armée ne recevait de solde. Seulement le conseil, ou plutôt une espèce d'intendant, en son nom, fournissait, quand il le pouvait, aux plus pressans besoins des individus de sa connaissance.

» Sous le rapport du courage, on distinguait trois classes dans l'armée.

» La première, composée de quatre à cinq mille hommes, était toujours prête à marcher, pourvu que Stofflet ou la Rochejaquelein fussent à leur tête. On n'a jamais vu de meilleurs tirailleurs.

» La seconde, composée de trois à quatre mille hommes, se tenait toujours à portée de fuir promptement, si la première classe ne réussissait pas d'emblée, ou de l'appuyer, quand il ne s'agissait plus que de faire nombre, ou de gagner les ailes pour achever de déterminer la victoire.

» La troisième, composée du reste de l'armée, ne se montrait jamais que quand les actions étaient entièrement finies.

» Il suit de là que l'existence des Vendéens tenait à celle de quatre à cinq mille hommes de la première classe, c'est-à-dire, qu'elle ne pouvait avoir qu'une très-courte durée, car chaque combat détruisait une partie de ces braves, et ne détruisait pour ainsi dire que de ceux-là.

» En résumant ce qui a été dit jusqu'ici, on voit pourquoi l'armée se tenait presque toujours en masse depuis le passage de la Loire.

» 1°. Personne n'allait à l'ennemi quand la Rochejaquelein

n'était point à la tête de l'armée, et Stofflet, avec les drapeaux, à la tête de l'infanterie.

» 2°. Faute d'organisation, nul individu ne se croyait obligé de se séparer de la masse, de sorte que les chefs ne pouvaient faire le moindre détachement sans préalablement faire battre la générale.

» 3°. Faute d'organisation, il n'y avait aucun officier reconnu pour tel. Ceux qui auraient pu rendre de grands services, s'ils avaient eu des corps particuliers, pouvaient céder à la crainte et se perdre dans la foule, sans reproche.

» 4°. Faute d'organisation, les braves sentaient la nécessité de se réunir; ils ne se quittaient point, et dès qu'ils étaient réunis, le reste de l'armée cherchait naturellement à s'en faire un bouclier, et suivait d'un peu plus ou d'un peu moins loin. On comptait si peu sur tous autres que ces braves, que les chefs ne pouvaient empêcher les femmes, les inutiles et la plupart des bagages de les suivre immédiatement, et même de se fourrer au milieu d'eux, quelque inconvénient qu'il y eût pour la marche.

» Il est sans doute inutile de dire que, dans leur propre pays, le désir ou le besoin de revoir leur village et leur famille, joint à la grande connaissance des localités, devait rendre leur réunion en masse aussi rare qu'elle était naturelle ailleurs.

» Cette réunion aurait eu des avantages pour eux, si un ou deux combats avaient dû décider du sort de la guerre, surtout avec la manie qu'ont les généraux républicains de se mesurer en détail; mais elle devait nécessairement les conduire à leur perte au bout de quelque temps.

» 1°. Il devenait presque impossible à cette armée de vivre, même très-mal, plus d'un ou deux jours dans les villes d'où on avait eu le temps d'évacuer les magasins.

» 2°. Un canton ne suffisait pas pour lui fournir les harnais nécessaires.

» 3°. Errante par nécessité, cette armée ne pouvait se livrer à aucun projet suivi, ni faire les préparatifs d'aucune expédition tant soit peu compliquée.

» 4°. Les soldats étaient obligés de loger par trentaine dans les mêmes chambres, et comme les malades, qui ne pouvaient être déposés nulle part, restaient avec leurs parens ou leurs amis, la contagion faisait chaque jour des progrès sensibles.

» 5°. Quand ce n'eût pas été par inclination, la nécessité les eût forcés de dévaster les lieux où ils s'arrêtaient, et par conséquent de se faire plus d'ennemis que de partisans.

» 6°. En harcelant cette armée, comme l'ont fait Marigny et Westermann, ou l'exténuait de faim, de fatigue, et même de froid, car malgré la faiblesse des attaques, elle n'en était pas moins toute entière sur pied, pendant tout le temps que le feu durait.

» 7°. Après avoir fait tenir cette armée debout pendant deux ou trois jours, par de semblables moyens, deux mille dragons auraient suffi pour la surprendre pendant la nuit et la détruire.

» 8°. Le spectacle des blessés mal soignés, laissés par les chemins ou mourant de froid sur les voitures, décourageait l'armée entière.

» Les Vendéens, n'ayant point d'artillerie de siége et ne trouvant pas à vivre deux jours de suite dans le même lieu, surtout hors d'une ville, toute place fermée d'un mur de clôture, ne fût-il que de trois pieds d'épaisseur, était hors d'insulte pour eux. Le moyen d'escalade leur était même interdit; car, n'ayant ni organisation, ni voitures, ni ouvriers, ni outils, ni assez de temps à rester dans chaque endroit, ils ne pouvaient préparer ni échelles, ni fascines, de même qu'ils ne pouvaient distribuer le travail ni les attaques; d'ailleurs, les escalades ne sont praticables que dans l'obscurité; et, à l'exception de l'élite des plus braves de l'armée, tout le reste n'était absolument propre à rien pendant la nuit, principalement en hiver.

» Cette armée n'avait que deux ressources à tenter.

» La première, de s'emparer de la presqu'île du Cotentin, en s'y portant avec rapidité, et de la garder, en conservant Port-Beil et Saint-Cosme. Cherbourg étant sans défense du côté de terre, ainsi que toutes les batteries de côte, ils auraient trouvé de la grosse artillerie et de la poudre en quantité peut-être plus que suffisante pour se tenir sur une bonne défensive jusqu'à l'arrivée des Anglais ; mais ils n'avaient pas un instant à perdre, car il était plus que probable qu'en donnant à l'armée de Sepher et aux gardes nationales le temps de se reconnaître, Port-Beil et Saint-Cosme auraient été suffisamment gardés pour empêcher l'armée vendéenne de pénétrer dans le Cotentin. Une fois maîtres de cette partie, les malades, les blessés, les femmes, les prêtres et tous les inutiles auraient cessé de les embarrasser. N'ayant à garder que deux points qui ne peuvent être tournés, et ayant sans cesse l'espoir de voir arriver sur leurs derrières des secours étrangers, il eût sans doute été possible de persuader aux soldats vendéens de se séparer en deux ou trois corps, comme cela eût été nécessaire. Cette expédition, il est vrai, aurait eu ses difficultés pour une armée si mal organisée, de même qu'il se pouvait faire que les Anglais n'eussent eu aucun secours prêt, mais elle était la meilleure à tenter pour des gens qui étaient dans le cas de jouer *quitte ou double*. De toute manière, même en supposant que les Vendéens n'eussent pu défendre le Cotentin et y eussent par conséquent trouvé leur tombeau, ils auraient pu causer des maux irréparables, soit en démontant toutes les batteries, soit en consommant ou détruisant les munitions de guerre ou de bouche qu'on n'aurait pas eu le temps d'évacuer, parce qu'on n'aurait pu le faire que par mer.

» La seconde ressource des Vendéens était de pénétrer

dans la basse Bretagne, où le peuple fanatisé était, disait-on, très-disposé à les seconder. Ils auraient eu une très-grande étendue de côtes et de havres à leur disposition pour y recevoir les Anglais ; et ce pays, en général très-coupé, leur aurait offert des cantons très-faciles à défendre. Ils auraient pu se porter d'abord vers Tréguier, en passant par Dinan et Saint-Brieuc.

» Ces grandes ressources se présentèrent en masse à leur imagination, mais, faute de renseignemens exacts, ils prirent un autre parti, et leur perte fut bientôt décidée. Ils ne connaissaient pas les avantages que leur aurait procurés la presqu'île du Cotentin ; ils n'avaient point d'idée des deux positions de Saint-Cosme et de Port-Beil ; ils croyaient que Cherbourg était fermé du côté de terre ; mais en général ils regardaient les côtes de Normandie comme plus propres à leur réunion avec les Anglais que celles de Bretagne, surtout à cause du voisinage des îles anglaises ; et ils s'attendaient à y trouver plus de vivres qu'en Bretagne. Granville leur paraissait d'ailleurs une ville aisée à prendre et à garder. Ils comptaient y déposer toutes leurs bouches inutiles, y rassembler des magasins, se servir de son port pour communiquer avec les Anglais, et s'y appuyer pour faire des incursions au delà. Enfin, comme ils ne connaissaient pas l facilité qu'il y avait à défendre le Cotentin, après l'avoir pris, ils croyaient qu'il n'était pas possible de laisser une place telle que Granville derrière eux. Non-seulement ils ne faisaient point attention à leur impuissance pour l'attaque d'une place fermée, mais ils ignoraient encore que, quand même on leur en eût ouvert les portes, il n'aurait pas fallu trois jours à une armée républicaine, munie de pièces de siége, pour la battre en brèche et la reprendre, ou pour détruire les maisons de fond en comble, par la manière dont elles se présentent aux hauteurs environnantes. Ils ignoraient aussi que dès les premiers jours d'une attaque réglée, le port, vu de toutes parts à la portée du mousquet, aurait cessé de leur être utile.

» Pendant que de faux renseignemens et de mauvaises combinaisons les déterminaient à l'attaque de Granville, ils croyaient que, pour pénétrer en Bretagne, il fallait d'abord s'emparer de Rennes où on leur avait dit qu'il y avait de grandes forces réunies et de bons retranchemens préparés.

» Cependant quelques-uns d'entre eux insistaient sur la possibilité d'entrer en Bretagne par Dinan, sans s'embarrasser de Rennes ni de Châteauneuf. Ce dernier avis, malgré l'inconvénient de passer, pour ainsi dire, entre deux feux, était néanmoins le meilleur de ceux qui leur furent proposés.

» Balançant entre l'attaque de Granville, celle de Rennes, et la marche sur Dinan, les Vendéens quittèrent Fougères le 8 et se portèrent sur Dol où ils entrèrent sans résistance le 10; voilà leur premier faux pas. En partant de Fougères, ils devaient marcher sur le Cotentin, en passant par Mortain, Vire, Saint-Lô, etc. Le chemin était praticable, il leur faisait éviter Granville; et, en les conduisant droit sur le Cotentin, il les rapprochait du Calvados, où le fédéralisme leur aurait vraisemblablement donné force partisans.

» Ils avaient d'abord eu le projet de laisser à Fougères la plus faible de leurs divisions, pour protéger un rassemblement de paysans qu'on leur avait promis, mais la route de Fougères à Dol se trouva bientôt couverte de monde, et le chef de cette division fut obligé de suivre ce mouvement. Si une partie de l'armée qui se trouvait à Rennes (1) se fût portée sur Antrain, pendant cette marche confuse, c'en était fait de l'armée vendéenne.

» De nouveaux renseignemens pris à Dol sur l'état de Rennes et de Saint-Malo, achevèrent de déterminer l'attaque de Granville.

» Dès le 10, l'avant-garde s'empara de Pontorson, sans défense, et dont le pont n'était pas même coupé.

---

(1) L'armée qui se trouvait à Rennes à cette époque ne comptait pas plus de cinq mille hommes disponibles.

» Le 12, l'armée marcha sur Avranches; on trouva le pont au Bault praticable. Il avait été fait quelques coupures dans le village et quelques abattis à l'entrée d'Avranches, mais personne ne les défendait. On apprit seulement que huit cents hommes venaient d'évacuer la ville. Chemin faisant, on avait envoyé un petit détachement au mont Saint-Michel pour en délivrer les prisonniers (1).

» Le lendemain une partie de l'armée est dirigée sur la route de Granville; on laissait à Avranches les bagages et les bouches inutiles. Lorsque Marigny croit que ce qui a déjà filé sur la route est suffisant, il donne l'ordre à une forte garde, placée à la sortie de la ville, d'arrêter le surplus et de l'empêcher de suivre. Par ce moyen, un peu plus seulement de la moitié des soldats est portée sur Granville, avec environ la moitié des canons et fort peu de caissons; mais pas une hache, pas une fascine, pas une échelle, pas un pétard, enfin pas le moindre attirail de siége.

---

(1) L'administration du district d'Avranches avait cherché des moyens de défense en appelant dans ses murs les habitans des campagnes : cinq à six mille étaient accourus, la plupart sans armes; mais le passage des fuyards de Fougères les fit bientôt disparaître.

L'administration avait ordonné de couper le pont de Villecheret, en avant de Pontorson : cet ordre ne fut pas exécuté. Le 8, elle enjoignit à la municipalité du mont Saint-Michel de faire partir de suite, pour Granville, les barriques de poudre qui y étaient déposées ainsi que les boulets, et de faire enclouer, à l'approche de l'ennemi, les trois pièces de canon placées sur le fort.

Le 11, elle avait commandé trente-six voitures pour enlever, dans la journée, les prisonniers détenus au mont Saint-Michel. Cette expédition ne fut tentée que le lendemain ; il était trop tard.

Elle avait eu la précaution de faire filer sur Granville la caisse, les archives, les grains et les farines. Elle ne quitta son poste qu'au moment où l'adjudant-général Vachot reçut l'ordre de se replier sur Granville avec ses huit cents hommes. Il était vers midi, et l'ennemi était aux portes de la ville.

(*Extrait du compte rendu par l'administration.*)

» Comme les bagages restaient à Avranches avec beaucoup d'artillerie, et que d'ailleurs les Vendéens commençaient à croire que leurs chefs ne cherchaient un port de mer que pour s'embarquer et les abandonner, ceux qu'on avait retenus à Avranches consentirent aisément à n'en pas bouger.

» La tête de l'armée, en marche sur Granville, rencontre à une demi-lieue en deçà une partie de la garnison qu'on avait envoyée en observation, la repousse vivement, et la suit de si près, que les soldats vendéens sont déjà dans le faubourg lorsque la troupe républicaine achève de rentrer dans la place et de s'y renfermer. Sans cette inutile sortie, les Vendéens n'auraient peut-être pas osé pénétrer même dans le faubourg, sur l'entrée duquel plusieurs batteries des remparts étaient dirigées de fort près, principalement sur le pont du Bosc.

» Maîtres du faubourg, ils se glissent naturellement au pied du petit front que l'on venait de faire palissader. Ils sont arrêtés par ces palissades dont ils n'ont pas l'esprit de couper une seule. Ils font de là une fusillade sans objet qui leur coûte beaucoup de monde.

» Quatre cents hommes au plus occupent le faubourg et s'y enivrent; une pièce de canon est conduite dans le faubourg et n'y sert à rien. Pendant le reste du jour, quelques pièces de campagne sont placées sur les hauteurs environnantes et tirent sur les maisons, ou de front sur la crête des parapets, ce qui n'est pas plus utile. Avant que la nuit arrive, le reste des Vendéens s'éparpille de tous les côtés, pour trouver du feu, des vivres et des maisons. Les chefs n'en peuvent pas conserver cinq cents dans les maisons qui sont au-dessus du faubourg, à l'embranchement des chemins d'Avranches et de Ville-Dieu, et qu'ils avaient choisies pour leur quartier-général. Il est vrai que n'étant pas à plus de moitié-portée du canon de la place, *il y faisait chaud*. La nuit se passe dans cet état. Les chefs ne parviennent qu'avec la plus grande peine à faire relever de temps en temps quelques-uns des tirailleurs de la palissade.

» Au jour, les Vendéens établissent de nouvelles pièces de campagne à découvert sur les hauteurs environnantes, et notamment sur celle qui est du côté de la route de Coutances. Une de leurs pièces tire quelques boulets rouges.

» Peu d'heures après, l'impossibilité de prendre la ville est à peu près reconnue. Le feu de la place paraissant mieux nourri que la veille, le découragement se manifeste. Cependant quelqu'un propose de traverser le port pendant que la mer est basse, et d'aller prendre la ville par le rocher ; le projet paraît bon aux chefs qui ignoraient qu'après s'être rendus maîtres du rocher ils auraient encore un mur à franchir pour pénétrer dans la place. Ce dessein, d'ailleurs, était d'une grande bravoure, car plusieurs bâtimens du port avaient déjà tiré du canon, et il était très-visible que plusieurs batteries du rempart donnaient aussi sur la plage qu'il s'agissait de traverser.

» Néanmoins on se met en mouvement pour l'effectuer, mais pendant plus de deux heures on ne parvient pas à rassembler plus de quatre cents hommes, encore très-peu disposés à cette entreprise. Quelqu'un avait prévenu ceux du faubourg de ce qu'on se proposait de faire ; ils croient aussitôt que, puisqu'on allait entreprendre une autre attaque, la leur devenait inutile. Dans ce moment le feu est mis aux maisons du faubourg (1). Ils repassent en foule le pont ; on les salue par un feu bien soutenu ; le bruit attire l'attention de l'armée, et le spectacle de près de deux cents blessés qui arrivent du faubourg achève de décourager tous ceux qui en sont témoins. Dès lors, sans consulter les chefs, chacun

---

(1) Le représentant Lecarpentier venait de prendre un arrêté portant que les faubourgs de la rue des Juifs et de l'Hôpital seraient incendiés pour en chasser l'ennemi et éviter l'assaut de Granville.

reprend la route d'Avranches. De toutes parts on voit courir à travers champs des hommes qui s'empressent de regagner cette route. En moins d'une demi-heure, elle se trouve couverte de quinze à vingt mille hommes, tandis que leurs chefs n'avaient pu en trouver mille pour le siège. Un trajet de six lieues, pour rejoindre Avranches, se fait en moins de quatre heures.

» C'en est fait désormais de l'armée catholique. La confiance dans les chefs est perdue. L'idée qu'ils ne cherchent un port que pour s'embarquer, domine tous les esprits et fait renoncer à la Brétagne comme à la Normandie. Le nombre des blessés qui se trouve augmenté tout d'un coup embarrasse et fait faire de triste réflexions, même aux plus braves. Les soldats, épuisés par une mauvaise nourriture, se rappellent plus fortement leur ancienne existence; la maladie du pays les prend, et quels que soient ou puissent être désormais les projets de leurs chefs, ils ne seront plus écoutés, il faudra repasser la Loire. L'armée entière n'est plus qu'un sanglier blessé qui, avant de périr, ne froissera que les chasseurs maladroits qui se trouveront sur son passage.

» Avant de quitter Avranches, les chefs veulent faire encore quelques tentatives sur la Normandie. Leur intention était de se porter sur Caen; ils font prêcher les soldats dans la cathédrale. La Rochejaquelein se met en marche; mille hommes au plus l'accompagnent. Les vieillards et les femmes restés dans Ville-Dieu se mettent en défense, tuent un adjudant et deux ou trois soldats vendéens, au moment de leur entrée dans cette petite ville; mais ils sont bientôt obligés de céder à la force et à la rage qu'inspire aux Vendéens une résistance si inattendue; la plupart sont massacrés. La Rochejaquelein passe la nuit dans cet endroit; mais, apprenant que le reste de l'armée file sur Pontorson au lieu de le suivre, il revient à la hâte et met tant de diligence dans sa marche, qu'il se trouve encore à la tête du combat de Pontorson. Les plus pressés de ceux qui veulent s'en retourner dans la Vendée, au nombre d'environ mille hommes, trouvent le pont au Bault à moitié coupé et défendu par des troupes légères. Le combat s'engage et se décide à l'avantage des Vendéens, probablement parce que les troupes légères sont effrayées du grand nombre d'hommes qui se présentent sur la route. »

Le représentant Lecarpentier rendit compte à la Convention du siége de Granville. Sa lettre fut lue dans la séance du 19 novembre, et il fut décrété que Granville avait bien mérité de la patrie.

Le général Peyre, de son côté, adressa au ministre un rapport à ce sujet.

« Pendant la journée du 14, y est-il dit, la place tira de tous les côtés et particulièrement sur les maisons du faubourg. Elle fut secondée par deux canonnières embossées entre la ville et le môle neuf, dont le principal but était de battre l'entrée du pont sur la rivière du Bosc, de balayer la grève entre ledit pont et le vieux port, et d'éteindre le feu de la batterie ennemie sur la Huguette, dont les pièces furent démontées. Une batterie de trois pièces de huit et de douze, placées sur la jetée du vieux port, remplissait le même objet que les canonnières. De plus, on avait armé les vieux quais au-dessous du front du sud, depuis le réduit de l'œuvre jusqu'au vieux port, pour empêcher l'ennemi de se rendre maître de l'esplanade du Roc à l'ouest de la place. Les maisons de ces vieux quais étaient occupées par le neuvième bataillon de la Manche.

» L'attaque et la défense se soutinrent pendant la nuit du 14 au 15; alors pour empêcher la perte que les assiégeans faisaient éprouver aux assiégés par les greniers des maisons du faubourg, on y mit le feu, ce qui força l'ennemi d'évacuer la partie située entre la ville et le pont.

» L'ennemi faisant toujours feu de ses batteries se retira dans l'après-midi du 15, sur les hauteurs du Lude, du Calvaire et de la Huguette, et fit ensuite sa retraite sur Avranches. Le 18, il marcha sur la route de Pontorson; le général Sepher s'avançait sur Avranches par Thorigny, et l'armée de Rennes sur Antrain. »

Position des batteries des Vendéens.

Cinq pièces à gauche de l'embranchement des grandes routes d'Avranches et de Ville-Dieu.

Deux pièces sur le revers sud-est de la hauteur de la Huguette.

Deux pièces sur la Huguette.

Deux pièces sur la hauteur du Lude.

§ III. Conseil des généraux à Rennes, le 15; extrait du procès-verbal. — Le général Chalbos obtient la permission de se retirer sur les derrières pour soigner sa santé. — Marche de l'armée, le 16, sur Antrain où l'on arrive le 17. — Le général Canuel détaché, le 18, sur Fougères. — Compte rendu par Rossignol au comité de salut public. — Vergnes réformé; les représentans le requièrent de continuer ses fonctions. — Rapport de l'adjudant-général Rouyer au ministre. — Transfuges allemands envoyés à Antrain et renvoyés à leur armée. — Le général Tribout battu et mis en déroute à Pontorson. — Récit d'un officier à ce sujet. — Tribout rejette la faute de ce revers sur Vergnes, qui est mis en arrestation. — Avis transmis au général Vimeux. — Récit de D'Obenheim. — Compte rendu au ministre par le général Tribout. — Dispositions prises à Antrain. — Marche de Westermann et Marigny sur Pontorson et Dol. — Charge de Marigny dans un faubourg de Dol. — Il fait sa retraite. — Plan de Kleber proposé au conseil, approuvé. — Lettre de Westermann qui fait changer ce plan. — Attaque de Westermann et Marigny sur Dol. — Déroute de la colonne de Westermann. — Combat de Marceau sur la route d'Antrain, près de Dol. — Retraite sur les derrières. — Nouvelles dispositions. — Nouveau combat de Westermann, nouvelle déroute ; il se retire sur Avranches. — Marceau attaqué ; sa colonne en déroute. — Retraite sur Rennes. — Récit de D'Obenheim. — Prisonniers fusillés à Antrain.

Suite des événemens sur la rive droite de la Loire.

On ignorait à Rennes ce qui se passait du côté de Granville. Le 15, les généraux de l'armée de l'Ouest, arrivés de la veille, et ceux de l'armée des côtes de Brest tinrent un conseil de guerre, en présence des représentans Bourbotte, Esnue Lavallée, Turreau, Boursault et Pocholle, à l'effet d'arrêter un plan de campagne pour les deux armées. Voici l'extrait du procès-verbal de cette séance.

« Il a été proposé, avant de décider le plan de marche, s'il ne serait pas utile de réunir les deux armées de manière à n'en former qu'une ; cette proposition ayant été long-temps discutée, a été ajournée pour le moment jusqu'à ce qu'on eût décidé le plan de marche. Ce plan, après une mûre délibération, a été arrêté ainsi qu'il suit :

» 1°. Les troupes qui sont à Dinan et une partie de celles qui sont à Saint-Malo iront prendre poste à Dol.

» 2°. Les deux armées marcheront sur deux colonnes.

» 3°. La plus faible prendra la route de Fougères et emploîra deux jours pour s'y rendre (1).

---

(1) Cette marche n'eut point lieu.

» 4°. La plus forte prendra la route d'Antrain.

» 5°. Les cent chevaux de la droite avanceront toujours sur l'ennemi pour le harceler.

» 6°. Le général Sepher sera invité de se porter sur Vire et sur Ville-Dieu.

» 7°. La brigade du général Canuel et la réserve aux ordres de l'adjudant-général Klingler seront réunies à l'armée des côtes de Brest. »

« Jamais, dit Kleber en parlant de ce conseil, je n'avais vu une collection d'hommes aussi peu propres à conduire des troupes. Après avoir beaucoup divagué et déraisonné sur le sujet le plus simple du monde, le général Vergnes, homme de mérite, alors chef de l'état-major de Rossignol, se chargea du travail et s'en acquitta à la satisfaction de tout le monde. On fit des réquisitions de souliers ; cette mesure extrême produisit peu d'effet.

» Le général Chalbos obtint la permission de se retirer sur les derrières pour soigner sa santé.

» Le 16, on reçoit la nouvelle de l'attaque faite sur Granville, la générale bat à trois heures après-midi, l'armée se met en marche vers les quatre heures et se porte à Saint-Aubin d'Aubigné. Le temps et les chemins étaient affreux. Beaucoup de soldats, sans souliers et dans la boue jusqu'à mi-jambe, restent en arrière. Un mécontentement général commence à se manifester.

» Le 17, on se met en mouvement à la pointe du jour et l'on arrive à Antrain où l'on fait prendre différentes positions aux troupes.

» L'avant-garde légère commandée par Marigny occupa Montanet et Saint-Ouen de la Roërie.

» L'avant-garde sous les ordres de Marceau fut placée à Tremblay.

» La brigade de Canuel, toute la division de Muller,

ainsi que les brigades Boucret et Amey, restèrent dans Antrain même.

» L'avant-garde de l'armée de Brest, commandée par l'adjudant-général Chambertin, prit poste à Sacey.

» Ces établissemens, dit Kleber, avaient pour objet d'éclairer le pays sur le front d'Avranches et de couvrir Antrain, que l'on se proposait de mettre à l'abri d'un coup de main, pour avoir le temps de concerter quelques mesures d'ensemble.

» L'ennemi étant revenu sur Avranches, on craignit qu'il ne se portât de là sur Saint-James et ensuite sur Fougères, ce qui détermina à y envoyer, le lendemain matin 18, les brigades sous les ordres des généraux Canuel et Amey. »

Le 18, le général en chef Rossignol fit le rapport suivant au comité de salut public :

« La marche de l'armée de l'Ouest sur Rennes a été déterminée, non-seulement par le motif des subsistances et des chemins praticables, mais aussi afin que ce mouvement ôtât à l'ennemi tout projet de se jeter sur les départemens des côtes du Nord, du Finistère et du Morbihan, dans lesquels il serait devenu bien plus dangereux, puisqu'il aurait pu y grossir considérablement son parti, et que d'ailleurs la nature du pays lui étant très-favorable, tout cela eût contribué à rendre la guerre plus longue, plus difficile et plus pénible pour les troupes de la république.

» Les deux armées étant réunies le 15 à Rennes, il fut d'abord arrêté qu'on marcherait sur deux colonnes vers Avranches où était l'ennemi; l'une se dirigeant par Fougères et l'autre par Antrain; mais le 16, après-midi, ayant appris que l'armée des rebelles s'était portée devant Granville et en formait l'attaque, les représentans requirent que la totalité des forces marchât de suite par le chemin le plus court, c'est-à-dire, par Antrain. En conséquence, quoiqu'un grand nombre de soldats manquât de souliers et fût pieds nus, on partit sur-le-champ, malgré le mauvais temps et le mauvais chemin; on marcha jour et nuit, et l'on arriva le 17 à Antrain, à dix lieues de Rennes. On a bivouaqué dans la boue et continuellement exposé à la pluie.

» Hier soir 17, différens rapports m'apprirent que l'ennemi avait été repoussé de Granville et s'était replié à Avranches. Je demandai des renseignemens sur l'état des chemins. Le plus court et le moins mauvais va se joindre à la route de Pontorson, en deçà du pont au Bault, dont l'ennemi a endommagé les arches et qu'il défend avec du canon et de l'infanterie. Je viens d'envoyer des ingénieurs pour examiner l'état de quelque autrechemin, ainsi que les difficultés qu'on aurait à passer la *Selune*. Je fais aussi reconnaître et tâter aujourd'hui les deux postes essentiels sur cette rivière, qui sont le pont au Bault et Ducey.

» D'après les comptes qui me seront rendus ce soir, je verrai si je puis porter l'armée de l'Ouest directement sur Avranches. En attendant, j'ai fait partir ce matin l'armée des côtes de Brest par la route de Fougères, afin de tourner l'ennemi par notre doite et porter obstacle à ses mouvemens vers les départemens de l'Orne et du Calvados. Cinq à six mille hommes venus de Brest et des côtes du Nord, réunis à Pontorson, tiennent l'ennemi en échec sur notre gauche, l'empêchent de revenir par-là sur ses pas vers la ci-devant Bretagne, et avanceront lorsqu'il en sera temps. D'après les renseignemens que j'aurai ce soir, l'armée partira demain, soit pour se porter, s'il se peut, directement sur Avranches, soit pour combiner ses mouvemens avec celle des côtes de Cherbourg, de manière à arriver le plus tôt possible à un résultat offensif, sans compromettre le succès.

Au reste tous les rapports s'accordent à dire que l'armée des rebelles s'affaiblit par la misère et par la maladie, et qu'il y a beaucoup de paysans qui désertent. »

Le chef de l'état-major, Vergnes, venait de recevoir sa réforme; il avait voulu se retirer, les représentans s'y opposèrent. Il écrivit au ministre le même jour 18 :

« J'ai reçu du général en chef l'ordre de correspondre journellement avec vous. Les représentans m'ont ordonné de continuer mes fonctions, ils ont déclaré qu'ils prendraient une très-mauvaise opinion de moi si je les quittais dans ce moment-ci.

» L'armée de l'Ouest arriva le 15 à Rennes. Il fut arrêté qu'il serait joint deux brigades de cette armée à celle de Brest (1); que la première partirait le 17 pour Fougères et la deuxième dès le 16 pour Saint-Aubin d'Aubigné, route d'Antrain.

» Dès le 13, l'armée de Brest était prête à marcher, mais n'étant que de cinq mille huit cents hommes, il fut décidé en conseil de guerre que l'on attendrait celle de l'Ouest.

» Les représentans ont pris des mesures révolutionnaires pour procurer des souliers à la troupe : la ville n'a pu en fournir une quantité suffisante.

» Les représentans dans le département de la Manche ont adressé à leurs collègues une réquisition pour faire marcher le plus tôt possible les deux armées au secours de Granville. Sur-le-champ ceux-ci ont requis le général en chef de faire marcher les deux armées par la route d'Antrain, comme étant la plus courte. Il en est résulté de la confusion, inconvénient inséparable d'une marche de nuit, par un temps et des chemins détestables. L'armée de Brest est partie ce matin pour Fougères; un détachement de cent chevaux est à Saint-James, et environ quatre mille hommes de bonnes troupes, aux ordres de Tribout, occupent Pontorson.

---

(1) Les brigades de Canuel et Klingler.

« Tous les rapports annoncent que les rebelles se retirent par bandes vers Fougères. On attend le résultat de la reconnaissance partie ce matin, et s'il est possible de tourner le pont au Bault que l'on dit retranché solidement, l'armée de l'Ouest pourrait, de concert avec les troupes de Tribout, marcher demain sur Avranches. »

La défiance continuait de s'attacher aux pas de la garnison de Mayence, qui cependant ne formait plus un corps séparé. Des cinq généraux qui l'avaient conduite dans la Vendée, Dubayet avait été éloigné; Vimeux était resté à Nantes, Haxo sur la rive gauche de la Loire; Beaupuy était blessé : il ne restait plus que Kleber sur la rive droite, et Marigny nouvellement promu au grade de général de brigade. Cependant l'adjudant-général Rouger, chargé de mission particulière auprès de l'état-major de l'armée, écrivit au ministre le même jour 18.

« La ci-devant garnison de Mayence me paraît croire encore qu'elle fait une armée dans l'armée. Les généraux et les officiers ne sont pas encore bien pénétrés de ce précieux esprit d'unité qui constitue une vraie république. Le général Danican (1), entre autres, s'est beaucoup déchaîné contre ce qu'il appelle l'ineptie, le charlatanisme de nos généraux sans-culottes. On regrette encore Canclaux et Aubert Dubayet. De tous les généraux actuels ils n'estiment que Kleber. Tu dois croire que l'on a soin d'inculquer ce mépris et cette défiance aux soldats. Juge du mauvais esprit qui doit en résulter. Il m'a semblé que les généraux n'aimaient pas beau-

---

(1) Le général Danican n'appartenait point à la garnison de Mayence.

coup d'être requis par les représentans du peuple, et de voir, par ces réquisitions non discutées, rompre le fil de leurs opérations non combinées. Cependant je vois avec plaisir l'esprit public commencer à renaître. On annonce la prise du pont au Bault ; on va envoyer de l'infanterie pour soutenir ce poste. »

L'armée catholique semblait alors abandonnée au hasard.

« Marigny, dit Kleber, envoya à Antrain des transfuges allemands qui servaient depuis long-temps avec les rebelles. Ils déclarèrent que la dissension la plus prononcée régnait parmi les rebelles ; qu'après l'échec de Granville on avait voulu les conduire vers la Normandie; mais qu'ils avaient refusé formellement de marcher ; que les chefs n'étaient pas plus d'accord entr'eux sur les projets ultérieurs ; que plusieurs insistaient pour entrer dans le Morbihan, mais que les paysans, harassés de fatigue et travaillés d'une maladie épidémique qui faisait les plus grands ravages, voulaient tous repasser la Loire et rentrer dans leur pays. Après ces renseignemens, on renvoya les Allemands chez les rebelles, avec quelque argent et une proclamation en allemand et en français, pour propager la désertion. Les représentans ne voulant pas y figurer la firent signer par un général. On engagea les transfuges allemands à revenir, chaque fois qu'ils le pourraient, nous apporter des nouvelles; ils tinrent parole. »

On apprit dans la soirée que Lamur, chef d'escadron, qui était avec cent chevaux à Saint-James, avait chargé un officier intelligent de se porter avec cinquante chevaux sur Ducey pour observer la gauche de l'ennemi, mais qu'une petite escarmouche avait empêché de remplir cet objet.

On apprit encore que Maillot, capitaine des chasseurs à cheval du dixième régiment, chargé d'aller avec vingt-cinq chevaux reconnaître la position de l'ennemi au delà du pont au Bault, avait passé ce pont et avait chargé un parti de rebelles sur la route d'Avranches (1).

On savait que le général Tribout occupait Pontorson avec environ quatre mille hommes et dix pièces de canon. On ne devait donc pas craindre que l'ennemi pût forcer ce poste, respectable par sa nature, puisqu'il ne s'agissait que de défendre un défilé, de 18 pieds de largeur, qu'il était impossible de tourner. Cependant vers les 9 heures du soir on apprit que ce corps avait été battu et mis en déroute avec perte de plusieurs canons. Un détachement du soixante-dix-septième régiment qui se trouvait à cette affaire se replia sur Antrain.

Kleber cite le rapport suivant d'un officier du génie, témoin oculaire.

« Après une reconnaissance faite le 18, dans laquelle, dit cet officier, j'avais vu les tirailleurs de l'armée catholique s'avancer, je revins à Pontorson ; il était deux heures et demie. A peine arrivé, un chef d'escadron de chasseurs (c'était Lamur) vient dire au général qu'il était chargé par les rebelles, et qu'il n'y avait pas un moment à perdre. La troupe prend de suite une position au village de *Logé*, environ cinq cents toises en avant de Pontorson. Ce village est situé au-dessus d'un marais de quatre à cinq cents toises de largeur. Les

---

(1) C'est cette charge qui a fait croire à D'Obenheim que le pont au Bault était défendu par des troupes légères.

Vendéens, postés sur la hauteur correspondante, attaquent entre trois à quatre heures du soir. L'action est très-vive de part et d'autre, mais la supériorité du nombre et le défaut de munitions nous forcent à la retraite vers les sept heures du soir; elle s'effectue sur Dinan, après avoir perdu plusieurs pièces de canon. La défaite de Pontorson tient au défaut d'ensemble et à des défauts de position. »

« Il est certain, remarque Kleber, que si, au lieu de se porter, contre toutes les règles de la guerre, en avant du pont de l'étang, Tribout se fût contenté de défendre ce défilé, il aurait arrêté l'ennemi, nous eût donné le temps de nous mettre en mesure avec lui, et l'armée catholique n'avait plus pour retraite que la grève du Mont Saint-Michel.

» Tribout, en rendant compte de sa malheureuse affaire, en rejeta la faute sur le général Vergnes, se plaignant de n'avoir pas reçu le secours qu'il avait demandé. La réputation de sans-culottisme de Tribout, ajoute Kleber, lui tenait lieu de talens militaires. Dans cette circonstance, comme dans tant d'autres, l'ignorance et l'impéritie l'emportèrent sur le talent et la justice; Vergnes, que ses connaissances avaient déjà rendu suspect, fut mis en arrestation dans la nuit du 19 au 20 (1). »

---

(1) Le général Vergnes resta détenu à Rennes pendant près de trois mois, sans pouvoir connaître les motifs de son arrestation; enfin, il apprit, par un bulletin de la Convention, que les représentans lui reprochaient :

1°. De n'avoir pris aucune mesure pour aller au secours du général Tribout, en cas qu'il fût attaqué à Pontorson;

2°. De ne s'être pas trouvé, le 19 novembre, au conseil de guerre qui devait être de la plus grande importance, sous prétexte de maladie.

Vergnes adressa le 13 février, au comité de salut public, un mémoire justificatif qui ne laissait aucun doute sur sa conduite, et, grâce aux succès obtenus dans les journées du Mans et de Savenay, il fut mis en liberté.

Le 20, le chef de l'état-major provisoire, que les représentans avaient nommé pour remplacer Vergnes, écrivit au général Vimeux à Nantes :

« Le général en chef des armées réunies de Brest et de l'Ouest me charge de vous donner avis de la marche des Vendéens. Repoussés devant Granville, les paysans se sont révoltés contre leurs chefs et les forcent de les ramener dans la Vendée par les chemins qu'ils ont déjà parcourus. Avant-hier ils ont pris Pontorson qui était occupé par des troupes venues de Brest et des environs. Dol est resté sans défense ; tout nous annonce qu'ils marchent contre nous aujourd'hui. Nous sommes bien disposés à les recevoir ; mais comme il est prudent de tout prévoir, le général en chef me charge de vous recommander la plus grande surveillance sur tous les points que vous devez protéger, et surtout sur les postes que vous pouvez avoir établis sur la rive gauche de la Loire, où l'ennemi essayerait de tenter le passage. Vous aurez soin de réunir tous les bateaux sur la rive gauche, en cas que vous appreniez les progrès ultérieurs des rebelles vers le département de la Loire-Inférieure. Au reste, soyez sûr que nous suivrons de près l'ennemi dans sa marche. »

« La retraite de la troupe légère du pont au Bault, continue D'Obenheim, ne laisse pas la moindre indécision aux Vendéens. Le pont se répare un peu et toute l'armée prend la route de Pontorson, où se trouvait un train d'artillerie assez considérable, conduit par un corps de troupes républicaines de deux à trois mille hommes. Ce corps croit devoir s'avancer sur la route avec quelques canons seulement. Les Vendéens le rencontrent à moins d'un quart de lieue de Pontorson ; il est repoussé jusqu'à l'entrée de la ville, au débouché du chemin de traverse qui conduit à Antrain. Après un combat d'environ deux heures, les républicains sont obligés de céder et laissent au pouvoir des Vendéens treize ou quatorze pièces de canon et des caissons qu'ils n'avaient pu tirer de la principale rue, où ils avaient eu la maladresse de les parquer. Si ce corps, avec son artillerie, s'était tenu de l'autre côté du pont, les Vendéens n'auraient pas pu dépasser Pontorson, et comme l'armée républicaine avait des troupes sur leurs flancs et sur leurs derrières, et qu'elle pouvait en porter suffisamment de l'autre côté du pont au Bault, pour les empêcher de le repasser, il n'est pas probable qu'ils eussent pu (1) se tirer de là. La manœuvre de ce corps est réellement difficile à concevoir.

» Cette affaire parut un miracle aux Vendéens et leur rendit le courage et l'espoir. Ils partirent la nuit suivante pour Dol où ils arrivèrent de bonne heure. Il n'en coûta la vie qu'à deux gendarmes qui se laissèrent surprendre dans la rue. »

La manière dont le général Tribout, à son arrivée à Dinan, rendit compte de cette affaire au ministre, est assez curieuse; voici cette pièce :

« J'ai enfin vu l'ennemi, républicain ministre; préviens la Convention nationale que hier 18 les brigands, au nombre de plus de trente mille hommes, sont venus m'attaquer à Pontorson. L'armée que je commandais était de trois mille hommes, deux mille ont seuls pu donner dans cette occasion. Ils ont déployé ce courage qui *n'est dû* qu'à des républicains jaloux de conserver leur liberté. L'artillerie a été supérieurement servie, la mousqueterie a fait le feu le plus roulant depuis quatre heures jusqu'à sept et demie. J'ai été forcé de me

---

(1) La manière dont M. de Beauchamp a parlé (tome II, page 283) de la retraite de Tribout, ne peut s'expliquer qu'en supposant que ce général a passé sur le corps des Vendéens pour se rendre de Pontorson au pont au Bault, près Avranches.

replier sur Dinan ; faute de munitions, ce qui a mis *mon armée un peu en déroute* ; mais je leur ai parlé le langage du républicain, ils se sont ralliés, ils désirent plus que jamais de retomber sur cette horde de scélérats, et ils leur feront voir la valeur des républicains. La perte de l'ennemi est de quinze à dix-huit cents hommes ; je ne regrette qu'environ cent républicains. »

« Aussitôt qu'on apprit cet échec, dit Kleber, les généraux se réunirent chez les représentans. On convint sur-le-champ de mettre tout en usage pour soutenir le poste d'Antrain ; en conséquence, l'avant-garde de Marceau prit une position avantageuse aux quatre chemins sur les routes de Rennes à Avranches, et de Fougères à Dol.

» La division Muller reçut ordre d'occuper les deux ponts sur la rivière de Couesnon ; l'un sur la route de Dol et l'autre sur celle d'Avranches.

» Le 19 à trois heures du matin, l'avant-garde légère de Marigny prit position à la droite de l'armée, en s'approchant des quatre chemins pour couvrir notre flanc.

» Aussitôt que le jour parut, ajoute Kleber, je parcourus avec les généraux Marceau et Damas les différentes positions. Je fus indigné de la manière dont Muller avait établi ses troupes sur le Couesnon. Je crus devoir changer ces dispositions sans en prévenir ce général. En effet, quoique ces postes eussent derrière eux des positions en amphithéâtre, qui semblaient formées à dessein pour les défendre, les bataillons étaient établis dans les fonds et les marais, parallèlement à la rivière, en sorte qu'ils auraient pu être écrasés à coups de pierre des hauteurs de la rive opposée. J'établis des postes partout où la rivière paraissait guéable. On ordonna la démolition de tous les ponts qui pouvaient se trouver sur les flancs. Je proposai à Rossignol d'envoyer la cavalerie aux ordres de Marigny à Sacey que l'adjudant-général Decaen avait été reconnaître le matin, ce qui fut exécuté. En l'absence de Marigny, l'adjudant-général Delaage prit le commandement de l'infanterie légère. »

Westermann et Marigny prirent de concert les mesures nécessaires pour s'assurer des mouvemens de l'ennemi; ils furent instruits pendant la nuit qu'il était encore à Pontorson et qu'il répandait des partis dans le pays pour chercher des subsistances.

Le 19, on s'occupa à fortifier Antrain par des abattis et par des coupures aux chemins dont on ne devait pas se servir.

Westermann apprend que les Vendéens évacuent Pontorson; il propose à Marigny de les poursuivre sur-le-champ dans leur marche sur Dol. Marigny observe que cette marche pourrait contrarier les dispositions générales prises en conseil de guerre, et qu'avant tout il serait prudent de demander des ordres; mais Westermann, dont le caractère impérieux se ployait difficilement aux avis qui ne venaient pas de lui, prend le ton de commandement, comme le plus ancien, et donne des ordres. On se met en marche avec trois mille hommes d'infanterie, deux cents chevaux, un obusier et trois pièces de canon, dont une de huit et deux de quatre.

Marigny trouve à Pontorson quatorze pièces de canon de quatre brisées, ainsi que les affûts et plusieurs caissons, enfin un obusier jeté dans la rivière. Il ne fait que traverser la ville et continue sa marche avec trop de précipitation. Quoique éloigné de plus de trois lieues de l'infanterie, il s'avance toujours en forme de découverte, aimant mieux attaquer l'ennemi que d'en être attaqué. Arrivé à deux cents toises de Dol, vers les six heures du soir, il dispose sa cavalerie par échelons sur la route, et donne ordre aux hussards du septième de se porter en avant. Il charge lui-même l'ennemi dans un faubourg avec une compagnie de chasseurs francs, renversant tout ce qui se rencontre. Le désordre est bientôt parmi les Vendéens. Si Marigny eût été soutenu dans ce moment par l'infanterie, et avec plus d'ensemble dans cette attaque, il n'est pas douteux que leur déroute eût été complète. L'ennemi, revenu de son étonnement, fait un feu si vif que Marigny ordonne la retraite et se retire à une lieue de Dol, avec cinq chasseurs blessés.

On ignorait à Antrain cette tentative; Westermann donna seulement avis de l'évacuation de Pontorson. Cette nouvelle ne parvint que vers les cinq heures du soir.

Kleber, voulant tirer de cette circonstance le meilleur parti possible, réunit chez lui Marceau, Damas et Savary, pour leur demander leur avis sur le plan qu'il avait conçu de bloquer l'ennemi dans le nouvel établissement qu'il venait de prendre, et de terminer ainsi cette guerre par un système activement défensif. Ce projet fut goûté, Damas fut chargé de le rédiger pour le présenter au conseil de guerre qui devait avoir lieu le soir.

D'après ce plan, Marigny et Westermann, chacun à la tête d'un corps de trois mille hommes d'infanterie légère et de cavalerie, devaient battre l'estrade, le premier de Pontorson à Hédé, le second de Hédé à Dinan, harcelant sans cesse l'ennemi pour l'empêcher de se procurer des subsistances, et enlevant les convois. Les points de retraite devaient être bien retranchés, pour inspirer de la confiance au soldat en cas de besoin. Il leur était recommandé d'employer des espions qui pussent les prévenir des mouvemens et des projets de l'ennemi.

Agissant ensuite offensivement, quatre colonnes s'appuyant mutuellement, devaient se porter sur Dol.

Réussissait-on? l'ennemi était perdu sans ressource et précipité dans la mer. Éprouvait-on un échec? le soldat rentrait avec confiance dans le poste qu'il venait de quitter, et l'on n'avait plus à craindre ces déroutes de vingt lieues, qui ouvraient en un jour à l'ennemi un vaste pays et de nouvelles ressources. Les ponts, les chemins, les gués que l'on ne pouvait garder en force, devaient être rompus ou dégradés.

« A six heures du soir, continue Kleber, on tient conseil : le général Dembarrère, le Nestor du conseil, approuve le plan; les autres officiers-généraux sont du même avis : les représentans l'accueillent assez froidement (1). Cependant

---

(1) On se rappelle que le comité de salut public avait recommandé à Prieur de la Marne de harceler les généraux et de se défier d'eux.

tout à coup Prieur de la Marne, prenant feu, charge Dembarrère des travaux relatifs à la destruction des ponts, des chemins, etc., mettant à sa disposition tous les habitans du pays, tous les ingénieurs des ponts et chaussées, tous les chevaux, tous les trésors, etc. (1). Le chef de brigade Verine est chargé de fortifier Antrain; un autre ingénieur, Pontorson; Tribout, Dinan. L'adjudant-général Klingler doit se rendre à Hédé avec quinze cents hommes, en attendant du renfort. Canuel est rappelé de Fougères avec sa brigade. Chacun est satisfait d'entrevoir enfin les moyens de terminer la guerre, lorsqu'une belle étourderie de Westermann vient détruire en un instant les avantages que l'on espérait et nous entraîne de nouveau dans la plus épouvantable déroute. Les opérations ont été conduites en raison inverse de ce qui avait été arrêté.

» A peine ces mesures étaient concertées et les ordres donnés que les représentans reçoivent une lettre de Westermann qui leur annonce qu'il connaît la situation des Vendéens à Dol; qu'ils sont dans la plus affreuse misère; qu'il se propose de les attaquer dans cette ville où il est sûr de les détruire; enfin, qu'il se mettra en marche à minuit de Pontorson; qu'il attaquera à son arrivée, et que si l'on veut faire marcher une colonne par la route d'Antrain, Dol sera le dernier tombeau des rebelles.

» A la lecture de cette lettre, les représentans, oubliant les dispositions qui viennent d'être arrêtées, décident à l'instant qu'il faut faire marcher des troupes pour seconder Westermann. En vain observe-t-on que Westermann proposait cette expédition, dans l'ignorance des mesures qui venaient d'être prises comme plus propres à détruire l'ennemi sans rien

---

(1) Prieur mettait tant de véhémence dans son discours, que Dembarrère lui dit : *Prieur, j'ai toujours vu que l'extrême exagération était le présage des revers.*

donner au hasard; l'enthousiasme l'emporte, on ne répond que par le cri de *mort aux brigands!* On donne en conséquence à Marceau l'ordre de se mettre en marche à minuit avec sa troupe, pour se porter sur Dol qu'il doit attaquer en arrivant. Westermann est prévenu de ce mouvement.

» Westermann se rend au village de Baguerpican, à une lieue de Dol, avec l'infanterie sous ses ordres. Il reproche à Marigny d'avoir mal à propos donné l'éveil à l'ennemi en poussant jusqu'à Dol. Il fait prendre position sur une hauteur à la gauche de laquelle est un terrain marécageux et fourré, la droite sans appui. Une division de l'avant-garde légère est placée en avant, et la cavalerie en arrière du village. Westermann et Marigny se concertent ensemble sur la manière d'attaquer Dol.

» Le 21 à une heure du matin, Westermann et Marigny se mettent en marche en silence, l'avant-garde légère est déployée en ordre de bataille à deux cent cinquante toises de Dol, sur un terrain assez découvert. Aussitôt que la réserve et la ligne de bataille sont établies, une avant-garde a ordre de marcher jusqu'à ce qu'elle rencontre l'ennemi, ce qui ne tarde pas. Bientôt elle essuie une vive fusillade, elle est soutenue par l'artillerie et la mousqueterie de la ligne de bataille qui s'avance. L'ennemi cherche à forcer la droite; mais les gendarmes des trente-cinquième et trente-sixième divisions et la légion des Francs le font renoncer à cette tentative. Il se porte vers la gauche; mais la colonne de Westermann, qui était en réserve, marche avec tant d'ardeur et soutient avec tant de fermeté, qu'elle fait ployer l'ennemi. On pouvait dès ce moment compter sur la victoire, si les cartouches n'eussent tout-à-fait manqué.

» Westermann fait reprendre à sa troupe la même position qu'avant le combat. Déjà elle occupait son ordre de bataille, lorsque les tirailleurs ennemis viennent attaquer les avant-postes. Quelques coups de fusil suffirent alors pour amener le désordre. Les soldats se retirent avec une telle précipitation, que l'on abandonne une pièce de huit dont l'avant-train était détaché. La colonne bat en retraite, se rallie en avant de Pontorson et reste tout le jour en bataille sur la route d'Antrain. »

Dans le compte rendu par Westermann aux représentans, il se plaignit de ce qu'on n'avait pas effectué l'attaque dont on était convenu, sur la route d'Antrain.

« Westermann, reprend Kleber, eut autant de tort que les représentans en avaient eu. Il savait que Marceau avait ordre d'arriver par la route d'Antrain. Ne devait-il pas s'assurer de sa présence avant d'attaquer? Il résulte de ce défaut de prévoyance que Marceau s'avançait pendant que Westermann battu avait été contraint de se replier, et qu'ainsi ces deux colonnes se trouvaient réciproquement en flèche dans le pays; aussi l'ennemi, qui devait prévoir qu'il serait pareillement attaqué par la route d'Antrain, se porta-t-il sur-le-champ de ce côté, et Marceau le rencontra en force à quatre heures du matin, à une lieue de Dol; cependant il n'hésita pas à lui livrer le combat, et sut, par de sages dispositions, suppléer à son infériorité.

» Après trois heures d'un combat assez vif dans lequel les rebelles, fort supérieurs en nombre, perdirent beaucoup de monde, Marceau resta maître du champ de bataille. Il était sur le point de les poursuivre dans Dol où ils s'étaient jetés, lorsqu'il vit arriver la division Muller. Ce renfort, qui aurait pu contribuer aux plus grands succès, s'il eût été bien dirigé, produisit un effet contraire. Le général Muller, qui devait prendre le commandement, était tellement ivre, ainsi que la majeure partie de son état-major, qu'il lui fut impossible d'ordonner aucune disposition; la confusion devint si grande qu'il eût suffi de quelques coups de fusil pour occasioner la déroute la plus complète. »

Marceau s'empresse de rendre compte à Rossignol et à Kleber de ce qui se passe, il presse Kleber de se rendre près de lui pour le tirer de cette mêlée. Ces deux généraux partent à la pointe du jour, et trouvent en effet la troupe dans le plus grand désordre, les bataillons et les brigades étaient confondus.

« Il eût été dangereux, continue Kleber, de remettre l'ordre en présence de l'ennemi. Je proposai une position rétrograde que j'avais reconnue le matin et qui n'avait pas échappé à Marceau. Elle était couverte par un profond ravin et appuyée sur la gauche par un marais. La droite pouvait, en se dirigeant sur Pontorson, se lier avec la colonne de Westermann. On hésitait encore, lorsqu'une centaine de Vendéens, qui s'étaient glissés derrière les haies, firent un feu de file. Tout se mit alors en mouvement rétrograde sans attendre le commandement. On parvint cependant à rallier, organiser et former la troupe dans la position indiquée, après quoi on se livra au repos.

» Les représentans rejoignent le général en chef : on concerte de nouvelles dispositions, on arrête que l'on se renfermera dans celles convenues au dernier conseil de guerre, et que l'on fortifiera Antrain. La position des troupes sur ce point est déterminée, et l'on convient que l'armée s'y rendra le soir.

» Le général Amey est envoyé avec dix-huit cents hommes et deux pièces de quatre à Pontorson pour se réunir à Westermann.

» On conserve tout le jour la position en avant de Trans, et, par une bizarrerie qu'on ne peut expliquer, on décide le soir qu'on ne la quittera plus. On fait même venir toutes les troupes qui étaient à Antrain, à l'exception de quelques bataillons, dont un seul restait à la position des quatre chemins pour la garde du parc, et quelques autres derrière le Coesnon qui couvre Antrain. Toute l'armée passe la nuit au bivouac en avant du bois de Trans ; la brigade Marceau reste seule sur la lande qu'on lui avait fait occuper le matin. On envoie même à Westermann l'ordre de se porter en avant, d'attaquer l'ennemi et d'en achever la destruction à Dol, en lui promettant de le seconder sur la direction d'Antrain.

» On n'était pas suffisamment instruit, dit Kleber, par la triste expérience de la veille. La même ivresse qui, après le conseil de guerre, avait fait prendre un pareil arrêté, dicta celui-ci.

« Vers le milieu de la nuit, continue-t-il, Prieur, calmé par la fraîcheur du bivouac, me demanda si je pensais que l'attaque ordonnée à Westermann devait avoir un succès complet. — Je crains, répondis-je, que la moralité du soldat, encore frappée de la défaite de la veille, n'ajoute à ses souffrances physiques, et ne permette pas le succès que l'on espère. Forcé de conclure, je déclarai que, si j'en étais le maître, je me renfermerais strictement dans le plan arrêté au conseil de guerre.

» Le général en chef fut de cet avis, les représentans y revinrent aussi, et l'on envoya trois ordonnances à Westermann, avec ordre de se tenir sur la défensive et d'attendre de nouveaux ordres. Il fut en conséquence décidé que l'armée rentrerait le matin à Antrain ; mais on avait trop tardé.

» Westermann poursuivant toujours son système, sans égard aux ordres qu'il recevait et qu'il était dans l'habitude d'enfreindre, se mit en marche pour se porter sur Dol. Son avant-garde arriva le matin au village de Baguerpican. Il plaça en avant une grand'garde de cavalerie et la légion des Francs ; bientôt il apprit par ses éclaireurs que la générale battait dans Dol.

» L'ennemi marche sur Westermann, le combat s'engage vivement. Malgré le renfort de la brigade d'Amey, l'affaire se soutient moins que la veille. Cette brigade lâche pied; l'avant-garde, accablée par le nombre est obligée de la suivre. Westermann et Marigny, entourés de quelques braves qui ont juré de ne pas les abandonner, couvrent seuls la retraite. Marigny réussit même à arrêter quelques instans l'ennemi, en mettant pied à terre et se jetant à la tête de quelques chasseurs pour le charger. Il faillit être victime de sa bravoure. Son sabre fut coupé dans sa main par un biscaïen. Son cheval blessé était hors d'état de le sauver. Rien n'arrête plus le soldat et la déroute devient générale : une partie des troupes fuit sur Avranches et le reste sur la route d'Antrain.

» Tandis que ceci se passait sur la route de Pontorson, on ne suivait à la gauche aucun plan, tout allait par sauts et par bonds. Quels succès pouvait-on attendre d'ordres dictés par la faiblesse, ou une ivresse non moins funeste ?

» Voyant qu'on ne se disposait point à faire rentrer les troupes pour reprendre la position d'Antrain, derrière le Coesnon, et le cœur navré, ne pouvant deviner ce que tout cela allait devenir, je proposai à Marceau une reconnaissance sur Dol. Les représentans Prieur et Bourbotte nous accompagnèrent. Nous nous mîmes en marche avec une escorte de soixante hussards.

» A peine arrivés au champ de bataille de la veille, entre les villages de la Boussaye et de la Vieuville, nous découvrons l'avant-garde des Vendéens suivie de leur armée. J'ordonne à mon escorte de se retirer au pas et je détache un officier d'état-major pour amener l'avant-garde aux ordres de l'adjudant-général Chambertin de l'armée des côtes de Brest. Le régiment ci-devant *la reine* marchait en tête ; on le fait déployer à droite et à gauche derrière les haies et les fossés, mais on ne peut parvenir à lui faire brûler une amorce ni même à le faire rester en position. Il prend la fuite et son exemple est suivi du reste de la brigade. L'adjudant-général Nattes, envoyé sur la droite avec quelques compagnies du même régiment, pour déborder la gauche de l'ennemi, en est également abandonné; son cheval est tué d'un coup de fusil : il tombait entre les mains de l'ennemi, sans une de ses ordonnances qui le força de prendre son cheval.

» Kleber, voyant qu'il ne peut compter sur cette troupe, envoie chercher quelques bataillons de Mayence pour remplacer l'avant-garde de Chambertin qui se retirait en désordre.

» La brigade aux ordres de Canuel (1) arrive; elle était composée d'excellens bataillons Mayençais, ayant celui des grenadiers réunis en tête. Kleber le met en bataille, avec ordre de tenir ferme pour avoir le temps de disposer lui-même le reste de l'armée. D'autres troupes succèdent et les généraux arrivent avec elles. On déploie les colonnes, cherchant à déborder les ailes de l'ennemi; mais, ajoute Kleber, la colonne vendéenne qui avait poursuivi Westermann se présente sur notre flanc droit et menace nos derrières; alors il fallut ordonner un mouvement rétrograde à quelques bataillons, et ce mouvement fut bientôt suivi par les autres, déjà découragés par la fuite de l'avant-garde de Chambertin. Les grenadiers seuls restèrent inébranlables au poste qui leur avait été confié et qu'ils défendirent pendant trois heures avec leur valeur ordinaire.

» Nos flancs en l'air, nos derrières découverts, la plus grande partie des troupes en pleine fuite, Rossignol ordonne la retraite; elle s'effectue assez lentement d'abord, mais avec désordre. Quelques coups de canon font accélérer la marche. On arrive de nuit au pont d'Antrain dont le passage occasione la plus grande confusion. Marceau se charge de le défendre avec ce qu'il peut ramasser de soldats, sans dsitinction

---

(1) Il avait été rappelé de Fougères.

de compagnie ou de bataillon. L'ennemi, s'avançant toujours et forçant le passage, change en une affreuse déroute ce qui, dans le principe, pouvait être considéré comme une retraite.

» Tandis que Marceau soutient seul les efforts de l'ennemi, les généraux réunis aux représentans délibèrent sur le parti qu'il conviendrait de prendre (1); mais, lorsqu'il vient annoncer la prise du pont, on voit qu'il ne reste plus qu'à suivre le torrent et à se retirer sur Rennes.

» Ce fut alors qu'on sentit, mais trop tard, combien il eut été préférable de suivre le plan qui d'abord avait été arrêté et que rien n'aurait dû empêcher de mettre à exécution. »

Le récit de D'Obenheim peut intéresser, parce qu'il fait connaître la position des Vendéens. On pourra le comparer aux détails qu'on vient de lire ; le voici :

« En arrivant à Dol, les Vendéens ne trouvent point de vivres, et on leur apprend qu'ils sont environnés de troupes. Le soir de leur arrivée, ils sont attaqués par un petit nombre de hussards républicains qui pénètrent jusqu'à l'entrée de la

---

(1) Rossignol parut à cette réunion un papier à la main, et, s'adressant aux représentans : *Citoyens*, leur dit-il, *j'ai juré la république ou la mort, je tiendrai mon serment ; mais je vous déclare que je ne suis pas f..., pour commander une armée. Qu'on me donne un bataillon, je saurai remplir ma tâche. Voilà ma démission que je viens d'écrire moi-même ; si on la refuse, je croirai qu'on veut perdre la république.* — « Rossignol, reprit vivement Prieur, tu es le fils aîné du comité de » salut public, tu répondras à son attente, point de démission. La » responsabilité ne pèsera point sur toi, mais sur ceux qui t'environ- » nent et qui doivent te seconder de leurs conseils, de leurs lumières » et de leurs talens militaires. »

Le nouveau chef de l'état-major demanda, en plaisantant, un brevet d'impunité pour son compte.

principale rue de la ville et y coupent les traits de deux ou trois voitures. On crie aux armes et les hussards se retirent, cela n'a pas d'autres suites.

» Cette attaque est bientôt suivie d'une autre plus sérieuse sur la route de Pontorson. Les républicains sont obligés de céder au nombre et se battent en retraite pendant quelques heures.

» Les Vendéens avaient laissé leurs bagages dans Dol avec des troupes pour garder les routes de Rennes et de Dinan, pendant que la tête de leur armée marchait sur la route d'Antrain. Un brouillard très-épais rendait la nuit extrêmement obscure. L'avantage du nombre en pareil cas devient presque nul, surtout dans un pays coupé. Une résistance un peu opiniâtre que les républicains font au delà d'un défilé, retarde la marche de l'armée; la queue et le centre sont saisis d'une terreur panique qui, dit-on, avait aussi pour cause le bruit que firent les tirailleurs de la tête, en se jetant sur une voiture chargée de pain qu'on était parvenu à leur procurer. Le désordre se communique bientôt dans Dol, les Vendéens qui y étaient restés, fuient par toutes les portes (1); mais la

---

(1) L'épouvante des Vendéens à la suite du combat sur la route d'Antrain, dans la nuit du 21 au 22, a été telle, dit le chef de brigade Cadenc dans ses rapports au comité de salut public, qu'un grand nombre d'entre eux ont pris la fuite vers Saint-Malo, et que les troupes sous mes ordres ont fait à peu près cent trente prisonniers. On assure que, sans une brume épaisse, l'armée vendéenne était perdue.

Des rapports, sans doute exagérés, portent l'armée des rebelles à quarante, cinquante et même soixante mille hommes. Ce qui est certain, c'est qu'ils se battent en désespérés; que les vivres leur manquent absolument; qu'un grand nombre d'entre eux déserteraient, s'ils avaient quelque espoir de salut : c'est ce qu'affirment les déserteurs.

« L'armée vendéenne, dit madame de la Rochejaquelein (p. 320), prenait la fuite. Le curé de Sainte-Marie-de-Rhé monta sur un tertre; il éleva un grand crucifix, et, d'une voix de Stentor, se mit à prêcher les Vendéens. Il était tellement hors de lui-même qu'il entremêlait

tête, qui n'avait pas bougé et qui cependant n'était que de cinq à six cents hommes, reprend encore sa supériorité. L'épouvante cesse, les plus braves rallient les autres.

» Stofflet avait arrêté ceux qui fuyaient sur la route de Dinan, tous retournent sur leurs pas, et les républicains sont obligés de se replier.

» Exténués de fatigue et de faim, les Vendéens s'arrêtent et, après une courte halte, s'en retournent à Dol. Ils n'y sont pas plus tôt rentrés, que l'on crie *aux armes!* sur la route de Rennes (1). Ils croient que c'est cette armée qu'ils n'avaient osé aller combattre, lorsqu'il s'agissait de pénétrer en Bretagne. Comme ils n'avaient pris ni repos, ni nourriture depuis deux jours et que le dégoût était à son comble dans leur armée, ils n'auraient peut-être pas été en état de résister à un seul bataillon qui les eût réellement attaqués dans ce moment; mais ce n'était qu'une fausse alerte. La nuit se passe tranquillement contre leur attente. Le lendemain matin ils se mettent en marche pour retourner dans leur pays par Antrain, Fougères, etc.

» A moins d'une demi-lieue, ils apprennent qu'une armée

---

son sermon de juremens épouvantables. Il dit aux soldats que le seul moyen de sauver leurs femmes et leurs enfans était de retourner au combat. Mes enfans, leur disait-il, je marcherai à votre tête, le crucifix à la main. Que ceux qui veulent me suivre se mettent à genoux, je leur donnerai l'absolution; s'ils meurent, ils iront en paradis; mais les poltrons qui trahissent Dieu et qui abandonnent leurs familles, *les bleus* les égorgeront, et ils iront en enfer... Plus de deux mille hommes se jetèrent à genoux, il leur donna l'absolution à haute voix, et ils partirent en criant : *Vive le Roi!* nous allons en paradis! Le curé était à leur tête, et continuait à les exciter. Six heures après il revint, toujours le crucifix à la main, il chantait le *Vexilla regis*, et tout le monde se mettait à genoux sur son passage. »

Ce récit simple, animé, est défiguré dans les histoires de la Vendée par des phrases que M. de Puisaye appelle des phrases d'écolier.

(1) C'était la petite colonne de l'adjudant-général Klingler, qui venait de se porter sur Hédé.

républicaine vient au devant d'eux par les routes de Pontorson et d'Antrain, qui font ensemble un angle très-aigu dont le sommet est près de Dol. Cette rencontre ne les effraie point, parce qu'ils croient, ainsi que le bruit s'en répand dans l'armée, que le corps auquel ils vont avoir affaire, avait le dessein de les venir prendre en queue, comptant qu'ils allaient se porter sur Rennes, et qu'ainsi ce ne sont point les principales forces des républicains qu'ils auront à combattre, mais bien un corps détaché, sans doute très-surpris de la contre-marche.

» Quoi qu'il en soit, la Rochejaquelein prend la route de Pontorson avec une partie des troupes, et Stofflet continue celle d'Antrain avec le reste. Ce dernier s'arrête dans une position extrêmement avantageuse et s'y tient sur la défensive. Bientôt la Rochejaquelein dont la troupe n'avait pour ainsi dire point perdu de vue celle de Stofflet, se trouve sur la droite des troupes républicaines qui se proposaient d'attaquer par le chemin de Pontorson; il les surprend, et les met en déroute.

» Stofflet, qui s'en aperçoit, se met en marche; il rencontre des troupes républicaines, le combat s'engage. Les républicains cèdent au nombre, mais ils se battent en retraite avec assez d'ordre; ils profitent de quelques positions avantageuses. La Rochejaquelein arrive avec l'infanterie qui lui avait servi à vaincre sur le chemin de Pontorson. Les républicains, pris par leur droite, sont obligés de fuir. Leur fuite entraîne leur arrière-garde qui venait à leur secours, et leurs généraux ne peuvent les rallier dans une position magnifique qui est devant la forêt de Villecartier, ni même à Antrain qu'il est si aisé de défendre de ce côté-là.

» Les Vendéens s'étonnent de leur victoire, ils s'en étonnent davantage encore, lorsqu'ils apprennent que leur avant-garde s'est emparée d'Antrain et que l'armée qui vient de fuir était, disait-on, de plus de vingt mille hommes. Mais, on le répète, depuis Granville, l'armée vendéenne n'est plus qu'un sanglier blessé qui cherche à franchir tous les obstacles qu'on lui oppose ; ainsi cette victoire ne peut ni ne doit avoir de suites.

» En un instant les Vendéens remplissent les rues et les maisons d'Antrain. La Rochejaquelein et Stofflet se proposent de poursuivre l'arrière-garde de l'ennemi, mais personne ne veut obéir. Quelque cavaliers seulement sont arrêtés à deux cents toises de la ville par un détachement qui fait feu sur eux. Le feu se soutient, on crie *aux armes* de toutes parts ; on croit que l'armée républicaine est encore là. Les chefs et plusieurs cavaliers se donnent des peines incroyables, sans pouvoir faire sortir de la ville plus de trois cents hommes. Un corps de mille hommes qui aurait attaqué dans ce moment les Vendéens, les aurait détruits jusqu'au dernier. Le détachement fit sa retraite sans être inquiété.

» La cavalerie, qui avait poursuivi les républicains du côté de Pontorson, revient pendant la nuit. Ne se voyant plus soutenue par l'infanterie, il n'avait fallu que cinq à six hussards retournant bride sur la cavalerie vendéenne pour la ramener au galop.

» On ne peut s'empêcher de faire ici une réflexion bien simple : les républicains auraient dû partager leurs forces en deux parties à peu près égales. La première aurait été beaucoup plus que suffisante pour défendre Antrain, dont la position est extrêmement avantageuse ; et la seconde, placée entre Bazouges et la forêt de Villecartier, aurait pu facilement détruire la colonne vendéenne en la prenant en flanc et en queue, pendant que sa tête se serait trouvée arrêtée devant Antrain et engagée dans le défilé qui y conduit (1).

» Une armée ennemie, tant soit peu organisée, eût fait

---

(1) Le plan de Kleber aurait également réussi dans la position où se trouvait l'ennemi.

payer bien cher aux républicains leurs fautes, en se portant le lendemain de la déroute d'Antrain sur Rennes et de là jusque dans la Basse-Bretagne sans rencontrer d'obstacle; mais celle des Vendéens ne pouvait plus se soutenir; les victoires mêmes étaient des défaites pour elle; tout ce qui retardait sa marche vers la Vendée et augmentait le nombre de ses blessés la mettait au désespoir.

» On apprend à Antrain que des blessés de l'armée vendéenne, laissés à l'hôpital à Fougères, ont été égorgés dans leurs lits par les soldats de la république; on reconnaît en même temps, parmi les prisonniers, plusieurs soldats relâchés à Fougères à condition qu'ils ne porteront plus les armes contre les Vendéens, et sur-le-champ on fait fusiller tous les prisonniers que l'on venait de faire, excepté ceux de la première réquisition. »

§ IV. Compte rendu par Rossignol à son arrivée à Rennes. — Circulaire de Rossignol aux généraux sous ses ordres. — Ordre du comité de salut public de tirer dix mille hommes de l'armée des Pyrennées-Occidentales, pour les porter dans la Vendée sous les ordres du général Dumas. — Une partie des forces de l'armée de Cherbourg réunie à celles de l'armée de l'Ouest. — Continuation du récit de D'Obenheim. — Du récit de Kleber. — Nouvion destitué. — Conseil de guerre tenu à Rennes; dispositions ordonnées. — Destitution de Denzel, commandant temporaire de Rennes. — Plan d'organisation et d'opérations proposé par Kleber, adopté par les représentans. — Marceau, commandant des troupes; Debilly, commandant de l'artillerie; Westermann, commandant de la cavalerie; Damas, commandant temporaire de Rennes. — Marigny détaché avec trois cents chevaux pour se porter sur les derrières de l'ennemi. — Conseil de guerre le 28. — Sepher destitué; Tilly commandant la division de l'armée de Cherbourg. — Ordre de départ pour le 29 sur Châteaubriand. — Récit du général Sepher.

Suite des événemens sur la rive droite de la Loire.

« Vivement affecté, dit Kleber, de tout ce que je venais de voir, je m'abandonnai aux réflexions les plus accablantes, et rapprochant mille circonstances que me présenta mon imagination, j'étais prêt à me convaincre que l'on prolongeait à dessein les désastres de cette terrible guerre. Je laisse à celui qui a suivi attentivement le fil de notre révolution, le soin d'en juger et de prononcer (1).

» La retraite était pleinement effectuée, lorsque les généraux et les représentans sortirent d'Antrain. Toute l'armée prit la route de Rennes. Le pont de Romazy fut coupé après le passage des troupes et des équipages, la garde en fut confiée à un bataillon, avec quelques pièces d'artillerie. Le lendemain on arriva à Rennes où Rossignol s'était rendu dans la nuit. »

A son arrivée à Rennes, Rossignol rendit le compte suivant au ministre :

» Depuis ma dernière lettre, j'ai des *nouvelles* affligeans à vous annoncer. Instruit que l'ennemi avait abandonné le siége de Granville et se retirait sur Avranches, de là sur Dol, j'ai donné ordre à une division de l'armée postée à Fougères, de venir rejoindre le reste à Antrain, où elle s'est trouvée réunie le 21 de ce mois. Une portion de la cavalerie, toute l'infanterie légère et une brigade aux ordres du général Westermann, avaient eu ordre d'aller à Pontorson pour harceler l'ennemi, tandis que d'un autre côté je le tenais en échec par une bonne position à Antrain, et qu'on lui coupait les routes sur les autres directions.

---

(1) Il ne faut chercher la prolongation de cette guerre que dans l'ineptie de la plupart des généraux employés jusque-là, et dans l'impatience de la terminer.

» Le général Westermann ayant résolu d'attaquer à minuit, je fis porter mon avant-garde et une division de l'armée sur la route d'Antrain à Dol pour protéger l'attaque du général Westermann et pour faire diversion. L'attaque a eu lieu, comme elle avait été projetée, le feu a été terrible de part et d'autre.

» L'ennemi, posté sur les deux routes de Pontorson et d'Antrain, a attaqué, sur cette dernière direction, l'avant-garde aux ordres du général Marceau soutenu par la division du général Muller. Le feu a duré plus de quatre heures. Trois fois l'ennemi a été chargé à la baïonnette, chaque soldat s'est conduit en héros et a fait sentir aux brigands que le nombre seul pouvait balancer le succès.

» Tout promettait une victoire complète, quand un brouillard épais est venu tromper notre attente. Nos troupes, cernées par les brigands qui étaient au nombre de plus de trente mille, se sont repliées avec assez d'ordre, et ont pris une bonne position en avant d'Antrain.

» L'ennemi a beaucoup souffert et sa perte a été assez considérable, tant par le feu du général Westermann, que par celui des autres colonnes. Le général Westermann s'est replié avec sa colonne sur Pontorson où il a repris poste.

» Depuis cette affaire, des avis m'étant parvenus, ainsi qu'au général Westermann, que l'ennemi était sorti de Dol et se retranchait sur les routes d'Antrain et de Pontorson, je donnai ordre au général Westermann de prendre une position en avant de cette dernière ville et de se tenir sur une défensive active. Je fis moi-même sortir d'Antrain les troupes et leur fis prendre une position avantageuse en avant de cette ville.

» Rien n'annonçait que l'ennemi dût attaquer; aucun mouvement de sa part ne le faisait présumer, quand le bruit du canon et de la mousqueterie nous fit juger que l'armée aux ordres du général Westermann était aux prises avec les brigands. Je donnai ordre à une partie de la troupe de sortir de la ligne, et d'inquiéter l'ennemi. Quelques officiers généraux montèrent à cheval, accompagnés des représentans du peuple, et s'avancèrent assez près pour s'assurer de la position de l'ennemi et de ses desseins. Ils ne furent pas longtemps à s'apercevoir qu'il descendait en grand nombre et se disposait à attaquer avec force. Le corps de troupes déjà porté en avant, loin de s'opposer à la marche des brigands, prit la fuite. Les troupes, disposées dans des positions avantageuses, ont cependant arrêté quelque temps l'ennemi : mais, par une fatalité inconcevable, une terreur panique s'est emparée d'une grande partie de l'armée et a entraîné une déroute complète.

» L'ennemi a poursuivi jusqu'à Antrain et même au delà. J'ai en vain essayé de rallier l'armée dans des positions avantageuses; tous mes efforts et ceux des officiers généraux n'ont pu l'arrêter, et, pour ne pas la voir se débander entièrement, je me suis vu dans la nécessité de la laisser filer sur Rennes où elle est maintenant réunie. Je vais travailler à la réorganiser promptement, et j'espère que bientôt elle le sera.

» Je dois rendre justice aux chasseurs à cheval de la légion du Nord et des Francs qui ont donné des preuves d'un courage éclatant. Moitié d'entre eux ont mis pied à terre et ont soutenu, armés de leurs carabines, la retraite de l'infanterie.

» Les représentans Bourbotte et Prieur qui ne m'ont pas quitté vous rendront compte de ma conduite. »

A cette dépêche était jointe la copie d'une circulaire adressée aux généraux Danican, à Laval; Sepher, à Coutances; Peyre, à Granville; Tribout, à Dinan; Fabrefonds, à Angers; Commaire, à Saumur; Chabot, au Mans; et Vimeux, à Nantes.

« Je vous préviens, leur mandait Rossignol, que les armées réunies des côtes de Brest et de l'Ouest, après s'être battues pendant deux jours contre la masse des brigands sur les routes de Pontorson et d'Antrain à Dol, se sont repliées sur Rennes pour y prendre un instant de repos. Heureusement les différens combats que nous avons eu à soutenir ne nous ont pas coûté beaucoup de monde et la perte de l'ennemi doit être très-considérable.

» Veillez, je vous prie, aux intérêts de la république, en exerçant la plus grande surveillance sur vos troupes. Combinez vos mouvemens d'après ceux de l'ennemi; prenez de bonnes positions, en cas que vous soyez menacés d'être attaqués; arrêtez la marche des brigands.

» Le général Dembarrère est chargé par les représentans d'envoyer des agens dans tous les départemens qui environnent la position de l'ennemi, pour lui opposer tous les moyens que l'art peut procurer, en faisant couper des ponts, des chemins, en faisant faire des abattis, etc. Concertez vous avec eux, et veuillez m'informer de ce qui sera fait. »

A la réception de ces nouvelles, le comité de salut public chargea le ministre de la guerre de tirer dix mille hommes de l'armée des Pyrénées-Occidentales, et de les diriger dans la Vendée, sur Niort, sous les ordres du général Dumas.

Il arrêta en outre que trois mille hommes de l'armée de Cherbourg resteraient pour la défense des côtes, et que le surplus se porterait à Laval et se réunirait à l'armée de l'Ouest.

» Encouragée par ces succès, dit d'Obenheim, l'armée vendéenne continue sa marche et passe, sans avoir à brûler une amorce, par Fougères, Ernée, Mayenne et Laval. Il eût été cependant bien facile aux troupes de cette dernière ville de la défendre, en coupant le pont ou en le barricadant ; mais on avait préféré, suivant l'usage adopté, de les envoyer à plus de deux lieues de distance en avant, faire des abattis sur le grand chemin.

» Le conseil fit fusiller à Laval deux soldats de l'armée vendéenne, pour avoir dérobé dans une boutique deux ou trois aunes d'étoffe. Un noble fut prêt de subir le même sort pour n'avoir pas empêché les soldats de tuer des poules et de voler un portefeuille à un fermier dans les environs de Pontorson. Quel contraste ! n'ét it-il pas commis journellement des désordres bien plus graves par cette armée ?

» Il s'agissait, pour les Vendéens, de passer la Loire aux ponts de Cé, en s'emparant d'abord d'Angers. Ils connaissaient les murs de cette ville, et savaient que les républicains n'avaient que les portes à défendre ; mais, soit que l'affaire de Granville ne les eût pas suffisamment éclairés sur leur impuissance à prendre des villes fermées ; soit que les chefs s'imaginassent que rien ne devait s'opposer à la ferme volonté que leurs soldats avaient de rentrer par là dans la Vendée, il ne fut plus question que de la meilleure manière de s'emparer d'Angers ou des ponts de Cé ; en conséquence il passent la Sarthe à Sablé, et le Loir à Duretal, pour n'avoir point d'eau à passer sous les murs d'Angers. »

« A leur arrivée à Rennes, dit Kleber, les représentans recherchèrent les causes de la déroute qu'ils ne devaient attribuer qu'à leur versatilité et à leur funeste influence dans les affaires militaires ; mais il fallait, suivant l'usage, l'attribuer à quelque officier général, en conséquence le soupçon tombant sur le général de brigade Nouvion qui réunissait à beaucoup de talent une grande modestie et l'estime et l'amitié de tous les officiers faits pour l'apprécier ; il fut destitué et reçut l'ordre de se retirer à vingt lieues des frontières et des armées.

» Le soir on tint conseil de guerre dans lequel on arrêta

l'évacuation sur Nantes des malades et des blessés, et le chargement de toutes les munitions en dépôt à l'arsenal, pour être conduites à deux lieues sur la route de Nantes, ce qui s'exécuta le lendemain.

» Prieur, sans doute pour relever les esprits encore abattus de l'événement de la veille, dit : *Les brigands ne peuvent nous battre sans perdre du monde; or, comme ils n'ont pas les mêmes ressources que nous pour se recruter, nos défaites mêmes peuvent être envisagées comme des avantages pour la république.*

» D'après ce raisonnement, ajoute Kleber, il est clair que c'était moins des victoires que l'on cherchait, que des combats fréquens; mais si telles étaient les vues du gouvernement, peut-être était-il prudent d'en garder le secret.

» Le 25, les représentans prirent un arrêté qui enjoignait à tous les habitans qui avaient des matières combustibles, de les porter à un dépôt indiqué. Ils annonçaient hautement que si notre armée était forcée d'abandonner Rennes, cette ville serait réduite en cendres, sur le soupçon qu'elle avait des intelligences avec les brigands.

» Belle récompense, s'écrie Kleber, du zèle et du courage que toute la garde nationale de cette grande commune avait constamment déployé pour s'opposer aux insurrections!

» Le commandant temporaire de Rennes, nommé Denzel, chef de brigade du huitième régiment d'artillerie, officier aussi recommandable par ses talens militaires que par son civisme, fut destitué et mis en arrestation.

» Le général Dembarrère, arrivé à Rennes deux jours avant la rentrée de l'armée, s'était occupé des dispositions défensives de la ville, dès qu'il apprit notre échec. Il avait reconnu une position qui fut indiquée à chaque officier général; chacun expédia des ordres en conséquence à sa troupe, sans que le général en chef y prît aucune part. Chacun agissait pour soi, sans demander d'ordre et sans en recevoir.

» Fortement pénétré de cet abandon, Kleber va trouver les représentans pour leur proposer quelques mesures qu'il jugeait indispensables; on l'écoute. Nous adopterons très-volontiers tes propositions, lui dit-on; il n'y a que dans le choix des individus que nous ne serons peut-être pas d'accord. Tu peux au surplus présenter ton plan au conseil qui doit se tenir ce matin.

» A la réunion du conseil, Kleber fit sentir en peu de mots la nécessité d'adopter un plan général d'organisation et d'opérations dont l'exécution serait confiée à des chefs capables d'en faire espérer le succès. Il s'agissait de nommer, sous les ordres de Rossignol :

1°. Un général commandant toutes les troupes;

2°. Un général commandant la cavalerie;

3°. Un général commandant l'artillerie;

4°. Enfin un général commandant temporaire, qui ne fût occupé que de la police intérieure de la place et du commandement de la garnison.

» Après quelques momens d'hésitation, les représentans adoptent ce projet, et demandent à Kleber de proposer des officiers.

» La chose, dit Kleber, était délicate; j'étais bien assuré d'exciter des jalousies, mais le bien du service l'emporta sur toutes les considérations. Je proposai donc Marceau pour commandant des troupes; Westermann pour commandant de la cavalerie; et l'adjudant-général Debilly (1) pour commandant de l'artillerie.

» J'allais proposer le commandant de la place, lorsque Prieur dit qu'il y pourvoirait; qu'il connaissait dans la ville un ancien militaire, brave sans-culotte, qui en remplirait les fonctions avec autant de talens que de zèle, et à l'instant

---

(1) Debilly commandait l'artillerie à Antrain; il se tenait au parc qu'il était décidé à faire sauter s'il n'avait pu le sauver.

il fit appeler son homme. C'était un tailleur qui, en cette qualité, avait fait un congé dans un régiment de ligne. On lui fit part de l'emploi qu'on voulait lui confier; mais cet honnête citoyen en sentit l'importance et eut le bon esprit de le refuser avec opiniâtreté, malgré toutes les instances de Prieur.

» Kleber fait observer que les fonctions de commandant de la ville sont assez importantes pour qu'on les défère à un officier-général, en même temps il propose le général Damas, promu au grade de général de brigade à Antrain.

» Le plan est adopté à l'unanimité.

» Le général Marigny est mis à la tête de trois cents chevaux, avec une instruction analogue à sa mission qui était de se porter rapidement à Laval, de harceler sans cesse l'ennemi dans sa marche, de l'empêcher de faire des vivres, de prendre des renseignemens sur ses mouvemens, et d'en rendre compte.

» L'armée catholique avait séjourné à Laval, s'était ensuite portée à Sablé, et de là à la Flèche et Duretal, se dirigeant sur Angers.

» Marigny, secondé par l'adjuant-général Decaen, remplit parfaitement sa mission.

» Cette organisation terminée, ajoute Kleber, je me sentis allégé d'un grand fardeau. Ami de Marceau, j'étais certain qu'il n'entreprendrait rien sans s'être concerté avec moi. Marceau était jeune, actif, plein d'intelligence, de courage, d'audace. Plus froid que lui, j'étais là pour contenir sa vivacité, si elle l'eût entraîné au delà des bornes. Nous prîmes ensemble l'engagement de ne point nous quitter, jusqu'à ce que nous eussions ramené la victoire sous nos drapaux.

» Marceau désigna de suite le rang de bataille de chaque division; celle de Boucret à la droite, celle de Canuel et Legros au centre, et celle de Kleber à la gauche, il détermina le service et fixa les emplacemens où la réserve de chaque division devait s'assembler en cas d'attaque. Les postes de surveillance furent établis et tout prit enfin la tournure convenable.

» Le soir, les représentans, précédés d'un nombreux cortége de cavalerie, et entourés de beaucoup d'officiers-généraux, parcoururent à cheval les rues de Rennes, à la lueur des flambeaux : c'était une promenade civique.

» Tous les généraux furent convoqués dans la soirée du 26, chez les représentans, pour les accompagner sur la ligne qu'ils voulaient haranguer. Arrivés devant la troupe, Prieur prend la parole : il reproche la fuite honteuse d'Antrain, attribue cette conduite à quelques scélérats cachés dans les rangs républicains, qui criaient : *Nous sommes coupés*, et finit par ces mots : *Camarades! nous promettez-vous de vous venger de cette dernière injure?*... Oui, oui, s'écrie-t-on de toutes parts, *vive la république!*

» On venait de recevoir des renseignemens sur les mouvemens de l'ennemi qui avait quitté Antrain pour marcher par Fougères sur Laval. On savait qu'il avait le dessein de repasser la Loire. On devait penser qu'il tenterait de s'emparer des ponts de Cé ou de Saumur. Danican se repliait avec sa troupe de Laval sur Angers ; Boucret reçut ordre de partir le lendemain avec sa brigade pour s'y rendre également. La garnison de cette place se trouvait ainsi forte d'environ quatre mille hommes, sans compter la garde nationale.

» De nouveaux renseignemens, reçus le 28, donnent de fortes présomptions que l'armée vendéenne se portait sur Angers. On tint un conseil de guerre où se présentèrent les généraux d'une division de l'armée de Cherbourg. Le général Sepher, commandant cette division, venait d'être destitué; le commandement en fut conféré au général de brigade Tilly. Il fut décidé que l'armée se porterait d'abord sur Châteaubriand, d'où elle se dirigerait sur Angers ou sur tout autre point correspondant à la marche des Vendéens. L'ordre de départ fut en conséquence donné pour le 29 par le général Robert, chef d'état-major, qui chargea les adjudans-généraux Fieffé et Caffin de précéder les colonnes pour désigner et établir les postes militaires sur la route.

» Il fut, en outre, décidé que le général Tribout viendrait occuper Rennes avec sa division ; que Damas conserverait le commandement de la place jusqu'à nouvel ordre ; que le général Marceau resterait à la tête des troupes, sous les ordres de Rossignol ; enfin, que la colonne de Cherbourg, qui était attendue avec les troupes de Westermann qui l'avaient jointe après l'affaire de Dol, suivrait la route de Châteaubriand, à deux jours de marche.

» Après le conseil, ajoute Kleber, on avait l'habitude de rester quelque temps réunis pour parler sur les affaires du temps. Prieur s'abandonnait alors ordinairement à son délire révolutionnaire ; car, disait-il souvent, *je suis, moi, le romancier de la révolution.* On vient à parler du fardeau d'un commandement en chef et de la responsabilité qui en était inséparable ; on voulait faire allusion à Rossignol. Prieur s'en aperçut, et dit aussitôt : « le comité de salut public a la plus grande confiance dans les talens et les vertus civiques de Rossignol » ; et élevant la voix : « Je déclare, ajoute-t-il, aux officiers-généraux qui m'entourent, que, quand même Rossignol perdrait encore vingt batailles, quand il éprouverait encore vingt déroutes, il n'en serait pas moins l'enfant chéri de la révolution et le fils aîné du comité de salut public. Nous voulons, continue-t-il, qu'il soit entouré de généraux de division capables de l'aider de leurs conseils et de leurs lumières. Malheur à eux s'ils l'égarent ! car nous les regarderons seuls comme les auteurs de nos revers, chaque fois que nous en éprouverons. »

» La colonne arrive le 30 au soir à Châteaubriand où l'on ne tarde pas d'apprendre qu'Angers était menacé. Marceau s'empressa d'envoyer dans la nuit même une ordonnance à Rennes, pour prévenir Rossignol de cet avis et lui demander ses ordres. N'ayant point reçu de réponse dans le courant de la journée, il dépêcha une seconde ordonnance de très-grand matin le 2 décembre, en lui annonçant qu'Angers était assiégé et qu'il attendait ses ordres. L'ordonnance revint avec un billet ouvert, par lequel Rossignol mandait qu'il arriverait de sa propre personne le lendemain. *C'est assez dire*, observe Kleber, *que Marceau devait l'attendre sans bouger.* »

Le général Sepher était arrivé trop tard à Avranches pour prendre part aux affaires qui s'étaient passées aux environs de Dol. Voici ce qu'il dit dans son mémoire justificatif, adressé au comité de salut public :

« Le 22, sur les cinq heures après-midi, l'arrivée d'environ trois mille hommes de l'armée des côtes de Brest, dans le plus grand désordre, m'annonça la déroute.

» Le représentant Turreau, un général de brigade et plusieurs officiers de cette armée, vinrent au quartier-général peu de temps après. Je ne pus leur dissimuler l'impression désavantageuse que cette déroute m'avait faite, et, dans la crainte qu'elle n'influât sur l'armée que je commandais, j'indiquai pour cantonnement à cette troupe Pont-Gilbert.

» Ayant appris que la division de l'armée des côtes de Brest avait laissé près de Pontorson six pièces de canon et sept bœufs qui pouvaient tomber entre les mains des rebelles, j'envoyait douze hussards du huitième régiment et l'adjudant-général d'Halancourt qui les fit ramener à Avranches.

» L'armée se mit en marche pour se rendre à Rennes, conformément aux ordres des représentans Bourbotte, Boursault, Prieur de la Marne, Turreau et Jean-Bon Saint-André.

» Arrivé à Rennes, j'envoie un aide-de-camp chez les représentans et chez le général Rossignol pour les instruire de mon arrivée et prendre leurs ordres. Cette démarche est mal interprétée ; on lui répond verbalement *qu'elle sent l'ancien régime ;* qu'au surplus il y aurait conseil de guerre à six heures du soir, et que je serais mandé avec les généraux qui avaient droit d'y assister.

» Peu de temps après, je reçois une lettre qui m'appelle à ce conseil de guerre ; je m'y rends avec les généraux Tilly et Vialle. A peine entré au conseil, on me notifie un arrêté pris la veille par les représentans Turreau, Bourbotte et Prieur de la Marne, qui prononce ma suspension, sans la motiver. J'y obéis aussitôt, et je me retire.

» *Je n'ai point refusé obstinément de marcher à l'ennemi et de servir sous les ordres du général Rossignol*, ainsi que plusieurs journalistes le disent. La ponctualité avec laquelle j'ai exécuté les ordres que j'ai reçus, dément leur assertion.

» Si la marche de l'armée a été par fois lente et rétrograde, on ne peut sans injustice m'en faire des reproches. Depuis Caen jusqu'à Avranches, le représentant Laplanche l'a dirigée, et depuis Avranches jusqu'à Rennes, je n'ai agi que d'après les ordres des représentans Turreau et Jean-Bon Saint-André.

» Si, en partant de Caen, j'eusse dirigé la marche de l'armée, elle n'eût pas été lente et circulaire. Je n'aurais consulté que l'intérêt de la république, qui exigeait qu'elle se portât avec célérité sur Avranches dont la position avantageuse, que je connaissais parfaitement, aurait ajouté aux forces peu considérables de l'armée confiée à mes ordres, et la rapidité de la marche que j'avais combinée, aurait garanti Granville de l'incendie de son faubourg, ainsi qu'Avranches et Villedieu des brigandages que les rebelles y ont exercés.

» Parti de Caen le 6 novembre, n'étant qu'à vingt-quatre lieues de Granville, certes il m'eût été facile, si je n'eusse pas été contrarié, de prévenir au moins le siége de cette place importante qui n'a commencé que le 14.

» L'instruction du comité de salut public et l'apparition d'une flotte anglaise dans la Manche à cette époque, me faisaient un devoir de ne pas quitter Avranches d'où je pouvais couvrir les départemens de la Manche et du Calvados confiés à ma surveillance; et cependant j'ai été forcé d'en partir pour aller à Rennes, par l'ordre des représentans du peuple que je viens de citer. Je leur ai montré cette instruction, mais ils n'y ont point eu égard. Connaissant leurs pouvoirs illimités, je m'y suis soumis. Néanmoins, si les Anglais eussent profité de l'éloignement de l'armée pour opérer une descente dans les départemens de la Manche et du Calvados, j'eusse été exposé à payer de ma tête les dévastations qui en auraient été la suite (1).

» Je vous avoue d'ailleurs, avec toute la franchise qui caractérise un républicain, que j'aurais eu de la répugnance à opposer une armée, à peine composée de six mille hommes, à celle des brigands que des renseignemens certains m'annonçaient être infiniment supérieure en nombre. »

» Si, malgré les pièces justificatives de ma conduite militaire, il reste encore quelques doutes au comité, j'appelle en témoignage les chefs de corps de l'armée que je commandais et les soldats indistinctement. »

§ V. (Intérieur de la Vendée.) Dévouement de Boisselot, Vendéen. — Le commandant Muscar surprend le port Saint-Père et revient à son poste. — Jordy s'empare du port Saint-Père le 26. — Sa marche sur Sainte-Pazane et Bourgneuf. — Sa jonction avec Haxo qui venait de s'emparer de

---

(1) Le général ignorait l'ordre du comité de salut public de faire marcher sur Rennes une partie de son armée.

Machecoul. — Détachement repoussé à Rouans. — Dans la haute Vendée, les paysans se soumettent et rendent les armes. — Le feu mis à Chemillé par les brigands.

Intérieur de la Vendée.

Il est, au milieu des horreurs de la guerre civile, quelques traits de dévouement qu'il convient de recueillir. Voici ce que le commandant du château d'O, Muscar, écrivit du camp de la Hibaudière, le 13 novembre, au général Vimeux :

« Le mari de la femme que je vous ai envoyée dernièrement est venu hier soir chez moi; il se nomme Boisselot; il est du bourg de Bouaie. Il s'est trouvé aux deux attaques du château d'O, à celles de Machecoul, de Clisson, de Legé, de Montaigu, de Tiffauge, de Nantes. Cet homme, petit chef de brigands, ayant appris que sa femme avait été enlevée, est venu me trouver, armé d'une pique. Ses pleurs m'ont fait juger qu'aimant éperdument sa femme, il pouvait tout faire pour la sauver. Il m'a paru si touché de sa situation, dans un moment où elle avait un jeune enfant de huit mois, que j'ai résolu de mettre à profit les moyens que j'en pouvais tirer. J'ai pris sur moi de l'assurer que, s'il voulait contribuer à la tranquillité du pays, il aurait sa grâce et celle de sa femme. Un rayon d'espérance a probablement lui dans son âme, il est devenu un peu plus tranquille et m'a dit qu'il retournerait au port Saint-Père et qu'il tâcherait d'entraîner un grand nombre de ses camarades, qui n'étaient retenus que par la crainte d'être fusillés.

» Comme il était facile de juger, par ce qui se passait en lui, qu'il ne m'en imposait pas, je l'ai renvoyé au port Saint-Père. Si j'ai eu tort, citoyen général, je n'ai eu tort qu'en voulant servir la république. Consultez, si vous le jugez à propos, le représentant du peuple sur ce que j'ai fait, et contribuez à rendre cette femme à son mari. »

Muscar ajoutait :

« Beaucoup de rebelles sont habillés en gardes nationaux et font croire aux paysans patriotes que ce sont les volontaires qui les pillent. »

Le 16, Muscar fit, sur le port Saint-Père, une reconnaissance dans laquelle il surprit et dispersa le poste qui l'occupait. Il en rendit compte au général Vimeux.

« Il me fallait, ajoutait-il, des barques pour traverser la rivière, elles étaient toutes au bord opposé. Un intrépide volontaire se jette à la nage, atteint heureusement le rivage et ramène une barque sous le feu de l'ennemi. Brûlant de faire voir ce que valent des républicains, je m'y jette aussitôt avec une trentaine de volontaires. Déjà la terreur se répand parmi les rebelles qui prennent la fuite à l'approche de mes frères d'armes. Nous avons eu la satisfaction de délivrer cinq prisonniers que nous avons ramenés au château d'O. »

Cette expédition ne produisit d'autre effet que d'attirer au port Saint-Père un plus grand nombre de soldats Vendéens.

Le 21, Haxo donna l'ordre à Jordy de se porter avec environ trois mille hommes sur le port Saint-Père, de s'en emparer, et de poursuivre Charette partout où il se dirigerait.

Arrivé devant le port Saint-Père, Jordy trouva le pont de bateaux enlevé : le 22, il écrivit au général Vimeux :

« Je te demande dix bateaux pareils à ceux que la municipalité de Nantes vient de m'envoyer aujourd'hui ; les pièces de huit ne pouvant passer sur un pont aussi faible. La chose étant très-urgente, j'espère recevoir le tout au plus tard demain dans l'après-midi. Vite dix bateaux et cent planches doubles.

» Le chef de brigade, commandant la deuxième colonne (1).

» *Signé* JORDY, l'aîné. »

Une pièce de trente-six, placée sur la hauteur du village, incommodait beaucoup pour l'approche et la construction du pont, elle fut démontrée par l'artillerie républicaine. Le pont fut enfin établi sous le feu de l'ennemi, et quelques centaines de braves s'emparèrent des premières maisons. Le 26, à quatre heures du matin, l'attaque devint générale, et l'ennemi fut repoussé avec perte de trois pièces de canon.

Le même jour, Haxo, à la tête de la colonne des Sables, s'empara de Machecoul.

« Mon cher général, écrivait-il au général Vimeux, les troupes de la république sont en possession de la place de Machecoul ; ce n'est pas sans une petite fusillade. Nous nous y établissons de manière à garder ce poste qui a toujours été le lieu central des opérations des rebelles. »

Jordy laissa un poste au port Saint-Père pour la garde du pont, et le lendemain de grand matin il se mit en marche sur Sainte-Pazane à la poursuite de l'ennemi. Il enleva ce poste, après deux

---

(1) Haxo commandait la première colonne.

heures de résistance. De là il se dirigea sur Bourg-neuf qui fut évacué à son approche. L'ennemi se retira sur Arton et la forêt de Prince où Jordy le poursuivit sans pouvoir le joindre.

Le 28, il fit sa jonction avec le général Haxo, qui en informa le général Vimeux.

« Je t'annonce avec plaisir, lui mandait Haxo, que Jordy vient d'effectuer aujourd'hui sa jonction avec moi. Il a fouillé et balayé la forêt de Princé. Nos succès sur la Garnache t'intéresseront ; en deux mots, quinze cents hommes de nos troupes ont mis en déroute complète trois à quatre mille rebelles qui se disposaient, je pense, à venir nous attaquer.

» Tu peux être tranquille sur le poste de Rouans. »

L'inquiétude de Vimeux venait du rapport suivant qu'il avait reçu du commandant Mascar, le 25 :

« Le détachement de deux cents hommes que j'ai envoyé ce matin avec une pièce de canon à Rouans, a été repoussé par des forces supérieures. D'abord, l'ennemi, effrayé du bruit du canon, s'était replié; mais, ayant reconnu notre force, il est revenu et a entouré le détachement qui a été forcé de battre en retraite; le commandant, deux officiers et quinze hommes du détachement ont péri. »

Il n'existait, à cette époque, dans la haute Vendée que quelques bandes de gens sans aveu, étrangers au pays, qui semaient l'effroi sur leur passage ; quant aux paysans, il s'empressaient de faire la remise de leurs armes et de déclarer leur soumission.

Le chef de brigade Poché, commandant à Chollet, manda le 24 au général Vimeux :

« Les rebelles se rendent à Angers et à Saint-Florent par centaines et par milliers : ceux qui restent encore paraissent extrêmement découragés. Ils sont venus jusqu'à Maulevrier, il y a quelques jours, mais ils se sont repliés par Châtillon sur les Herbiers, pour se joindre à Charette.

Le général Moulin aîné, qui commandait à Saint-Florent, informa le général Vimeux le 30, qu'une horde de brigands était entrée la veille à Chemillé, où elle avait mis le feu. « Je fais marcher, ajouta-t-il, différens détachemens contre eux, et j'espère que la république sera vengée. »

§ VI. (Chouannerie.) Rassemblement dans le district de Rochefort, battu et dispersé par le général Avril. — Vannes menacé par les chouans. — Fouille dans la forêt du Pertre; rapport à ce sujet.

Chouannerie.

{ Rapports et correspondance.

Du 22. = *L'adjudant-général Cambray, au général Vimeux (Croisic).*

« Je te préviens qu'il existe un rassemblement dans le district de Rochefort. Le général Avril marche avec les troupes de la Roche-Sauveur (1) pour s'y rendre. Je continue à mettre à exécution les travaux que tu m'as ordonnés pour la défense du Croisic.

---

(1) *Roche-Bernard.* — Le nom de *Sauveur*, président de ce district, assassiné par les chouans, remplaça celui de *Bernard*, par décret du mois de juin précédent.

Du 24. — *L'adjudant-général Avril, au général Vimeux.*
(*Roche-Sauveur.*)

« J'ai fait renforcer cette nuit le poste de Musillac. Il y a dans ce moment trois cents hommes et une pièce de canon. Ce détachement va faire un mouvement sur la commune de Noyale, principal foyer de la révolte, et où l'ennemi s'est retiré après sa défaite.

» Ma communication avec Vannes n'est pas encore rétablie, j'ignore ce qui se passe de ce côté-là.

» L'ennemi, battu hier complétement par mon détachement, s'est dispersé.

» N'ayant point d'ordres à donner dans le Morbihan, je vais me borner à garder les bords de la Vilaine, en attendant les ordres des généraux et du représentant Carrier. »

Du 25. — *L'administration, au comité de salut public.*
(*Vannes.*)

« Des prêtres réfractaires, des émigrés, des échappés de la Vendée, parcourent nos campagnes et excitent à la révolte. Vannes est menacé, deux ou trois de nos forts ont été au pouvoir des brigands : ils ont fait une tentative sur Musillac; mais ils ont été repoussés par une faible garnison. Grâce au patriotisme et aux talens du citoyen Dubois, jeune homme plein d'activité, nous leur résistons, mais il nous faut des forces.

» Aujourd'hui les brigands, au nombre de douze cents, se sont portés sur le château de Pinieux. »

Du 27. — *L'adjudant-général Avril, au général Vimeux.*
(*Roche-Sauveur.*)

« Les révoltés de Rochefort ont encore été battus hier ; on leur a tué trente à quarante hommes, le reste s'est dispersé.

Du 29. = *Rapport du chef de légion de la garde nationale de la Guerche, sur la fouille faite dans la forêt du Pertre.*

« Des assassinats commis la nuit et à force armée sur plusieurs habitans du bourg de Cuillé, répandirent l'alarme dans le canton. La garde nationale se mit à la poursuite des assassins et en atteignit trois qui furent conduits à la Guerche, où ils furent condamnés à être fusillés. Le nommé Guais, l'un d'eux, offrit de faire des révélations importantes, si on voulait lui laisser la vie; on sursit à son exécution.

» Guais déclara qu'il connaissait, dans la forêt du Pertre, une retraite où se trouvaient cinq chefs de chouans et qu'il pouvait la faire découvrir.

» Sur cet avis, le chef de légion fit commander quatre cents hommes de sa légion et en demanda un pareil nombre de la garnison de Vitré, où était alors un bataillon de la Somme; les deux détachemens eurent ordre de se réunir dans les environs de la Fauconnerie, commune d'Argentré, pour se porter ensuite dans la forêt.

» La colonne se mit en marche dans la nuit du 28 au 29 novembre; le commandant ne put faire observer l'ordre nécessaire; une partie de la troupe se dispersa dans la forêt; Guais lui-même, qui servait de guide, se trompa de route; en sorte que le chef de l'expédition n'arriva que vers sept heures du matin, avec dix hommes seulement, à la cabane où se tenaient les chefs. Il ordonna de faire feu sur la cabane. On vit alors sortir quatre individus qui prirent la fuite. On trouva dans la cabane un jeune homme étendu sans vie, frappé d'une balle à la poitrine (1). On trouva de plus une correspondance qui fut adressée au comité de salut public.

» Après cette expédition, une terreur panique s'empara

---

(1) Le jeune *la Massue*. — Le comte de Puisaye était dans cette cabane. Il dit que *la Héchois* périt aussi criblé de coups. (Voir ses mémoires, tome II, page 309, etc.)

d'une partie du bataillon de la Somme composé de jeunes gens de la réquisition, et la retraite se fit avec beaucoup de désordre jusque hors la forêt. Dans sa marche vers la Fauconnerie, la colonne rencontra une vingtaine de chouans qui se rendaient à une revue dans la forêt; plusieurs y perdirent la vie. Un volontaire fut tué.

» Guais fut rendu à la liberté. »

CHAPITRE X.

{ Du 11 frimaire
au 11 nivôse an II.

Décembre 1793.

§ Ier. Rapport de Rossignol au ministre; dénonciation contre Westermann. — Arrivée de Rossignol et des représentans à Châteaubriand, le 3. — Ce qui s'y passe. — Départ précipité à minuit pour Angers. — Arrivée le 4. — Décret sur l'organisation du gouvernement révolutionnaire. — Récit de D'Obenheim sur le siége d'Angers. — Retraite de l'armée vendéenne sur Beaugé. — Rapport sur le siége d'Angers par Ménard, capitaine commandant la place. — Continuation du récit de Kleber. — Mort de Marigny. — Rapport de l'adjudant-général Rouyer au ministre. — Dépêche de Rossignol au ministre. — Décret du 7, qui déclare que la garnison et les habitans de la ville d'Angers ont bien mérité de la patrie. — Rapport des représentans au comité de salut public. — Ordre à Westermann de suivre l'ennemi avec sa cavalerie; et à Muller de l'appuyer avec sa division sans se compromettre. — Marceau nommé général de division et commandant en chef par intérim. — Destitution ou suspension des généraux Kleber, Haxo, Bouin-Marigny, etc. — L'exécution différée. — Marche de la division de Kleber sur Saumur, et de la division Tilly sur Suet. — Destitution du général Danican par les représentans. — Ordre à Rossignol de retourner à Rennes; compte qu'il rend au ministre; son opinion sur les officiers-généraux.

Rossignol attendait à Rennes l'arrivée de la colonne de Cherbourg, et s'occupait de dénonciations plutôt que de mouvemens de troupes. Le 1er. décembre il écrivit au ministre :

« Depuis l'arrêté du conseil exécutif portant la destitution de Vergnes, Nouvion et Westermann, généraux de brigade, les deux premiers ont quitté l'armée; mais Westermann est resté dans ses fonctions, en vertu d'un arrêté des représentans Fayau et Bellegarde.

» Je suis surpris que Westermann qui, je crois, ne peut mériter la confiance nationale, ait été conservé dans les armées de la république. Depuis que je suis à portée de suivre ses actions, je crois m'apercevoir qu'elles ne tendent pas à prouver son amour pour la république. Les représentans Bourbotte, Prieur et Turreau, présentement à Rennes, s'aperçoivent, comme moi, du peu de solidité de ses principes; mais son caractère mielleux, insinuant et dissimulé, qui cherche à mettre dans son parti tous les esprits, a empêché jusqu'à présent de prononcer ouvertement sur son compte. Je serais même tenté de croire qu'il entre pour beaucoup dans nos dernières déroutes, et qu'il ne peut contribuer au bien de notre patrie et au soutien de nos principes républicains. La manière dont il s'est comporté envers deux braves officiers de la trente-cinquième division de gendarmerie, connus pour bons sans-culottes et pour s'être toujours battus avec la même intrépidité, justifie la mauvaise opinion qu'on conçoit de lui. Ces braves défenseurs de la patrie, cherchant à rallier les troupes, un d'eux a été tué par lui d'un coup de sabre à la figure, et l'autre bien blessé (1). Ce n'est point sur des amis de la liberté aussi courageux, qu'il

---

(1) Westermann fut en effet accusé d'avoir donné des coups de sabre, comme c'était sa coutume, à plusieurs officiers et soldats au moment de la déroute sur Pontorson : il avait un caractère bouillant et dangereux. Rossignol, d'ailleurs, n'avait pas oublié son arrestation à Saint-Maixent par ordre de Westermann.

devait porter des coups mortels. Ces violences, bien loin de ranimer le zèle de nos guerriers, *rebutent* leur ardeur. Voilà le vœu d'un bon républicain qui gémit de voir sa patrie trompée, et *qui meurt du désir de jouir de sa prospérité.*

» Les principes républicains du général Robert me sont connus comme à toi; et, bien loin de coopérer à sa destitution de chef de l'état-major, je te l'avais demandé dans mon armée pour y remplir ces fonctions, *avant qu'il jugeât à propos au général Chalbos d'en nommer un à sa place.* On a profité, pour cette nomination, du temps où le général Robert est resté à Nantes pour se faire guérir d'une blessure qu'il a reçue à Beaupreau (1). Il est avec moi depuis quelques jours, d'après les demandes réitérées que je lui en ai faites. Je l'y conserverai pour l'amour de ma patrie et le désir que j'ai et aurai toujours de *maintenir* de vrais républicains dont les principes soient invariables. »

Cette dépêche fut transmise le 9 au comité de salut public. Le ministre demanda un arrêté pour lever toutes les difficultés. Il annonça en même temps qu'il allait donner l'ordre d'informer sur le crime imputé à Westermann.

Cependant Rossignol arriva enfin le 3 au soir à Châteaubriand, avec son chef d'état-major Robert et les représentans Prieur, Bourbotte et Turreau, qui reçurent au même instant de leurs collègues, enfermés dans la place d'Angers, une lettre par laquelle ils les pressaient de faire avancer des troupes, annonçant que les brigands étaient

―――――――――――

(1) Robert ne s'est jamais exposé à recevoir une blessure de l'ennemi. Il resta à Nantes, après le passage de la Loire, pour une chute de cheval, accident dont il ne fut pas beaucoup incommodé.

devant la ville et en occupaient les faubourgs. Les représentans s'adressèrent à Rossignol et lui demandèrent pourquoi la colonne de Châteaubriand ne s'était pas déjà portée en avant.

« Rossignol, dit Kleber, en attribua lâchement la faute à Marceau; et Robert, mon ennemi juré et celui de Marceau, étaya cette impudence, en donnant à entendre qu'on n'avait pas été fâché de prendre quelque séjour à Châteaubriand qui offrait des agrémens. Marceau fut appelé; la scène devint très-vive, et quoiqu'il lui fût facile de se justifier, on feignit de ne point vouloir l'écouter. Rossignol, sous prétexte d'une incommodité, laissa ce jeune général seul aux prises avec les représentans. Enfin, après avoir crié beaucoup, Prieur finit par dire à Marceau : *Au surplus, nous savons bien que c'est moins ta faute que celle de Kleber qui t'a conseillé, et dès demain nous établirons un tribunal pour le faire guillotiner.*

» Marceau revient, ému de douleur; il me raconte ce qui vient de se passer; il était onze heures du soir. Je vais de suite chez les représentans pour avoir une explication; je les trouve couchés, excepté Turreau; on ne profère pas une seule parole. Enveloppé dans mon manteau, je me promène dans la chambre pendant dix minutes, sans mot dire, lorsque tout à coup Prieur s'écrie : Eh bien! Kleber, que penses-tu d'Angers? Je lui répondis froidement : Ce que j'en ai pensé, il y a trois jours, lorsqu'au conseil de guerre j'ai proposé d'y envoyer la brigade Boucret. Mais, sais-tu que deux représentans y sont renfermés? Je l'ignore; mais je sais bien qu'il y a Angers quatre mille hommes de garnison, une population considérable, et de plus, le général Beaupuy. Allons, Kleber, il faut marcher; et si Rossignol s'était expliqué, depuis deux jours on serait devant Angers. Ce n'est donc ni à Marceau ni à moi qu'il faut s'en prendre, si nous nous trouvons encore ici..... Allons Kleber, allons, vive la république!

» C'est ainsi, continue Kleber, que finit cette scène qu'un seul mot aurait pu conduire à la plus terrible catastrophe dont ils auraient pu devenir les premières victimes. »

A minuit, les divisions se mirent en marche et se portèrent tout d'un trait à Angers, où elles arrivèrent le 4 à dix heures du soir. Le temps était si froid que l'on était obligé d'allumer de grands feux le long de la route. Kleber et Marceau descendirent chez les représentans Esnue la Vallée et Francastel.

Ce jour 4 décembre fut marqué à la convention par un décret sur l'organisation du gouvernement révolutionnaire, et bientôt on ne parla plus que de terreur à l'ordre du jour.

Le même jour le ministre de la guerre adressa aux défenseurs de la république la circulaire suivante :

« Frères et amis,

» Le comité de salut public m'a chargé de donner des ordres pour qu'il fût distribué à chacun de vous une paire de sabots, que vous seriez invité à porter hors des momens de votre service. Cette disposition est une nouvelle preuve de la sollicitude du comité sur tout ce qui peut éloigner des défenseurs de la patrie les incommodités et les besoins. Les sabots vous offrent la chaussure la plus saine dans cette saison ; elle vous garantira de l'humidité et du froid dans les momens de repos ; elle vous en garantira encore dans les momens de service et de marche, parce que vous aurez pu faire sécher vos souliers ; elle diminuera enfin **la consommation des souliers** que vos fatigues et la mauvaise foi des fournisseurs ont rendue excessive, et qu'il convient de modérer, tant pour assurer une bonne préparation des matières, que pour avoir le temps d'en surveiller la confection.

» Vous vous empresserez, sans doute, frères et amis, de seconder les vues du comité de salut public, en vous munissant d'une paire de sabots que vous porterez dans tous les momens où le service vous le permettra. Les commissaires des guerres sont chargés de vous les faire délivrer sur votre demande. Il ne vous sera fait aucune retenue pour cette fourniture; cependant le comité veut que, lorsqu'ils se trouveront perdus par votre faute, vous en supportiez la retenue. La patrie préviendra toujours vos besoins avec l'attention et la libéralité d'une mère tendre et reconnaissante des sacrifices que vous faites pour elle; mais vous devez aussi, en enfans soigneux et économes, ne négliger aucun moyen de lui épargner des efforts et des dépenses.

» *Signé* J. BOUCHOTTE. »

« Cependant, dit D'Obenheim, l'armée catholique se présenta devant Angers comme devant Granville; pas plus de précautions prises, pas plus de moyens.

» Les Vendéens s'emparent de même d'un faubourg, et conduisent de même le siége. La seule différence, c'est qu'un plus grand nombre de soldats s'en mêlent et que la fusillade s'établit, à la faveur des maisons du faubourg, sur trois ou quatre points différens. Le feu se ralentit et devient presque nul pendant la nuit. Trois ou quatre mille Vendéens s'endorment dans les maisons. Une sortie de mille hommes eût non-seulement détruit ceux-là, mais encore eût mis tous les autres en fuite. Le lendemain au jour, quelques-uns de leurs officiers leur annoncent un fol espoir. Les chefs, quoique découragés, feignent d'y croire. Pour réchauffer le courage de ceux qui se mettent en avant, ils leur promettent de grandes récompenses, et, afin de les faire suivre par les autres, ils accordent d'avance à l'armée la propriété de la ville ; mais tout cela n'aboutit qu'à faire mettre hors de combat deux ou trois cents hommes de plus, comme il n'y avait pas lieu d'en douter.

» Pendant cette dernière tentative, les Vendéens apprennent que des troupes fraîches, venant de Rennes, sont entrées dans la ville, et que des hussards viennent de piller une ou deux voitures sur leurs derrières. Stofflet se met à rallier l'infanterie, à quoi il ne parvient que très-difficilement, et la Rochejaquelein se porte avec la cavalerie sur les troupes légères qui venaient attaquer en queue. Sa cavalerie se conduit mal à l'ordinaire ; mais quelques centaines de fantassins qui le rejoignent au bout d'une heure, avec deux ou trois pièces de canon, forcent les républicains à la retraite. Cet événement hâte le ralliement dont s'occupait Stofflet, et l'armée se met en marche du même côté. Elle passe la nuit au bivouac dans un village à l'embranchement du chemin de Baugé où elle se rend le lendemain de bonne heure. Le froid était devenu très-vif, et l'on voyait de temps en temps, le long du chemin, des malades ou des blessés qui y avaient succombé.

» La marche sur Baugé avait été déterminée dans la crainte de trouver le pont de Duretal défendu, par le désir de ne pas s'éloigner de la Loire et par le besoin d'un gîte. »

Menard, capitaine au soixante-dix-huitième régiment, qui commandait alors la place d'Angers, a donné sur ce siége les détails suivans :

« Les rebelles, dit-il, se présentèrent le 3 décembre 1793 sous les murs d'Angers ; ils croyaient y entrer aussi facilement que le 24 juin précédent. Les généraux Danican et Boucret y arrivèrent avec leurs colonnes deux jours avant le siége. Trois mille hommes armés n'étaient pas suffisans pour un développement de douze cents toises. L'ennemi était à deux lieues d'Angers, qu'on ignorait encore s'il se dirigeait sur Angers ou sur Saumur. La négligence de ceux qui étaient chargés des mouvemens extérieurs était cause de cette incertitude. On se contenta d'ordonner, la veille du siége, une coupure sur la route de La Flèche, à un quart de lieue de la ville, et d'y placer deux pièces de quatre.

» L'ennemi s'y présente, se répand dans les faubourgs ; on fait jouer contre lui le feu de vingt pièces d'artillerie, depuis la porte Saint-Aubin jusqu'à la haute chaîne, soutenu par celui de l'infanterie.

» L'ennemi se borna, toute la journée du 3, à un feu très-vif de canon et de mousqueterie. Il était pressé par la colonne de Marigny qui chagrinait ses derrières ; il craignait aussi l'arrivée de l'armée qui était à Châteaubriand.

» L'intérieur des portes fut garni d'un contre-mur à l'épreuve des fortes pièces.

» Les chefs qui se trouvaient au couvent de Saint-Serge, voulaient que trois mille hommes des plus intrépides se munissent chacun d'une forte fascine, dont l'entassement dans le port *Herau* eût établi une communication avec la ville, ce qui ne fut pas exécuté.

» L'ennemi essaya d'employer la ruse. Pendant la nuit, des rebelles se glissèrent dans des maisons qui flanquaient au-dehors la porte Saint-Michel, ils comblèrent deux fossés et entreprirent de démolir la clôture qui n'était qu'une maçonnerie en pierre sèche. Au jour, on connut son dessein, la porte fut aussitôt fortifiée d'un épais contre-mur ; des fagots enflammés, jetés du haut du mur, incendièrent les maisons où se tenaient les rebelles. Une pièce de trente-six de la Haute-Chaîne, tirée à mitraille, démonta une pièce de huit qui s'avançait par la rue des Pommiers et tua les chevaux. Une autre pièce, placée sur la route de la Flèche, fut pareillement démontée. Bientôt l'armée vendéenne se dispersa dans la campagne, et l'ennemi, n'espérant plus rien, leva précipitamment le siége le 4 décembre à cinq heures du soir, laissant sous les murs de la place trois pièces de canon et quantité de fusils.

» Toutes les troupes ont mérité des éloges, et particulièrement la garde nationale. Les vétérans faisaient la police de l'intérieur. Les vieillards, jeunes filles, femmes et enfans, portaient aux soldats sur les remparts, des munitions et des vivres. Les militaires et les habitans ne formaient ce jour-là qu'une famille. Les autorités constituées partageaient le danger; un de leurs membres y a péri. »

« Angers, dit Kleber, était assiégé depuis trente heures, lorsque la colonne venant de Châteaubriand y arriva. L'armée vendéenne se retira à notre approche. L'apparition des troupes aux ordres de Marigny, marchant sur les derrières de l'ennemi par la route de la Flèche, décida surtout la retraite. Marigny, profitant du désordre, chargea avec cent cinquante hommes une forte colonne. Dans ce moment il fut atteint d'un boulet de canon... *Chasseurs, achevez-moi*, furent ses dernières paroles... Sa destitution devait lui être notifiée à Angers; il prévint ainsi, par une mort glorieuse, l'injustice des gouvernans. »

Le général Beaupuy, dont la blessure n'était point encore entièrement cicatrisée, parcourut les remparts, encourageant tout le monde. Il donna l'idée bien simple de placer des sacs à terre sur les parapets pour rendre le feu de la mousqueterie moins meurtrier. Les citoyennes d'Angers ont montré dans cette circonstance autant de courage que d'humanité :

L'adjudant-général Rouyer s'empressa d'écrire au ministre.

« J'ai dit, il y a dix jours, que, si j'étais brigand, j'attaquerais par Angers; on n'a point voulu me croire, et j'ai eu l'air d'un *Ostrogoth* (1). Qu'est-il arrivé? Que si le général Danican eût tardé de quelques heures de se rendre à Angers, les brigands y entraient sans coup férir. Ils s'y sont en effet présentés avant-hier 3, et ont commencé l'attaque entre onze heures et midi. J'ai la satisfaction de dire du bien de tout le monde. Nos soldats se sont battus comme des lions, malgré l'acharnement incroyable des brigands qui ont tout bravé pour venir à bout de leurs desseins. Les femmes d'Angers se disputaient à l'envi à qui arriverait la première sur le rempart pour porter des subsistances et des munitions à nos braves défenseurs ; quelques-unes même y ont trouvé une mort glorieuse.

» Rossignol est arrivé hier soir ; je lui ai demandé pourquoi notre armée végétait à Châteaubriand ; il m'a répondu que c'était la faute de Sepher, qu'en conséquence il venait d'être destitué.

» Si les généraux avaient voulu combiner en frères et en vrais amis de la république, leurs opérations et ne pas avoir la criminelle ambition de vouloir tout faire par eux-mêmes, c'était fait des brigands à Dol; c'en était fait à Angers. Comment! Les arrêtés du comité de salut public ne seront pas littéralement et aveuglément exécutés?... Et il aura l'air de vouloir lui-même le mal, quoiqu'au contraire ce soit lui qui veuille y remédier !...

» Je me plains des relations mensongères qui, en méprisant trop les brigands, font croire que les soldats sont des lâches. On pèche aussi beaucoup en laissant répandre sur les feuilles des succès exagérés qui souvent sont plutôt des revers (2).

» L'armée contre Charette me paraît avoir un bon esprit.

---

(1) Rouyer était de ces gens qui font des prophéties après les événemens. Il n'était pas dans la place pendant le siége.

(2) Rouyer avait raison.

Le soldat est tout ce qu'on le fait être. Qu'on *épluche* les officiers et les généraux de la nôtre, et ça ira.

» L'ennemi se replie sur la Flèche ; de l'accord, et ça ira. »

Le général Rossignol adressa pareillement au ministre une dépêche ainsi conçue :

« Je t'écris à la hâte, citoyen, pour t'informer de notre situation. Notre armée de Rennes se portait sur Angers, pour venir au secours de cette ville menacée par les rebelles. La nouvelle de l'attaque de cette ville a ranimé le zèle de nos soldats républicains ; et, après vingt heures de marche sans relâche, l'armée est entrée dans Angers. Les rebelles, après quarante-huit heures de siége, ont abandonné la place, laissant le champ de bataille couvert de morts. Nous nous occupons dans l'instant de prendre des mesures pour les poursuivre, les exterminer et défendre le passage de la Loire. *Encore un coup de collier* et la république sera purgée des brigands qui l'infestent. »

Après la lecture de cette lettre, la convention nationale décréta, dans sa séance du 7 décembre, que la garnison et les habitans de la ville d'Angers avaient bien mérité de la patrie.

De leur côté les représentans firent au comité de salut public des rapports qui furent lus à la convention dans les séances des 9 et 10 décembre.

Le 5, la colonne de Cherbourg se réunit à l'armée à Angers. Dès le matin, l'adjudant-général et les aides-de-camp de Kleber sortirent de la ville avec un détachement, pour faire une reconnaissance sur la route. Ils trouvèrent dans la plaine des bivouacs d'hommes, de femmes et d'enfans morts de froid et de misère.

Westermann reçut l'ordre de suivre l'ennemi avec sa cavalerie et de le harceler, et Muller celui de suivre la même marche avec sa division, en occupant des postes propres à le recevoir avec avantage, s'il était attaqué, et à protéger la cavalerie de Westermann, si elle était forcée à la retraite, mais sans se compromettre dans aucune circonstance. (1)

Le même jour, Marceau reçut non-seulement la confirmation du grade de général de brigade, auquel il avait été nommé à Beaupreau, mais encore le brevet de général de division et la commission de commandant en chef par intérim de l'armée de l'Ouest, qui devait seule agir et poursuivre les Vendéens, jusqu'à l'arrivée du général Turreau.

L'envoi du ministre renfermait une liste de destitutions, sur laquelle figuraient les noms de Kleber, Haxo, Bouin-Marigny, etc. Marceau indigné communiqua cette liste à l'adjudant-général Savary qui lui conseilla de la tenir secrète, et d'écrire sur-le-champ au comité de salut public pour lui faire ses observations à ce sujet; mais déjà le ministre venait de mander au général en chef :

« Le conseil exécutif ayant pensé, général, que Kleber,
» général de division provisoire, pourrait encore rendre des
» services à l'armée de l'Ouest, t'autorise à retenir par-de-

---

(1) L'emportement et l'irréflexion de Westermann avaient dicté cette mesure.

» vers toi sa lettre de suspension qui n'aura pas d'effet jus-
» qu'à nouvel ordre; ainsi tu emploiras cet officier-général
» dans l'armée que tu commandes, et tu me marqueras le
» poste que tu croiras devoir lui assigner. »

La suspension de Haxo fut également différée.

Marceau ne voulait d'ailleurs consentir à accepter le commandement en chef qu'autant que Kleber consentirait à diriger le plan et les opérations de la campagne; il s'en expliqua ainsi avec Kleber. « Je garde pour moi, lui dit-il, toute la responsabilité et je ne demande que le commandement de l'avant-garde au moment du danger. — J'y consens, dit Kleber, nous serons guillotinés ensemble... »

Il était à craindre que l'armée vendéenne ne se portât sur Saumur. Le représentant Turreau s'y rendit de suite. A midi, on tint conseil. Il fut décidé que la division aux ordres de Kleber se dirigerait par la levée sur la rive droite de la Loire, pour couvrir Saumur et empêcher le passage de ce fleuve, et que la division Tilly se porterait à Suet, sur la route d'Angers à la Flèche, tandis que Westermann et Muller suivaient la trace des Vendéens. La générale fut battue, et la troupe se mit en marche à quatre heures.

Le général Danican, que l'on accusa d'avoir déserté le poste d'Entrames avant l'affaire de Château-Gontier, et d'avoir voulu abandonner Angers pendant le siége, fut destitué par les représentans.

Rossignol eut l'ordre de retourner à son quartier-général à Rennes; il retint près de lui son chef d'état-major Robert, et resta quelques jours à Angers d'où il écrivit au ministre la lettre suivante :

« Dire la vérité fut toujours mon principe, et, quand la cause populaire est compromise, nulle considération ne peut m'engager à me taire et à ne pas mettre tout en usage pour déjouer les intrigans qui se glissent dans nos armées, pour retarder le succès des armes de la république.

» Lorsque je pris le commandement des armées réunies, j'y remarquai une ligue formée par une grande partie des généraux de l'armée de Mayence (nom qu'elle a beaucoup de peine à quitter). Cette ligue avait pour but de faire perdre la confiance des généraux sans-culottes et de mettre à leur place des intrigans. Ils étaient même parvenus, par des inculpations fausses, à faire destituer par les représentans du peuple, les braves Muller et Canuel. Leur joie éclatait pendant ce temps et n'a cessé que lorsque les représentans, convaincus de la vérité, leur ont rendu la justice qu'ils avaient droit d'attendre, en les réintégrant dans leurs fonctions (1).

» Tu m'as demandé ma façon de penser sur le compte de Marceau; en bon républicain, la voici : C'est un petit intrigant enfoncé dans la clique, que l'ambition et l'amour-propre perdront. Je l'ai suivi d'assez près et je l'ai assez étudié avec mon gros bon sens, pour l'apprécier à sa juste valeur. D'après les renseignemens que j'ai pris, il était l'ami et le voisin du scélérat Pétion. Il dit hautement que la révolution lui coûte vingt-cinq mille livres. Il a servi d'ailleurs dans la

---

(1) Lors de la réunion des deux armées à Rennes, Kléber était le seul général de l'armée de Mayence. — Muller avait pu donner lieu à quelques rapports défavorables, parce qu'il n'entendait rien au métier des armes; quant à Canuel, sa conduite militaire était à l'abri de tout reproche. Peut-être lui a-t-on imputé les excès commis à Fougères : au reste, on n'avait sollicité aucune destitution.

ci-devant légion germanique dont les principes étaient plus que suspects. Le représentant Prieur, qui est ici, a fait les mêmes remarques que moi. En un mot, je suis forcé de te dire qu'il inquiète les patriotes, avec lesquels d'ailleurs il ne communique pas.

» Quant à Kleber, depuis huit jours il est concentré; il ne dit plus rien au conseil, il parle souvent de Dubayet, avec cependant assez de prudence pour ne rien laisser apercevoir de leur ancienne amitié. C'est un bon militaire *qui sait le métier de la guerre,* mais qui sert la république comme il servirait un despote.

» Bouin-Marigny vient d'être tué; il était temps, il était de la clique, ci-devant noble, dont les parens sont avec les brigands, ainsi il n'en faut plus parler (1).

» Westermann est toujours le même. Je t'ai parlé de sa conduite à l'égard de deux officiers de la trente-cinquième division de gendarmerie, dont il a tué l'un à coups de sabre et blessé l'autre. Il vient d'en tenir une pareille contre un aide-de-camp du général Muller. Il n'y a pas d'horreurs qu'il ne dise contre ce brave sans-culotte, et la seule chose qui le désole est de se voir commandé par des gens qui ne veulent pas servir son ambition. J'ai communiqué tes intentions à son égard (liste de destitutions) au général Marceau qui m'a répondu se charger de tout, ainsi que pour ceux qui se trouvent dans le même cas.

» Un certain Damas, nommé général de brigade par les représentans du peuple, et ne jurant que par l'armée de Mayence; un nommé Savary, adjudant-général, attaché au génie, sont fort liés avec Marceau et Kleber. On ménage *la chèvre et les choux,* on se bat quand on veut, on fait de même; et enfin il est temps de renverser ces projets.

---

(1) Le 25 décembre, sur la proposition de Merlin de Thionville, la Convention décréta que le citoyen Bouin-Marigny conserverait le cheval que montait son fils au moment où il fut blessé.

» Les soldats sont bons, mais les chefs ne valent rien, et c'est au nom de la patrie que je t'invite à remédier à ce désordre.

» Je me conforme aux intentions du comité de salut public et je pars pour le commandement des côtes qui m'est confié. Partout je serai le même, je ferai mon devoir, et surveillerai avec le même zèle.

» De concert avec les représentans et le général Marceau, j'emmène avec moi le général Robert qui m'est absolument nécessaire (1). Tous les généraux de l'armée de Brest sont employés dans l'armée réunie, et c'est le seul qui me reste dans lequel j'aie confiance. Comme il est attaché en qualité de général divisionnaire à l'armée de l'Ouest, veuille lui adresser des lettres de service pour celle de Brest. Je t'ai témoigné plusieurs fois le désir de n'être pas séparé de lui.

» Je pars pour Rennes, je vais mettre cette ville en état de défense. Je parcourrai le Morbihan; je ferai en sorte d'électriser les fanatiques habitans de ces départemens et de les mettre au niveau de la révolution. Ma surveillance s'étendra particulièrement sur Lorient et Brest, et je t'annonce que je serai souvent dans ce dernier poste où les principes de la marine m'ont paru suspects. »

Cette dépêche fut transmise au comité de salut public le 14.

§ II. Attaque de La Flèche par les Vendéens; défense du général Chabot. — Suite du récit de D'Obenheim. — Kleber quitte la direction de Saumur pour se porter sur Baugé. — Suite du récit de D'Obenheim. — Attaque et prise du Mans. — Rapport du commandant Houdiard au ministre. — Différens rapports. — Marche de Kleber. — Suite du récit de D'Obenheim. — Combat : la division Muller se retire; les régimens

---

(1) Il laissa Robert à Angers pour lui faire des rapports de police.

d'Aunis et d'Armagnac chargent l'ennemi et le repoussent dans le Mans. — Combat de nuit dans le Mans. — Fuite d'une grande partie de l'armée vendéenne sur la route de Laval. — Suite du récit de Kleber. — Il entre dans le Mans au point du jour; poursuite de l'ennemi sur la route de Laval. — Rapport de Marceau au ministre. — Des représentans au comité de salut public, lu dans la séance du 15. — Décret portant que les troupes réunies avaient bien mérité de la patrie. — Garnier, de Saintes, écrit d'Alençon que dans l'espace de quatorze lieues de chemin, il n'y avait pas une *toise* *où il n'y eut un cadavre étendu*. — Compte de l'administration de la Sarthe à ses administrés.

Suite des événemens sur la rive droite de la Loire.

Pendant que l'armée vendéenne assiégeait la place d'Angers, le général Chabot qui commandait à Alençon, était venu prendre le commandement des troupes du Mans d'où il était parti, accompagné du représentant Garnier, avec sept cents hommes d'infanterie et cent soixante de cavalerie, pour se porter sur La Flèche. Ce mouvement était ignoré des généraux à Angers. Son premier soin fut de faire couper les ponts de Duretal et du Lude. Garnier écrivit le 8 à son collègue Letourneur :

« Nous avons été attaqués hier à La Flèche, à une heure
» après midi, par environ dix-huit mille Vendéens; le feu le
» plus terrible s'est soutenu jusqu'à six heures du soir. Pen-
» dant que l'on était aux prises, un feu très-nourri se faisait
» entendre derrière l'ennemi; on présume que c'est l'armée
» de Mayence qui le poursuit. »

Chabot, trop faible pour résister plus long-temps,

ordonna la retraite qui se fit sur Fouilletourte. Le lendemain il se reporta au-devant de l'ennemi ; mais, après quelques coups de canon, craignant d'être enveloppé, il se replia sur le Mans qui fut attaqué et enlevé le 10.

« L'armée vendéenne, continue D'Obenheim, était à Baugé; le lendemain de son arrivée, les chasseurs républicains se présentent; ils sont facilement repoussés, mais leur attaque n'est point infructueuse; car elle fatigue l'armée entière qui, comme on l'a dit, ne savait point se mouvoir par section.

» Le jour suivant, les soldats vendéens s'attendaient à marcher sur Saumur. Ils s'étaient assemblés sur la route; mais, sans que l'on ait pu en deviner le motif, l'ordre fut changé et toute l'armée se porta sur La Flèche (1).

» Déjà, depuis quelque temps, les soldats se persuadaient que c'était uniquement de leurs chefs que la république voulait avoir la vie, et que, par un des derniers décrets, il n'était plus nécessaire de passe-ports pour voyager dans l'intérieur de la France. Dans cette persuation, plusieurs bandes formaient le projet de se retirer chacune de son côté. Beaucoup de Vendéens s'étaient débarrassés de leurs fusils, et croyaient qu'en s'en allant seulement un bâton à la main, les républicains leur donneraient l'hospitalité. Ils n'avaient plus l'air de suivre leur armée qu'en attendant une occasion favorable pour s'en échapper.

» Au moment où la tête de l'armée approche de La Flèche, les chasseurs républicains l'attaquent en queue et y mettent le désordre. S'ils avaient été plus nombreux, l'armée était perdue, car le pont de La Flèche était rompu, et la ville

---

(1) Le motif était la marche de la division de Kleber sur la levée, dont les chefs vendéens eurent avis.

défendue par quelques républicains munis de canon. Les chasseurs républicains à raison de leur petit nombre, ne peuvent inquiéter que la queue. Pendant ce temps, les braves de la tête démontent, à coups de fusil, les canonniers chargés de la garde du pont et passent la rivière un demi-quart de lieue plus haut, près d'un moulin, dans deux petits bateaux qu'on y avait oubliés. Un détachement de républicains s'était montré de l'autre côté de la rivière, un peu en-deçà, mais il avait été obligé d'abandonner sa position, parce que les Vendéens le canonnèrent et le fusillèrent vivement par-dessus la rivière ; d'ailleurs la nuit approchait. Deux ou trois cents Vendéens, conduits par la Rochejaquelein, se font apercevoir de l'autre côté : les républicains se retirent avec précipitation et il ne tombe guère sous le fer des Vendéens que ceux qui, placés au pont, avaient eu moins de temps pour échapper.

» La Rochejaquelein se voyant maître de la ville, se porte sur-le-champ à l'attaque de la queue; sa présence y ranime les esprits; le grand nombre à la fin prend le dessus; les chasseurs se retirent dans un village. Pendant ce temps-là, le pont de La Flèche se rétablit et les Vendéens y font passer leurs canons à la pointe du jour.

» Vers le milieu de ce jour, pendant que les Vendéens se livrent au repos, les chasseurs républicains reparaissent et ont même le temps de piller deux ou trois voitures laissées hors la ville. On crie aux armes; la Rochejaquelein, à la tête des premiers prêts, repousse les chasseurs à plus d'une lieue et demie, mais en perdant bien du monde. Le reste de l'armée Vendéenne ne suivait qu'avec une peine incroyable et de fort loin. La tête, voyant qu'elle n'est pas soutenue, perd courage, tandis que la même raison le fait reprendre aux chasseurs. Ils ont bientôt le dessus, et, moyennant leur artillerie à cheval, ils ramènent, pour ainsi dire, en poste ceux qui viennent de les poursuivre. La déroute se communique à une partie de leur armée, et elle serait devenue générale, s'il y avait eu un peu moins de disproportion dans le nombre des combattans. Les chasseurs sont enfin dans la nécessité de rétrograder; mais après avoir détruit un grand nombre de Vendéens et avoir laissé dans leur esprit une impression profonde du sort qui les attendait, lorsque l'armée ennemie serait réunie.

» Plus de trente malades ou anciens blessés, restés sur les charrettes qu'on n'avait pu faire entrer en ville pendant la nuit précédente, y étaient morts de froid, et présentaient à leurs camarades un spectacle qui mettait le comble à leur désolation.

» Dans la soirée, on crie aux armes sur la route du Mans et sur celle d'Angers; en effet, un corps de républicains se présentait sur la première (1), il était trop faible; sa résistance fut presque nulle; mais il acheva de mettre les Vendéens sur les dents par la nouvelle fatigue qu'il leur occasiona. Si les chasseurs qui s'étaient rendus si redoutables, ou un corps semblable, étaient revenus à la charge un moment après, nul n'aurait eu la force d'aller à leur rencontre.

» Les chefs s'étaient aperçu du désarmement volontaire de leur monde dès Baugé. En conséquence, ils firent, en arrivant à La Flèche, une proclamation par laquelle il était défendu de laisser prendre des vivres à ceux qui ne seraient pas armés d'un fusil. »

Cependant Kleber, ainsi qu'on l'a vu, s'était mis en marche avec sa colonne, se dirigeant vers Saumur, pour couvrir la Loire. Il ne quitta cette direction que lorsqu'il apprit que les Vendéens,

---

(1) Le petit corps du général Chabot. — Les chasseurs républicains étaient ceux de Westermann.

qui paraissaient avoir formé le projet de se porter de Baugé sur Saumur, s'étaient décidés à se diriger sur La Flèche.

Le 10, Kleber se rendit à Baugé, où étaient les représentans Prieur et Bourbotte avec le général Marceau. A son arrivée, on décida qu'il marcherait le lendemain sur le Mans.

« Les chefs vendéens, continue D'Obenheim, ne savaient de quel côté tourner. Les uns voulaient tenter le passage de la Loire entre les ponts de Cé et Saumur; les autres voulaient aller passer cette rivière à Blois; les autres, sans rejeter absolument ces deux projets, voulaient avant tout procurer du repos et des vivres aux soldats. Le Mans leur paraissait favorable pour cet effet; ils espéraient en outre y faire beaucoup de recrues.

» Cette dernière opinion l'emporte; les Vendéens rompent leur pont provisoire de La Flèche, et, dans le même jour, se portent au Mans et s'en rendent maîtres.

» Quelques troupes républicaines défendaient cette ville, mais elles ne soutinrent pas l'attaque plus de trois quarts d'heure. Elles avaient fait un mauvais retranchement près le pont de Pont-Lieu et commencé différentes coupures dans les rues de la ville. Leur retraite se fit dès qu'elles virent la plupart des canonniers, qui servaient les deux ou trois pièces du pont, couchés à côté de leurs pièces par le feu des Vendéens.

» Le soldat vendéen commençait à se livrer au repos et à une meilleure nourriture que par le passé; mais, dès le lendemain, les chasseurs républicains reparaissent, mettent encore toute l'armée en mouvement, et se retirent assez vite. »

La prise du Mans fut annoncée au ministre par

le chef de bataillon Houdiard, commandant la place du Mans. Il lui écrivit d'Alençon le 12 :

« L'attaque du Mans a commencé à midi. Le feu s'est soutenu pendant trois heures. Nous avons eu une petite déroute au Mans. La prudence de Chabot nous a fait replier sur Alençon, nous avons perdu une pièce de canon et deux caissons. Nous faisons de grands préparatifs pour recevoir l'ennemi qui, dans ce moment, est vigoureusement harcelé par l'armée de Mayence. »

Le commissaire du pouvoir exécutif, Moynault, écrivit le même jour au ministre :

« Garnier vient d'arriver à Alençon, avec son armée d'environ deux mille hommes. Il a été obligé de faire retraite sur cette ville pour la couvrir. Les brigands sont au Mans au nombre de vingt-cinq à trente mille hommes. Nous ne pouvons leur opposer aucune résistance. Nous avons des hommes et point de soldats. On a arrêté, dans un conseil tenu au département, de faire évacuer les subsistances et l'ambulance sur Mortagne. On coupe le pont au-dessus de Beaumont pour les arrêter dans leur marche, s'il est possible. »

Enfin l'administration du département de la Sarthe, dans une adresse à ses concitoyens, s'exprimait ainsi :

« Le 20 frimaire (10 décembre), jour de l'attaque du Mans, les patriotes étaient au nombre de trois à quatre mille dont les deux tiers au moins de la garde nationale du Mans, ou des jeunes gens de réquisition. Quelques jours avant le combat, on avait élevé des retranchemens à Pont-Lieu et dans tous les passages où l'ennemi pouvait pénétrer. L'ennemi, fort de quarante mille hommes, avait trente-cinq pièces de canon de tout calibre. A onze heures du matin, le canon se fait entendre sur la route de La Flèche; à une heure, on en vient à la fusillade. Bientôt les munitions manquent et la déroute commence. Le représentant Garnier et le général Chabot ne peuvent arrêter les fuyards. Le général ordonne la retraite, et les Vendéens entrent de toutes parts à cinq heures du soir. Le lendemain matin, plusieurs bons citoyens sont fusillés, les édifices publics dévastés, et les aristocrates ou patriotes pillés indistinctement. »

Le 11, Kleber arrive à La Flèche, et porte son avant-garde jusqu'à Clermont et Mareuil. Les habitans de La Flèche lui apprirent qu'il y avait à la suite des Vendéens plus de douze mille femmes, prêtres et autres personnes hors d'état de combattre, et que leur armée était exténuée de fatigues et travaillée par la dyssenterie (1).

Le 12, Kleber se porte à la hauteur du village des Perrays; il établit sa troupe dans une bonne position, et son quartier-général au château. Les représentans étaient restés à Fouilletourte.

« Cependant, continue D'Obenheim, les armées de Brest, des côtes de Cherbourg et de l'Ouest s'étaient réunies sans que les Vendéens en eussent connaissance. La première division s'approche du Mans, sur la route de La Flèche (2); on croit que ce sont les mêmes chasseurs qu'on a eu à combattre depuis plusieurs jours. Le repos avait ranimé environ trois mille Vendéens qui se portent assez bravement sur les républicains et les repoussent à près d'une lieue. Si la division des côtes de Cherbourg, où se trouvaient deux régimens de ligne

---

(1) La maladie avait fait tant de progrès que l'air en était empesté.
(2) Les chasseurs de Westermann et la division Muller.

(Aunis et Armagnac), n'était pas survenue et n'eût pas fait bonne contenance, en laissant passer fièrement sur la droite et sur la gauche tous les fuyards et en battant ensuite la charge, c'était encore une affaire manquée.

» Les Vendéens qui combattaient, voyant arriver ce renfort, lâchent pied. On dit même alors qu'ils avaient été effrayés de l'apparition subite de leurs propres gens qui les rejoignaient par leur gauche.

» La cavalerie rentre au galop, les fantassins la suivent en foule ; ceux qu'on avait laissés à la garde du pont en font autant, de sorte que les premiers au combat sont les derniers à repasser le pont.

» La nuit suivante, la déroute devient générale. Tout ce qui était resté en ville avait plié bagage. Trois ou quatre mille de ces derniers s'étaient échappés sur le chemin de Laval ; le reste fut arrêté par la cavalerie. La majeure partie de l'infanterie se tint en panne dans plusieurs rues sur les derrières, tandis que les braves défendaient la principale rue d'entrée. Ils s'emparèrent même d'une pièce de huit.

» La partie de l'armée républicaine, qui se battait en ville pendant la nuit, y aurait été extrêmement compromise, si ceux des Vendéens, restés en panne, avaient été employés à l'envelopper, comme cela paraissait facile.

» Les Vendéens auraient encore pu, malgré leur désorganisation, éviter leur dissolution complète ce jour-là, s'ils s'étaient tenus derrière la Sarthe (1). »

Le 12, Marceau, apprenant à Fouilletourte que Westermann et Muller venaient d'être attaqués à peu de distance du Mans, part sur-le-champ pour

---

(1) Ici se termine le journal de D'Obenheim qui, le lendemain, fut arrêté comme prisonnier par les grenadiers de Canuel.

les rejoindre et rencontre sur la route la division de Muller en fuite.

« A l'instant de l'attaque, dit Kleber, la division Muller se débande, à l'exception de quelques bataillons de la Haute-Saône qui avaient appartenu à l'armée de Mayence, et qui tinrent ferme (1), ainsi que la colonne de Cherbourg; l'ennemi fut repoussé.

» Marceau, arrivant dans ce moment, propose à Westermann de prendre une position en attendant la division de Kleber, pour pouvoir agir ensuite avec plus d'ensemble et d'une manière plus décisive; mais Westermann, qui ne savait point s'arrêter, répond vivement : *Ma position est au Mans, l'ennemi est ébranlé, il faut en profiter.* Marceau ne veut point contrarier ce projet qui, pourtant, n'était pas sans danger; il donne ordre à la colonne de Cherbourg de soutenir l'entreprise de Westermann, et le Mans est attaqué. Malgré les traverses établies dans les rues, Westermann culbute tout, chasse les Vendéens du faubourg et les pousse jusque sur la grande place de la ville. Marceau, présent à cette action, fait aussitôt occuper toutes les rues qui y aboutissent, et dispose le reste de sa troupe de manière à défendre les routes de Vendôme jusqu'à la rivière de l'Huisne, et se propose de passer la nuit dans cette position.

» Kleber est prévenu que la division Muller se sauvait sur Fouilletourte. Comme il pleuvait abondamment et qu'il faisait très-froid, il pense que le meilleur moyen d'arrêter les fuyards était de faire allumer de grands feux dans la position qu'il leur destinait à sa gauche. Il avait en même temps chargé des officiers de son état-major avec de petits détachemens de cavalerie de les rallier autour de ces feux. La première personne qu'il aperçoit, c'est le général Muller avec

---

(1) Ils étaient sous le commandement du général Carpentier.

son état-major. Il lui fait part des mesures qu'il a prises pour rallier sa troupe et l'invite à s'occuper de ce soin: mais, ajoute Kleber, ce que l'on croira difficilement, c'est que ce général continua sa route jusqu'à Fouilletourte; et ce qui paraîtra plus étonnant encore, c'est qu'il fut continué dans son commandement. Il en fut quitte pour des injures que Prieur lui adressa dans son emportement. »

Cependant Marceau n'était pas tranquille sur sa position. L'ennemi pouvait se porter sur ses flancs ou sur ses derrières, et il n'avait pour retraite que la chaussée qui se prolonge du Mans à Pont-Lieu. Il envoie deux ordonnances à Kleber pour lui faire part de ses inquiétudes et l'inviter à venir, sans perdre de temps, à son secours (1).

Kleber se met aussitôt en marche, il était environ minuit. Une des dépêches de Marceau fut remise aux représentans, qui lui répondirent de Guescelard à deux heures du matin.

« Nous recevons ta lettre sur la route; la troupe marche à grands pas pour te porter du secours. Tiens ferme et nous sommes à toi.

» *Signé* PRIEUR DE LA MARNE et BOURBOTTE. »

Kleber pousse rapidement au Mans, et trouve Marceau accablé de fatigue. On convient de faire relever de suite les postes occupés par les troupes de Westermann et de Tilly, épuisées de lassitude.

---

(1) A la réception de l'avis de Marceau, Kleber dit à Savary : Marceau est jeune; il a fait une sottise, il est bon qu'il la sente; mais il faut se hâter de le tirer de là.

Le reste de la division prend position dans les environs et presqu'aux portes du Mans.

Kleber cherche et fait chercher dans l'obscurité Westermann pour se concerter avec lui sur la manière de terminer une opération si bien commencée ; il ne peut le découvrir (1).

A la pointe du jour, le 13, il se met à la tête des grenadiers de Bloss et marche sur la ville ; il en prévient Marceau ; on continue l'attaque. Les Vendéens avaient évacué pendant la nuit, à l'exception de quelques centaines d'hommes qui en gardaient encore les débouchés et qui périrent.

Westermann et l'adjudant-général Decaen, à la tête de la cavalerie et de quelques pièces d'artillerie légère, soutenus par les chasseurs francs de Cassel commandés par l'adjudant-général Delaage, se mettent à la poursuite de l'armée catholique, sur la route de Laval.

La division de Kleber et celle de Cherbourg, qui avaient traversé la ville sans s'y arrêter, prennent position à la hauteur du château de Samson où l'on reste jusqu'à quatre heures du soir, c'est-à-dire, le temps nécessaire pour faire la distribution aux troupes qui n'avaient pas mangé depuis trente-six heures ; ensuite on va prendre position à la hauteur du village de Chassilly.

Westermann passe la nuit à Sainte-Suzanne

---

(1) Westermann, également épuisé de fatigue, dormait alors dans une maison voisine.

derrière la petite riviere d'Ervé, poussant des patrouilles jusque vers Laval.

« On ne saurait, ajoute Kleber, se figurer l'horrible carnage qui se fit ce jour là, sans compter le grand nombre de prisonniers de tout âge, de tout sexe et de tout état. Parmi ces derniers se trouva le citoyen D'Obenheim, officier du génie, homme d'un grand talent, que les Vendéens avaient pris à Fougères : il était dans le plus grand dénûment. Comme il avait beaucoup d'amis dans l'armée, qu'il était avantageusement connu, on le laissa suivre l'état-major en l'observant toutefois de près (1). Cet officier dit que ce qui devait causer la perte inévitable de l'armée ennemie, encore nombreuse, c'était la mésintelligence qui régnait parmi les chefs et la désobéissance formelle à leurs ordres. »

Marceau employa le temps qu'il passa au Mans à concerter avec Kleber les dispositions que nécessitaient les circonstances. Il rendit au ministre un compte succinct des événemens de la journée du 13, qu'il retraça deux jours après avec plus de détails.

« Tu as vu, disait-il, dans ma dernière lettre, la colonne de Cherbourg, commandée par Tilly, non-seulement arrêter un ennemi presque victorieux, mais encore le mettre à son tour en désordre et le forcer à une retraite si précipitée, qu'elle traversa avec lui le pont du Mans, entra dans le faubourg, et pénétra jusque dans la ville. Arrivée à un retranchement pratiqué dans une rue, elle y trouva une vigoureuse résistance. Ne consultant que son courage, elle

---

(1) Le général Dembarrère s'empressa de prendre sous sa responsabilité personnelle cet officier, à qui il procura, quelques jours après, un asile où il resta long-temps ignoré.

fondit si impétueusement sur les rebelles, qu'elle leur enleva quatre pièces de canon. Entièrement déconcertés, ils ne virent plus de ressource qu'en se jetant dans les maisons et en tirant des fenêtres. Leur feu fut si bien soutenu qu'il nous arrêta tout court. La prudence ne permettant pas d'exposer des hommes gratuitement, je me contentai de faire braquer leurs canons contre eux, et je leur envoyai, le reste de la nuit, trois caissons de gargousses qu'ils avaient laissés en notre pouvoir. Je me déterminai d'autant plus volontiers à ne pas pousser plus loin, que la première division commandée par Kleber se trouvait encore éloignée de moi ; elle fit ce jour là dix lieues. En apprenant le combat, elle oublia ses fatigues, et, redoublant sa marche, elle arriva une heure avant le jour.

» La colonne de Tilly, qui n'avait cessé de se battre avec une opiniâtreté égale à celle des Vendéens, se trouvait très-fatiguée; j'en fis relever les postes par la première division. Le jour commençait à peine à poindre, que l'avant-garde de cette division me fit demander la permission de charger à la baïonnette; je la lui accordai. Un morne silence, interrompu par des cris de triomphe, m'annonça le succès de cette mesure. Cette audace vraiment républicaine déconcerta l'ennemi qui, évacuant les maisons en foule, ne songea plus qu'à chercher son salut dans la fuite, nous abandonnant ses bagages et jetant ses fusils : il prit la route de Laval. Nos soldats en firent une boucherie épouvantable dans la ville, et le poursuivirent sur la route avec un si grand acharnement, que bientôt ce ne fut plus quelques fuyards, mais toute l'arrière-garde qu'ils atteignirent.

» Je venais de donner ordre à Westermann de monter à cheval avec toute sa cavalerie : la promptitude avec laquelle il exécuta cet ordre ne laissa pas à l'ennemi le temps d'aller bien loin; il le joignit, et le chargeant avec intrépidité, il jeta parmi les Vendéens une terreur si forte, qu'ils ne songèrent plus à lui opposer aucune résistance. L'infanterie légère suivait de près la cavalerie. Quelque harassées que fussent nos troupes, elles firent encore huit lieues à la poursuite de l'ennemi. Sept pièces de canon et neuf caissons restèrent en notre pouvoir. Les paysans du pays n'ont fait aucune grâce aux fuyards qui se sont écartés de la route (1). »

Les représentans Turreau, Prieur de la Marne et Bourbotte adressèrent, de leur côté, au comité de salut public un rapport daté du Mans le 13, sept heures du soir, et qui fut lu à la Convention dans la séance du 15. On le joint ici comme un modèle d'exagération.

« A force de courir après la horde infernale des brigands, nous les avons enfin atteints hier sous les murs du Mans. Notre cavalerie, qui ne cessait de les talonner depuis leur déroute d'Angers, les serra de si près hier, ainsi que la petite avant-garde dont elle était appuyée, qu'une action très-chaude commença à s'engager entre eux et nous. D'abord ils nous repoussèrent, tant à cause de la supériorité de leur nombre, que parce qu'ils étaient embusqués avantageusement en avant de Pont-Lieu; fiers de ce premier succès, ils s'avancèrent rapidement. La division la plus rapprochée de notre avant-garde, et qui devait la soutenir, ébranlée par la retraite de cette même avant-garde, fut obligée de se replier, et déjà les brigands criaient victoire; le génie de la liberté en avait décidé autrement.

» La colonne de Cherbourg, commandée par le général Tilly était là, et loin d'être intimidés par la retraite de leurs frères d'armes et par l'audace des ennemis qui les poursuivaient,

---

(1) Il y a de l'exagération dans quelques endroits de ce récit; ainsi le voulaient les représentans et les idées du moment.

les soldats de la division de Cherbourg fondent sur les brigands; et, après une première décharge, les poursuivent à la baïonnette, les mettent en fuite et en tuent un grand nombre. Ce n'est pas tout : les brigands courent se retrancher bien vite dans différentes redoutes pratiquées par échelons sur le Pont-Lieu, qui paraissaient inexpugnables, et rendre le passage de ce pont impossible. Impossible !..... rien ne le fut à la valeur de nos braves soldats, tant infanterie que cavalerie. Ponts, retranchemens, redoutes, fortifications, canons, tout fut franchi dans un instant; les brigands épouvantés reculent, nos troupes les poursuivent, les taillent en pièces, et les atteignent enfin jusqu'au milieu de la grande place où tous les canons dirigés sur nous y fixant l'ennemi, nous fûmes forcés de nous arrêter un instant. Il était neuf heures du soir; là une fusillade terrible s'engage de part et d'autre; on se dispute pied à pied le terrain dans la ville, et ce combat a duré jusqu'à deux heures du matin.

» De part et d'autres on est resté en observation. Les brigands profitèrent des ténèbres pour évacuer promptement la ville. Ils avaient laissé une arrière-garde pour en imposer à nos troupes; mais à peine le jour parut que les chasseurs des Francs et de Cassel, réunis à l'avant-garde de la colonne de Cherbourg, les chargent à la baïonnette; tout ce qui était resté dans la ville tombe sous leurs coups. Des chefs, des marquises, des comtesses, des prêtres à foison, des canons, des caissons, des carrosses, des bagages de toute sepèce, un nombre considérable de fusils, tout est tombé en notre pouvoir, et des monceaux de cadavres sont les seuls obstacles que l'ennemi opposait à la poursuite de nos troupes; les rues, les maisons, les places publiques, les routes en sont jonchées, et depuis quinze heures, ce massacre dure encore. Toute l'armée court après cette horde; notre cavalerie est sur elle, déjà presque tous ses canons, caissons, sont pris depuis qu'elle est sortie du Mans. Le trésor, les bagages, les effets, les malles, tout est entre les mains de nos soldats, jusques aux croix d'argent, aux mitres, aux crosses, aux bannières, aux reliques de toutes espèces, aux étendards, signes et instrumens du fanatisme dont les prêtres enivraient cette tourbe insensée et féroce. Nous ramasserons tous ces signes de l'imposture pour vous les envoyer, parce que nous pensons qu'il serait utile de les faire connaître au peuple, afin qu'il voie clairement avec quelle astucieuse perfidie les prêtres ont jusqu'à présent cherché à égarer la raison.

» Enfin, citoyens collègues, voilà la plus belle journée que nous ayons eue depuis dix mois que nous combattons ces brigands. Tout nous présage que celles qui vont la suivre ne seront pas moins heureuses, etc.

» ... Ce qu'il y a de bien satisfaisant, c'est qu'une victoire aussi décisive n'a pas coûté trente défenseurs à la république; nous avons environ cent blessés. Nous marchons à la poursuite des brigands et leur dernière heure est prête à sonner (1). »

Après la lecture de cette dépêche, la Convention nationale déclara par un décret que les troupes réunies, qui venaient de remporter une victoire signalée dans la ville du Mans, avaient bien mérité de la patrie.

Quelques jours après, le représentant Garnier de Saintes écrivit d'Alençon que, *dans l'espace de quatorze lieues de chemin, il n'y avait pas une toise où il n'y eût un cadavre étendu* (2).

---

(1) M. de Bourniseaux (tome II, page 208) cite cette lettre comme un *bulletin publié par les généraux*... Et voilà la bonne foi de l'historien.

(2) Cette phrase a été répétée par M. de Beauchamp dans son histoire. (Tome II, page 239.)

L'administration de la Sarthe s'empressa aussi de rendre compte de cette journée à ses administrés. En voici un extrait :

« Les armées de l'Ouest et des côtes de Brest s'avançaient sur la route de la Flèche. Le 12, sur les dix heures du matin, une canonnade se fait entendre et se prolonge jusque sur les quatre heures du soir. L'épouvante s'empare des femmes et des malades des brigands qui crient à la déroute, et disposent précipitamment leurs chariots pour partir. L'attaque recommence dans la nuit, et à sept heures du matin, l'avant-garde de l'armée de Mayence et le corps d'armée entrent dans la ville. Les républicains se déploient sur la place des halles, tandis que les troupes d'élite des rebelles voulaient encore tenir sur la place de l'Éperon. Là, s'engage un combat sanglant au fusil et à la baïonnette, dans lequel les brigands ont été écrasés. Les places et les rues étaient encombrées de cadavres. Beaucoup de canons, de caissons, de bagages, beaucoup de prisonniers de tout sexe, sont le fruit de cette journée. »

§ III. Anecdotes relatives à quelques vendéennes.—Réflexions sur les histoires de la Vendée.

On a parlé diversement, dans le temps et depuis, d'une jeune personne sauvée au Mans par les soins du général Marceau. Je pourrais citer un grand nombre de traits de cette nature dans ces journées de fureurs et de carnage. Je me bornerai au récit suivant, extrait des mémoires inédits de l'adjudant-général Savary, chargé alors des fonctions de chef d'état-major.

« Pendant que Kleber pénétrait dans le Mans avec sa division et achevait d'en chasser le reste des Vendéens, j'étais avec le général Marceau et le représentant Prieur, à la tête de la colonne de Cherbourg, sur la Chaussée de Pont-Lieu au Mans. A l'extrémité de cette chaussée, j'aperçois sur la droite quatre femmes environnées d'un groupe de grenadiers. Craignant qu'elles ne fussent insultées, je m'adresse à Prieur : Ton intention, lui dis-je, n'est sans doute pas que ces femmes restent exposées aux outrages de la troupe qui nous suit ; je vais pourvoir à leur sûreté. Oui, tu feras bien, répondit Prieur... Je m'avance vers les grenadiers; je leur parle; un passage s'ouvre, j'arrive, c'était une mère (madame Boguais d'Angers) et ses trois filles; je les invite à me suivre; je les conduis à travers la colonne jusqu'à Pont-Lieu où je les dépose dans une maison, sous la responsabilité d'un officier qui s'y trouvait.

» L'aînée de ces demoiselles épousa, quelques mois après, à Châteaubriand, M. Fromental, son second libérateur, qui depuis a racheté une grande partie des biens de la famille, mais à qui il a manqué d'être noble pour en recevoir un bon accueil.

» La grande rue qui conduit à la place des halles était encombrée de cadavres, parmi lesquels il était aisé de distinguer, à leur habit, un plus grand nombre de républicains que de Vendéens. La façade des maisons était entièrement dégradée par la mitraille lancée pendant la nuit pour faire taire le feu qui partait des fenêtres.

» Les environs du logement de Kleber et Marceau me semblaient déserts, toutes les portes des maisons étaient soigneusement fermées. J'aperçois dans une rue voisine une jeune personne seule; l'effroi se peignait dans toute son attitude; je l'aborde, je lui demande d'où elle est, elle me répond, d'une voix tremblante, qu'elle est de la Châtaigneraie ; je frappe à une porte cochère tout près de là ; une femme vient ouvrir : Je vous confie, lui dis-je, cette jeune personne, vous m'en répondrez. La jeune personne est accueillie, et je rentre à l'état-major.

» Peu de temps avant notre départ, une autre scène se présente. J'étais dans la cour, attendant l'instant de monter à cheval, pour rejoindre la colonne sur la route de Laval, lorsque deux grenadiers arrivent, conduisant avec eux une autre jeune personne qu'ils avaient rencontrée sur cette route. Je lui fais quelques questions auxquelles elle répond sans hésiter et d'un air assuré. Grenadiers, dis-je alors, je m'en charge; retournez à votre poste.... J'appris bientôt qu'elle était de Montfaucon, et qu'elle s'appelait mademoiselle Desmesliers. Elle ajouta qu'elle avait perdu sa mère et son frère sur la route; qu'elle croyait qu'ils avaient péri; qu'elle ne voulait pas leur survivre, et qu'elle demandait à être fusillée. Je tâchai de la rassurer en lui faisant espérer qu'elle retrouverait ses parens, mais elle persistait dans sa résolution. Songez donc, lui dis-je, à la douleur qu'éprouvera votre mère, en apprenant que vous avez refusé de conserver vos jours pour sa consolation.... A ces mots, j'aperçus quelque changement dans ses idées. Nous n'avons pas de temps à perdre, ajoutai-je; nous allons partir, consentez à monter dans ce cabriolet; un officier, dont je vous réponds, accompagnera la voiture, vous serez seule, vous serez libre, et j'espère que nous retrouverons ceux que vous croyez perdus. Je voudrais, me dit-elle alors, aller chercher un paquet que j'ai laissé dans une maison de la ville. Soit, lui répondis-je; on vous conduira où vous le désirez. Je chargeai aussitôt l'adjoint Nicolle, qui m'était attaché, d'accompagner la voiture dans la ville, de la conduire ensuite au logement où nous devions arriver dans la soirée, et de faire donner à notre voyageuse une chambre particulière, en gardant le secret.

» On sera peut-être étonné qu'il se soit trouvé là un cabriolet tout prêt à ma disposition et qu'il ne soit pas question de Marceau et de Kleber dans cette affaire.

» Le cabriolet appartenait à Marceau ; c'était la seule voiture de l'état-major, dont pe... ne ne se servait et qui n'avait d'autre destination que de procurer quelque secours, en cas d'accident.

» Quant aux généraux Kleber et Marceau, il eût été à craindre de les compromettre en leur donnant connaissance, au Mans même, près des représentans, de ce qui se passait sans leur autorisation. Ce ne fut que le soir qu'ils en furent instruits et qu'ils virent pour la première fois mademoiselle Desmesliers, au sort de laquelle ils prirent tout l'intérêt qu'elle méritait. *Jamais*, dit Kleber dans ses mémoires, *on ne vit de femme ni plus jolie, ni mieux faite, et, sous tous les rapports, plus intéressante. Elle avait à peine dix-huit ans, et se disait de Montfaucon.*

» Mademoiselle Desmesliers fut conduite ainsi à Laval, où on lui chercha un refuge que l'on croyait assuré, chez une femme qui promit de lui prodiguer tous ses soins. Marceau s'empressa de l'aller visiter dans cet asile ; mais malheureusement le lendemain de notre départ, l'autorité enjoignit aux habitans de faire la déclaration des étrangers qui restaient dans la ville, et fit faire des visites domiciliaires auxquelles mademoiselle Desmesliers ne put échapper ; elle ne chercha à déguiser ni son nom, ni ceux de ses libérateurs. Elle périt, et l'on instruisait contre les généraux une procédure qui eût pu leur devenir fatale, si elle n'eût été communiquée au représentant Bourbotte qu'une indisposition retint quelques jours à Laval et qui s'empara des procès-verbaux rédigés en conséquence. Il nous apprit ces détails en rejoignant l'armée le lendemain de l'affaire de Savenay.

» Kleber et Marceau n'ignoraient pas que M. d'Autichamp, un des chefs vendéens, avait été blessé, et qu'il était resté au Mans. On leur dit qu'un hussard lui avait donné son manteau pour le sauver. »

J'ajouterai ici quelques réflexions propres à faire connaître l'esprit des historiens de la Vendée.

On regrette de trouver dans les mémoires de madame de la Rochejaquelein (page 341), une anecdote outrageante pour madame Thoré. L'auteur n'aurait pas dû se permettre, *sur ouï-dire*, une calomnie contre une excellente mère de famille, chez laquelle madame de la Rochejaquelein s'était établie à discrétion avec tout l'état-major vendéen, et l'avait forcée de se réfugier dans un réduit étroit, sans daigner la voir ni lui parler que pour lui abandonner sa fille.

M. de Bourniseaux (tome III, page 270) en a composé une anecdote de sa façon.

De son côté, M. Benaben (page 98) a tracé le tableau le plus hideux que l'on puisse imaginer des horreurs commises au Mans que l'on traita, dit-il, en ville prise d'assaut. Les historiens Beauchamp (tome II, page 238), et Bourniseaux (tome II, page 206), se sont empressés de répéter ce qu'a dit M. Benaben des malheureuses victimes que l'on mettait *en batterie*.... M. Bourniseaux ne s'est pas borné là, il a reproduit dans ses anecdotes (tome III, page 260) la même scène sous le titre de *Batteries nationales*...

J'avoue que je n'avais jamais entendu parler

de cette horrible scène avant d'avoir lu le rapport publié par M. Benaben long-temps après sa mission. Il n'en était question ni dans sa correspondance avec son département, ni dans les propos des soldats entre eux.

Voici la lettre de ce commissaire à son département, datée du Mans, le 13 décembre 1793 :

« C'est dans le cabinet du général Marceau, de ce brave
» général auquel nous devons la victoire la plus complète sur
» les rebelles, c'est dans son cabinet, dis-je, que je me hâte
» de vous écrire. Je l'avais rencontré hier avec la division
» Tilly dans le moment où celle de Muller était en déroute,
» et je n'ai pas douté un moment du succès de nos armes.
» — Toutes les rues sont couvertes de cadavres. Nos braves
» défenseurs, à la tête desquels je dois mettre Westermann,
» Marceau, Tilly, Delaage et Carpentier, sont à la pour-
» suite de l'ennemi qui voudrait se porter sur Laval. Toute
» cette route est jonchée de cadavres à la distance de trois
» ou quatre lieues. Imaginez qu'on se bat à la portée de
» pistolet et à coups de sabre. La guerre sera terminée vrai-
» semblablement dans trois jours ; tel est du moins le senti-
» ment du brave Westermann qui, dans une lettre qu'il
» vient d'écrire à Marceau, ne demande que des vivres et
» quatre cents bons cavaliers, pour achever d'exterminer
» toute cette horde de brigands. »

Qu'y a-t-il de commun entre les détails de cette lettre et ceux du rapport ? Si l'auteur eût été témoin, comme il le dit dans son rapport, des massacres et des *mises en batterie* sur la grande place, n'en eût-il pas parlé dans sa lettre ? N'eût-il pas témoigné son indignation, comme il témoignait le lendemain sa surprise en disant : « C'était un spectacle assez curieux que de voir ces grandes dames, qui naguère se traînaient à peine en s'appuyant sur deux grands laquais, piétiner alors dans la boue avec nos soldats, et mendier, pour ainsi dire, un regard de protection de ces mêmes soldats sur lesquels autrefois elles daignaient à peine jeter les yeux. »

Sans doute il périt beaucoup de monde à l'affaire du Mans, surtout dans la rue des Quatre-Vents et sur la grande place, et peut-être le combat de nuit fut-il plus funeste aux républicains qu'aux Vendéens par le nombre des victimes ; mais je ne crois point aux atrocités de réminiscence publiées à une époque où le souvenir de Robespierre jetait le délire dans toutes les imaginations. Je m'en rapporte plus volontiers à ce que dit l'auteur des *Essais historiques sur le Maine*, M. Renouard, en parlant des suites de cette affaire.

« Il y eut, dit-il (tom. II, pag. 264 et suiv.), beaucoup de femmes vendéennes et d'enfans sauvés. Tous les habitans du Mans furent ce qu'ils devaient être, sensibles et humains. (pag. 110) Trois à quatre mois après, toutes les femmes vendéennes renfermées à l'Oratoire furent mises en liberté. »

§ IV. Dispositions prises par Marceau pour empêcher le passage de la Loire. — Muller envoyé pour le même objet à Angers. — Avis de ces dispositions aux représentans, et à Rossignol et Westermann.—Rapport au ministre, daté de Craon, du 16. — Lettre de Westermann au général Vimeux, de Pouancé, le 15.—Sa lettre à la Convention du 16.—La Rochejaquelein et Stofflet traversent la Loire sur un petit bateau pris dans l'étang de Saint-Mars-la-Jaille. — Turreau à Angers ; invitation que lui adresse l'administration de Maine-et-Loire. — Marceau à Châteaubriand. — Nouvelles de Westermann. — L'armée à Saint-Julien de Vouvantes le 18. — Mouvement rétrograde pour se porter sur Derval.—Compte rendu par Marceau. — Compte rendu par les représentans Prieur et Turreau au comité de salut public.—Lettre qu'ils écrivent à Francastel. — L'adjudant-général Delaage repoussé devant Blain. — Arrivée de l'armée dans une lande près Blain. — Évacuation de ce poste par les Vendéens, qui se portent sur Savenay. — Affaire du 23 dans Savenay. — Rapport de Marceau au ministre, daté de Montoir.

Suite des événemens sur la rive droite de la Loire.

Toute l'armée, à l'exception de la division Muller, était en marche à la poursuite des Vendéens sur la route de Laval.

Arrivé à Vaige dans la soirée du 14 décembre, Marceau écrivit aux généraux commandans à Saumur, Angers et Nantes, pour leur donner avis de la fuite précipitée de l'ennemi et les inviter à employer tous les moyens qu'ils avaient à leur disposition pour s'opposer au passage de la Loire.

« L'ennemi battu, chassé et mis en déroute au Mans, mandait-il au général Commaire, commandant à Saumur, fuit si rapidement que, malgré toute la diligence possible, il est déjà à dix lieues de nous. Notre cavalerie le poursuit ; il n'a fait que traverser la ville de Laval. On m'annonce qu'il se porte sur Château-Gontier et qu'il doit y coucher cette nuit. On dit aussi qu'il a dessein d'aller à Ancenis pour tenter encore une fois le passage de la Loire.

» En tout cas, mon cher camarade, il est à propos de donner promptement l'ordre à Boucret de marcher sur la rive gauche de la Loire, de manière à suivre les mouvemens de l'ennemi et s'opposer à ses projets, soit sur Saumur, Angers, Ancenis et même Nantes.

» Demain, de grand matin, nous nous remettrons en route à la poursuite des Vendéens, et nous tâcherons de les rejoindre. Je te prie de faire passer de suite cet avis à Angers et à Nantes par un courrier extraordinaire.

» Il est à propos de retirer le faible dépôt de Baugé et de le faire filer sur Saumur. »

Marceau ne se borna pas à ces ordres particuliers pour défendre le passage de la Loire ; il chargea le général Muller, qui se trouvait au Mans, de joindre à la réserve de Kingler trois bataillons de la Haute-Saône ; et à la division de Tilly le bataillon du Jura et celui des Vosges, et de partir ensuite avec le reste de sa division pour se porter, sans s'arrêter, à Angers, où il devait prendre le commandement des forces qui s'y trouvaient et de celles qui étaient le long de la rive droite de la Loire. « Le général Muller (portait l'ordre de » Marceau) veillera particulièrement à ce que » l'ennemi ne puisse passer la Loire pour se jeter » dans la Vendée. »

Marceau donna avis de ces dispositions aux représentans en mission près les armées de l'Ouest et des côtes de Brest, ainsi qu'aux généraux Rossignol et Westermann; mais il n'obtint pas tout le succès qu'il devait en attendre. Il se porta le 15 à Laval, et le 16 à Craon, d'où il écrivit au ministre :

« Tu auras une idée de la frayeur des Vendéens, quand tu sauras qu'ils ont mis moins d'un jour à se rendre du Mans à Laval d'où ils sont partis en désordre. Westermann, qui les suit toujours, leur a pris quatre pièces de canon et trois caissons. Quoique nous fassions des marches forcées, ils ont gagné sur nous près de deux jours. Ils ne sont pas loin, dans cet instant, des rives de la Loire; j'espère que ce fleuve sera leur tombeau. Je suis presque sûr qu'ils font travailler à des radeaux pour passer sur la rive gauche, mais j'aime à croire que les troupes qui défendent cette rive leur opposeront une barrière insurmontable. Je les fais renforcer par d'excellens bataillons. Je m'attends à un combat près d'Ancenis; je crois même que l'ennemi, aux abois, viendra me l'offrir pour protéger son travail; je me dispose à le bien recevoir. Compte, dans tous les cas, que je ferai tout mon possible pour justifier ta confiance et faire triompher la cause de la liberté et de l'égalité.

» Je n'ai encore reçu aucune nouvelle de la division de Duquesnoy, quoique je lui aie envoyé successivement deux courriers. Sa jonction aurait assuré nos succès; cependant je combattrai l'ennemi sans lui, et j'espère remporter la victoire. Je lui donne l'ordre de se diriger sur Laval, afin de le rapprocher de moi et d'être en mesure dans tous les cas. »

Westermann et Decaen avaient reçu l'ordre de faire double journée pour mettre obstacle à l'embarquement. Westermann écrivit de Pouancé, le 15, au général Vimeux, à Nantes :

« Je vous préviens, général, que, suivant tous les rapports, l'ennemi doit se porter sur Ancenis et Varades pour forcer le passage de la Loire; peut-être même cherchera-t-il à faire une tentative sur votre ville. Je suis à sa poursuite avec la cavalerie et l'artillerie légère seulement, l'infanterie n'ayant pu suivre mes mouvemens. Je vous donne cet avis afin que vous puissiez prendre vos précautions, et qu'en cas d'attaque vous teniez bon, pour donner le temps à l'armée qui me suit, d'arriver à votre secours. »

Le lendemain il écrivit à la Convention :

« Bientôt la fin du monde ; jamais on ne vit tant de morts
» qu'en laissent les brigands. L'ennemi est parti hier de
» Craon. Les deux coups de feu me fatiguent beaucoup ; il
» n'y a que le désir de vaincre qui me soutient. »

Tous les petits postes d'observation établis sur la direction de l'armée vendéenne, ainsi que ceux d'Ancenis et Varades furent évacués à son approche. La tête de la première colonne des Vendéens se présenta à Ancenis le 16, à dix heures du matin, conduisant avec elle un bateau pris dans l'étang de Saint-Mars-La-Jaille, et dont la Rochejaquelein et Stofflet se servirent pour passer sur la rive gauche de ce fleuve, laissant ainsi les restes de leur armée sans chefs.

Cependant le général Turreau était arrivé depuis quelques jours à Angers, où il retrouva le général Robert. Marceau n'en avait reçu aucun avis.

L'administration de Maine-et-Loire, inquiète du retour des Vendéens vers la Loire, adressa le 16 au général Turreau les observations suivantes :

« Nous recevons des nouvelles qui nous annoncent que les

rebelles marchent pour tenter le passage de la rivière. Nous pensons, général, sauf ton meilleur avis, qu'il serait urgent de mettre la cavalerie dehors;

1°. Pour surveiller la marche de l'ennemi.

2°. Pour faire passer sur la rive gauche ou pour couler bas tous les bateaux qui pourraient lui servir. Cette dernière mesure est de la plus haute importance. Nous nous en sommes constamment occupés, et nos commissaires nous ont assuré qu'il n'en restait aucun; mais on ne saurait prendre trop de précaution à cet égard. »

Les Vendéens, abandonnés de leurs chefs, construisirent à la hâte quelques radeaux; mais l'arrivée de Westermann, avec sa cavalerie et son artillerie légère, ne leur permit pas de continuer leurs travaux.

Marceau se porta avec son corps d'armée à Châteaubriand. Westermann l'informa, le 17, qu'il harcelait sans cesse l'ennemi qui avait entrepris de passer la Loire avec de mauvais radeaux, et qu'il ne lui en laisserait pas le temps; l'adjudant-général Scherb reçut aussitôt l'ordre de se porter, avec l'avant-garde, sur Ancenis par le chemin le plus court.

Le 18, l'armée arriva à Saint-Julien de Vouvantes. Là, Marceau apprit, par une dépêche de Westermann, que l'ennemi avait renoncé au projet de passer la Loire et qu'il se dirigeait vers Blain. Il était à craindre qu'il ne se portât sur Rennes ou sur Redon, pour se jeter dans le Morbihan. En continuant la marche sur Ancenis, on s'éloignait de ces points, et l'intention de Marceau était de joindre l'armée vendéenne le plus promptement possible. Il fut alors décidé (1) que l'avant-garde et le corps d'armée rétrograderaient le lendemain sur Châteaubriand et se porteraient le 20 sur Derval par des chemins de traverse. L'avant-garde, qui se trouvait le 18 près Saint-Mars-la-Jaille, lorsqu'elle reçut l'ordre de revenir sur ses pas, fit au moins douze lieues ce jour-là par des chemins horribles.

Marceau rendit compte au ministre de ce mouvement rétrograde.

« La rapidité de la marche de l'ennemi, écrivait-il le 19, son désespoir et le dessein qu'il avait de repasser dans la Vendée, annonçaient qu'il tenterait le passage de la Loire. C'est, en effet, ce qu'il a essayé, en profitant du temps que lui avait donné sur nous sa fuite précipitée pour construire des radeaux, et, à l'aide d'une petite nacelle, traverser la rivière. L'activité que nous avons mise à sa poursuite et la résistance des postes qui défendaient la rive gauche de la Loire, ont fait échouer ses projets. Il a craint d'être attaqué dans Ancenis, et jugeant qu'il ne pouvait sans danger rester dans un poste où certes nous aurions achevé de l'exterminer, il a pris la fuite et s'est retiré sur Nort et environs où il est aujourd'hui.

» Notre armée, partie de Châteaubriand pour l'attaquer dans Ancenis, a été forcée de rétrograder, tant pour couvrir Rennes que pour l'atteindre plus promptement.

---

(1) Le refrain des représentans était toujours qu'il fallait suivre l'ennemi à la piste et ne le pas perdre de vue. Les généraux furent obligés, dans cette circonstance, de répondre sur leur tête des événemens.

» Cette masse énorme est aujourd'hui bien diminuée et se fond tous les jours. Les paysans des différentes communes, profitant de la terreur dont les Vendéens sont frappés, désarment et arrêtent tout ce qui ne suit pas le gros de la troupe fanatique. La désertion se met dans leur armée. Plus de trois cents tant hommes que femmes sont partis pour se rendre à Nantes (1). Encore une victoire et c'en est fait des rebelles. »

Le général annonçait au ministre qu'il avait donné l'ordre au général Bonnaire, qui commandait la colonne du Nord en l'absence de Duquesnoy, de partir d'Alençon pour se porter sur Rennes.

Le même jour, les représentans Prieur et Turreau informèrent le comité de salut public de ce mouvement rétrograde; ils lui annonçaient en même temps qu'il avait été pris à Saumur un arrêté pour incendier les moulins, les fours et les repaires des brigands dans la Vendée, mesure qu'ils regardaient comme nécessaire pour l'anéantissement de cette guerre infernale; ils invitaient en conséquence le comité à ne pas écouter les réclamations du procureur général du département de Maine-et-Loire, qui se rendait près d'eux à ce sujet (2).

---

(1) On ne prévoyait pas qu'ils y périraient.

(2) La dépêche dont il s'agit fut lue à la Convention dans sa séance du 22 décembre. Le procureur-général syndic était *Vial* que l'on fit arrêter en route.

Ils écrivirent en même temps à leur collègue Francastel à Angers :

« Nous t'avons expédié de Laval un courrier, porteur d'une lettre et d'un paquet de proclamations par lesquelles nous invitons le peuple à se lever tout entier pour exterminer les brigands. Nous ne savons rien de positif sur les tentatives qu'ils ont faites pour passer la Loire. Comme notre marche ne nous permet pas de quitter l'armée, transporte-toi, s'il le faut, sur la rive gauche et sur la rive droite pour prendre des renseignemens précis sur la conduite des chefs auxquels la défense des postes était confiée, et, en cas de malveillance, négligence, conjuration ou lâcheté, ne balance pas à les faire arrêter. Il n'y a que la plus extrême sévérité qui puisse remettre chacun à son devoir. Concerte-toi au surplus avec les généraux sur les mesures propres à exterminer sur-le-champ la portion quelconque de la horde infernale qui se sera jetée sur la gauche, nous nous chargeons de la droite. Nous poursuivons demain l'ennemi, et, *à moins que le diable ne s'en mêle*, nous t'en rendrons bon compte. »

Cependant Westermann était toujours aux trousses de l'armée vendéenne, mais l'infanterie légère, sous les ordres de l'adjudant-général Delaage, ayant attaqué un peu trop légèrement l'ennemi à Blain, fut repoussée et perdit quelques hommes. Les soldats furent obligés de repasser la rivière au gué, ayant de l'eau jusque sous les bras, quelques-uns se noyèrent. Westermann resta à quatre lieues de Blain, en attendant l'arrivée de l'armée.

Le 21, l'armée marcha en différentes colonnes sur Blain. On fit halte dans une lande, à peu de distance de la ville pour réunir les colonnes et distribuer à la troupe du pain et de l'eau-de-vie. Pendant ce temps, Kleber s'avance vers Blain pour faire une reconnaissance; il apprend que toute l'armée rebelle était en bataille et s'attendait à être attaquée. Il écrit à Marceau, resté à la tête des colonnes, pour l'instruire de la manière dont ce poste peut-être circonvenu et attaqué. A l'arrivée de sa division sur le terrain, il la forme en bataille. Il harangue ses soldats et tous jurent de vaincre; mais en ce moment, ajoute Kleber, une pluie terrible vient à tomber et ralentit la marche d'une brigade de la division de Cherbourg qui devait tourner Blain par la droite, de sorte qu'elle n'arriva sur le terrain qui lui était désigné qu'une heure après la nuit close. On envoya aussi une ordonnance à Westermann, avec ordre d'avancer sur Blain par la route de Nantes; ainsi le lendemain matin, Blain devait être attaqué sur trois points différens. La nuit se passa au bivouac dans la plus grande surveillance, les généraux sur le terrain, malgré la pluie qui ne cessa de tomber.

Dès la pointe du jour, Kleber fit partir une patrouille de hussards, et, la suivant de près, il entra dans Blain que les Vendéens avaient évacué pendant la nuit pour se porter sur Savenay. Aussitôt l'armée se mit en marche pour les rejoindre. Il fallut passer la rivière entre Blain et le château de ce nom; elle avait tellement grossi que les soldats, au seul gué qui restait encore, avaient de l'eau jusque sous les bras. Les hommes à cheval passèrent à la nage; les caissons furent vidés et les cartouches et gargousses, portées sur la tête par les soldats, dans des sacs de peau. Ces munitions furent rechargées aussitôt que les caissons parurent assez secs pour les recevoir. La marche de Blain à Savenay fut extrêmement pénible, le soldat était épuisé de fatigue.

Les Vendéens n'éprouvèrent aucune résistance pour entrer à Savenay. Le général Cambray qui occupait ce poste depuis deux jours avec cinq à six cents hommes, s'étant assuré de la force de l'ennemi à Blain, fit prudemment sa retraite à son approche, et rentra au Croisic.

Westermann harcelait les Vendéens, il les contint de manière qu'ils n'osèrent sortir de deux bouquets de bois qu'ils occupaient en avant de Savenay. Kleber et Marceau, marchant à la tête de l'avant-garde, rejoignent Westermann. Une partie des grenadiers de Bloss et une pièce de huit d'artillerie légère débouchent dans la plaine. A la vue de ces troupes, la cavalerie de Westermann et une vingtaine de hussards, commandés par l'aide-de-camp Beurmann, inquiètent tellement l'ennemi qu'il prend le parti de sortir en force du bois pour repousser la cavalerie au delà du ravin.

« Je sentis alors, continue Kleber, qu'il n'y avait pas à délibérer, et que, pour pouvoir attaquer avec avantage le lendemain, il fallait absolument rester maître des hauteurs occupées par notre cavalerie. Je fis donc avancer trois cents des grenadiers de Bloss, ainsi que la pièce de huit, et les partageant en deux corps, je chargeai le chef de bataillon Verger d'attaquer de front; tandis que, me mettant à la tête des autres, je tournai le bois que l'ennemi venait d'abandonner. Cette manœuvre audacieuse nous réussit, et les Vendéens, n'osant plus rentrer dans leur repaire, se précipitèrent dans Savenay. Nous eûmes, à la vérité, quelques hommes tués et beaucoup de blessés.

» Le reste de l'avant-garde s'avance et se met en bataille de manière à occuper tous les débouchés de Savenay. Il faisait nuit, la fusillade et la canonnade continuaient toujours. Prieur et Turreau arrivent ; Prieur, voyant l'avant-garde en position, paraît étonné que l'on n'attaque pas. *Allons, camarades*, s'écrie-t-il, *en avant! en avant!* Je vis l'instant où par trop de précipitation et faute de mesure, la victoire allait encore nous échapper. Je dis à Marceau : Si tu ne prends sur toi d'arrêter ces criailleries, demain nous serons à Nantes et l'ennemi nous y suivra. Marceau, s'adressant à Prieur, lui dit d'un ton fortement prononcé : Prieur, ce n'est pas ici ta place et tu t'exposes fort mal à propos à recevoir un coup de fusil ou de la mitraille.... Prieur et son collègue prennent enfin le parti de se retirer (1). »

Le reste de la division de Kleber se trouve réuni et en bataille vers minuit ; la division de Cherbourg arrive à 2 heures du matin et prend position sur le terrain qui lui est indiqué.

« La ligne qu'occupaient toutes ces troupes, dit Kleber, avait la forme d'un croissant et enveloppait la ville sur toutes les parties qui la dominaient. Les représentans et les gé-

---

(1) Le feu était en effet très-vif sur ce point. Prieur se retira fort à propos, suivi de sa compagnie de musiciens qui l'attendaient en silence.

néraux se rendirent à la poste aux chevaux sur la grande route de Nantes. Là, Westermann proposa d'attaquer pendant la nuit et offrit de se charger de tout. Je lui répondis que je croyais avoir trop bien commencé cette affaire pour la laisser terminer par un autre. Marceau m'appuya et les représentans parurent approuver cette émulation; mais ils en profitèrent pour m'exciter à attaquer sur-le-champ. Marceau sembla céder un instant, mais je restai inflexible et ne répondis plus à aucune provocation.

» Le 23 décembre à la pointe du jour, lorsque tout le monde sommeillait encore, je montai à cheval avec Westermann et Canuel. Je fis avec eux une reconnaissance autour de la ville, et j'indiquai à chacun le chemin qu'il devait prendre pour l'attaquer.

» Bientôt j'entends le canon et la fusillade redoubler : je me porte vers l'avant-garde et je rencontre le chef de bataillon et ses grenadiers en retraite. Verger paraît pétrifié à mon aspect (1), et, ne sachant comment justifier sa conduite, il s'écrie : Général, nous n'avons plus de cartouches.... Eh! me suis-je écrié à mon tour, ne sommes-nous pas convenus hier que nous les écraserions à coups de crosse ? Allons, grenadiers, retournez à la charge, je vous ferai soutenir. Je fis aussitôt avancer un bataillon du trente-unième régiment faisant partie de la division de Cherbourg. Ce bataillon seconda si bien les grenadiers que l'ennemi fut dans l'instant repoussé sur ce point.

» Canuel était en marche pour tourner Savenay et l'attaquer par la gauche. J'envoie dire à Marceau qu'il est temps qu'il arrive; je le prie de se charger du centre; je charge mon aide-de-camp Buquet d'aller donner l'ordre à la division de Cherbourg de s'avancer sur la droite; mais comme je ne

---

(1) La présence de Kleber inspirait un tel sentiment de confiance et de supériorité, que tous ceux qui l'approchaient en étaient frappés.

commandais point cette division et que Tilly ne s'y trouvait pas encore, je chargeai Buquet de dire aux chefs qu'il rencontrerait que je les rendais responsables du moindre retard qu'éprouverait mon ordre. Il n'en fallut pas tant à cette valeureuse troupe pour s'élancer en avant.

» Le pas de charge se fait entendre partout. Canuel culbute l'ennemi sur la gauche, Marceau au centre et Kleber sur la droite. Le cri de *vive la république* retentit dans les airs, les Vendéens fuient et tombent sous le fer des républicains. On traverse Savenay ; chaque colonne prend une direction différente à la poursuite des rebelles, le carnage devient horrible ; une partie va se noyer dans les marais de Montoir, le reste se jette et se disperse dans les bois. Équipage, canons, tout tombe au pouvoir des républicains, et pour cette fois la destruction de l'ennemi est certaine (1). »

Kleber et Marceau, accompagnés des officiers de leur état-major, se portèrent jusqu'à Montoir d'où Marceau adressa au ministre le rapport suivant :

Du champ de bataille près Montoir, 23 décembre 1793.

« Tu as vu par ma dernière que l'ennemi semblait, par sa marche sur Nort, vouloir se porter ou sur Rennes ou dans le Morbihan. Il s'est enfin décidé et il est entré dans Blain où il n'a trouvé aucune espèce de résistance. La rupture des ponts et quelques retranchemens qu'il fit sur la route de Nort à Blain semblaient annoncer le dessein de se maintenir dans ce poste avantageux par sa position et par un vieux château assez fort.

» Westermann avec sa cavalerie soutenu par un petit corps d'infanterie légère, en harcelant continuellement l'armée Vendéenne sur ses derrières, lui donna le change en l'atta-

---

(1) Ici se terminent les mémoires de Kleber.

quant sans cesse, et lui fit croire que toute l'armée la poursuivait dans cette direction. Une petite affaire dans laquelle les soldats de cette avant-garde, après avoir montré le plus grand courage en passant à la nage la rivière qui les empêchait de joindre l'ennemi, furent repoussés, le confirma dans son opinion.

» Le génie de la liberté voulut sans doute que nous éprouvassions ce léger échec pour me donner le temps d'arriver devant Blain par la route de traverse. Les mauvais chemins retardèrent ma marche, je ne pus arriver qu'à la nuit tombante. Je fus obligé de faire bivouaquer la troupe et de différer l'attaque jusqu'au lendemain. L'ennemi était en bataille sur les hauteurs, il se contenta de nous lâcher quelques coups de canon.

» Le jour paraissant, je chargeai Kleber de l'attaque, et au moment où l'on se déployait, je fus instruit par mes éclaireurs que l'ennemi, profitant de l'obscurité, avait évacué Blain et se portait sur Savenay; je pris le parti de le poursuivre, sans lui donner le temps de se reconnaître. Notre cavalerie l'attira deux fois hors de Savenay. A la nouvelle que Westermann était aux prises, Kleber part avec une pièce d'artillerie légère et deux à trois cents grenadiers, il débusque l'ennemi qui s'était emparé des routes de Savenay et de Vannes à Nantes. A peine est-il arrivé à la portée du fusil, que sans permettre une seule décharge, il les conduit la baïonnette en avant. L'impétuosité de cette attaque fit replier l'ennemi qui fut forcé de nous abandonner une pièce de huit qu'il avait en position sur la grande route de Savenay.

» L'avant-garde arrivant voulut avoir la satisfaction de contribuer à la gloire de cette journée. La pluie horrible dont elle avait été inondée la nuit dernière, étant au bivouac, fit qu'elle me demanda la permission d'entrer dans Savenay. Je crus devoir me rendre à cette demande et profiter de cette bonne volonté dont je pouvais tirer le plus grand avantage. L'affaire devint plus sérieuse que je ne croyais, et la résistance qu'opposa l'ennemi dans un bois qui lui était favorable (1), fut cause que je fis arrêter l'avant-garde et la fis bivouaquer à demi-portée du canon de l'ennemi qui ne cessa de tirer toute la nuit; mes avant-postes étaient à peine à portée de fusil de lui.

» Le corps de l'armée arrivant successivement dans la nuit, je fis mes dispositions d'attaque pour le lendemain à la pointe du jour.

» L'ennemi avait pris notre prudence pour faiblesse; ce qui fit que non-seulement il nous attendit, mais même qu'il nous attaqua à la pointe du jour. Nous étions déjà à cheval. L'impétuosité de son attaque aurait pu avoir des suites fâcheuses, sans la prévoyance des chefs. Kleber, qui avait si bien commencé la veille, dirigea avec tant de précision les forces qui étaient à sa disposition, que l'ennemi fut arrêté tout court et repoussé de la manière la plus vigoureuse.

» Les divisions aux ordres des généraux Canuel sur la gauche et Tilly sur la droite, achevèrent de déconcerter la horde catholique. Tous les soldats dédaignant les cartouches, chargèrent à la baïonnette, la déroute de l'ennemi devint complète. J'entrai dans Savenay à la tête du centre de l'armée. Cinq pièces d'artillerie et un caisson y étaient abandonnés.

» A quelques pas de là je rencontrai Kleber; alors nous chargeâmes ensemble, et n'ayant à notre portée aucune cavalerie, nous en formâmes une de tout ce qui nous environnait. Les généraux et leurs états-majors se joignirent à nous.

» La Loire à gauche, des marais à droite, ôtaient à l'en-

---

(1) M. de Laugrenière, un des chefs vendéens, le seul qui n'ait pas voulu abandonner sa troupe, commandait dans ce bois : il fut pris le lendemain.

nemi les moyens de s'échapper au loin. Nous ne trouvâmes plus de résistance sur notre route (1). La cavalerie emmenait avec elle une pièce d'artillerie volante, bientôt elle fut à nous. Deux cents cavaliers se sauvèrent dans les marais, leur infanterie est désormais réduite à rien.

» La guerre de la Vendée est enfin terminée sur la rive droite de la Loire. Un petit séjour dans ces cantons fera disparaître les fantassins qui auraient pu s'évader à la faveur des bois.

» Il me serait bien difficile de détailler les belles actions dont cette journée a été témoin ; mais je ne puis m'empêcher de te parler des généraux qui, par leur bravoure et leurs talens, ont accéléré le terme de cette guerre. Kleber a donné, dans cette occasion, des preuves d'un courage et d'un talent supérieur. Westermann, Canuel, Tilly, Dembarrère, Savary, et tous les officiers généraux et supérieurs se sont montrés vrais républicains.

» Les soldats de toute arme ont aussi montré qu'ils sont dignes de la cause qu'ils défendent. Il n'est point d'exemple, j'ose le dire, d'une patience aussi soutenue et d'un courage aussi héroïque. Depuis trois jours ils étaient mouillés jusqu'aux os, ils avaient bivouaqué deux nuits, la plupart sans feu. Point de murmures. Les cris de *vive la république!* étaient un sûr garant de ce qu'on devait attendre d'eux. Il m'est bien doux de pouvoir rendre justice à mes braves camarades.

» On peut regarder cette bataille comme la plus mémorable et la plus sanglante qui ait eu lieu depuis le commencement de la guerre de la Vendée. Le nombre des républicains

---

(1) M. de Laugrenière, retiré avec sa troupe dans des maisons sur la gauche de la route, voulut opposer quelque résistance ; mais voyant qu'elle devenait inutile, il se rendit à l'invitation d'un officier d'état-major.

que nous regrettons n'excède pas celui de trente, je te l'assure; nous avons eu au plus cent cinquante blessés, dont deux officiers (1). »

Les représentans adressèrent de leur côté des rapports au comité de salut public, et l'armée réunie fit une adresse à la Convention qui déclara de nouveau qu'elle avait bien mérité de la patrie (2).

Le général Beaupuy, impatient de revoir ses frères d'armes, encore souffrant de la blessure qu'il avait reçue devant Château-Gontier, rejoignit l'armée devant Blain, et la suivit, comme spectateur seulement, à Savenay, d'où il écrivit à Merlin de Thionville :

« Enfin, enfin, mon cher Merlin, elle n'est plus cette armée royale ou catholique, comme tu voudras. J'en ai vu, avec tes collègues Prieur et Turreau, les débris consistant en cent cinquante cavaliers battant l'eau dans les marais de Montoir, et comme tu connais ma véracité (3), tu peux dire avec assurance que les deux combats de Savenay ont mis fin à la guerre de la nouvelle Vendée et aux chimériques espérances des royalistes.

» L'histoire ne nous présente point de combats dont les suites aient été plus décisives. Ah! mon brave, comme tu aurais joui! quelle attaque! mais quelle déroute aussi! il fallait les voir, ces soldats de Jésus, se jetant dans les marais, ou

---

(1) Marceau n'avait pas encore eu le temps de se faire rendre compte de la perte des républicains.

(2) Tous ces détails, plus ou moins exagérés, sont consignés dans le Moniteur, séances des 26, 27, etc., décembre 1793.

(3) Beaupuy était le plus brave et le plus modeste des hommes.

obligés de se rendre par cinq ou six cents à la fois, et Laugrenière pris, et les autres généraux dispersés et aux abois.

» Cette armée, dont tu avais vu les restes de la terrasse de Saint-Florent, était redevenue formidable par son recrutement dans les départemens envahis. Je les ai bien vus, bien examinés; j'ai reconnu même de mes figures de Chollet et de Laval, et à leur contenance et à leur mine, je t'assure qu'il ne leur manquait du soldat que l'habit. Des troupes qui ont battu de tels Français, peuvent se flatter aussi de vaincre des peuples assez lâches pour se réunir contre un seul, et encore pour la cause des rois...

» Enfin, je ne sais si je me trompe, mais cette guerre de paysans, de brigands, sur laquelle on a jeté tant de ridicule, que l'on dédaignait, que l'on affectait de regarder comme si méprisable, m'a toujours paru, pour la république, la grande partie, et il me semble à présent qu'avec nos autres ennemis, nous ne ferons plus que peloter.

» Adieu : actuellement que cette exécrable guerre est terminée, que les mânes de nos frères sont satisfaits, je vais guérir. J'ai obtenu de tes collègues un congé qui finira au moment où la guerre recommencera. »

Le général Tribout, chargé de défendre le passage de la Vilaine à Redon, s'empressa aussi d'annoncer, à sa manière, cette victoire au ministre.

« Vive la république une et indivisible! écrivit-il le 24, bientôt il n'y aura plus de trace de l'armée brigantine, et on pourra dire que la guerre de la Vendée est finie.

» L'armée des rebelles nous a fait bien courir et bien fatigué; mais ce n'est rien quand on trouve la victoire, et qu'on fait le bien de son pays. On m'avait confié la garde de la Vilaine, nul ne l'a passée ni ne la passera. Je ne veux pas de prisonniers, ils mettraient la peste dans notre armée; et, quand on a leurs principes, on ne doit plus vivre Que les amis de la royauté aillent dans l'autre monde rejoindre les tyrans; ils les aiment, qu'ils restent avec eux.

» *Signé* Tribout Libre. »

§ V. Réception de Kleber et Marceau, à Nantes, le 24. — Leur présence à la société populaire, le 25. — Circulaire du comité de salut public aux représentans en mission, sur le gouvernement révolutionnaire. — Nouveau compte rendu par Marceau au ministre, le 28. — Réflexions du ministre à ce sujet. — Westermann arrive à Nantes le 28, et obtient de Carrier la permission de se rendre à Paris. — Inquiétudes du comité de salut public sur les projets de l'Angleterre; lettres à ce sujet à Prieur de la Marne. — A Bréard, à Brest. — Arrêté du comité pour compléter la garnison de Bellisle, et prendre diverses dispositions. — Envoi fait par le ministre au général Turreau.

Suite des événemens sur la rive droite de la Loire.

Kleber et Marceau se rendirent à Nantes dans la soirée du 24; ils y furent reçus comme des libérateurs. Westermann eut l'ordre de faire éclairer le pays par sa cavalerie.

Le lendemain ils furent invités à une séance de la société populaire, dans laquelle on leur offrit une couronne civique. Un représentant, c'était Turreau, monta à la tribune et parla fortement contre les honneurs qu'on rendait ainsi aux généraux. *Ce sont,* dit-il, *les soldats qui remportent les victoires, ce sont eux qui méritent des couronnes, eux qui ont à supporter tout le poids de la fatigue et des combats,* etc. Kleber demande la parole :

« Je sais, dit-il avec force, que ce sont les soldats qui remportent les victoires ; mais il faut aussi qu'ils soient conduits par les généraux qui sont les premiers soldats de l'armée et qui sont chargés de maintenir l'ordre et la discipline, sans quoi il n'y a point d'armée. Je n'accepte cette couronne que pour l'offrir à mes camarades et l'attacher à leur drapeau. »

On applaudit beaucoup et la séance se termina ainsi.

Le même jour, le comité de salut public adressa aux représentans en mission la circulaire suivante :

« Le décret du 4 décembre trace aux diverses autorités la ligne qu'elles doivent parcourir. Ses articles se lient aux principes qui ont déterminé le gouvernement révolutionnaire.

» Vous avez été envoyés pour déblayer l'aire de la liberté, pour ouvrir un large passage à la révolution. Votre présence a remonté les ressorts de la machine politique ; elle est ranimée, la république doit beaucoup à plusieurs de vous.

» Mais ce n'est pas assez d'avoir retrouvé le mouvement, il faut qu'il soit uniforme, et qu'il ne soit ni dépassé, ni laissé en arrière.

» La convention vous charge de finir l'épurement et la réorganisation des autorités constituées sous un délai très-court, et de lui rendre compte de ces deux opérations avant la fin du mois prochain.

» Nous vous invitons à correspondre avec le comité tous les dix jours, aux termes du décret.

» N'oubliez point les véritables rapports de votre mission. Tout ce qui serait au delà, comme en deçà, romprait les plans, neutraliserait le développement de l'ordre déterminé.

» Précision, célérité et mouvement révolutionnaire, c'est à cela que doivent se mesurer toutes vos opérations.

» *Signé* BILLAUD-VARENNE, CARNOT, BARÈRE, PRIEUR, ROBESPIERRE, LINDET, COUTHON. »

Le 28, Marceau rendit un nouveau compte au ministre.

« Je t'ai dit la vérité, écrivait-il de Nantes, en t'annonçant que la horde des rebelles était détruite sur la rive droite de la Loire. Cette masse énorme a disparu. Le petit nombre de ceux qui avaient pu échapper au fer des républicains, soit en se cachant, soit par la fuite, sont venus implorer la clémence des représentans, ou ont péri dans les bois que nos troupes ont parcourus en les poursuivant. Aujourd'hui il n'est plus question que de deux à trois cents cavaliers qui se sont échappés à travers les marais, et qui, d'après les rapports que je reçois, paraissent se diriger vers Ancenis, en menaçant encore les citoyens qu'ils rencontrent sur leur route. Pour achever de purger le pays de ce faible reste et empêcher qu'il ne se forme de nouveaux rassemblemens, j'ai pensé qu'il était nécessaire de faire faire un mouvement à l'armée et d'établir des cantonnemens momentanés. Je recommande en même temps la plus grande activité pour protéger le pays et le mettre à l'abri des rebelles. J'ai cru qu'il fallait occuper toutes les routes qui pouvaient servir à établir les différentes communications, protéger et défendre les rives de la Loire, et former une barrière impénétrable entre ce qu'on appelle la grande et la petite Vendée. Je te parle ici de la petite Vendée, autrement nommée le pays des chouans, du côté de la Guerche, Vitré, la Gravelle, etc. Il paraît, d'après l'aveu de ceux que j'ai pu interroger, et surtout d'après la déclaration du ci-devant chevalier de Laugrenière, un des chefs pris entre Savenay et Montoir, que le projet de la horde fanatisée de la Vendée était de s'établir dans le pays des chouans, et que nous aurons encore à détruire ces ennemis pour assurer la tranquillité de la république. C'est d'après ce nouveau système de combinaisons que je fais occuper, jusqu'à nouvel ordre, par une brigade, les postes de Blain, Legavre et Bout-de-Bois ; par une autre brigade, les postes de Nozay, Derval et Guémené ; et, par une troisième, les postes de Nort, Joué et les Touches. Pendant ce temps là, la cavalerie aux ordres de l'adjudant général Decaen, réunie à l'avant-garde légère, a ordre de poursuivre les rebelles en fuite partout où ils se porteront.

» La division du général Tilly ne fait point partie des troupes cantonnées. Elle partira demain d'ici pour se réunir au général Haxo qui a demandé quatre mille hommes pour le seconder dans son expédition sur Noirmoutier.

» Je te préviens que l'armée est épuisée de fatigues ; qu'elle a besoin de repos ; qu'elle manque d'une infinité de choses nécessaires ; que les bataillons sont réduits, les uns au quart, les autres à la sixième partie de ce qu'ils devraient être ; qu'il est indispensable de réorganiser cette armée en entier, en complétant les cadres de nouvelles levées. Je te préviens en même temps que l'esprit de nos troupes est excellent, et qu'avec un noyau d'environ dix mille hommes qui composent toutes nos forces dans ce moment sur la rive droite de la Loire, en y comprenant la division de Tilly, on peut facilement et en peu de temps former une armée de trente mille hommes.

» J'attends le général en chef qui doit donner le mouvement à l'armée, établir les dispositions à prendre et ordonner les mesures ultérieures. »

Le ministre, en transmettant cette dépêche au comité de salut public, ajouta les réflexions suivantes :

« Le général Marceau, sans en prévenir le général en

chef, a distribué son armée dans des cantonnemens, attendu qu'il n'existe plus d'armée de brigands sur la rive droite de la Loire. Il a envoyé la division de l'armée des côtes de Cherbourg pour renforcer l'attaque de Haxo sur Noirmoutier, tandis que ce renfort aurait dû être fourni par l'armée de l'Ouest sur son territoire, plutôt que par des troupes destinées à former les garnisons de Cherbourg et Granville. Au surplus, toutes ces portions d'armée allant rentrer dans les places, vont se reposer et se remettre des fatigues de la campagne, en même temps qu'elle se compléteront par l'incorporation. »

Le ministre ignorait que Marceau ne recevait ni ordres ni instructions de Turreau qui, ainsi qu'on le verra bientôt, cherchait à le perdre dans l'esprit du gouvernement. Quant aux généraux de l'armée de Mayence, leur réforme n'était que suspendue et ils n'avaient aucune part aux faveurs des gouvernans. Le représentant Merlin de Thionville se plaignit de cette injustice dans la séance du 27, en disant que le ministre refusait de leur délivrer les brevets des nominations provisoires faites par les représentans.

Le général Haxo qui, d'après les ordres du comité de salut public, avait fait toutes les dispositions nécessaires pour l'attaque de Noirmoutier, s'empressa de communiquer son plan aux généraux Kleber et Marceau qui l'approuvèrent. Cependant ils l'invitèrent à en différer l'exécution de quelques jours pour leur donner le temps de faire filer des troupes sur les derrières de Charette, afin de terminer du même coup, s'il était possible, la guerre dans cette partie. La division de Tilly, qui se trouvait à Nantes, était destinée à cette expédition ; l'arrivée du général Turreau vint déranger ces projets et créa dans la Vendée une nouvelle guerre. Marceau et Kléber trouvèrent en lui un ennemi plus dangereux que Rossignol, parce qu'il était plus vain, plus ambitieux, plus impérieux. On pourra en juger par sa correspondance avec le ministre et le comité de salut public qu'il trompa dans la plupart de ses rapports.

Westermann arriva à Nantes le 28 ; il s'adressa aux représentans pour solliciter un congé que lui avait refusé le général Marceau. Le motif de cette demande était de se rendre à Paris pour y rétablir sa santé. Ce congé lui fut accordé et il périt sur l'échafaud.

Cependant le comité de salut public n'était pas tranquille sur les projets du gouvernement anglais, favorisé par les ennemis de l'intérieur. Il écrivit le 27 à Prieur de la Marne :

« La république, au milieu de ses triomphes, doit s'occuper sans cesse de déjouer de nouvelles trames et d'abattre des ennemis toujours renaissans et plus audacieux. Nos relations portent qu'il existe un projet de livrer le port de Lorient et d'incendier les magasins. Ce projet a des complices à Lorient. L'administration de la marine est plus que suspecte. Le ministre s'occupe dans ce moment avec nous des changemens nécessaires dans les administrations de cette partie. Julien, agent du comité dans les départemens maritimes, t'instruira de cet objet dans tous ses détails.

» Tu auras surtout à réparer, par des mesures vigoureuses, les maux qu'a faits la faiblesse de Tréhouard. Ce n'est que par une grande énergie, par une surveillance active, que tu pourras, de concert avec Julien, déjouer toutes les machinations.

» L'Anglais rôde autour de nos côtes et attend sans doute l'effet de ses intelligences dans nos ports; il faut donc que tu te rendes sur-le-champ à Lorient. Nos victoires de Toulon, l'anéantissement de la Vendée et les succès sur la Moselle et le Rhin, nous donnent dans ce moment un courage invincible et doivent porter l'effroi dans les rangs ennemis. Il faut profiter de cette belle circonstance. Après avoir écharpé les rebelles, tu n'es plus nécessaire où tu es; ainsi, va sauver la république dans nos ports de l'Océan. Tu régénéreras l'esprit public, tu réformeras les abus du port, tu auras des secours dans la société populaire à qui nous écrivons. Nous nous occupons aussi de Brest où Jean-Bon Saint-André va se rendre.

» Jamais circonstances ne furent plus avantageuses pour ramener toutes les villes, tous les esprits à la république. Surveillons cette race infernale de fédéralistes; fais punir les traîtres, arrête les personnes suspectes et remonte tout à la hauteur des principes de la Montagne.

» *Signé*, BARÈRE, CARNOT. »

Le lendemain, le comité écrivit à Bréard à Brest :

« Tu nous as plusieurs fois exposé le mauvais état de ta santé et tu nous as demandé ton rappel; mais jamais la surveillance n'a été aussi nécessaire et n'a dû être aussi énergique que dans ce moment où les fédéralistes et les intrigans circonviennent de toutes parts les représentans du peuple. L'Anglais entretient des intelligences perfides dans la ville et dans le port; il menace plus encore par ses intrigues que par ses escadres de se jeter sur les côtes.

» Tu pourras revenir aussitôt que Jean-Bon sera arrivé. En attendant, surveille les scélérats et les intrigans, fais surveiller le port, occupe-toi de la défense des forts qui sont à l'entrée de la rade. Il va arriver des troupes pour renforcer la garnison. »

Le comité prit en même temps les arrêtés suivans :

« Le comité de salut public arrête que le ministre de la guerre complètera sans délai la garnison de Belle-île en mer et qu'il rendra compte dans deux jours des ordres qu'il aura donnés à ce sujet.

» Le comité de salut public arrête que le ministre de la guerre donnera les ordres nécessaires pour envoyer ou renforcer les garnisons des divers ports de Cherbourg, Granville, Saint-Malo, Cancale, Saint-Brieuc, Brest, Vannes, Lorient et Belle-île. Les ordres ne seront donnés qu'après que la cavalerie sera parvenue dans les départemens infestés par les brigands de la Vendée.

» Le comité de salut public arrête que le ministre de la guerre donnera sur-le-champ les ordres nécessaires pour faire sortir de Lorient, de Brest et autres villes maritimes, tous les bataillons de première réquisition et les envoyer sur les frontières de terre ou autres garnisons, et aux différentes armées, pour les incorporer dans les anciens cadres.

» Il sera envoyé dans les villes maritimes, par le ministre de la guerre, de fortes garnisons qui ne soient pas composées d'hommes pris sur les lieux.

» Il fera passer sans délai dans la ville de Lorient des munitions de guerre, et particulièrement des fusils et des poudres. »

En transmettant ces arrêtés au général Turreau, le ministre lui manda :

« J'envoie les ordres nécessaires aux généraux des armées de Brest et des côtes de Cherbourg; mais, comme il serait possible que les forces sous leurs ordres se trouvassent insuffisantes et que les troupes agissantes de l'armée de l'Ouest sont actuellement moins nécessaires sur la rive droite de la Loire, je les charge de se concerter avec les représentans du peuple et avec toi pour y subvenir.

» Ces mouvemens ne doivent ni gêner ni retarder le travail de l'incorporation dont une des bases doit être de ne point employer les hommes dans leurs propres foyers.

» Tu verras dans ces dispositions ce qui sera le plus avantageux à l'intérêt de la république, et je suis persuadé que cette unique considération sera toujours la base de la conduite d'un bon sans-culotte tel que toi. »

Le comité voulant s'assurer des ordres donnés par le ministre, l'avait chargé, par un arrêté du 20 décembre, de lui communiquer les instructions adressées depuis le 21 septembre aux armées.

§ VI. (Intérieur de la Vendée.) Jordy chargé par Haxo de faire ses dispositions pour attaquer l'île de Bouin. — Jordy se met en marche le 3. — Il attaque le 6. — Il s'en empare le même jour. — Fuite de Charette et de Guérin. — Il est obligé de détacher quatre bataillons pour couvrir Nantes, ce qui suspend son expédition sur Noirmoutier jusqu'au retour de ces troupes. — Attaque de Legé par Charette sans succès. — Poste aux quatre chemins enlevé par Charette. — Le poste de Saint-Fulgent replié sur Montaigu. — Rapport de Haxo et Dutruy au général Vimeux. — Charette se porte du côté des Herbiers et de là dans la haute Vendée. — Réflexions de Haxo sur l'ordre d'accourir pour s'opposer au passage de la Loire. — Il reçoit contre-ordre le lendemain. — Invitation de Francastel au général

Moulin de se rendre à Angers; renseignemens qu'il donne le 15. — Moulin part dans la nuit du 15 au 16, et ne rentre à son poste que le 17; Stofflet et la Rochejacquelein avaient passé la Loire le 16. — Lettre de Moulin à Turreau, du 20. — Arrivée du général Legros à Saint-Florent, le 19. — Rapport du 22 au général Turreau. — Moulin, en état d'arrestation par ordre de Carrier, est conduit à Nantes. — Les adjudans-généraux Dufour et Guillaume à la poursuite de Charette. — Rapport du commandant Barbier à ce sujet, du 18. — Le poste de Cerizais surpris par Charette dans la nuit du 18 au 19. — Dispositions prises par le général Commaire. — Succès de Joba contre Charette à Pouzauge. — Réponse de Commaire à la lettre de Marceau du 14. — Charette le 23 aux quatre chemins; avis qu'il se propose d'attaquer Legé. — Inquiétudes de Charlery qui commandait ce poste.

Intérieur de la Vendée.

La marche de l'armée vendéenne sur la rive droite pour se porter sur Angers suspendait les opérations du général Haxo dans la basse Vendée. Il était question de le faire revenir dans le voisinage de Nantes et de faire filer des forces sur la rive gauche de la Loire, ce qui le contrariait beaucoup. Il écrivit le 2 décembre au général Vimeux :

« Le général Dutruy, qui est allé hier à Nantes, vous aura instruit de notre position, et je puis vous assurer qu'il nous en coûtait beaucoup à tous de nous voir obligés de rétrograder. Mais enfin les choses ont pris une meilleure tournure, et nous allons continuer. Salut. »

Haxo chargea Jordy de faire ses dispositions pour attaquer l'île de Bouin.

« Le 3 décembre, dit Jordy dans ses rapports, je dirigeai ma troupe sur deux colonnes, l'une par Châteauneuf et l'autre par Bois-de-Céné. Je fis marcher ensuite deux détachemens, l'un sur ma droite par Bourgneuf, et l'autre sur ma gauche par Beauvoir, tandis que je gardais le centre avec une colonne.

» Le 6, à minuit, je donnai l'ordre aux trois colonnes d'avancer et de diriger leur marche de manière qu'à onze heures du matin chacune fût en présence et sous Bouin.

» Les deux colonnes de flanc, qui seules avaient du canon, furent arrêtées par des marais et ne purent arriver à l'heure indiquée. Cependant la colonne du centre, forte seulement de six cent soixante-quatorze hommes, arriva sous le canon des batteries de Bouin après avoir traversé une multitude de fossés demi-glacés. Ma position devenait inquiétante, mais nous étions trop avancés pour nous retirer. L'ennemi avait trois batteries en amphithéâtre à la hauteur des moulins. Un *coup républicain* était le seul parti à prendre. J'envoie le bataillon du cinquante-septième sur ma droite, celui du soixante-dix-septième sur ma gauche, je fais rester le dixième de la Meurthe au centre, et enfin un détachement du cent-neuvième en seconde ligne.

» Tout étant ainsi disposé, j'ordonne aux cinquante-septième et soixante-dix-septième de longer les flancs de l'ennemi, et au dixième de la Meurthe d'avancer la baïonnette au bout du fusil, d'essuyer la première décharge sans tirer, et de charger ensuite avec la plus grande célérité. Les deux bataillons de flanc avaient reçu le même ordre.

» L'ennemi, fort de dix-huit cents hommes, ayant Charette et Guérin à sa tête, fait d'abord une résistance opiniâtre; mais le dixième de la Meurthe, ayant fait plier le centre, s'empare du premier retranchement et l'ennemi est culbuté. Les deux bataillons de flanc arrivent dans ce moment; les deux retranchemens qui restaient à l'ennemi sont attaqués et emportés. Rien ne résiste plus à mes braves frères d'armes qui poursuivent de si près les fuyards que le canon pris sur l'ennemi devient inutile. Environ huit cents Vendéens trouvent leur salut dans la fuite. Charette lui-même est obligé de se sauver à pied, ainsi que Guérin.

» Le fruit le plus précieux de notre victoire a été de délivrer plus de neuf cents patriotes prisonniers qui s'attendaient à périr.

» Outre cela, nous avons pris treize pièces de canon. Il est vrai que nous avons eu à regretter dix-neuf de nos camarades restés sur le champ de bataille et quatre-vingt-trois blessés, dont huit grièvement.

» Nous étions alors maîtres de toute la côte, et je devais me porter sur Noirmoutier; mais je reçus le 8 l'ordre de détacher de ma colonne quatre bataillons pour aller couvrir Nantes. Je fus donc obligé de rester tranquille jusqu'au 30, époque où ces bataillons me furent rendus. »

Ces succès dans la basse Vendée jetaient le découragement parmi les paysans. Fatigués de cette horrible guerre, ils désiraient la paix; mais ils ne pouvaient l'attendre que de la protection des troupes républicaines ou de celle des chefs vendéens, et ils étaient également menacés des deux côtés. Haxo n'avait point assez de forces à sa disposition pour occuper le pays et maintenir la tranquillité. Aussitôt qu'un rassemblement était dispersé, les chefs vendéens donnaient des ordres impératifs et menaçans pour en former de nouvaux, il fallait obéir ou périr.

Cependant beaucoup d'habitans se présentaient aux commandans des postes républicains pour y faire leur soumission. Danglade, commandant temporaire de la place de Paimbœuf, écrivait le 8 au général Vimeux :

« Quarante et quelques rebelles sont venus se présenter, il y a trois jours, en exposant leur répentir sincère; il m'en arrive tous les jours. Je n'ai pas cru devoir employer d'autres moyens de rigueur que de les faire surveiller. Mande-moi ce que j'en dois faire. »

D'autres, moins confians, se portaient par bandes dans la haute Vendée où il n'était resté que des postes de surveillance. Le général Moulin mandait le 10 de Saint-Florent au général Vimeux :

« Des bandes de rebelles se répandent. J'ai su qu'une horde d'environ trois à quatre cents avait passé, il y a deux jours, à Beaupreau, allant vers le May; mais je ne savais d'où elle pouvait venir. Il paraît que ce sont des démembremens de l'armée de Charette.

» Cette bande était cette nuit à une lieue de Chalonnes; on pense qu'elle y était venue dans l'intention de chercher des bateaux, mais il n'en reste aucun sur la Loire.

» Il y a quelques jours qu'un rassemblement qui se trouvait à Jallais a été attaqué, battu et mis en déroute par un détachement que j'y avais envoyé, joint à un détachement de Chollet. »

Le 11, le général Haxo annonça de Challans qu'il marcherait le lendemain sur Charette qui faisait un rassemblement dans les environs de Legé. Ce poste fut en effet attaqué par Charette, mais ce fut sans succès. L'adjudant-général Guillaume qui y commandait écrivit le 12 au général Vimeux:

« L'attaque impétueuse que m'a faite Charette a beaucoup affaibli mes forces. J'attendais avec impatience les munitions qui m'arrivent aujourd'hui. »

Le même jour 11, un poste établi depuis peu aux quatre chemins, fut attaqué et enlevé par Charette. Le commandant Barbier en informa le général Vimeux par une dépêche du 11 ainsi conçue :

« Le poste des quatre chemins a été attaqué aujourd'hui. L'affaire s'est engagée à une heure après midi. L'ennemi a attaqué sur trois colonnes, la cavalerie à la tête de celle du centre. La troupe des quatre chemins a été surprise et mise en déroute; elle s'est repliée sur les Herbiers et sur Luçon. Celle du poste de Saint-Fulgent qui allait à son secours a rencontré l'ennemi sur son passage et a beaucoup souffert; elle se replie sur Montaigu.

» On attend demain à Saint-Fulgent trois mille hommes commandés par l'adjudant-général Dufour qui réparera facilement cet échec.

» Nous sommes parfaitement tranquilles à Montaigu où l'ennemi ne viendra certainement pas nous voir. »

Le 14, les généraux Haxo et Dutruy firent le rapport suivant au général Vimeux :

« Nous t'annonçons avec la plus vive satisfaction, citoyen général, que nos opérations sont couronnées chaque jour des plus heureux succès. Nous nous sommes rendus maîtres des marais, après avoir enlevé aux rebelles trois pièces de canon de quatre, un pierrier et deux caissons avec les chevaux et les conducteurs.

» Le local, des plus difficiles par lui-même, semblait devenir inaccessible par les pluies, les routes coupées, sans parler des obstacles que devaient opposer les rebelles. Tout a été franchi, les soldats se sont précipités à travers le feu le plus vif dans des fossés pleins d'eau; l'ennemi a été culbuté, poursuivi et les pièces emportées. Nous poursuivons sans relâche le fil de nos opérations et nous ne nous arrêterons que lorsque notre tâche sera remplie. »

Cependant Charette, pressé et poursuivi du côté du grand Luc, prit le parti de se porter dans la haute Vendée où il savait qu'il ne rencontrerait pas autant de résistance. Peut-être aussi avait-il l'intention de favoriser le passage de la Loire aux Vendéens échappés à la défaite du Mans. Le commandant Barbier écrivit le 15 au général Vimeux :

« L'ennemi est du côté des Herbiers et se dispose à pousser plus loin. Les paysans qui avaient quitté Charette, lorsqu'il a été chassé de Bouin, le rejoignent de nouveau. Des rassemblemens paraissent s'annoncer dans différens endroits, et la crainte des habitans des campagnes donne des forces aux rebelles. Ces malheureux sont massacrés s'ils ne se joignent pas à eux.

» Je viens d'apprendre dans ce moment que le maire de la Gaubretière, un officier municipal et un autre citoyen du même endroit ont été égorgés par ces brigands. La Vendée aurait besoin de beaucoup de postes en échelon pour protéger autant que contenir les habitans. La protection que nous avons promise aux campagnes deviendra impuissante et illusoire, si l'on n'augmente pas les forces dans nos environs. »

Le lendemain il informa le général Vimeux que la commune d'Aigrefeuille venait de lui envoyer un de ses membres pour lui proposer de permettre à ses habitans de se réfugier à Montaigu, sous la protection de la force armée.

« Cette démarche, ajoutait Barbier, est bien naturelle ; mais Aigrefeuille est le seul endroit, sur la route de Nantes, où nos convois et les militaires isolés en marche puissent trouver du repos et des secours. Nous n'avons pas eu d'exemple jusqu'ici qu'il en ait été maltraité aucun. J'attends donc ton avis à ce sujet. »

L'approche des Vendéens d'outre-Loire venait en ce moment augmenter les inquiétudes et les difficultés sur la rive gauche. Haxo recevait l'ordre d'accourir pour s'opposer au passage. Il adressa de Challans le 18, au général Vimeux, les réflexions suivantes :

« Je viens d'écrire à Carrier, et sûrement il t'aura communiqué ma lettre. Je trouve bien extraordinaire que vous m'écriviez l'un et l'autre de me porter sur Saint-Florent et Chantoceaux dont je suis éloigné de vingt-sept lieues, pour m'opposer au passage des rebelles, tandis que Carrier me mande que ce passage s'effectue, ainsi qu'il en a reçu l'avis ; et quelque diligence que je puisse faire, après avoir retiré mes postes, je n'y serai pas avant six jours, en forçant même de moyens, et moitié de mes hommes sont sans souliers. Je t'avoue, général, que je ne conçois rien à cela, surtout quand je fais réflexion que nous avons des troupes commandées par les généraux Moulin, Bard, et plusieurs colonnes commandées par des adjudans-généraux bien plus à portée que moi de s'opposer à l'entrée des rebelles.

» Observe donc que j'ai déjà fourni quatre mille cinq cents hommes dont deux mille cinq cents courent après Charette avec Guillaume et Dufour, et dix-sept pièces d'artillerie que j'ai envoyées à Nantes.

» Il résulte donc de votre dernière lettre que je suis obligé d'évacuer mes postes et toutes mes conquêtes qui devaient alimenter les villes de Nantes et des Sables, et couper la communication aux ennemis du dehors.

» Si l'on était bien persuadé combien la position que j'occupe est importante, on m'enverrait au contraire sept ou huit mille hommes pour empêcher les rebelles de communiquer avec le pays que j'occupe et sans lequel ils ne peuvent subsister ni se procurer des munitions de guerre.

» Cependant, ne connaissant d'autre devoir que celui d'obéir, je me dispose à exécuter l'ordre que j'ai reçu. Je ferai ce que je pourrai pour conserver le poste important de Bouin dont il faut se hâter de faire enlever les grains. »

Haxo reçut contre-ordre le lendemain.

De son côté, Moulin avait reçu du représentant Francastel l'invitation de se rendre sans délai à Angers pour conférer avec lui. Ce général lui transmit le 15 des renseignemens sur la marche d'une forte colonne de Vendéens, venant de Laval par Craon et Châteaubriand. Il ajoutait :

« Le rassemblement qui était dans les environs de Beaupreau et de Jallais existe toujours. Il est encore venu se placer aujourd'hui à deux lieues et demie de moi (1).

» Je fais encore en ce moment quelques dispositions et je me rends de suite et au plus vîte à Angers. »

Il partit en effet de Saint-Florent dans la nuit et ne revint à son poste que le 17, mais le passage de la Rochejaquelein et de Stofflet était effectué.

---

(1) Il paraît que ce rassemblement attendait le retour des Vendéens de la rive droite de la Loire, et devait les seconder dans le passage.

Le 20, Moulin écrivit au général Turreau à Angers :

« Si les rebelles en déroute se rendent à Angers, comme on me le dit, les prisons et les maisons d'arrêt doivent être pleines.

» Hier, j'ai fait passer une patrouille d'infanterie à Varades, pour aller reconnaître l'état des environs. Elle a rencontré un corps assez considérable de Vendéens, battus, déroutés, qui se sont rendus sans résistance. L'officier a continué sa marche avec une partie de sa patrouille et en a encore rencontré, de manière qu'il a conduit à Saint-Florent trois cent quatre-vingt-douze hommes qui sont détenus dans cette place. Je donne ordre d'en embarquer deux cents que je fais conduire à Angers.

» Je désirerais avoir des représentans une instruction pour régler la conduite à tenir envers ces prisonniers.

» J'ai placé, à mon retour, des forces à Liré, vis-à-vis Ancenis, à Drain et à Chantoceaux.

» Le général Legros est arrivé hier ; nous allons établir une correspondance bien assurée entre Chollet et Saint-Florent. Je conserverai néanmoins des forces sur les principaux points de la Loire, surtout au-dessous de Saint-Florent. »

Enfin le 22, il fit au général Turreau le rapport suivant :

« A cet instant, général, je reçois un ordre du représentant du peuple Carrier qui me met en état d'arrestation et me fait conduire dans les prisons de Nantes. Ma conduite, mon amour de la république ne me permettent pas d'en soupçonner aucunement la cause. Voici seulement ce que je peux entrevoir : le bruit public aura peut-être annoncé dans Nantes que j'étais absent de mon poste le 16 et le 17 ; tu sais que c'était conformément aux ordres du représentant

Francastel, et qu'à peine entré dans Angers, je suis reparti pour Saint-Florent, d'après tes ordres et ceux du représentant Francastel. Je suis arrivé, comme tu le sais, le 17 au soir à Saint-Florent; j'ai aussitôt pourvu à tous les postes.

» Le 19, j'ai rendu compte au représentant Carrier qui me croyait absent et qui envoyait un officier pour me remplacer, des causes de mon voyage à Angers.

» L'arrivée du général Legros, destiné, d'après ton ordre, à être employé avec moi, ne me laissant point d'inquiétude sur le poste de Saint-Florent, j'obéis à l'ordre du représentant Carrier. »

Ainsi le général Moulin fut outragé et jeté dans un cachot par un représentant pour avoir exécuté les ordres d'un de ses collègues.

Cependant les adjudans-généraux Dufour et Guillaume, chacun à la tête d'une colonne de douze à treize cents hommes de la division des Sables, après avoir fouillé le Luc et les environs où ils croyaient rencontrer Charette, s'étaient dirigés vers les quatre chemins. La colonne de Guillaume passa à Montaigu pour y prendre des vivres et des munitions. Le commandant Barbier rendit compte de ce passage au général Vimeux le 18, en lui témoignant son mécontentement sur le chef de cette colonne et sur l'indiscipline de sa troupe.

« Le feu, disait-il, a été mis ce matin dans trois endroits de la ville par les soldats, savoir : dans le couvent qui leur servait de caserne et dans deux autres endroits où ils étaient logés. Sans la surveillance de la municipalité et de l'officier supérieur que j'y ai envoyé, la ville aurait été brûlée. Si l'on traite de cette manière les villages qui m'environnent et qui sont parfaitement tranquilles, je ne m'étonne pas que les paysans, poussés par le désespoir et fanatisés comme ils le sont, ne nous continuent une guerre bien inquiétante. »

Pendant ce temps-là, Charette s'avançait dans la haute Vendée. Il surprit, dans la nuit du 18 au 19, le poste de Cerizais fort de deux cents hommes. Le commandant de ce poste reçut deux coups de sabre en voulant rallier sa troupe. Cette nouvelle fut envoyée de suite au général Commaire à Saumur, par l'adjudant-général Desmarres qui se trouvait à Bressuire avec une garnison très-faible, et par le chef de brigade Poché qui n'avait alors que cinq cents hommes pour défendre Chollet et les environs. L'un et l'autre réclamaient des secours.

Commaire transmit le même jour au général Turreau les lettres qu'il venait de recevoir, en lui annonçant qu'il ferait partir le lendemain pour Chollet le général Boucret à la tête de six cents hommes, avec l'ordre de prendre le commandement des troupes aux ordres des adjudans-généraux Grignon, Desmarres et Lambert.

« Je crois, ajoutait-il, que c'est le moment de redoubler d'activité. Je regarderais comme un malheur si nous étions forcés d'évacuer les points de Bressuire, Chollet et Mortagne. »

« Les adjudans-généraux Grignon et Desmarres, lui mandait-il le 20, doivent se réunir; je leur ai fait passer des munitions. Le général Boucret est en marche. J'espère qu'ils dissiperont facilement cet essaim de brigands.

» La demande qu'a faite Desmarres d'employer les gardes nationales du pays, concurremment avec la troupe de ligne, me paraît juste et utile. J'ai donné des ordres en conséquence, j'espère que tu les approuveras. »

Après avoir parcouru et dévasté les communes de la Flocelière, la Pommeraie, le Boupère, Pouzauge et Châtillon, Charette, informé que différens corps de troupes se réunissaient pour l'attaquer, songea à retourner dans la basse Vendée.

Commaire s'empressa de transmettre au général Turreau la lettre suivante des administrateurs du district de la Châtaigneraie :

« Un détachement de soixante hommes de cavalerie, commandé par Joba, chef d'escadron de la légion du Nord, s'es porté aujourd'hui 19 décembre à Pouzauge. Ils ont fait boucherie des brigands qui y étaient en nombre nous n'avons eu qu'un homme légèrement blessé. ... armée scélérate es en pleine déroute. L'ennemi pa... se diriger sur la Pommeraie. On lui a pris des cheva... et des voitures chargées de blé. Il s'agit de profiter d... moment pour exterminer le reste. »

Commaire ajoutait : L'adjudant-général Desmarres a fait partir Lambert avec six cents hommes pour dissiper l'attroupement des brigands qui se sont repliés sur la Pommeraie. Boucret, qui arrive à Chollet, va nettoyer le pays, et *ça ira.*

Commaire répondit le 21 à la lettre de Marceau datée de Vaige le 14 :

« Tes bonnes nouvelles nous encouragent. Poché, Desmarres et Grignon réunis m'annoncent qu'ils ont dissipé plusieurs attroupemens.

» J'ai fait filer ce que j'avais de meilleur sur la Vendée. Un dernier effort, général, et le sol de la république sera entièrement purgé.

» Il paraît que ta correspondance avec le général en chef Turreau qui est à Angers, n'est pas encore commencée. Ce n'est point là le moyen de s'éclairer et de s'aider dans le besoin les uns les autres, et de sauver la chose publique : *sans union, point de force.* Voilà trois ou quatre jours que je reçois ses ordres, comme je recevrai les tiens quand tu voudras m'en donner pour le service de la république. Correspondons ensemble, apprends-moi tout ce que tu sauras de nouveau (1). »

Charette se trouvait le 23 avec sa troupe aux quatre chemins où quelques militaires isolés se rendant à Chantonnay furent massacrés. Le commandant Barbier en informa le général Vimeux. Il lui manda le 25 :

« Les nouvelles des campagnes sont que l'ennemi a quitté les quatre chemins ; qu'il s'est porté sur Saint-Denis et le Luc, et qu'il se propose d'attaquer Legé, s'attendant bien qu'il n'y trouvera pas une forte garnison. J'en envoie l'avis au commandant de Legé.

» Nous n'avons aucune nouvelle de nos troupes. Sans doute qu'elles ne connaissent pas encore la retraite de l'ennemi et que dans cinq à six jours elles se remettront à sa poursuite. En attendant, les campagnards disent entr'eux que l'armée de Charette a été jusqu'à Châtillon ; qu'elle n'a

---

(1) Marceau n'avait reçu jusque-là aucun avis du général Turreau ; il ignorait sa présence dans l'arrondissement de l'armée.

trouvé que de petits postes qui n'étaient pas en état de lui résister, et qu'ils ont passé partout où ils ont voulu. Beaucoup de villageois ont refusé de suivre Charette et sont venus rendre leurs armes. »

« Je vous confirme, disait-il dans une seconde dépêche du même jour, le retour de Charette sur le Luc, et sa marche, selon toutes les apparences, sur Legé où j'envoie de nouveau quelqu'un pour confirmer ce que j'ai déjà annoncé. »

Cet avis était inquiétant pour l'adjudant-général Charlery qui occupait alors le poste de Legé. Le 26, il exposa au général Vimeux sa position, d'après l'avis qu'il venait de recevoir.

« Je ne vous cèle pas, disait-il, que je n'ai ici que quatre cent cinquante hommes en état de combattre, lesquels n'ont encore jamais vu le feu, et point de cavalerie. Je n'ai en outre que deux pièces de canon avec un seul caisson, ce qui me sera très-incommode si l'ennemi, selon sa coutume, m'attaque sur deux ou trois colonnes. Néanmoins, général, soyez sûr que si je suis attaqué je ferai la plus vigoureuse résistance. »

L'attaque annoncée n'eut pas lieu.

§ VII. Situation de la haute Vendée. — De la basse Vendée. — Services militaires du général Turreau. — Sa présence à Alençon le 10 décembre. — Regrets ou reproches du ministre de ce qu'il ne l'a pas vu à son passage à Paris. — Le 19, il se plaint de n'avoir reçu aucune réponse à sept dépêches qu'il lui a adressées. — Il lui témoigne sa surprise de ce qu'il n'a pas encore rejoint le quartier-général de l'armée pour en prendre le commandement. — Marceau reçoit la première lettre de Turreau. — Son mécontentement, sa réponse. — Turreau quitte Angers le 23 pour se rendre à Rennes. — Conduite de Turreau à Angers. — Desmarrés appelé à Angers pour rendre compte de sa conduite. — Sa réponse à Turreau, du 26. — Sa lettre du 11 janvier. — Il est sacrifié. — Turreau arrive le 25 à Rennes avec la colonne du général Bonnaire. — Robert lui écrit de revenir promptement pour commencer sa promenade dans la Vendée. — Le 25, Rossignol annonce au ministre l'arrivée de Turreau à Rennes avec la division du Nord. — Compte que Turreau rend, le 26, au ministre. — Départ de Nantes de quatorze à quinze cents hommes de la division de Tilly pour Machecoul. — Arrivée de Turreau à Nantes le 29. — Rapport au ministre. — Entrevue de Marceau avec Turreau, le 30. — Discussion entre eux. — Ordre à Marceau de se rendre à Châteaubriand. — Turreau part pour Beauvoir. — Carpentier reçoit l'ordre de se rendre de Machecoul à Challans. — Le 31, Charette attaque et enlève Machecoul où il ne restait qu'un poste de deux à trois cents hommes. — Beaupuy rallie les fuyards.

Suite des événemens dans l'intérieur de la Vendée.

La haute Vendée se trouvait rendue au calme et à la tranquillité par la retraite de Charette. Toutes les administrations avaient, depuis longtemps, repris leurs fonctions; la confiance se rétablissait partout; les habitans des campagnes s'empressaient de faire leur soumission et de remettre leurs armes. On pouvait considérer la guerre comme terminée dans cette partie, et la présence de la Rochejaquelein et de Stofflet n'eût pas suffi pour la rallumer, si l'on n'eût pas mis les habitans dans la nécessité de s'attacher à ces deux chefs, pour se soustraire à la barbarie qui vint répandre ses fléaux sur ces malheureuses contrées.

Dans la basse Vendée, les paysans, las de cette affreuse guerre, imploraient la protection et la clémence des républicains. Les communes des environs de Montaigu jouissaient, sous la surveillance du commandant Barbier, de la tranquillité et du repos.

Le commandant Muscar inspirait également de la confiance aux habitans de ses environs. Il écrivait le 30 décembre au général Vimeux :

« Soixante habitans de Saint-Aignan sont venus hier se présenter au château d'O, le maire et les municipaux en tête, pour protester de leur retour sincère à la patrie et de leur dévouement à la république. Ils m'ont assuré avoir rendu leurs armes et être disposés à exécuter tous les ordres que je pourrais leur donner pour le service de la république. L'émotion avec laquelle ils ont prononcé le serment que je leur ai fait prêter me paraît promettre qu'ils le tiendront.

» Hier j'ai envoyé un détachement pour chercher de la paille ; à l'approche de ce détachement, les habitans sont venus au-devant de lui, en lui remettant cinq fusils que des ci-devant rebelles ont déposés. Je sais qu'il y en a encore de cachés, j'espère qu'on les rendra. Le retour de ces gens-là est lent, mais il se fera et *vive la république.* »

Cependant on ne pouvait guère espérer la paix dans cette partie de la Vendée que par la soumission des chefs ou par leur éloignement. On aurait pu y parvenir promptement si la force eût été accompagnée de la clémence, mais Turreau parut et toutes les atrocités avec lui. On en pourra juger par ses ordres.

Turreau avait commencé sa carrière militaire

au mois de septembre 1792, avec le grade de chef du troisième bataillon de l'Eure qui fut levé à cette époque. Ronsin, adjoint du ministre, le nomma, au mois de juin 1793, adjudant-général pour être employé à l'armée des côtes de la Rochelle. Le 30 juillet suivant, il fut promu au grade de général de brigade, et le 18 septembre (1) à celui de général de division, pour commander en chef l'armée des Pyrénées-Orientales.

Pendant le peu de temps que ce général passa dans la Vendée, il y montra peu de talens militaires, peu de bravoure, mais beaucoup de prétentions et d'intrigues. Il ne connut point l'intérieur du pays ni le genre de guerre qui s'y faisait. On lui donna le commandement de l'armée des Pyrénées-Orientales par le même motif qui fit donner peu de temps après à L'Échelle celui de l'armée de l'Ouest: le besoin de révolutionner.

« Ne néglige rien, lui écrivait l'adjudant-général Augereau destiné à cette armée, ne néglige rien sur la situation de l'armée des Pyrénées-Orientales; instruis le comité de salut public et le comité de la guerre; frappe, tonne, écrase tous les intrigans et cabaleurs de cette armée, afin qu'il n'y reste plus que des sans-culottes, et tu auras encore une fois bien mérité de la patrie. »

Turreau fut bientôt jugé à l'armée des Pyrénées; il se plaignit et demanda son changement. Il fit plus, il peignit sous des couleurs peu favo-

---

(1) Le jour même où il essuyait une déroute à Coron.

rables plusieurs officiers, et sortout les généraux Delâtre et Daoust, qui périrent sur l'échafaud au mois de juillet suivant.

Turreau fut rappelé dans la Vendée, en remplacement du général L'Échelle, et le commandement par intérim fut confié au général Marceau. Le ministre lui manda le 20 novembre :

« J'ai envoyé copie de ta grande lettre du 8 de ce mois au comité de salut public, afin qu'il prenne en considération les objets importans qu'elle contient. Je t'ai annoncé par ma dernière lettre que le général Doppet, nommé à ta place, ne devait pas tarder de se rendre à Perpignan et que tu recevrais des lettres de service pour l'armée de l'Ouest. Il n'y a rien de changé à ces dispositions. »

Turreau était le 10 décembre à Alençon ; le ministre lui manda le 12 :

« J'ai reçu, général, ta lettre datée d'Alençon le 10 de ce mois, par laquelle tu m'annonces que le défaut de chevaux de poste, pour te rendre directement de Châlons-sur-Saône à Angers, t'a forcé de détourner par Paris. Puisque la chose est ainsi, pourquoi alors avoir négligé de venir me voir? Nous aurions raisonné quelques instans sur l'état des choses, et tu aurais recueilli sur la position des armées des renseignemens plus positifs que ceux que tu as pu te procurer.

» Le procureur-général syndic du département de la Sarthe m'écrit que la commune du Mans n'est pas sans inquiétude relativement aux brigands. C'est à toi de juger à quoi peuvent se réduire ces craintes, et dans le cas où les rebelles paraîtraient vouloir se porter sur cette place, aviser aux dispositions que tu jugeras les plus avantageuses à la chose publique dans cette circonstance. »

Le passage de Turreau à Paris, sans aller prendre les ordres du ministre, aurait pu lui attirer des reproches plus graves, si ce général n'eût eu pour lui sa réputation de *sans-culottisme*, et des amis dans les bureaux ministériels. Il pouvait se rendre de suite au quartier-général de l'armée qui s'avançait vers le Mans et en prendre le commandement, il ne le fit pas. Il laissa ignorer à Marceau sa présence à Angers où il arriva le 14 ; il entrava les ordres que Marceau avait donnés pour la défense du passage de la Loire, et il l'accusa ensuite auprès du ministre ; enfin il resta long-temps sans correspondre avec le ministre qui s'en plaignit par la dépêche suivante du 19 décembre :

« Voici la septième dépêche que je t'écris, général, et tu n'auras pas manqué de te faire remettre les autres qui sont entre les mains de ton suppléant ; accuse-m'en la réception.

» Par la première, du 28 novembre, je t'envoyais l'arrêté du comité qui te donnait le commandement de l'armée de l'Ouest.

» Par la deuxième, du 1er. décembre, je t'annonçais que dix mille hommes des Pyrénées-Occidentales, commandés par le général Dumas, avaient ordre de venir renforcer les troupes de la rive gauche de la Loire.

» Par la troisième, du 4, je t'envoyais un arrêté sur les nouvelles précautions à prendre pour empêcher les rebelles de repasser la Loire. Les troupes que je t'y annonçais venant du Nord sont arrivées aujourd'hui à Alençon. Elles ont reçu ordre de marcher en masse sur les rebelles, ainsi elles attaqueront de front, tandis que l'armée de l'Ouest les chargera derrière et en flanc. Il faut maintenant vous attacher tous à eux de manière à ne les pas perdre de vue, et que cette guerre de la Vendée soit enfin terminée.

» Par les quatrième et cinquième, des 5 et 6, je te marquais que Kleber et Haxo devaient continuer leurs opérations, ce dernier étant en bonne position contre Charette.

» Enfin par la sixième, du 12, je te marquais que, par la direction donnée à la colonne du Nord, les rebelles allaient se trouver entre deux feux.

» Ta lettre, numéro premier, datée d'Angers le 15, m'a fort surpris de voir que tu n'étais pas encore parvenu à joindre l'armée pour en prendre le commandement. Je ne serai satisfait que lorsque tu y seras et qu tu nous auras donné des nouvelles dont nous sommes ici absolument privés, au point que je n'ai rien reçu de l'armée de l'Ouest depuis la lettre de Marceau du 13 qui me rend compte de l'important succès du Mans, et qui ne me dit pas un mot ni de ce qui reste de troupes aux brigands, ni de la direction qu'ils ont prise, deux choses bien essentielles par lesquelles on ne doit pas omettre de terminer des rapports militaires au conseil exécutif (1).

» J'ai fait établir à Alençon une station permanente de courriers de la guerre avec un agent pour entretenir des correspondances. Arrange-toi pour en profiter; écris aussi tous les ordinaires de poste; mais surtout assure bien la correspondance en deçà et au delà de la Loire, et avec les généraux des côtes de Brest et de Cherbourg, en ce qui pourra intéresser leurs arrondissemens. Établis des patrouilles et des postes sur les principales routes de correspondance; que l'on sache toujours où se trouver; enfin lie si bien toutes les

---

(1) Marceau avait écrit de Craon au ministre, et était entré dans tous les détails que l'on pouvait désirer; mais, comme le disait Rossignol, Marceau était de la clique de Mayence, et il n'inspirait pas de confiance aux sans-culottes.

parties de ces forces agissantes que leur masse, leur concert et leur énergie, nous procurent les succès que nous devons en attendre. »

Cette dépêche fut apportée par un courrier au quartier-général de l'armée devant Savenay. Le représentant Turreau la décacheta et écrivit en marge la note suivante au crayon :

« La dépêche du ministre est tombée entre nos mains, c'est moi qui l'ai décachetée. Je te renvoie du champ de bataille, à une lieue et demie de Savenay, tes dépêches. Je souhaite que tu ne sois pas parti d'Angers. Le courrier ira partout où tu seras. Arrive, arrive donc auprès de nous.

» *Signé* L. TURREAU. »

Marceau venait de recevoir pour la première fois une lettre dans laquelle le général Turreau lui reprochait de ne lui avoir pas rendu compte de ses opérations et lui enjoignait d'attendre ses ordres pour agir. Cette lettre irrita ce jeune général ; il exprima d'une manière très-vive son mécontentement, en présence des représentans et de quelques officiers-généraux et promit bien de s'en expliquer avec le général Turreau à la première occasion. En attendant il se borna à la réponse suivante, d'apres le conseil de Kleber :

« Je suis devant Savenay. Demain de grand matin j'attaquerai l'ennemi qui sera détruit. Si tu veux être témoin de la fin de cette guerre, accours promptement. »

Au lieu de se rendre au quartier-général, Turreau partit pour Rennes dans la matinée du 23, pendant que l'on se battait à Savenay.

Il serait fort difficile d'expliquer la conduite du général Turreau dans ces circonstances. En arrivant à Angers le 14, il y trouva le général Robert que Rossignol y avait laissé pour le tenir au courant des événemens. Robert, l'ami, le confident de Turreau, était l'ennemi de Kleber et de Marceau. Turreau lui-même, le protégé de Ronsin, avait partagé le mécontentement de Rossignol et des autres généraux qui, au conseil de guerre tenu à Saumur le 2 septembre, s'étaient opposés avec tant d'opiniâtreté au passage de la colonne de Mayence à Nantes, sous les ordres du général Canclaux. Tout ce qui tenait à la gloire des généraux de Mayence semblait l'affliger; il trouvait l'occasion de les persécuter, il le fit.

Le 15 décembre, Francastel et Turreau furent informés de la marche d'un corps de Vendéens sur Ancenis. Le commissaire du département de la Loire-Inférieure à Ancenis en prévint le général.

« Nous avons avis, écrivait-il, que les brigands se portent sur nous et que demain ils doivent attaquer Saint-Florent (1). Sans forces, il n'est pas possible de tenir; nous évacuons dans une heure pour Nantes. Je t'en préviens pour agir en conséquence. »

---

(1) Il paraît que le détachement de l'armée de Charette, qui avait pénétré par Clisson dans les environs de Saint-Florent, était destiné à faire cette attaque au moment du passage.

Le même jour, le général Moulin donnait le même avis au représentant Francastel, et cependant, ne recevant point l'ordre de rester à son poste, il se crut obligé de déférer à l'invitation de ce représentant et partit dans la nuit pour se rendre à Angers, d'où il ne revint que le 17, après le passage des chefs vendéens.

Le 16, l'administration du département de Maine-et-Loire invita le général à envoyer des patrouilles sur la route d'Ancenis et à prendre des mesures pour qu'il ne restât aucun bateau sur la Loire; le commandant de la place d'Angers lui proposa de faire partir de suite pour Saint-Florent les brigades d'Amey et de Boucret. Turreau dédaigna ces avis, et ce ne fut que le 19 qu'il se détermina à envoyer à Saint-Florent le général Legros qui faisait partie de la division de Muller.

Le premier soin de Turreau fut de prescrire aux généraux Vimeux et Commaire de lui fournir des états de situation des troupes sous leur commandement et de se conformer à l'avenir à ses ordres particuliers. Marceau n'en fut point prévenu.

Vimeux, ancien et brave militaire, appartenait à l'armée de Mayence : c'était un motif pour être traité avec peu d'égards par le nouveau général en chef. Il fut sensible au reproche de négligence qui lui fut adressé, et le 22 il répondit à Turreau :

« Je t'ai fait passer le 20 de ce mois trois états de situation que tu m'as demandés. Le mouvement qui a eu lieu dans ce département et l'interception des routes m'ont ôté la possibilité de satisfaire plus tôt à tes demandes.

» Je suis très-sensible, général, aux reproches de négligence que tu me fais. La ponctualité que je mettrai à correspondre avec toi, si rien d'extraordinaire ne s'y oppose, te prouvera que je ne mérite point ces reproches que tu ne m'aurais pas faits, si tu eusses connu la position dans laquelle nous nous sommes trouvés ici pendant cinq à six jours. »

L'adjudant-général Desmarres, dont le général Commaire faisait l'éloge, fut une des premières victimes sacrifiées au ressentiment. On n'a pas oublié que Desmarres avait été chargé d'arrêter Rossignol à l'époque où ce général fut destitué par les représentans Bourdon de l'Oise et Goupilleau de Fontenay. On se rappelle que Rossignol échappa aux poursuites de Desmarres à la faveur d'un arrêté du représentant Bourbotte; il fallait venger Rossignol, il le fut.

Desmarres reçut ordre de se rendre à Angers pour rendre compte de sa conduite. Il fit au général Turreau la réponse suivante datée de Bressuire le 26 décembre :

« Ce n'est que cette nuit, citoyen général, que j'ai reçu par la voie de Chollet l'ordre que tu m'as expédié le 17. Cet ordre m'a surpris sans m'effrayer, puisque je suis assuré d'être irréprochable. J'ose croire que tu n'attribueras pas à désobéissance le retard que je suis obligé de mettre à mon départ. L'ennemi est dans les environs de Bressuire, chaque jour je suis sur le qui vive. Le général Commaire te certifiera que je lui ai écrit pour obtenir un second, car il n'y a pas ici un officier en état de prendre le commandement. J'écris au général Boucret d'envoyer un officier de Chollet pour me remplacer, et, malgré l'altération de ma santé, j'irai te faire connaître mes sentimens républicains et mes actions. J'emploie, sans perdre un moment, cette journée et celle de demain à mettre ici tout en règle, et, le 28 dans la nuit, je serai à Angers, à moins que tu ne donnes de nouveaux ordres. Je ne puis que gagner à ce voyage, assuré d'y mériter ton suffrage, j'ose même dire ton estime. Si je savais cependant que mon retard pût t'indisposer, je partirais à l'instant; je te le répète, l'intérêt public seul le décide. Je te prie de me répondre de suite et de croire aux sentimens fraternels et patriotiques de ton frère d'armes.

» *Signé* J. B. DESMARRES. »

Cet officier qui annonçait le 30 novembre à la Convention nationale des succès remportés à Jallais sur un rassemblement de Vendéens et qui réclamait des secours pour la mère du jeune Barra, victime de son courage, était sans doute loin de s'attendre à se voir accusé et conduit à l'échafaud comme un lâche et un traître, surtout dans une affaire qui avait eu lieu avant l'arrivée de Turreau à Angers.

Turreau était absent lorsque Desmarres arriva à Angers; il ne put obtenir du général, à son retour, qu'une courte entrevue, à la suite de laquelle il lui écrivit le 11 janvier :

« Sûr de ma conscience, citoyen général, j'attends avec impatience le moment qui doit la mettre au jour. Permets-moi cependant de t'exprimer combien je suis déchiré de la presque persuasion où je t'ai vu ce matin que j'étais coupable.

Si ma vie t'était connue, si tu avais pu être témoin de ma conduite depuis la révolution, à coup sûr je t'aurais inspiré d'autres sentimens. Les représentans Bourbotte et Choudieu ont vu mon patriotisme et mon zèle. Si le représentant Turreau était ici, je pourrais lui rappeler des anecdotes qui militeraient en ma faveur.

» Tu pars, me dit-on, pour Chollet; la justice t'a prescrit mon arrestation, mais je suis intimement convaincu que, loin de chercher en moi un coupable, tu ne désires y voir qu'un innocent. Puis-je solliciter de toi une grâce qui est conforme aux lois et qui doit l'être à tes principes et à ton humanité. C'est dans le lieu même de la faute, c'est à l'endroit où il peut trouver sans peine les preuves de son crime ou de son innocence, que les premières informations contre un prévenu doivent être faites.

» Ici, citoyen général, la procédure doit entraîner de cruelles longueurs par l'éloignement des témoins; fais-moi donc transférer à Chollet. J'ose te le répéter, tu as été prévenu contre moi. Quand tu seras sur les lieux, quand tu auras entendu ceux qui, depuis le commencement, sont les témoins de ma conduite, il ne me sera pas difficile d'obtenir ton estime.

» Si, au contraire, l'officier de police ou celui qui par les lois doit en faire les fonctions, trouve qu'il y a lieu à accusation, d'après les informations qu'il aura prises, livre-moi aux tribunaux et à toute l'ignominie qui doit en être la suite.

» Ne crois pas, citoyen général, que le moindre remords me fasse agir. Si tu veux, en me permettant de venir te trouver, m'accorder seulement dix minutes de tête-à-tête, je te dévoilerai mon âme toute entière, tu en reconnaîtras la franchise et mon sort t'intéressera. Daigne m'accorder cet entretien et croire sincères les sentimens fraternels de ton dévoué concitoyen. »

Desmarres ne put rien obtenir : il fut sacrifié.

Turreau ayant reçu du général Bonnaire l'avis qu'il partait d'Alençon pour se diriger sur Rennes où il devait arriver le 25, conformément à l'ordre du général Marceau, avis qui fut également donné au ministre de la guerre, quitta Angers dans la matinée du 23, rejoignit le 24 la colonne en route et arriva avec elle le 25 à Rennes.

Pendant son séjour à Angers, Turreau avait confié au général Robert, ou peut-être concerté avec lui, son nouveau plan de campagne et d'extermination dans la Vendée, que l'on considérait comme une simple *promenade civique*.

« Hâte-toi, lui écrivit Robert le 25, hâte-toi, mon cher
» général, d'arranger les affaires de ton côté, et reviens
» promptement pour commencer ta promenade dans la Ven-
» dée, elle est bien nécessaire. Reviens promptement. »

Cependant Rossignol réclamait son chef d'état-major Robert, mais Turreau l'emporta et Robert fut conservé à l'armée de l'Ouest.

Le 25, Rossignol annonça au ministre l'arrivée de Turreau avec la division du Nord.

« Cette division, ajoutait-il, laissera douze cents hommes
qui seront dirigés sur Saint-Malo, et il est convenu que Turreau me rendra les forces qui composaient l'armée de Brest et
dont trois mille hommes de bonnes troupes sont destinés pour
Brest. »

Il restait au général Turreau à expliquer au ministre les motifs de son silence et de son éloignement du quartier-général de l'armée. Sa correspondance du 26, datée de Rennes, présente tous les caractères de la ruse et de la dissimulation aux yeux du lecteur attentif; la voici :

Première lettre. — « Citoyen ministre, la division aux ordres du général Marceau vient de porter le dernier coup à l'armée des brigands, sous les murs de Savenay. La victoire a été complète, et maintenant je peux te répondre qu'il n'existe plus de corps d'armée en deçà de la Loire.

» Les généraux Haxo et Dutruy obtiennent chaque jour de nouveaux avantages sur l'armée de Charette. Je vais les assurer en me portant au sein de la Vendée avec la division détachée de l'armée du Nord, pour détruire en détail quelques rassemblemens partiels qui s'y forment, et dont la réunion pourrait, non pas compromettre le succès de nos armes, mais retarder la fin de cette exécrable guerre. On t'a dit souvent, citoyen ministre, la guerre de la Vendée est finie; on t'a trompé, ainsi que le comité de salut public. Je ne dirai qu'elle est terminée que lorsque j'aurai exterminé le dernier brigand; mais je peux assurer à présent que cette guerre ne peut plus donner d'inquiétude. »

Deuxième lettre. — « Je vais te rendre compte de ma conduite; et tu ne seras pas surpris que je ne me sois pas rendu à la division commandée par le général Marceau, que je n'y sois pas même encore.

» Instruit de la victoire décisive que nous avions remportée au Mans, je ne fus pas plus tôt arrivé à Angers, que je portai toute mon attention sur les deux rives de la Loire. Je présumai que les brigands chercheraient à la passer, j'ordonnai sur-le-champ que tous les bateaux fussent coulés à fond ou brûlés sur les deux rives. Cet ordre avait été donné aux municipalités et était resté sans exécution. Je le réitérai et le fis exécuter militairement. Il était grand temps, car l'ennemi arriva à Ancenis le lendemain. Je n'avais placé aucune force armée sur la rive droite de la Loire, c'eût été la sacrifier inutilement ; mais je fis filer sur la rive gauche quatre à cinq mille hommes qui s'y portèrent à marche forcée; car on avait eu l'imprudence de ne laisser que douze cents hommes pour garder Saint-Florent et tous les postes environnans, sans faire attention que, pour favoriser le passage des brigands qui se trouvaient en deçà de la Loire, ceux de l'intérieur pouvaient attaquer et forcer mes postes répartis sur la rive gauche, s'il n'y avait pas de forces suffisantes. Heureusement nos dispositions ont été faites à temps, et je peux assurer qu'il n'a pas passé cinq cents brigands sains et saufs, et il n'en aurait pas passé, si la division de Marceau eût mis dans sa poursuite toute la célérité qu'elle pouvait mettre; mais les brigands ont été tranquillement à Ancenis pendant quarante-huit heures, ont fait quelques radeaux avec de vieilles barriques, et sont parvenus à passer en très-petite partie, la plupart de ceux qui ont tenté le passage s'étant noyés.

» Les rapports de mes espions, ceux des prisonniers qui étaient tous conformes, m'assurant que le corps d'armée des brigands n'était pas en état de résister à la division que commandait Marceau; confirmé dans cette opinion par le renvoi qu'il avait fait de deux mille hommes commandés par Muller, ce qui prouvait la grande supériorité de ses forces; ne recevant aucune nouvelle de Marceau ni de la marche de son armée, incertain où je pourrais la trouver, assuré que le succès de nos armes ne pouvait être compromis en deçà de la Loire, je pris le parti de me porter, à la tête de la division du Nord, au centre de la Vendée où de nouveaux rassemblemens se formaient et paraissaient menacer nos postes isolés. En conséquence je donne ordre au général Bonnaire de faire filer sa division sur Angers; il me répond et m'annonce son arrivée; mais quelques heures après, il m'apprend qu'un ordre du général Marceau change sa destination ; qu'il adhère à ce dernier ordre et se porte sur Rennes. Alors j'ai pris le parti de me rendre ici pour me mettre à la tête de la division du Nord, ne sachant point où était la division de Marceau dont la conduite inexplicable vis-à-vis de moi lui a déjà valu de ma part des reproches sévères. La seule lettre qu'il m'a écrite ne contient rien, sinon une invitation de me rendre à l'armée, et alors je ne pouvais pas passer, les brigands étant entre lui et moi. Il écrit par le même courrier à Muller, qui était avec moi, et lui donne des ordres comme général en chef. Il lui recommande surtout de bien garder les rives de la Loire. Assurément cette précaution était tardive, car il y avait deux jours que les brigands étaient partis d'Ancenis, faute de pouvoir la traverser, et si j'étais arrivé à Angers deux jours plus tard, toute leur armée passait.

» Il résulte de la mauvaise combinaison de Marceau et de son silence vis-à-vis de moi; que la division du Nord, déjà très-fatiguée, a fait soixante lieues de plus qu'elle n'aurait dû faire, et retardé de dix jours au moins les opérations que j'ai à faire dans la Vendée où ma présence avec une force imposante devient indispensable, car je viens d'être instruit que les brigands ont repris la Châtaigneraie, Châtillon, et menacent Bressuire et Chollet. Cela ne doit cependant pas t'inquiéter à un certain point, mais tu dois voir que mon projet de passer dans la Vendée était raisonnable ; qu'il y a plus de danger au delà de la Loire qu'en deçà, et que je pouvais laisser à Marceau le soin de balayer le reste des brigands de ce côté-ci.

» Au surplus, après être convenu avec Rossignol qui part pour une expédition (Saint-Malo) que je lui renverrais la division de son armée qui est maintenant aux ordres de Marceau, je pars pour aller joindre celui-ci et prendre connaissance des opérations qu'il m'a cachées jusqu'ici. J'aurais désiré que Marceau n'eût pas attaché autant d'importance à des succès faciles, et qu'il n'eût pas paru ignorer le caractère dont j'étais revêtu; mais j'espère qu'après lui avoir fait sentir le ridicule de sa conduite, il ne se mettra plus dans le cas d'essuyer des reproches et des punitions. Je ne passerai jamais à un officier-général de donner l'exemple de l'insubordination.

» Je vais donner à Rossignol les moyens d'augmenter la garnison de Brest trop faible.

» Je ne puis répondre positivement à tous les articles de ta lettre (19 décembre); je ne suis ici qu'en passant et n'ai point mes papiers. Je ne négligerai rien pour remplir tes vues, et j'exécuterai exactement tes ordres; mais il faut aussi qu'on exécute les miens, pour que je puisse faire agir de concert toutes les troupes qui me sont confiées, et que mes coopérateurs n'aient d'autre ambition que de bien servir la république; au surplus, nos succès se soutiennent et j'espère que nous verrons bientôt la fin de la Vendée (1). »

La division du général Tilly, ainsi que Marceau l'avait annoncé au ministre, devait porter quatre mille hommes à Machecoul pour favoriser l'attaque de Noirmoutier, mais on ne put parvenir à faire partir de Nantes que quatorze à quinze cents hommes sous les ordres du général Carpentier.

Le général Turreau arriva enfin à Nantes le 29 décembre. Il annonça le même jour au ministre que les affaires étaient toujours en bon état dans l'Ouest; qu'il se disposait à partir pour joindre le général Haxo qui devait faire une attaque sur Noir-

---

(1) Cette lettre est un modèle de mauvaise foi et du besoin de nuire. On peut dire que si la tête de Marceau n'est pas tombée sur l'échafaud, ce n'a pas été la faute de Turreau.

moutier le 1er. janvier ; qu'il avait pour ainsi dire assuré le succès de cette expédition par de bonnes dispositions et par plusieurs avantages déjà remportés ; enfin qu'il espérait ne pas tarder à donner de bonnes nouvelles.

Le lendemain matin, Marceau eut une entrevue avec Turreau chez le représentant Carrier. L'explication fut très-vive de la part de Marceau qui n'était pas homme à oublier une injure. Il lui fit à différentes fois des provocations auxquelles Turreau ne répondit qu'en lui disant qu'un officier de l'armée devait respecter son général en chef.... Il fallait, reprit Marceau, venir te faire reconnaître devant l'ennemi ; un brave se serait empressé de nous rejoindre ; tu es resté ignoré dans les jours du danger, et jusqu'à ce que tu m'aies demandé de te remettre le service, nous sommes égaux...... Là se termina l'entretien qui n'eut pas d'autres suites. Turreau prit le service, donna l'ordre à Marceau de se rendre à Châteaubriand, où Kleber ne tarda pas de le suivre, et partit pour Beauvoir.

Cependant Carpentier reçut du général Dutruy l'ordre de se porter de Machecoul à Challans. Il ne restait à Machecoul qu'un détachement de deux à trois cents hommes. Ce poste fut attaqué et enlevé le 31 par Charette à la tête d'un rassemblement considérable. Le général Beaupuy que le désir de voir l'attaque de Noirmoutier fit trouver par hasard dans les environs de Machecoul, rallia et sauva les débris du détachement en fuite.

§ VIII. (Chouannerie.) Correspondance de l'adjudant-général Avril et des administrations. — Troubles de Rochefort. — Le comité de salut public au représentant Lecarpentier. — Saint-Malo menacé. — Mesures prises par le comité. — Correspondance saisie par le général Rey, remise au représentant Boursault. — La correspondance saisie dans la forêt de la Guerche indique les signaux de reconnaissance pour une descente des Anglais. — Ordres des représentans Carrier et Tréhouard, concernant le citoyen Lebateux. — Arrêté de Carrier. — Le comité de salut public au représentant Lecarpentier. — Rossignol au ministre de la guerre. — Il renonce au projet de tendre un piége au commandant de l'escadre anglaise.

Chouannerie. { Rapports et Correspondance.

Du 1er. = *L'adjudant-général Avril au général Vimeux.*
(*Roche-Sauveur.*)

« Lors des troubles de Rochefort, je fis partir d'ici tout ce que j'avais de troupes ; l'ennemi fut battu. Le commandant du bataillon de Maine-et-Loire vient de me les enlever et de les emmener à Vannes. Il se dit commandant des troupes de tout le Morbihan, en vertu d'une commission du pouvoir exécutif. Cette conduite de m'enlever mes troupes et de dégarnir le pays insurgé m'étonne beaucoup. Plaignez-vous en au représentant du peuple afin qu'il mette ordre à cela.

» Cambray se tient sur ses gardes, nous nous entendons bien ensemble, et nous sommes l'un et l'autre de bons et vrais républicains. »

» Je reçois l'ordre du représentant Carrier de parcourir le Morbihan avec une petite armée révolutionnaire, afin d'anéantir les traîtres. Pendant mon absence je laisserai le commandement de mes cantonnemens à Cambray.

» Nort, Blain et les postes voisins étant trop éloignés de mon point central, je vous serai obligé d'y placer un adjoint aux adjudans-généraux qui vous rendra compte directement. »

L'administration du Morbihan au ministre de la guerre.
(*Vannes.*)

« Le citoyen Dubois, chef du troisième bataillon de Maine-et-Loire, qui commande ici la force armée, mérite les plus grands éloges. Nous vous demandons, citoyen ministre, de le nommer adjudant-général. Les citoyens Corbigny, commissaire du ministre des affaires étrangères, et Julien, commissaire de la Convention à Lorient, joignent leur suffrage au nôtre pour appuyer cette demande. »

Du 4. = *Les anciens administrateurs du département du Morbihan, détenus par ordre de Prieur de la Marne pour cause de fédéralisme, aux représentans du peuple.* (*Vannes.*)

« Nous n'avons jamais épousé le parti des brissotins, des girondins et de leurs complices. Nous étions montagnards avant que ce terme eût pour nous une signification précise; pourrions-nous ne pas l'être aujourd'hui qu'il est démontré que la Montagne n'est que la Convention elle-même; aujourd'hui qu'il est démontré que la Montagne a sauvé la chose publique ? »

Du 5. = *L'adjudant-général Avril au général Vimeux.*
(*Roche-Sauveur.*)

« Je m'attends à des difficultés pour organiser une petite armée révolutionnaire. Vannes ne désire pas que j'y aille, et cela n'est pas étonnant, car il est rempli de contre-révolutionnaires. J'écris à ce sujet à Carrier. »

L'adjudant-général Cambray au général Vimeux. (Savenay.)

« Je fais la tournée de mes postes; le service s'y fait bien, la troupe est dans les meilleures dispositions. Dans tous les lieux où je passe j'invite les habitans à détruire les signes du fanatisme, cause de tous les malheurs de l'espèce humaine.

» Je pars aujourd'hui pour Pont-Château, je serai demain à Roche-Sauveur, et après-demain au Croisic. »

Du 13. = *Le même au même. (Croisic.)*

« Avril m'annonce son départ avec l'armée révolutionnaire. J'ai envoyé de suite un de mes adjoints à la Roche pour y commander le peu de troupes qui y reste, et avoir l'inspection sur les postes de Rhedon et Pont-Château. Je vous observerai que ce dernier poste est sans troupes, et qu'il ne reste à la Roche que cent cinquante hommes. Vous jugerez sans doute indispensable de m'envoyer quelque renfort. »

Du 14. = *Le comité de salut public au représentant Lecarpentier. (Paris.)*

« De nouveaux renseignemens nous annoncent que Saint-Malo est menacé à la fois par les brigands qui pensent à se diriger de nouveau vers cette place, et par les Anglais qui doivent tenter une descente dans ces parages. Nous savons de plus que les Anglais ont des intelligences dans Saint-Malo. Voilà donc de quoi exercer ta surveillance et ton courage. Surtout sois en garde contre ces hypocrites astucieux qui jouent maintenant un patriotisme exagéré pour mieux faire oublier leur précédente aristocratie. Toutes les mesures sont prises pour achever d'exterminer les brigands; dix mille hommes tirés de l'armée du Nord sont déjà à leur poursuite, et les placent dans un cercle de forces imposantes; ainsi le moment de frapper le dernier coup est arrivé. Ta conduite à Granville nous assure le succès, et les efforts réunis de nos ennemis ne feront qu'ajouter à la gloire de les avoir combattus et terrassés. »

Du 15. = Le général Rey au comité de salut public.
(*Saint-Malo.*)

« Ayant été prévenu de quelques petits débarquemens sur la côte, après beaucoup de recherches, j'ai fait cerner deux maisons, repaires ordinaires des chouans. Dans l'une étaient six des principaux qui se sont échappés à la faveur de la nuit; mais j'ai trouvé leur correspondance que j'ai remise au représentant Boursault, avec quatre-vingt-quinze mille livres en assignats faux. On a de plus saisi trente barils de poudre envoyés d'Angleterre. »

Du 17. = L'adjudant-général Avril au général Vimeux.
(*Roche-Sauveur.*)

« Étant informé par le représentant du peuple que l'ennemi menaçait mes cantonnemens, j'y suis revenu. J'ai de suite donné ordre à tous les bateaux de venir se placer sous le feu de la redoute. J'ai rappelé de Vannes toutes les troupes que j'y avais. Du côté de Rhedon, j'ai fait couper toutes les communications. Il faut espérer que l'ennemi, s'il se présente, ne pourra passer dans le Morbihan. »

Du 18. = Le même au même.

« Je pars à l'instant pour Rhedon. Nort étant au pouvoir de l'ennemi (1), je ne puis que lui disputer le passage de la

---

(1) Les Vendéens, forcés de renoncer au passage de la Loire, se portèrent d'Ancenis sur Nort.

Vilaine. J'ai à Rhedon sept cents hommes et trois pièces de campagne. »

Du 19. = Le ministre de la guerre au comité de salut public. (Paris.)

« Je viens d'envoyer au général Rossignol votre arrêté d'hier pour faire porter à trois mille hommes au moins la garnison de Brest. »

Du 23. = Le général Rossignol, au ministre de la guerre. (Rennes.)

« La correspondance saisie dans la forêt du Pertre, annonce une combinaison d'efforts entre les armées anglaises et royales, pour opérer une descente sur les côtes de Granville ou Saint-Malo. Ce projet devait s'effectuer dans le courant de décembre; les signaux de reconnaissance y sont même indiqués. Le représentant Lavallée a dû la communiquer au comité de salut public.

» Autant on m'amène de chouans-brigands, autant j'en envoie au père Éternel; ils sont plus utiles dans ce lieu-là qu'ici.

» Je viens d'écrire à Turreau de me faire passer des forces pour les envoyer à Brest, conformément aux intentions du comité. »

Du 25. = Le général Tribout au ministre de la guerre. (Rhedon.)

« Les bandes de brigands dispersées cherchent à pénétrer dans la Bretagne en passant la Vilaine.

» J'ai reçu des représentans Carrier et Trehouard différens ordres contradictoires que je joins ici. Je n'ai pas cru devoir abandonner mon poste pour obéir à Carrier. Il serait à désirer que l'on prît des mesures pour que les pouvoirs ne se heurtassent pas d'une manière aussi frappante et aussi nuisible à la chose publique. »

Trehouard à Tribout, 22 *décembre*. (*Malestroit.*)

« En vertu des pouvoirs dont m'a revêtu la Convention nationale, je te requiers, citoyen, la présente reçue, de donner tous les ordres nécessaires pour faire arrêter et conduire de suite, sous bonne et sûre garde, près l'accusateur public du tribunal criminel du département du Morbihan, séant à Lorient, le citoyen Lebateux, maître de poste à Rhedon, ci-devant commissaire près le cinquième bataillon du Bas-Rhin. Je mets sous ta responsabilité personnelle l'exécution du présent ordre. »

Carrier à Tribout, 24 *décembre*. (*Nantes.*)

« Une seconde Vendée menaçait d'embraser le Morbihan; plusieurs parties de ce département étaient, comme tu le sais, en pleine révolte et avaient formé des rassemblemens qu'il a fallu dissiper par la force armée. Comme les brigands (les Vendéens) n'étaient point alors éloignés du Morbihan, la rébellion qui s'y manifestait devenait plus dangereuse et plus redoutable. On avait bien dissipé quelques rassemblemens, mais il était à craindre qu'ils ne se renouvelassent à chaque instant, tant que les chefs subsisteraient. Pour prévenir tous les inconvéniens, je donnai au citoyen Lebateux, directeur des postes à Rhedon, un bataillon pour se transporter avec lui dans les communes insurgées du département du Morbihan, avec le pouvoir d'agir hostilement contre tout individu qu'il trouverait les armes à la main contre la république ou dans des rassemblemens contre-révolutionnaires. Lebateux a bien rempli cette mission; il n'y a pas un seul patriote qui puisse diriger la moindre plainte, le moindre reproche contre lui.

» Trehouard, appelé depuis peu comme suppléant à la

Convention, et à qui elle a délégué, sans le connaître, une mission dans son pays, a jugé à propos de faire arrêter Lebateux, républicain le plus ferme, le plus pur et le plus prononcé que je connaisse ; mais tu dois t'être aperçu de la nullité des talens de Trehouard, et tu dois savoir qu'il a toujours été l'appui et le partisan des fédéralistes, des modérés et des royalistes. Il ne lui manquait plus que de devenir le protecteur des contre-révolutionnaires du Morbihan qui voulaient former une seconde Vendée. C'est en tenant la conduite que tient Trehouard que les conspirateurs du côté droit de la Convention nationale, parmi lesquels, sans doute, Trehouard eût figuré, s'il eût été appelé plus tôt à la Convention, sont parvenus à grossir la horde de scélérats qui ont fait couler tant de sang dans la Vendée. Le général Avril, qui s'est concerté en partie avec Lebateux, en rendra compte. Quant à toi, je te somme, au nom de la république, au nom de la Montagne où j'ai toujours *juché* et où ne gravit jamais *le crapaud de Trehouard*, d'exécuter et faire exécuter de point en point l'arrêté que je viens de prendre concernant Lebateux. Je vais à l'instant dénoncer Trehouard au comité de salut public et à la Convention nationale, afin qu'elle rappelle promptement un député de fraîche date, qui compromet à tout instant la liberté et les intérêts de son pays. Je déclare au surplus que je prendrai une mesure bien plus terrible, si Trehouard s'avise de mettre la moindre entrave, le moindre retard à l'exécution de mon arrêté. En attendant, ta tête me répond de toute violence, de toute atteinte qu'on pourrait se permettre contre la personne et la liberté du brave Lebateux. Si Trehouard s'avise de donner l'ordre à toi ou à tout autre de transporter Lebateux tout autre part qu'à Nantes, la tête de celui qui exécutera un pareil ordre en deviendra responsable à la république. Prends-y bien garde !...... C'est le patriote le plus pur, le plus républicain de toute la ci-devant Bretagne qu'on t'a fait incarcérer. Je connaîtrai la mesure de ton républicanisme par la manière dont tu te comporteras dans l'exécution de mon arrêté qui suit :

« Arrêté.

» Carrier, représentant du peuple près l'armée de l'Ouest, met en liberté le citoyen Lebateux, directeur des postes à Rhedon ; déclare ennemi de la république et traître à la patrie, tout individu de quelque grade qu'il soit qui oserait attenter à la personne et à la liberté de ce brave républicain ; fait défenses au général Tribout, à tout autre chef de la force armée, aux autorités constituées et à la force publique, d'exécuter aucun ordre attentatoire à la liberté dudit Lebateux ; défend surtout à tout citoyen, dans quelque grade qu'il serve la république, d'obéir aux ordres de Trehouard, appelé depuis peu comme suppléant à la Convention nationale, ayant on ne peut pas plus mal rempli la mission qu'elle lui a déléguée, s'étant constamment déclaré le partisan de tous les fédéralistes, royalistes, modérés et contre-révolutionnaires des pays qu'il a parcourus, conduite que le représentant du peuple va dénoncer au comité de salut public et à la Convention nationale ; met le citoyen Lebateux sous la sauvegarde de tous les citoyens ; ordonne au général Tribout de le conduire à Nantes, en liberté, avec une escorte, auprès du représentant du peuple Carrier, lequel, le mettant sous la protection spéciale de la république, se rend garant dudit Lebateux à toute la France ; ordonne à tous les chefs de la force armée, et particulièrement au général Tribout, aux autorités constituées et à tous les citoyens, d'exécuter et faire exécuter le présent arrêté, à peine de désobéissance à l'autorité légitime de la Convention, et d'être regardés comme persécuteurs des républicains, partisans des contre-révolutionnaires et traîtres à la patrie.

Trehouard à Tribout. — (*Rhedon.*)

« D'après la demande qui me fut faite hier, j'accordai un

délai de vingt-quatre heures au citoyen Lebateux pour régler des affaires ; ce terme est expiré ; en conséquence je te requiers de faire exécuter les ordres que je t'ai donnés, et de le faire conduire au tribunal criminel de Lorient, sous bonne et sûre garde.

Du 28. = *Le comité de salut public, au représentant Lecarpentier à Saint-Malo.*

« Le comité te fait passer une note qui lui est communiquée par le ministre de la guerre ; elle est relative à l'envoi d'un parlementaire à Portsmouth. Tu as eu tort, tu devais en sentir tout le danger. La Convention nationale ni le comité de salut public ne veulent aucune relation avec un ennemi qui a violé les droits les plus sacrés. Sous prétexte de servir la cause de l'humanité, on trahit la patrie. Nouveaux Régulus, nos soldats républicains braveront les supplices de Carthage plutôt que d'exposer le salut de Rome.

» L'ordonnateur de la marine, Najac, est suspect ; tu le fera mettre en arrestation, ainsi que Laboulay, chef civil détaché à Dinan.

» L'état de Saint-Malo est inquiétant aujourd'hui plus que jamais. Le comité est instruit que cette ville est le centre d'une nouvelle conspiration. Méfie-toi des hommes qui t'environnent. La trahison veille, aie les yeux ouverts, frappe les traîtres, un instant de sommeil perdrait la patrie.

» Tu feras arrêter sur-le-champ le commandant du parlementaire envoyé à Portsmouth ; tu t'assureras de ses papiers et effets.

» Le comité te recommande vigilance, activité et sévérité. »

Le général Rossignol au ministre de la guerre. (*Saint-Malo.*)

« Nous sommes arrivés assez à temps pour répéter tous les signaux (1). Sous plusieurs rapports, notre marche devient inutile. On nous a d'abord observé qu'à la vérité la flotte anglaise était à Jerzey et Guernezey, mais que les Anglais étaient instruits de nos intentions, et qu'ils ne débarqueraient pas sans avoir pris toutes les précautions nécessaires à leur sûreté; qu'un nommé Grandnos Meslé, qui se trouvait en état d'arrestation par ordre du comité de salut public, s'était évadé et était passé dans l'une ou l'autre île; que cet individu avait de grandes lumières et était instruit du succès de nos armes contre les brigands; qu'il était à présumer que les Anglais ne débarqueraient pas les secours dont il était question sans des reconnaissances préliminaires dont, malgré notre déguisement, nous ne soutiendrions pas l'épreuve; que par conséquent nous ne pourrions leur persuader que notre armée est l'armée catholique et royale.

» Autre inconvénient : cinq frégates sont mouillées dans la baie de Cancale et retenues par les vents. D'ailleurs les canonnades et les pavillons jetteraient l'alarme au loin sur toute la côte et pourraient occasioner de grands malheurs.

» Cependant il est décidé que les douze coups de canon seront tirés à cinq heures du matin; on observera si l'Anglais fait quelque mouvement; mais, tout considéré, je crois qu'il faut y renoncer. Nos intentions pourtant étaient bonnes; il n'y faut plus penser.

» Nous avons un besoin extrême de forces sur toute la côte; il y manque cinq à six mille hommes.

---

(1) On avait trouvé dans les papiers de Puisaye tous les renseignemens relatifs à une descente combinée avec les Vendéens et les Chouans. On voulait essayer de tendre un piége : Rossignol y renonça.

» L'esprit public n'est pas prononcé ici et l'on voit encore l'égoïste lever la tête. Il faut en cette ville de la troupe, un général républicain et à la hauteur de la révolution (1), un commandant temporaire intègre. »

---

(1) Rossignol n'avait pas oublié ses anciennes préventions contre le général Rey.

FIN DU DEUXIÈME VOLUME.

TABLE

DES CHAPITRES

CONTENUS DANS CE VOLUME.

CHAPITRE VI. — Août 1793 (1).

                Pages.

§ Ier. (Haute Vendée.) Suite des règlemens du conseil supérieur. 1

§ II. (Haute Vendée.) L'arrêté du comité de salut public du 26 juillet, converti en loi le 1er. août. 4

§ III. (Basse Vendée.) Le château d'O attaqué sans succès par Charette. 32

§ IV. (Haute Vendée.) Merlin de Thionville et Reubell nommés commissaires de la Convention auprès de l'armée de Mayence. 44

§ V. (Basse Vendée) Mouvement des troupes de Nantes sur la route de la Rochelle, le 26. 70

§ VI. (Haute Vendée.) Reconnaissance de l'adjudant-général Grignon su. Argenton. 81

CHAPITRE VII. — Septembre 1793.

§ Ier. Conseil de guerre tenu à Saumur pour prononcer sur la destination de la colonne de Mayence. 89

---

(1) Chaque mois formant un chapitre, et chaque paragraphe présentant un sommaire des événemens, on se borne à indiquer dans cette table la page de chaque paragraphe : le lecteur y trouvera des détails qu'il serait superflu de répéter ici.

TOME II.

§ II. (Basse Vendée) Mémoires du général Kleber. 107
§ III. (Haute Vendée.) Expédition de Salomon et Turreau sur les ponts de Cé. 124
§ IV. (Basse Vendée.) Coup d'œil sur les généraux; forces des colonnes. 131
§ V. (Haute Vendée.) Position des divisions sous les ordres de Rossignol. 154
§ VI. (Basse Vendée.) Affaire de Torfou; rapport de Kleber. 169
§ VII. Rapport de Beysser au général en chef. 184
§ VIII. *Chouannerie.* Son origine. 200

CHAPITRE VIII. — *Octobre* 1793.

§ Ier. Décret du 1er. qui nomme le général L'Échelle au commandement en chef de l'armée de l'Ouest. 204
§ II. Arrivée de L'Échelle à Montaigu le 8. 227
§ III. Proclamation de L'Échelle à l'armée; départ de Montaigu le 14. 250
§ IV. Arrivée à Beaupreau des prisonniers de Saint-Florent, le 18, vers onze heures du matin. 278
§ V. (Rive droite de la Loire.) Le poste de Varades forcé par les Vendéens dans la nuit du 16 au 17. 290

CHAPITRE IX. — *Novembre* 1793.

§ Ier. Décret du 1er. novembre : Toute ville qui recevra dans son sein des brigands, etc., sera rasée. 321
§ II. Récit de d'Obenheim sur l'organisation et les opérations de l'armée catholique. 336
§ III. Conseil des généraux à Rennes, le 15; extrait du procès-verbal. 353
§ IV. Compte rendu par Rossignol à son arrivée à Rennes. 381
§ V. (Intérieur de la Vendée.) Dévouement de Boisselot, Vendéen. 394
§ VI. (Chouannerie.) Rassemblement dans le district de Rochefort, battu et dispersé par le général Avril. 399

CHAPITRE X. — *Décembre* 1793.

§ Ier. Rapport de Rossignol au ministre; dénonciation contre Westermann. 403

TABLE DES CHAPITRES.

§ II. Attaque de la Flèche par les Vendéens, défense du général Chabot. 418
§ III. Anecdotes relatives à quelques Vendéennes. 435
§ IV. Dispositions prises par Marceau pour empêcher le passage de la Loire. 441
§ V. Réception de Kleber et Marceau à Nantes le 24. . . 460
§ VI. (Intérieur de la Vendée.) Jordy chargé par Haxo de faire ses dispositions pour attaquer l'île de Bouin. . . 468
§ VII. Situation de la haute Vendée. 482
§ VIII. (Chouannerie.) Rapports et correspondances. . . . 501

FIN DE LA TABLE.

FAUTES À CORRIGER.

Page	ligne	au lieu de	lisez
25	29	de guerre	des guerres.
32	8	mise	mises.
110	11	Niort	Nort.
139	5	Prouant	Rouans.
167	31	vielle	veille.
173	2	braves.. *ajoutez*	officiers qui.
196	12	viennent	vienne.
238	26	Tabrefonds	Fabrefonds.
256	31	chas	chassé.
332	28	qu'il	qu'ils.
353	13	Huguette	Hoguette.
420	20	persuation	persuasion.
433	27	sepèce	espèce.

www.ingramcontent.com/pod-product-compliance
Lightning Source LLC
Chambersburg PA
CBHW051123230426
43670CB00007B/657